L. Engelhardt

Ferdinand von Wrangel und seine Reise längs der Nordküste von Sibirien und auf dem Eismeere 1885

Band 2

weitsuechtig

L. Engelhardt

Ferdinand von Wrangel und seine Reise längs der Nordküste von Sibirien und auf dem Eismeere 1885

Band 2

ISBN/EAN: 9783956560507

Auflage: 1

Erscheinungsjahr: 2013

Erscheinungsort: Bremen, Deutschland

@ weitsuechtig in Access Verlag GmbH. Alle Rechte beim Verlag und bei den jeweiligen Lizenzgebern.

weitsuechtig

Reise

des

kaiserlich-russischen Flotten-Lieutenants

Ferdinand v. Wrangel

längs der Nordküste von Sibirien und auf dem Eismeere,
in den Jahren 1820 bis 1824.

Nach den handschriftlichen Journalen und Notizen bearbeitet

von

G. Engelhardt,
Staatsrath.

Herausgegeben

nebst einem Vorwort

von

C. Ritter, Dr. und Professor.
Mitglied der Academie der Wissenschaften zu Berlin und St. Petersburg.

Mit Tafeln der Temperatur-Verhältnisse und einer Landkarte.

Zweiter Theil.

Berlin, 1839.
Verlag der Voss'schen Buchhandlung.

Печатать позволается, съ тѣмъ чтобы по отпечатаніи представлено было въ цензурный комитетъ, узаконенное число екземпларовъ.
С. Петербургъ, 14. юлія 1838.

цензоръ Б. Лангеръ.

Neunter Abschnitt.
Reise des Herrn von Matiuschkin längs dem kleinen und grossen Aniuj-Fluss.

Der kleine Aniuj.

Abreise aus Nis'hne-Kolymsk. — Mammutsknochen. — Ankunft in Plotbischtsche. — Die ursprüngliche Bevölkerung dieser Gegend. — Jetzige Bewohner, Tungusen, Tschuwanzen und Jukahiren. — Ursachen der geringen Bevölkerung. — Die Jukahiren. — Züge der Rennthiere im Frühling und im Sommer. — Abreise aus Plotbischtsche. — Argunowo. — Poginden. — Endpunkt der Reise längs dem trocknen Aniuj. — Der Felsen Obram. — Rückkehr nach Plotbischtsche. — Allgemeine Bemerkungen über den trocknen Aniuj.

Am 20. Juli 1821 fuhren wir mit dem Doktor Kyber bei frischem NNW.-Winde in der Jolle nach der Mündung des grossen Aniuj, welcher sich gegenüber dem Nis'hne-Kolymskischen Ostrog durch drei Arme in die Kolyma ergiesst — Bald nach uns traf auch der Karbass ein, auf welchem wir die Reise machen sollten. Wir beluden ihn mit unseren wenigen Sachen und ruderten frisch den Aniuj hinauf, der hier ungefähr 1 Werst breit ist und eben jetzt, wegen des ziemlich starken Nordwindes, fast gar keine Strömung hatte. In der Nacht erreichten wir die Mündung zweier kleinen Flüsschen (wiski), an welchen sich mehrere Sommerwohnungen der Kolymskischen Bürger befinden, die der gewöhnlich hier sehr ergiebigen Fischerei halber herziehen. Da die Meerfische bei dem hohen Frühlingswasser stromaufwärts in die Landseen getrieben werden und im Sommer wieder in das Meer zurückkehren, so fängt man sie, indem man queer über den Strom ein Ruthengeflecht stellt und in dasselbe Reusen und Fischkörbe setzt. Der Ertrag ist sehr gross.

Durch den Wechsel der Ruderer und verschiedene nothwendige Vorbereitungen zur Weiterreise wurden wir hier bis zum 23. Juli aufgehalten, wo wir unsere Fahrt fortsetzten. Ungefähr 10 Werst von hier fuhren wir an der Mündung des Flusses Bajukòwa vorbei, welcher aus einem südlich in blauer Ferne sichtbaren hohen Gebirge entspringt, und gelangten an einen Fluss, welcher die Vereinigung des grossen mit dem kleinen oder trocknen Aniuj macht, in welchen wir hineinfuhren. Als wir noch ungefähr 20 Werst seinen vielfachen Krümmungen gefolgt waren, schlugen wir unser Nachtlager auf einer niedrigen, sandigen Insel auf, wo wir vor den Besuchen der Bären gesichert waren, deren sich eine grosse Menge längs den beiden Ufern sehen liess. — Die folgenden zwei Tage (24. und 25.) ging unsere Fahrt ziemlich rasch, denn wir hatten einen starken, günstigen Wind, dabei aber auch während ganzer drei Tage fast unausgesetzt dichten Regen, der uns in dem völlig offenen Boote so durchnässte, dass ein halbzerfallener Balagan, den wir endlich auf einer Anhöhe am linken Ufer, Kildan genannt, erblickten, uns ein wahres Prachtgebäude schien. Im Nu war das Boot auf den Strand gesetzt, unsere Sachen wurden hinaufgetragen, und eine Viertelstunde nachher sassen wir schon um das Feuer, trockneten unsere Kleider und wärmten uns, in Erwartung des Haupterwärmungsmittels, des balsamischen Thees. Bald war auch dieser bereitet, und wir leerten Jeder ein paar Gläser desselben auf das Wohl der wackern, nach Ostrownoje handelnden Kaufleute, die diesen Zufluchtsort zwar für sich erbauten, aber auch uns eine wahre Wohlthat dadurch erwiesen.

Wir blieben hier einen ganzen Tag, den meine Leute benutzten, um einige kleine Ausbesserungen an unserem Fahrzeuge vorzunehmen; unter andern ward auch ein dünner Mast darin aufgerichtet, zur Befestigung der Zugleine, deren wir uns forthin, wegen der gar zu heftigen Strömung, bedienen mussten. Unterdessen richtete ich mein Reisejournal ein und trug die bisherigen Beobachtungen in dasselbe.

Da es äusserst schwierig und zum Theil hier auch wohl unnütz gewesen wäre, immer genau die verschiedenen Richtungen, denen wir folgten und die Entfernungen eines Punktes von dem andern anzugeben, so habe ich mich auf dieser Reise darauf beschränkt, nur Breiten-Beobachtungen und Peilengen zu nehmen und nach diesen die Hauptpunkte zu bestimmen.

Bisher liefern die Ufer des Aniuj denselben einförmigen, traurigen und öden Anblick wie die der Kolyma in der Nähe von Nis'hne-Kolymsk; doch sieht man hier statt der dortigen mit niedrigem Weidengesträuch bewachsenen Moräste ziemlich gute Graswiesen. — Das rechte Ufer des Flusses ist bedeutend höher als das linke; es besteht grösstentheils aus steilen, oft überhängenden Sandbergen von 30 und mehr Faden Höhe, die sich blos dadurch erhalten, dass die matten Strahlen der Sonne während des hiesigen kurzen Sommers nicht im Stande sind, das ewige Eis derselben aufzuthauen. Die meisten waren steinhart gefroren, und nur die dünne obere Schicht wird von dem Wasser unterhalb nach und nach weggespült; hiedurch stürzen oft grosse Massen gefrorener Erde hinab in den Strom, und dann zeigen sich darin gewöhnlich mehr oder weniger gut erhaltene Mammutsknochen. Wir sahen ein paar dergleichen Gerippe und den Schädel eines Thieres, das mir ein Nashorn gewesen zu seyn schien.

Ohne mich darauf einzulassen, die Hypothesen über die Art, wie diese wahrscheinlich antediluvianischen Thierüberreste hieher gekommen sind, zu untersuchen, noch auch die Anzahl jener Hypothesen durch neue zu vermehren, erlaube ich mir, nur Sachverständige auf den mir auffallenden Umstand aufmerksam zu machen, dass die wahrscheinlich mehreren Thieren verschiedener Gattung gehörenden Zähne, Knochen und Gerippe, die wir mit dem allgemeinen Namen Mammutsknochen bezeichnen, nicht gleichmässig überall auf der ganzen Oberfläche Sibiriens vertheilt, sondern so zu sagen in ungeheuren Gruppen zusammengeschoben sind, die, je weiter nach Norden, je grösser und reichhaltiger werden. Die meisten Mammutsknochen finden sich in Neusibirien und auf den Lächow'schen Inseln, wie schon Reschètnikow und Sannikow in ihren Reiseberichten erwähnen. Von dort werden alljährlich viele Hunderte von Puden ausgeführt, während das feste

Land viel weniger, und der südlichere Theil Sibiriens fast gar keine Mammutsknochen haben.

Am 26. Juli setzten wir unsere Reise weiter fort; der Strom wird mit jeder Werst reissender, dabei macht er eine Menge kurzer Krümmungen, bildet sehr viele kleine Inseln, und das Bett ist mit spitzen, zackigen Steinen besäet. Auf einen solchen trieb uns der Strom, und unser Fahrzeug bekam einen starken Leck; das hat aber hier zu Lande wenig zu bedeuten; das Fahrzeug ward gleich auf die nächste kleine Insel gezogen, ausgeladen, in fast unglaublicher Geschwindigkeit wieder ausgebessert, und wir fuhren weiter, ohne irgend einen anderen Verlust als den von ein paar Stunden Zeit dabei erlitten zu haben.

Von unserem Nachtlager in Kil'den an änderte sich die Physiognomie der Gegend merklich; die Ufer werden immer höher; an die Stelle des feinen, röthlichen Sandes tritt Kies und Gestein, und alles deutet auf den Uebergang zum Felsen; bei Molotkowo sahen wir schon grosse Strecken Schieferlagen, mit Quarzadern durchschossen.

Unsere Fahrt gegen den reissenden Strom ging so langsam, dass wir erst am dritten Tage den Ort Plotbischtsche erreichten, wo gewöhnlich zu Anfange des Herbstes der Zug der Rennthiere über den Fluss zu setzen pflegt. Wir langten gerade hier zu der Zeit an, wo dieser Zug, auf welchen ein grosser Theil des Lebensunterhalts und der Existenz der Bewohner der Umgegend weit und breit beruht, Statt haben sollte; es wimmelte von Jukahiren, die alle der Rennthierjagd wegen hier versammelt waren und mit Ungeduld auf die Ankunft des Rennthierzuges warteten, weil in vielen Ortschaften schon wirklich Hungersnoth herrschte. Auch fanden wir mehrere Russen, die auf ihren Wetki aus Nis'hne-Kolymsk hergekommen waren, um gleichfalls ihr Heil zu versuchen.

Ein alter, wohlhabender Jukahiren-Häuptling, Namens Korkin, nahm uns freundlich in seiner Wohnung auf, setzte uns das beste vor, was er besass, getrocknetes Rennthierfleisch und etwas Thran; so bewirthete der gastfreundliche Greis alle bei ihm einsprechenden Gäste unentgeltlich. Bei dem allgemeinen Mangel, und bei der Ungewissheit, wie noch die diesjährige Rennthierjagd — die hiesige Erndte — ausallen wird, kann diese Freigebigkeit Manchem wohl unüberlegt und unvorsichtig vorkommen; sie mag es vielleicht in mancher Hinsicht wohl seyn, aber gerade darin besteht die ächte russische Gastfreundschaft, die von Petersburg bis Kamtschatka, vom Kaukasus bis an das Eismeer herrscht. Ueberall findet man noch diese herrliche Tugend der Russen, am meisten aber unter den Nomaden-Völkern Sibiriens, wo immer das beste Stück dem Gaste gehört.

Mein Reisegefährte, der Doktor Kyber, der hier allerlei theils ärztliche, theils auch naturhistorische Beschäftigungen fand, wünschte sich eine Weile hier aufzuhalten, und ich benutzte diese Zeit, um einige Nachrichten über die Bewohner dieser Gegend und über ihren jetzigen und ehemaligen Zustand einzuziehen.

Vor der Eroberung Sibiriens durch die Russen war überall die Bevölkerung ungleich zahlreicher als jetzt, wo viele Völkerschaften (wie z. B. die Schelàgi, Aniujily, Omoki u. A.) ganz verschwunden und nur noch dem Namen nach bekannt sind. — Dessenungeachtet finden sich aber doch hier auf einem nicht sehr grossen Flächenraume acht bis zehn kleine Völkerstämme, die sich durch Sprache, Sitten, und sogar in ihrem Aeussern sehr von einander unterscheiden. Eine um so merkwürdigere Erscheinung, da manche dieser Stämme nur aus zwei oder drei Familien bestehen, die dessenungeachtet ihre frühere National-Eigenthümlichkeit erhalten haben. Wahrscheinlich sind es Ueberbleibsel, Trümmer grösserer, zahlreicher Völkerschaften, die entweder hier lebten und allmälig ausstarben, oder vielleicht auch durch irgend einen Zufall von Weitem her verschlagene Familien, die sich hier niederliessen.

Die an Freiheit und Ungebundenheit gewöhnten Nomadenvölker zogen sich vor den siegenden Eroberern Sibiriens immer weiter hinauf nach Osten. Durch diese Auswanderungen, durch innere Kriege, verheerende Krankheiten, zum Theil auch wohl durch die Vermischung der verschiedenen Stämme mit den Russen und unter einander verschwanden viele der alten ursprünglichen Bewohner des Landes ganz, und an ihre Stelle traten neue Stämme, die sich theils hier bildeten, theils von weitem herzogen. Dies ist unter andern der Fall an den Ufern der Kolyma, wo sonst ein der Sage nach zahlreiches, wohlhabendes und mächtiges Volk, die Omòki, lebte, welches nicht mehr existirt, und an dessen Stelle man jetzt kleine Häufchen Jukahiren, Lamuten, Tungusen, Tschuwanzen, Koräken, Jakuten u. A. trifft.

Unser alter Gastfreund behauptete, noch von den Omoki abzustammen; er that sich nicht wenig darauf zu gute, dass ihre Sprache sich noch in seiner Familie erhalten habe, und erzählte mit wahrem Vergnügen vieles von seinen Vorfahren, von ihren blutigen Kriegen und von der ehemaligen Zeit.

An den Ufern der Kolyma, nördlich vom Omolon, und an den Mündungen der beiden Flüsse Aniuj lebten, seiner Erzählung nach, vor Zeiten die Omoki, ein friedliches und so zahlreiches Volk, dass man davon zu sagen pflegte: „an den Ufern der Kolyma giebt es mehr Omokische Feuer, als bei heiterer Nacht Sterne am Himmel zu sehen sind." Die Omoki nährten sich von Jagd und Fischerei, welche damals in der Kolyma und allen mit derselben in Verbindung stehenden Flüssen sehr ergiebig war. Das Volk hatte einen gewissen Grad von Bildung und kannte unter andern den Gebrauch des Eisens lange vor Ankunft der Russen. Als diese aber ihre Eroberungen immer weiter ausdehnten, als ihre verheerenden Begleiter oder Vorläufer, ansteckende Krankheiten und Blattern, furchtbare Verwüstungen unter den hiesigen Bewohnern anrichteten, da entschlossen sich die Omoki, ihren jetzigen Wohnsitz an der Kolyma zu verlassen und weiter fortzuziehen. Dies Vorhaben führten sie aus, indem sie in zwei grossen Abtheilungen mit ihrer ganzen Habe und ihren zahlreichen Rennthierheerden von den Mündungen der Kolyma nach dem Norden hinaufzogen. Wohin der Zug eigentlich ging, wo sie sich niederliessen und was aus ihnen geworden, wusste weder der Alte, noch ist auch bis jetzt darüber irgend etwas Bestimmtes zu erfahren möglich gewesen.

Wahrscheinlich ging ihr Zug längs dem Ufer des Eismeeres nach Westen hin, denn jetzt noch sieht man am Ausflusse der Indigirka deutliche Spuren einer sehr grossen Anzahl Jurten; selbst die ältesten Leute erinnern sich nicht, dass hier jemals irgend eine Niederlassung gewesen sey, aber der Ort heisst bis jetzt immer noch Omòkskoje Jurtowischtsche, das Omokische Jurtendorf.

Wo sind die Omoki hingekommen? wo hausen die Trümmer, die

Nachkommen dieses ehemals zahlreichen Volkes? Etwa in Europa? An den Ufern der Petschora? — Einige unbestimmte Traditionen geben Anlass zu dieser letzteren Vermuthung.

Auf den von den Omoki verlassenen Ufern der Kolyma siedelten sich nach und nach verschiedene Völkerstämme an, unter denen man als die bedeutendsten Jukahiren, an den oberen Gegenden dieses Stromes, Tungusen aus den Steppen am Amur, und Tschuwanzen, die durch die Tschuktschen von den Ufern des Anadyr verdrängt waren, nennen kann.

So stand es um das Jahr 1750, als der damalige Jakuzkische Wojewod Pawluzkij, unterstützt von den damals noch zahlreichen Tschuwanzen und Jukahiren, einen Feldzug gegen die Tschuktschen unternahm, dessen unglücklicher Ausgang der hiesigen Bevölkerung den letzten empfindlichen Streich beibrachte. Die Tschuwanzen fanden fast alle dabei ihr Grab, ein grosser Theil der Jukahiren gleichfalls. Unter den Nachgebliebenen, so wie unter den hiesigen Russen selbst, richteten verschiedene ansteckende Krankheiten furchtbare Verheerungen an: zwei Mal wüthete eine schreckliche Blatternpest; was ihr entging, unterlag bösartigen Fiebern, und zuletzt verbreitete sich fast überall die zerstörendste aller Krankheiten, die Syphilis, welche auch jetzt noch hier wüthet und den geringen Ueberrest der Bevölkerung vollends aufreibt, da sie, ohne ärztliche Hülfe, noch mehr aber durch das furchtbare Klima und den gänzlichen Mangel an frischen, leichten Nahrungsmitteln, fast immer tödtlich wird.

Jetzt beschränkt sich die ganze Bevölkerung des sogenannten kleinen Aniuj auf einige Familien Jukahiren, die, durch Seuchen ihres einzigen Reichthums, der Rennthierheerden, beraubt, genöthigt waren, das ehemalige Nomadenleben aufzugeben und sich hier anzusiedeln. Sie haben sich taufen lassen, haben nach und nach ihre Nationalität, ihre Sitten und Gebräuche ganz abgelegt, und sprechen durchgehends russisch.

Sie wohnen in ziemlich geräumigen und reinlichen Häusern, aus Balken gezimmert. Jedes Haus besteht aus Einem Zimmer, in welchem immer links von der Eingangsthür, statt des bei den russischen Bauern gewöhnlichen Backofens, eine Art von Heerd oder Kamin (tschuwàl) steht, auf welchem unaufhörlich Feuer brennt; hiedurch wird nicht nur die Stube hinlänglich erwärmt, sondern auch die Luft in derselben immerwährend gereinigt. In dem oberen Winkel befinden sich einige Heiligenbilder, an der Wand herum hängen Flinten, Pfeile, Bogen, und auf ein paar Brettchen stehen einige Töpfe, Teller und Tassen. Ein grosser Tisch und eine breite, längs den Wänden um das ganze Zimmer herum laufende Bank vollenden das schlichte Ameublement.

Ihre Kleidung ist ganz der der hier lebenden Russen gleich, welche diese letzteren den Eingeborenen des Landes als zweckmässig und dem Klima entsprechend nachgeahmt haben. Sie besteht aus der Parka, der Kamlejka u. s. w. *) von Rennthierfellen. Männer und Weiber unterscheiden sich darin fast gar nicht; der einzige bemerkbare Unterschied besteht darin, dass die Weiber ein Tuch um den Kopf binden und oben an der Parka einen liegenden Kragen von Zobelfellen haben, dahingegen die Männer einen stehenden Kragen von etwas geringerem Felle tragen; auch werden gewöhnlich die Kleidungen der Frauen aus den sammetartigen Fellchen der ungeborenen Rennthierkälber gemacht, während die Männer sich mit dem gewöhnlichen jungen Rennthierfell (pys'hik) behelfen.

Was ihre Gesichtsbildung anlangt, so wage ich nicht zu entscheiden, ob die Jukahiren den hiesigen Russen, oder diese ihnen gleichen; so viel ist aber ausgemacht, dass zwischen beiden die grösste Aehnlichkeit Statt findet. Sie haben fast durchgehends schwarze Augen, dunkle Haare und ein längliches, ziemlich regelmässiges Gesicht, welches sich durch seine auffallende Weisse auszeichnet.

Im Umgange mit ihnen äussert sich noch jener leichte, fröhliche Sinn, der den Nomaden-Völkern eben so eigenthümlich ist, als die vollkommenste Gastfreundschaft und manche andere dahin gehörigen Tugenden und guten Eigenschaften, die oft mit der Civilisation verloren gehen. Leider haben sie aber durch den Verkehr mit den Russen, welche sie immer noch als ihre Unterdrücker betrachten, eine Art von misstrauischer Verstellung angenommen und erlauben sich

---

*) Alle diese Kleidungsstücke sind früher schon beschrieben.

gern — vielleicht nur als Wiedervergeltung — sie im Handel zu betrügen, worin sie es recht weit gebracht haben.

Die Jukahiren sind leidenschaftliche Liebhaber der Musik; alle, Jung und Alt, spielen auf der Violine oder der Balalàjka einige Lieder. Die Frauen haben ziemlich reine und angenehme Stimmen. Ihre Gesänge haben etwas ganz Eigenthümliches, Ungeregeltes, ich möchte beinahe sagen Wildes, das Anfangs auffällt; aber das Ohr gewöhnt sich sehr bald an diese Weisen, und ich habe zuletzt Gefallen daran gefunden. Die Sängerinnen improvisiren fast alles, sowohl Worte als Melodie. Erstere enthalten immer nur Klagen über die Abwesenheit des Geliebten, Aufträge an den Vogel, das Lüftchen, ihm den Gram der Zurückgebliebenen zu schildern; da erscheinen die braungefiederte Nachtigal, das blaugefiederte Täubchen, das Gitterfenster im Giebel, lauter Gegenstände, die hier gar nicht zu finden sind und die sie nur aus den Liedern der Russen kennen, nach denen sich ihre Poesie gebildet hat. Freilich bietet die erstarrte Umgebung ihnen keinen poetischen Gegenstand dar, aber es könnte doch ein Jagdabenteuer, irgend ein ungewöhnliches Ereigniss, allenfalls, wie bei so vielen anderen Völkern, eine Erinnerung, eine Sage aus der Vorzeit, kurz etwas Eigenes, Hiesiges, besungen werden. Dafür aber scheinen sie keinen Sinn zu haben, und wenn ich sie zuweilen aufforderte, etwas aus den Erzählungen der Männer zu nehmen, erfolgte immer die Antwort: „das ist nicht unsere Sache; das singen wir nicht."

Die Jukahiren und übrigen Bewohner der Gegenden längs dem Aniuj sind zu ihrem Lebensunterhalt fast ausschliesslich auf die Jagd der Gänse und Rennthiere angewiesen. Der Ertrag der Fischerei ist unbedeutend, da die grösseren Seefische nur höchstens bis Plotbischtsche hinaufziehen, und dass das Pflanzenreich in diesen eisigen Regionen nur wenig liefern kann, ist leicht begreiflich. Einige verschrumpfte Beeren und eine süsslich schmeckende Wurzel, Makarscha genannt, das ist alles, was die erfrorene vegetabilische Natur hier zu liefern vermag. An Viehzucht oder irgend eine Art von landwirthschaftliche Industrie ist gar nicht zu denken, und daher hängt die ganze Existenz der Bevölkerung blos von dem Rennthiere ab, welches hier, wie in Lappland, fast ausschliesslich Nahrung, Kleidung, Fuhrwerk und Wohnung (nämlich die Reisezelte) liefert. — Der Ertrag der Rennthierjagd entscheidet, ob in dem Jahre Hungersnoth oder — hiesiges — Wohlleben herrschen, und daher ist die Zeit des Rennthierzuges hier die wichtigste Epoche im Jahre, wie etwa die Aerndte oder Weinlese in der übrigen Welt.

Solcher Züge giebt es hier zwei im Jahre; der erste hat im Frühling, der andere im Herbst Statt, und da es hier fast keinen Sommer giebt, so folgen beide Züge ziemlich bald aufeinander. — Ungefähr gegen das Ende des Mai verlässt das wilde Rennthier in grossen Heerden die Wälder, wo es den Winter über einigen Schutz gegen die grimmige Kälte suchte, und zieht nach den nördlicheren Flächen, theils weil es dort bessere Nahrung auf der Moostundra findet, theils aber auch, um den Mücken und Fliegen zu entgehen, die mit dem Eintritt des Frühlings in ungeheuren Schwärmen die ganze Luft verfinstern und die armen Thiere im vollen Sinne des Wortes zu Tode quälen. — Dieser Frühlingszug ist nicht sehr vortheilhaft für die Jäger, weil die Thiere oft noch über die gefrorenen Flüsse ziehen, wo es dann kein anderes Mittel giebt, als ihnen in den Bergschluchten aufzulauern und sie mit Flinten oder Pfeilen zu erlegen, oder in Schlingen zu fangen. Letzteres ist ziemlich unsicher, ersteres aber, wegen der Seltenheit des Pulvers und Bleies, kostspielig. Zudem sind auch um diese Jahreszeit die Thiere sehr mager und durch die Bisse der Insekten ganz mit Beulen und Wunden bedeckt, so dass nur der äusserste Hunger dazu bewegen kann, das Fleisch zu geniessen; gewöhnlich werden die Frühlingsrennthiere auch nur zum Futter für die Hunde benutzt.

Die wahre Erndte aber ist im August oder September, wo die Rennthiere wieder aus der Ebene in die Wälder zurückkehren. Dann sind sie gesund und wohlgenährt und geben eine schmackhafte, kräftige Speise; um diese Zeit ist auch das Fell mit neuem Winterhaar bewachsen und dicht und fest. Der Unterschied in der Güte der Felle ist so gross, dass man ein Frühlingsfell für 1 bis $1\frac{1}{2}$ Rubel kauft, während ein Herbstfell mit 5 bis 6 Rubel bezahlt wird. — Wir befanden uns gerade zu dieser Epoche hier, und hatten Gelegenheit, den Rennthierzug und Fang genau zu beobachten.

Der Zug der Rennthiere ist etwas höchst Merkwürdiges; er besteht in guten Jahren aus mehreren Tausenden, und nimmt zuweilen eine Breite von 50 bis 100 Werst ein. Obgleich sie, wie es scheint, in Abtheilungen oder Heerden von 2 bis 300 Stück gehen, so bleiben sich diese doch immer ziemlich nahe, so dass das Ganze nur Eine ungeheure Masse ausmacht. Ihr Weg ist immer unabänderlich derselbe, zwischen der Obergegend des trocknen Aniuj und bei Plotbischtsche. Zum Uebergange über den Fluss wählen sie eine Stelle, wo an dem einen Ufer ein trockener Thalweg hinabführt und an dem gegenüberstehenden ein flaches, sandiges Ufer ihnen das Hinaufkommen erleichtert. Hier drängt sich jede einzelne Heerde dichter zusammen und beginnt unter Anführung der grössten und stärksten Thiere ihren Uebergang. — Der Anführer, dem einige wenige dicht folgen, schreitet langsam mit hocherhabenem Kopfe voran und scheint sich die Lokalität genauer ausprüfen zu wollen. Wenn er sich von der Gefahrlosigkeit überzeugt hat, setzt er in den Fluss, der ganze Haufe folgt ihm in dichtem Gedränge nach, und in wenigen Minuten ist die ganze Oberfläche mit schwimmenden Thieren bedeckt. Nun stürzen auch die Jäger in ihren kleinen Kähnen pfeilschnell hinter den Buchten, Steinen, Gesträuch u. s. w. unter dem Winde, wo sie sich bis dahin verborgen gehalten, hervor, umringen den Zug und suchen ihn aufzuhalten, während zwei oder drei der gewandtesten unter ihnen mit einem kurzen Spiesse, pokoljuga, bewaffnet, in den schwimmenden Haufen hineinfahren und in unglaublich kurzer Zeit eine grosse Menge tödten, oder doch so schwer verwunden, dass sie höchstens das Ufer erreichen und den dort wartenden Weibern, Mädchen und Kindern in die Hände fallen.

Dieses Geschäft ist übrigens mit grosser Gefahr für den Jäger verknüpft; in dem ungeheuren Gewühl der dicht unter einander schwimmenden Thiere ist der kleine, leichte Kahn ohnehin jeden Augenblick dem Umwerfen nahe, ausserdem aber wehren sich die Verfolgten auf alle mögliche Art, die Männchen mit ihrem Geweih, mit den Zähnen und mit den Hinterläufen, die Weibchen aber pflegen gewöhnlich mit den Vorderfüssen auf den Rand des Kahnes zu springen, um ihn auf diese Art umzuwerfen; gelingt dies, so ist gewöhnlich der Jäger verloren, indem es ihm bei aller Gewandtheit beinahe unmöglich wird, sich aus dem dichten Haufen herauszuarbeiten. Wohl ihm, wenn es ihm gelingt, sich an ein starkes Thier anzuklammern und sich von diesem an das Ufer herausbugsiren zu lassen! Doch sind Vorfälle dieser Art sehr selten, da die Leute eine bewundernswürdige Gewandtheit besitzen, sowohl ihr Fahrzeug immer im Gleichgewicht zu erhalten, als auch mit jedem Streich ein Thier zu erlegen. Ein guter Jäger erlegt ihrer 100 und mehr in weniger als einer halben Stunde. Wenn die Heerde zahlreich ist und einmal erst in Unordnung geräth, so verwickeln sich die Thiere mit ihren breiten Geweihen in einander, und dann wird das Stechen weit leichter, da weniger Gegenwehr ist. — Die übrigen Böte bemächtigen sich unterdessen der getödteten Thiere, binden sie mit Riemen aneinander, und was da ein Jeder erhascht, das gehört ihm.

Hiernach scheint es, dass alles Erlegte weggerafft wird und dem Jäger selbst nichts für seine gefährliche Mühe übrig bleibt; allein es ist festgesetzt, dass nur die gleich getödteten und auf dem Flusse schwimmenden Thiere Gemeingut sind, und dass alle diejenigen, die verwundet das Ufer erreichen und dort fallen, dem Jäger gehören. — Diese haben es daher auch zu einem bewundernswürdigen Grade von Geschicklichkeit darin gebracht, mitten in dem ungeheuren Kampfgewühle, wo ihr Leben jede Sekunde auf dem Spiele steht, wo alle ihre physischen und moralischen Kräfte aufs höchste angestrengt sind, doch noch Besonnenheit genug zu behalten und ihre Streiche so einzurichten, dass sie die kleineren und schwächeren Thiere gleich tödten, die grossen aber nur stark verwunden, so dass sie noch das Ufer erreichen können. Die allgemeine Stimme billigt eigentlich dies Verfahren nicht und nennt einen solchen einen schlechten Mann, dessenungeachtet aber scheint es doch ziemlich allgemein zu seyn. — Eine solche Rennthierjagd im Wasser ist eine höchst merkwürdige und eigentlich nicht beschreibbare Scene; das Gewühl der Tausende von schwimmenden Rennthieren, das klappernde Aneinanderstossen ihrer Geweihe, die zwischen den geängsteten Thieren mit Blitzesschnelle und eigener Lebensgefahr sich durchwindenden Würgengel, das Schreien und Rufen der Uebrigen, welche Beifall, Warnung, Rath ertheilen, die von Blut dunkelroth gefärbten Wellen des Stromes — man muss das gesehen haben, um sich einen Begriff davon zu machen. — Nach beendigter Jagd geschieht die Theilung nach den oben erwähnten Prinzipien. Die erlegten Thiere werden ins Wasser gesenkt, weil sie an der Luft gleich in Fäulniss übergehen und ungeniessbar werden, dahingegen aber sich in dem eiskalten Wasser mehrere Tage frisch erhalten, bis man Zeit gewinnt, sie auszuweiden, zu reinigen und zur Aufbewahrung zuzubereiten. Die Mittel hiezu sind: Dörren an der Luft, Räuchern, und wenn bald Fröste eintreten, Einfrieren. Einige der Russen salzen auch wohl die besten fleischigen Theile ein. — Als vorzügliche Leckerbissen werden die Zungen sorgfältig aufbewahrt und nur bei festlichen Gelegenheiten aufgetischt.

Wir brachten zwei Wochen in Plotbischtsche zu und reisten endlich, nachdem die ganze Rennthierjagd beendigt war, am 13. August Morgens weiter. Zur Nacht gelangten wir nach Argunowo, wo sich noch einige Jukahiren-Familien des Rennthierzuges halber aufhielten.

Ungefähr 20 Werst oberhalb Argunowo fällt von der rechten Seite in den Aniuj der Fluss Poginden', welcher eben so breit und wasserreich ist als jener. Bis hieher ungefähr erstreckt sich noch der Rennthierzug; weiter hinauf aber, wo der Fluss seicht ist und eine Menge kleiner Wasserfälle macht, gehen sie nicht mehr. Dies ist auch wohl der Grund, weshalb, ungeachtet der übrigens sehr vortheilhaften Lage, sich gar keine Niederlassungen längs dem Poginden' befinden. Die Jukahiren benutzen den Fluss blos im Winter, wo er ihnen einen ebenen, bequemen Weg darbietet, um nach den Gebirgen, oberhalb an den Flüssen Beresowaja und Baranicha, zu gelangen, auf welchen es eine Menge wilder Schafe giebt.

Bei Argunowo werden die Ufer des Aniuj schöner und mannigfaltiger; statt der steilen, schwarzen Felsenwände, die höchstens hie und da durch einen hervorsprudelnden Bach unterbrochen waren, trifft man hier freundliche, sanft hinaufgehende Ufer mit grossen Einbuchten, in welchen kleine mit Pappeln bewachsene Inseln liegen. Das Ganze war freundlich und malerisch, und wurde noch durch einige kleine Heerden Rennthiere belebt, die, wahrscheinlich verspätet oder durch die Jäger versprengt, ihrem Hauptzuge nacheilten. — Der Strom ist hier sehr reissend, und wir konnten daher nur langsam und mit grosser Vorsicht vorwärts kommen.

Am 16. nächtigten wir in einer tiefen Schlucht zwischen zwei felsigen Bergen, Pändina und Ogorod (Einzäunung). Letzterer hat seinen Namen von einem grossen, mit allerlei Flechtwerk eingezäunten Platz unweit desselben, in welchen man die ziehenden Rennthiere durch allerlei Mittel hineinlockt und dann ohne viele Mühe sticht.

Der Abend war klar und heiter, und in der Absicht, einige Peilengen zu nehmen, bestieg ich den einen jener beiden Felsen, von wo aus ich einen grossen Theil der umliegenden Gegend zu übersehen hoffte; aber schon auf der Hälfte des Weges hinaus fand ich, dass der ganze Horizont ringsum von einer fast zusammenhängenden Kette schwarzer Felsenkoppen verdeckt war, und dass ich also meinen Zweck nicht erreicht hätte. Unverrichteter Sache kehrte ich zu meinem Boote zurück und setzte nach einigen Stunden Ruhe mit Tagesanbruch meine Reise weiter fort. Bald erblickten wir das Ziel unserer Reise, den Felsen Obrom, mit seinem in Wolken verhüllten Gipfel; wir beschleunigten möglichst unsere Fahrt, und nachdem wir die sogenannte Festung Ostrownoje passirt hatten, gelangten wir am 17. August Abends an das Obromskische Sommerdorf, welches ungefähr 250 Werst von Nis'hne-Kolymsk entfernt, am linken Ufer des Stromes, gerade gegenüber dem Felsen Obrom liegt. Wir fanden ausser einigen hungernden Weibern und Kindern Niemand von den Einwohnern hier, alle waren den Strom hinaufwärts dem Rennthierzuge entgegen gegangen, der immer noch fortdauerte.

Mein Reisegefährte, der Dr. Kyber, musste sich hier einige Tage aufhalten; ich hatte kein bestimmtes Geschäft und schweifte mit meiner Flinte und meinem Hunde in der umliegenden Gegend umher, theils um sie kennen zu lernen, theils auch um vielleicht etwas Wild für unsere sehr verarmte Küche zu schiessen. Am ersten Tage war meine Jagd nicht glücklich, ich fand gar kein Wild; um doch etwas für meine Mühe zu haben, entschloss ich mich, den auf dem gegenüberstehenden Ufer liegenden Obrom zu besteigen. Als ich am Fusse des Berges war, bellte mein Hund, und ich sah aus dem Gebüsch einen Jukahiren kommen, den ich ersuchte, mein Führer zu seyn. — Der

Weg hinauf war Anfangs äusserst beschwerlich, wir mussten uns mit Händen und Füssen über die jähen Felsenspalten forthelfen und manchen gefährlichen Sprung wagen. Nachdem wir beinahe eine Stunde so geklettert hatten, war ich des Dinges müde und wünschte umzukehren; daran war aber gar nicht zu denken, wir mussten vorwärts. Bald gelangten wir auf eine Rennthier-Fährte, die auch den Berg hinanging und uns einen wenn auch eben nicht sehr bequemen, aber doch weniger halsbrechenden Weg darbot. Endlich gelangten wir nach dreistündigem Steigen auf den mit Schnee bedeckten Gipfel des Felsen, und ich fand mich reichlich für meine Mühe belohnt.

Nur in dem hohen Norden Sibiriens kann man sich einen Begriff von den zwar nicht freundlichen, aber in ihrer Art grossartigen, erhabenen Naturschönheiten machen, die diesen eisigen, und wie man glauben sollte, todten und traurigen Gegenden eigenthümlich sind: Vor mir lagen wellenförmig mit Schnee gekrönte Gebirge, die sich in das bläuliche Eis und die Nebel des ewig gefrorenen Meeres verloren; die untergehende Sonne warf ihre dunkelrothen Strahlen, Vorboten eines nahen Sturmes, auf die Gipfel der Berge und bildete in den flimmernden Eistheilchen, mit denen die Atmosphäre angefüllt ist, unzählige Regenbogen. Hie und da springen zackige, schwarze Felsen hervor, die wie Inseln in einem unabsehbaren, weisslich grauen Ocean aussehen und einige Abwechselung in die Einförmigkeit des Ganzen bringen. — Während ich dieses durchaus nicht darzustellende Gemälde und die Leblosigkeit und die furchtbare Stille, die darin herrschte, anstaunte, erhob sich plötzlich ein heftiger Ostwind, der heulend und zischend durch die Bergschluchten und Felsenklüfte wirbelte und hohe Säulen von Schnee und Sand emportrieb; mein erfahrener Begleiter mahnte mich, auf den Rückzug bedacht zu seyn, ehe noch ein Schneegestöber entstünde, das uns vielleicht gefährlich werden könnte. Wir stiegen an der anderen, weniger steilen Seite des Berges hinab, die uns Schutz gegen den Sturm gewährte, und gelangten zur Nacht an den Fluss, wo wir ein Boot fanden, das uns nach Hause brachte.

Der Obrom ist bis zur Hälfte seiner Höhe mit Wald bewachsen; am Fusse findet man dicht stehende, grosse Lärchenbäume, weiter hinauf grösstentheils strauchartige, längs dem Boden kriechende Cedern, zuletzt aber nur grobes, niedriges Gras und Moose. Der Berg besteht grösstentheils aus unebenem, verwittertem Granit, der hie und da mit Schiefer durchschossen ist. In den Ritzen und auf der Oberfläche hat sich in Jahrtausenden etwas vegetabilische Erde erzeugt, aus welcher die Sträucher und Gewächse ihre kümmerliche Nahrung ziehen.

Uebles Wetter, Sturm, Regen und Schnee hielten mehrere Tage an; die wenigen Laubbäume, die hier stehen, verloren ihre Blätter, die Nordseiten der Berge und Ufer waren mit Schnee bedeckt, und der Fluss setzte breite Eisränder an. Wir fanden, es sey Winter; die Jukahiren aber waren gesonnen, ihren Sommeraufenthalt hier fortzusetzen, und gaben höchstens zu, dass der Herbst beginne.

Am 21. August traten wir unsere Rückreise an; mit Hülfe eines starken, günstigen Windes machten wir bis 5 Knoten in der Stunde, und langten glücklich am folgenden Tage Abends wieder in Plotbischtsche an. Von beiden Ufern begleitete uns der Gesang der Jukahiren und Russen; der Rennthierfang war reich und glücklich ausgefallen, und überall sah man längs den Ufern Reihen erlegter Rennthiere im Wasser liegen, mit Zweigen bedeckt.

Wir riefen den Jubelnden unsere herzlichen Glückwünsche zu und setzten unsere Fahrt, ohne uns aufzuhalten, weiter fort.

Von Plotbischtsche bis Obrom ist der Strom mit einer Menge kleiner Inseln, Sandbänke und Klippen besäet, welche die Fahrt sehr erschweren und gefährlich machen; weiterhin wird sie ganz unmöglich. Der Aniuj ist ein Bergstrom, und es bedarf nur eines einzigen Regens oder Thauwetters, um ihn ganz ungeheuer anzuschwellen; er ergiesst sich mehrmals im Jahre plötzlich, und jedesmal wäscht er mehrere Inseln weg, setzt neue an, schleudert grosse Steinmassen auf Werste weit hinab und bildet an Stellen, die früher tief waren, Untiefen und Wasserfälle; oft verändert er sogar seinen Lauf auf etliche Werst, so dass selbst die Uferbewohner ihn nie recht kennen lernen.

Der grosse Aniuj.

Weitere Reise zu Pferde aus Plotbischtsche. — Die Bergkette des grossen Aniuj. — Der Fluss Kameschtoma. — Pelzthierjagd. — Fallen. — Der grosse Aniuj. — Der Ort Tigischka. — Ankunft in Sladnoje und Lebasnoje. — Namensfest des Kaisers. — Schlechter Rennthierfang. — Hungersnoth. — Rückfahrt zu Wasser. — Bewohner des grossen Aniuj: Tungusen, Lamuten, Tschuwanzen, und Jakuten. — Ihre Lebensart, Anzahl, Vorurtheile. — Schamanismus und Schamane. — Der Ort Dolgoje. — Ankunft in Bol'schaja Brussänka. — Gefrieren des Stromes. — Weitere Reise auf Narten mit Hunden. — Bàskowo. — Ankunft in Nis'hne-Kolymsk. — Betrachtungen über die Völkerschaften, die wir auf dieser Fahrt besucht haben.

Von Plotbischtsche sollten wir unsere Reise zu Pferde weiter fortsetzen, da aber die hiezu erforderlichen sechs Pferde noch nicht in Bereitschaft waren, so mussten wir uns zwei Tage deshalb hier aufhalten, und konnten erst am 25. August unsere Landreise zu dem grossen Aniuj antreten. Diese war sehr unangenehm, theils wegen des fast immerwährenden heftigen Windes und Schneegestöbers, theils auch wegen der grossen Moräste (badarany), die wir gleich Anfangs zu durchziehen hatten. — Nachdem wir 30 Werst auf einem schmalen Fusssteige gemacht hatten, erreichten wir glücklich den nackten Gipfel des ziemlich hohen Bergrückens, der die beiden Aniuje von einander trennt. Hier bewillkommnete uns einer der Bewohner dieses Gebirges, ein grosser schwarzer Bär, der plötzlich aus dem Gebüsche hervorsprang; unsere Pferde wurden scheu, aber der Bär schien noch mehr vor unserer zahlreichen Gesellschaft zu erschrecken, und kehrte so eilig wieder in das Dickicht zurück, dass wir nicht einmal Zeit hatten nach unsern Flinten zu greifen. Dergleichen Zusammentreffen fallen hier oft vor, sie laufen aber nicht immer so harmlos ab als der unserige; noch in diesem Jahre soll ein Bär, vielleicht waren ihrer auch ein Paar, eine Jurte mit Lamuten, Nachts überfallen und alle im Schlafe erdrosselt haben, bis auf einen, der Mittel fand zu entkommen.

Ungefähr drei Werst weit von dem Fusse des Gebirges, schlugen wir auf dem Ufer des Flusses Kameschkowa, der bei dem Orte Pätistennoj in den grossen Aniuj fällt, unser Zelt auf und machten ein tüchtiges Feuer an, um hier zu nächtigen. Es war noch ziemlich früh, und da auf dem frisch gefallenen Schnee sehr viele Zobelspuren zu sehen waren, so nahm ich meine Flinte und ging ihnen nach. Meine Ungeübtheit in der Zobeljagd war wohl Ursache daran, dass ich keines dieser Thiere zu Gesichte bekam, dahingegen schoss ich etliche Rebhühner, die uns ein sehr willkommener Beitrag zu unserm Abendessen waren.

Die Ufer des kleinen sowohl als des grossen Aniuj sind besäet mit einer zahllosen Menge von Selbstschüssen, Schlingen und Fallen aller Art für die Zobel, Hermeline, Grauwerke, Vielfrasse und Füchse, von denen es hier, trotz der vielen Nachstellungen, immer noch eine sehr reiche Ausbeute giebt. Es ist nichts ungewöhnliches, dass in einem Herbste hier zwei bis dreihundert Zobel gefangen werden.

Ein guter, d. h. fleissiger Jukahir, stellt gewöhnlich mit dem ersten Schnee bis 500 verschiedener Fallen auf, die er im Laufe des Winters 5 bis 6 Mal umgeht, und in guten Jahren findet er gewöhnlich in der achten oder zehnten Falle einen Fang.

In dem Bau und der Anlage dieser Fallen, die alle blos von Holz mit dem Beile gearbeitet sind, und an denen durchaus gar kein Eisen ist, findet sich eine grosse Mannigfaltigkeit, und an manchen derselben ein wirklich merkwürdiger Mechanismus. Sie sind so vollkommen auf die Eigenthümlichkeiten, den Gang und die Stärke jedes der obengenannten Thiere berechnet und eingerichtet, dass es wohl kaum möglich wäre noch irgend eine wirklich zweckmässige Verbesserung dabei anzubringen. Die Noth, dieser grosse und praktische Lehrmeister, hat die Jukahiren und ihre Nachbarn, in Ermangelung jedes andern Erwerbszweiges, bewogen ihre ganze Erfindungskraft auf diesen Gegenstand zu wenden, der so zu sagen ihr einziger Industriezweig, das Einzige ist, wodurch sie etwas Geld verdienen können, und sie haben es darin sowohl als auch in dem Abrichten der zur Jagd gleichfalls nöthigen Hunde und Rennthiere, zu einem hohen Grad von Vollkommenheit gebracht.

Am 26. August erreichten wir zur Nacht einen kleinen Ort, Tigischka, am grossen Aniuj, wo wir Niemand fanden als ein Paar halbverhungerte Weiber. Mein Reisegefährte, der Dr. Kyber, war krank und nicht im Stande die Reise zu Pferde weiter fortzusetzen; ich sah mich daher genöthigt, hier Halt zu machen, und einen unserer Begleiter auf einem kleinen Kahne, nach dem Orte Sladkoje zu schicken, wo fast alle Bewohner des grossen Aniuj der Rennthierjagd halber versammelt waren, und von wo wir demnach hoffen konnten, ein ordentliches geräumiges Boot zu erhalten. — Dieses kam auch am folgenden Tag an; es war aber so eng, dass wir unmöglich mit unserm Gepäcke Platz darauf finden konnten. Wir beschlossen daher, dass der Dr. Kyber allein auf Boote, ich aber meine Reise zu Pferde längs dem Ufer bis zu dem Ort Lobasnoje fortsetzen sollte. Hier hofften wir einen grössern Karbass zu finden, in welchem wir dann gemeinschaftlich unserm ursprünglichen Plane gemäss, bis an die Mündung der Angarka fahren wollten, wo ehemals eine kleine Festung gestanden hat, bei welcher sich alljährlich die Tschuktschen mit allerlei Tauschwaren einfanden.

Am 28. August trat ich meine Reise an; alles war verschneit und wir mussten uns unsern Weg durch das Gebüsch, über Bäche und Moräste bahnen. Wir hatten den ganzen Tag über Schneegestöber und heftigen Wind und waren froh, endlich an dem Fluss Vêtrenowka zu gelangen, unter dessen hohem, steilem Ufer wir etwas vor dem Unwetter geschützt, unser Nachtlager aufschlugen. — Der Wald, den wir durchzogen hatten, war viel kräftiger und grösser als der am kleinen Aniuj; ausser Lärchenbäumen fanden wir hier in grosser Menge wachsende kräftige Birken, Pappeln, Weiden, Espen und verschiedene andere Baumgattungen. An mehreren Stellen stiessen wir auf alte Grabstätten der ehemaligen Bewohner dieser Gegend; es sind kleine hölzerne Gebäude (ungefähr wie die Sajby oder Vorrathskammern) in welche die Leichen, völlig gekleidet, mit Bogen, Pfeilen und Spiess niedergelegt wurden; den Schamanen gab man ihre Zaubertrommel in die Hand.

Auf einem Berge, etwas abwärts von unserm Wege, sahen wir ein altes aus Balken, wie es schien mit steinernen Beilen, gezimmertes Gebäude, welches das Ansehen einer Art von Festung hatte. Der gar zu tiefe Schnee und das arge Wetter erlaubten uns nicht, da es schon ziemlich spät am Tage war, uns mit einer genauern Untersuchung dieses Gebäudes aufzuhalten, die übrigens auch bei dessen zerstörtem Zustande schwerlich irgend eine interessante Ausbeute gegeben hätte.

Der Fluss Wètrenowka macht sehr viele Krümmungen; seine Ufer sind grösstentheils steil und felsicht. Die zwischen den Bergen und Felsen liegenden Niedrungen sind fast durchgehend mit eckigen Steintrümmern bedeckt, die das Wasser noch nicht abgerundet hat. — Auch hier wie am trocknen Aniuj trifft man mehrentheils Schiefer mit Spath-Adern und dazwischen Karniol und Quarz an; erstern in sehr kleinen Stücken, letztern aber in ziemlich grossen Massen. Auch fand ich hier eine ziemlich gut erhaltene Mammutskinnlade.

Nach einer ziemlich unangenehm verbrachten Nacht zogen wir am andern Morgen weiter. — Es war mir schon am gestrigen Tage vorgekommen, als ob unser Wegweiser den Weg nicht so recht kannte. Heute, als er wieder ohne irgend einen sichtbaren Grund, bald links bald rechts bog, und beständig die Richtung änderte, äusserte ich ihm meine Zweifel über seine topographischen Kenntnisse, aber er behauptete steif und fest, schon mehrmals hier gewesen zu seyn, und nannte mir zum Beweise mit grosser Geläufigkeit eine Menge Namen von Bergen und Flüsschen her, über die wir gekommen waren. Unterdessen aber brach die Dunkelheit ein, und wir irrten noch immer in den steilen, öden Bergschluchten herum; unsere Pferde waren ermüdet und nun erst gestand mein Führer, dass er gar nicht wisse wo wir uns befänden, und nach welcher Gegend hin wir den Aniuj zu suchen hätten.

Ich musste mich entschliessen selbst einen Ausweg aus der Wildnisss zu suchen, und da meiner Meinung nach der Fluss westlich liegen musste, so schlug ich diese Richtung ein, indem ich mich, in

Ermangelung eines Kompasses, nach der Rinde der Lärchenbäume richtete, die hier, wie in dem ganzen nördlichen Sibirien immer an der Nordseite schwarz, an der nach Süden gewandten aber röthlich ist, und dadurch den Pelzjägern sehr oft auf diesen Schneemeeren als Kompass dient, um sich herauszufinden. Wir gelangten bald an ein Flüsschen, welches nach seiner Lage und Richtung wahrscheinlich dem Aniuj zufliessen musste. Da der Weg über die Berge und Felsen sehr beschwerlich und in der Dunkelheit sogar gefahrvoll war, beschloss ich längs dem Ufer dieses Baches zu gehen, der immer grösser wurde, und eine nordwestliche Richtung annahm. Nachdem wir so ungefähr noch 20 Werst gemacht hatten, hörten wir zu unserer grossen Freude das Rauschen des grossen Aniuj, der durch das Regen- und Schneewasser angeschwellt, brausend über die Klippen und Felsen hinströmte. — Nach einer Viertelstunde gelangten wir endlich an den Aniuj, und nun ergab sich, dass wir nach langem unnützen Herumkreisen uns doch nur erst gegenüber dem Orte Sladkoje befanden, der an dem jenseitigen Ufer lag. Wir suchten zur Nacht in einem hier stehenden halb verfallenen Balagan Schutz vor dem Schneegestöber und Sturm.

Unser Feuer lockte einige Jukahiren von dem jenseitigen Ufer aus Sladkoje herbei, die uns frisches Rennthierfleisch brachten und uns berichteten, dass der Dr. Kyber gleichfalls heute bei ihnen angelangt sey. Da die Pferde ganz ermattet und nicht im Stande waren weiterzugehen, so entschloss ich mich, die meisten meiner Sachen unter der Obhut eines Jukahiren hier zu lassen, selbst aber in einem kleinen Kahn nach Sladkoje hinüber zu fahren. Am folgenden Morgen setzten wir unsere Weiterreise mit dem Dr. Kyber in dem Karbass fort, und nach einer siebenstündigen Fahrt, die bei dem heftigen Winde und den starken Wellen ziemlich gefährlich war, erreichten wir endlich am 30. August Lobasnoje, wo gewöhnlich ein reicher Rennthierfang Statt zu haben pflegt.

Von Ferne schon hörten wir mehrere Flintenschüsse, und als wir uns dem Orte näherten, schallte uns Gesang entgegen. Am Ufer bewillkommneten uns die beiden Jukahiren-Häuptlinge Rupatschew und Tschaja, von denen wir erfuhren, dass hier der Namenstag des Kaisers, oder wie es hier gewöhnlich heisst, des **beloj tsar**, weisser d. h. freier Zar, und **lyrik jerim**, des Sonnensohnes, gefeiert werde. Wir schlossen uns gleich an sie an und vertheilten eine gute Portion Tabak und Branntwein unter das Volk. Die allgemeine Fröhlichkeit wurde dadurch noch erhöht; die Männer zeigten ihre Geschicklichkeit im Zielschiessen mit Flinten und Bogen, und stellten Wettrennen zu Fuss und in Kähnen an; die Weiber sangen und tanzten, und so dauerte der Jubel bis zum Anbruch des Tages. — Prachtvoller mag dieses Fest wohl an vielen Orten Russlands begangen seyn, aber schwerlich froher und herzlicher als hier, in dem unbekannten **12000** Werst von der Residenz entlegenen Lobàsnoje.

Eine grosse Menge Kranker, die, von unserer Ankunft unterrichtet, uns hier erwarteten, bewogen den Dr. Kyber sich 14 Tage hier aufzuhalten. Da mehrere chirurgische Operationen erforderlich waren, so hatte er vollauf zu thun, während ich durch fast ununterbrochene, dichte Schneegestöber und die üble Witterung in einer höchst peinigenden Unthätigkeit gehalten wurde. Es war durchaus unmöglich irgend eine Exkursion in die umliegende Gegend zu machen, und nur mit Mühe gelang es mir eine Mittagshöhe zu nehmen, um die Breite des Ortes bestimmen zu können.

Die hiesigen Einwohner versichern, dass sich in den Bergen allerlei Krystalle, Chalcedon und Karniol, so wie an den Mündungen der Flüsse ungewöhnlich grosse Bruchstücke von Feuerstein finden, in welchen Abdrücke von Pflanzen, Muscheln u. dergl. zu sehen seyn sollen.

Längs dem Flüsschen Sladkoje, welches mich an den Aniuj brachte, findet sich in einem hohen, schwarzen Schieferfelsen eine weissliche Erde von süsslichem, etwas zusammenziehendem Geschmack, welcher die Jukahiren allerlei Heilkräfte zuschreiben.

Der grosse Aniuj bietet bei stärkerer Bevölkerung der Umgegend und grösserer Mannigfaltigkeit seiner Naturerzeugnisse aus dem Pflanzen- und Thierreiche, gewiss ungleich mehr Stoff zu Beobachtungen dar, als der trockene Aniuj; wir bedauerten es daher sehr, dass die späte Jahreszeit und der endlose Schnee uns fast jede Möglichkeit zu dergleichen Beobachtungen benahm, und dass wir uns mit den unvollständigen, dunkeln und unzuverlässigen Erzählungen der hiesigen Einwohner behelfen mussten.

Der Rennthierzug hatte hier noch nicht begonnen, wurde aber mit Sehnsucht erwartet, da die Hungersnoth schon sehr gross war. Von dem furchtbaren Grade, den diese unter Völkerschaften erreicht, deren Lebensunterhalt, wie hier, blos von einem glücklichen Zufall abhängt, und wo die Aermern gar keine Vorräthe haben, kann man sich kaum einen Begriff machen. Oft schon seit der letzten Hälfte des Sommers nähren sich viele blos von den Fellen, auf denen sie schlafen, und die ihnen zur Kleidung dienen, und ein zufällig erlegtes Rennthier ist eine höchst glückliche Begebenheit; es wird gleich zerlegt, unter den ganzen Stamm vertheilt und fast buchstäblich mit Haut und Haar verzehrt, denn nur letzteres wird abgebrüht, die Haut aber, die Eingeweide, ja sogar die kleingestampften Geweihe werden verschlungen, um nur den von Hunger eingeschrumpften Magen mit irgend etwas zu füllen *).

Endlich zeigte sich, zur grossen Freude der Halbverhungerten, am 12. September am rechten Ufer des Flusses, gegenüber Lobasnoje, der Rennthierzug. Nie noch habe ich eine so ungeheure Menge dieser Thiere beisammen gesehen; alle Anhöhen waren davon bedeckt und ihre Geweihe bildeten in der Ferne einen wandelnden Wald.

In ein paar Stunden wimmelte es in Lobasnoje von Jakuten, Tschuwanzen, Tungusen und Lamuten, die von allen Seiten in ihren Kähnen herbeiströmten, und für dies Mal das Ende ihres Elends durch eine reiche Jagd zu finden glaubten. Freudige Hoffnung belebte alle Gesichter, alles schickte sich an, alles war in Bereitschaft und erwartete den Augenblick, wo der lang ersehnte Zug sich nähern und über den Fluss setzen würde. Aber die Thiere, vielleicht durch die Menschenmenge erschreckt, oder aus irgend einem andern Grunde, nahmen nach einem kurzen Besinnen einen andern Weg; sie verliessen das Ufer und verloren sich in den Bergen. — Die Verzweiflung der ar-

---

*) Fische erscheinen in diesen Flüssen erst später und auch dann sparsam; das Wild aber hält sich in der Tundra, wohin die Einwohner aber nicht ziehen dürfen, weil sie dann leicht die für ihre Existenz so wichtigen Rennthierzüge verfehlen könnten.

men, in ihren Hoffnungen so schrecklich getäuschten Hungernden, war über alle Maasse, und äusserte sich bei diesen rohen Naturmenschen auf die verschiedenartigste Weise. Einige jammerten laut und rangen die Hände, andere warfen sich zur Erde und wühlten den Schnee auf, noch andere, ältere standen stumm und leblos da und starrten mit thränenvollem Blicke nach der Gegend hin, wo ihre Hnffnungen ihnen entschwunden waren. — Ein furchtbares Bild des allgemeinen, gerechten Jammers! Da wir durchaus nichts zur Minderung ihres Elends beitragen konnten, so eilten wir diesen Ort der Verzweiflung zu verlassen, und fuhren am 13., trotz dem heftigen, widrigen Winde, von Lobasnoje weiter.

Ungeachtet desselben erreichten wir doch mit Hülfe des Stromes noch am Abend die 40 Werst weiter liegende Ortschaft Sladkoje. Hier sowohl, als auf der eben so grossen Strecke bis zu dem Flecken Dolgoje, wo wir am 14. eintrafen, besteht das Ufer aus einer ununterbrochenen hohen Bergkette, aus welcher hier und dort schroffe Felsen hervorspringen, die weit überhängend in den Strom hinein treten. Sie bestehen theils aus lichtgrauem Granit, theils aus schwarzem Schiefer, zwischen welchem sich zuweilen dünne Lagen von Eisen-Oker zeigen.

Auch hier trafen wir überall die halb verhungerten Uferbewohner, die, der Hoffnung auf den diesjährigen Rennthierzug beraubt, ihre letzte Zuflucht zu der leider ziemlich kärglichen Fischerei genommen hatten. Da der grosse Aniuj, bei geringerer Breite, tiefer und nicht so reissend als der kleine ist, der auch noch ausserdem eine Menge Wasserfälle hat, so pflegen gewöhnlich die Züge der Fische hier weit höher hinauf zu gehen und zahlreicher zu seyn als dort, so dass man in der Regel hier auf eine ziemlich gute Ausbeute hoffen darf. Aber auch diese letzte Hoffnung schlug in diesem Unglücksjahre fehl: nur wenige und lauter kleine Fische zogen hinauf, und die in den Fluss gesenkten Reusen und Körbe kamen oft leer wieder heraus. Die Zeit der Gänsejagd war vorüber — die allgemeine Hungersnoth war unausbleiblich, und gewiss hat sie, wie in so manchen früheren Jahren, viele Hunderte der ohnehin nicht zahlreichen Bevölkerung weggerafft, da es bei der Rohheit und Fahrlosigkeit der hiesigen Einwohner und bei den grossen Entfernungen zwischen ihren kleinen Niederlassungen in den ungeheuren Wüsten, der Regierung und ihren Beamten durchaus unmöglich ist, zu helfen oder irgend etwas zur Verbesserung des traurigen Zustandes dieser Stiefkinder der Natur zu thun.

Die meisten der jetzt längs den Ufern des Aniuj lebenden Völkerschaften waren in früherer Zeit Nomaden, die mit ihren zahmen Rennthieren weit und breit in den Tundry umherzogen, wie es gerade das Weidebedürfniss ihrer Heerden erheischte. Nach der Eroberung Sibiriens wurden sie mit Abgaben belegt und auf einen gewissen, nicht ausgedehnten Bezirk beschränkt, wo es wohl oft an Nahrung für die Rennthiere fehlte. — Die Folge davon war, dass nach und nach ihre zahmen Rennthiere ausstarben, theils aus Futtermangel, theils auch weil jetzt die in irgend einer einzelnen Heerde ausgebrochene Seuche sich bald unter die, übrigen verbreitete, die nun nicht mehr wie sonst in diesem Falle, sich schnell und weit genug entfernen konnte, um der Ansteckung zu entgehen *). — Nach und nach nahmen sie von ihren jetzigen Oberherrn, den Russen, manches in der Lebensweise, Kleidung und in dem Bau ihrer Wohnungen an, und ersetzten ihr ehemaliges Zugvieh, die Rennthiere, durch Hunde **); dabei aber blieb ihnen die, allen Nomaden eigenthümliche Sorglosigkeit für die Zukunft; sie sammeln nie Vorräthe und dies ist, wie gesagt, der Grund des Elendes und Hungers, der jährlich ihrer eine grosse Anzahl aufreibt. — Als Unterthanen der Russen wurden sie unversöhnbare Feinde der

---

*) Nur einer geringen Anzahl Tschuwanzen und Jukahiren ist es gelungen, unter Anführung eines Häuptlings, Namens Tschaja, bei dem ehemaligen Nomadenleben zu bleiben. Sie unterscheiden sich von ihren halb angesiedelten Landsleuten nur durch etwas kräftigern Körperbau, durch ihre Zeltwohnung und durch ihre Kleidung, welche, wie bei allen Rennthier-Nomaden Sibiriens ganz die der Tschuktschen ist.

**) Der Gebrauch der Hunde als Zugvieh stammt ohne Zweifel ursprünglich von den Kamtschadalen her, von denen die Russen denselben annahmen; denn alle Völkerschaften des nordöstlichen Sibiriens bedienten sich früher einzig und allein des Rennthieres, welches durch seine verschiedenartige Benutzung freilich dem Besitzer mehr Vortheile darbietet als der Hund, doch aber in Rücksicht auf die schwierigere Erhaltung diesem nachstehen muss.

Koräken und Tschuktschen, ihrer nächsten Nachbaren, mit denen es viele mörderische Gefechte gab. Anhänglichkeit an ihr Geburtsland und eine völlige (übrigens bei Halbwilden, die doch als Jäger weit herumstreifen, unbegreifliche) Unkunde der Gegenden jenseits der Kolyma, hielten sie ab, sich nach Westen zu ziehen, und so blieben sie in der öden Gegend, wo ihre ganze Existenz wie gesagt auf dem mehr oder weniger ergiebigen Zuge der wilden Rennthiere beruht.

Ausser dem Hunger und den Kriegen mit den feindlichen Nachbaren richten auch mancherlei ansteckende Krankheiten, die hier immer höchst bösartig werden, alljährlich grosse Verheerungen unter ihnen an, und so ist denn jetzt nur noch ein geringer Theil der ehemaligen Bevölkerung dieser Gegenden übrig.

Ein alter Häuptling erzählte mir, dass die Tschuwanzen schon seit einiger Zeit um die Erlaubniss bitten, nach den unbewohnten, aber fruchtbaren Gegenden längs dem Anadyr und dem Pens'hen' hinüber zu ziehen, dass aber die Kommissairs des Kolymskischen Bezirkes, die Gewährung dieses Gesuches bis jetzt immer zu verhindern suchen, weil ihnen dadurch ein bedeutender Theil der Vortheile, die sie aus dem Pelzhandel mit diesen Völkerschaften ziehen, entgehen würde.

Die Tschuwanzen und Jukahiren von den Ufern des grossen Aniuj, welche weit weniger in Gemeinschaft und Verkehr mit den Russen stehen, als die längs dem trockenen Aniuj lebenden Völkerschaften haben übrigens sowohl ihre Sprache, als auch noch vieles von ihren ehemaligen Sitten und Gebräuchen beibehalten.

Auch die längs dem Aniuj angesiedelten Lamuten und Tungusen, welche gleichfalls durch die oben erwähnten Umstände ihre ehemaligen Ernährer, die zahmen Rennthiere, verloren, leben jetzt nur kümmerlich von dem sehr ungewissen Ertrag der Rennthierjagd und von der Fischerei, die hier auch nicht ergiebig ist. Nicht viel besser steht es mit denen Jakuten, die, auf Veranlassung der Regierung, von den Ufern des Aldan hieher versetzt wurden, um zu dem Transport von Vorräthen und Bedürfnissen nach der ehemaligen Anadyrschen Festung gebraucht zu werden. Entfernt von ihren Landsleuten haben sie ihre Landessprache vergessen, und sind in Sitten und Lebensweise, ja sogar in ihrer körperlichen Bildung ganz Russen geworden. Sie nähren sich fast ausschliesslich von Fischerei und haben gar keine andere Hausthiere als die Hunde, deren sie sich zum Fahren bedienen.

Seit einiger Zeit hat die Bevölkerung an den beiden Aniujen der Zahl nach zugenommen; jedoch ist dies keinesweges Folge einer Verbesserung in der Lage dieser Völkerschaften. Der Zuwachs rührt blos daher, dass mehrere der bisherigen Rennthiernomaden, die durch Seuchen und andere Unglücksfälle ihre Heerden verloren, dadurch gezwungen waren, sich an die Ufer der grossen Ströme und Flüsse hinzuziehen, und sich wie die übrigen durch Fischerei und wilde Rennthierjagd ernähren.

Die Gesammtzahl der noch nomadisirenden Stämme in der Gegend der beiden Aniuje, erstreckt sich nicht über 400 Köpfe. Auch diese sind mit einem Jassak (Abgabe) belegt, welchen sie theils in Pelzwerk, theils in Geld entrichten.

Sie sind alle getauft und üben die Gebräuche der russischen Kirche, wenigstens ein Mal im Jahre, wenn nämlich der Priester aus Nis'hne-Kolymsk ihre Ansiedelungen befährt um Trauungen, Kindtaufen und Begräbnisse zu verrichten, und das Abendmahl auszutheilen. So beschwerlich und mühevoll eine solche Fahrt von mehrere hundert Werst in die Runde, bei der rauhesten Jahreszeit in einem öden, wenig bewohnten Landstrich ist, so einträglich wird sie aber auch durch die Menge von Geschenken, die dem Priester für seine Mühe dargebracht werden. Es ist etwas Gewöhnliches, dass er auf seiner Rückfahrt zwei, oft auch wohl drei schwer beladene Narten mit den kostbarsten Pelzwerken, als Zobel, Hermelin, Füchse u. dergl. mit sich zurückführt.

Die Einführung des Christenthums hat vieles von dem ehemaligen Aberglauben unter den hiesigen Bewohnern verdrängt. Dessenungeachtet aber ist, trotz aller Bemühungen der Regierung sowohl als der Geistlichkeit, der Glaube an den Einfluss guter und böser Geister und an die Schamane unter ihnen noch sehr im Schwunge, und hat, sonderbar genug, sogar unter den hier lebenden Russen Eingang gefunden. Man hat mich versichert, dass einmal einer der hiesigen Priester bei Antritt einer weiten Reise nach Irkuzk, einen Schaman ersucht haben soll, ihn durch seine Kunst vor Unglücksfällen auf seiner bevorstehenden Fahrt zu sichern.

Uebrigens hat durch den Umgang mit den Russen der Schamanismus unter den meisten der hiesigen Völkerschaften, seinen ehemaligen **religiösen** Charakter ganz verloren, und ist jetzt wohl nichts mehr als eine gewöhnliche Wahrsagerei; bei den Russen aber macht er eine Art Zeitvertreib oder Abendunterhaltung aus; man lässt einen Schaman kommen und seine Künste machen, wie man anderswo die Phantasmagorie des Herrn Robertson oder irgend etwas von dem ähnliches besucht.

Nach dieser kleinen Abschweifung kehre ich zu unserer Reise zurück.

Die Kälte stieg mit jedem Tage; die Eisränder an den Ufern wurden immer breiter und an einigen Stellen, wo der Strom weniger reissend war, trafen wir schon auf ziemlich grosse, ganz zugefrorene Stellen, wo wir uns mit Beilen und Stangen eine Durchfahrt machen mussten. Dies bewog mich möglichst zu eilen, um noch vor dem völligen Zufrieren des Stromes irgend einen Wohnort zu erreichen, wo wir uns mit dem zur weitern Landreise nöthigen Fuhrwerk versehen könnten. Mit vieler Mühe und Beschwerde gelangten wir endlich bei dem Felsen Bolschàja Brussänka, an die Sommerwohnung eines jakutischen Knäs oder Häuptlings, wo wir ein erträgliches Unterkommen fanden. Hier mussten wir bleiben, bis der Strom ganz zugefroren war und der eigentliche Winterweg sich eingestellt hatte.

Während unseres Aufenthaltes hier stieg die Kälte selten über $10°$ Reaumur; auch die Temperatur des Wassers änderte sich nur sehr langsam; im Laufe von 7 Tagen ging sie in der Tiefe von 4 Fuss nur von $1\frac{1}{2}°$ bis zu $1\frac{3}{4}°$ oder von $16°$ zu $22°$.

Das Eis in dem grossen Aniuj, so wie in allen reissenden, felsigen Strömen dieser Gegend, bildet sich auf zweierlei Art. Es entsteht einmal von den Eisrändern längs dem Ufer und von dem Gefrieren der kleinen Buchten, wo die Strömung weniger heftig ist, und die gleich den kleinen Landseen bei einem etwas starken Froste plötzlich mit einer Eisrinde bedeckt werden. Zweitens aber, und wohl hauptsächlich, bildet sich das Eis unten im Bette des Stromes in den Tiefen zwischen Steinen, wo es wegen des dort wachsenden Grases wie ein grünlicher Schlamm aussieht; sobald eine solche Eismasse eine gewisse Grösse erlangt hat, wird sie von dem Wasser gehoben, löst sich von dem Boden ab, und erscheint an der Oberfläche, wo sie sich augenblicklich in festes Eis verwandelt, welches gewöhnlich eine Menge Kiesel, Wassergras u. dergl. enthält. Diese Eismassen vereinigen sich bald und in wenigen Stunden kann man schon statt des Bootes, in Schlitten über den Strom fahren.

Am 24. September waren endlich die nöthigen Vorbereitungen zu unserer Landreise gemacht, und wir fuhren auf Narten weiter. Die Hunde waren, wegen Mangel an Futter sehr mager und schwach, so dass wir nur langsam fahren konnten und daher erst am 28. eine Jakutenniederlassung erreichten, welche Pötistènnoje (fünfeckig oder mit fünf Wänden) heisst. Diesen Namen hat sie von einem grossen, einzeln stehenden Felsen, dessen fünf Seiten von ganz gleichen Dimensionen senkrecht in die Höhe gehen, und ihm gewissermaassen das Ansehen eines fünfeckigen Thurmes geben. Hier fanden wir frische Hunde, welche uns noch an demselben Tage nach einem Dörfchen Namens Baskowo brachten, wo einige russische Familien lebten, die noch nicht nach Nis'hne-Kolymsk gezogen waren.

Von Brussänka bis Baskowo sind die Ufer des Stromes fast ganz flach, nur selten trifft man etwas steile, sandige Anhöhen, aber auch diese werden alljährlich von dem Wasser unterwaschen und stürzen zusammen. Die ganze Umgegend ist besäet mit kleinen Landseen, zwischen welchen in dem Morast niedriges Gebüsch und verkrüppelte Lärchenbäume wachsen. Hin und wieder nur, auf etwas erhöhten Stellen sieht man einige grössere Bäume. Die ganze Gegend ist im höchsten Grade öde, und bietet in ihrer traurigen Einförmigkeit nicht den kleinsten Gegenstand dar, welcher auch nur im Geringsten die Aufmerksamkeit des Reisenden auf sich ziehen könnte.

Fünf Tage fuhren wir in dieser todten Einöde dahin, und waren froh als wir endlich, nach einer 70tägigen Abwesenheit, am 29. September die bewohnte Einöde Nis'hne-Kolymsk wieder erreichten.

Leider haben wir auf dieser Fahrt wenig interessante Beobachtungen machen können. Dies lag theils in der Beschaffenheit des durchzogenen öden Landstriches selbst, theils auch darin, dass die späte Jahreszeit und die ungeheuren Schneegestöber in der letzten Hälfte unserer Reise uns fast jede Möglichkeit benahmen, Exkursionen in das Innere vorzunehmen, von denen übrigens aber auch wohl in dieser Wüste wenig Interessantes zu erwarten gewesen wäre.

Von den Bewohnern im Allgemeinen lässt sich wohl behaupten, dass sie ungeachtet des Einflusses der Russen auf ihre Lebensart, Sitten und Bildung doch immer noch sehr viel charakteristisches, ehemaliges in ihrer Gestalt und in ihrem Wesen beibehalten haben.

Sie sind, wie fast alle Bewohner des hohen Nordens, zwar von kleinem Körperwuchs, aber dabei breitschultrig und von starkem Muskelbau, nur die Füsse und Hände sind sehr klein. Ihr Kopf ist im Verhältniss zum übrigen Körper gross; das Gesicht breit und platt; die Backen, welche einen grossen Theil desselben einehmen, drücken gewissermaassen den Mund zusammen und geben ihm eine mehr runde Form. Das Haar ist schwarz und struppig, und die kleinen tiefliegenden Augen sind ohne Feuer und Leben. Ihr ganzer äusserer Mensch scheint durch die Härte des Klima's und durch den fast immerwährenden Kampf mit Hunger, Mangel und Kälte, in seinem Wachsthume angehalten, gewissermaassen nicht völlig ausgebildet zu seyn.

Einen ähnlichen Einfluss scheint auch das Klima auf den Charakter und die geistige Ausbildung dieser Eismenschen gehabt zu haben. Ihr Blut rollt langsamer in den Adern, das Herz schlägt ruhiger und alle ihre Gefühle sind gleichsam gelähmt, oder wenigstens doch erstarrt. Unbekannt mit den Lebensgenüssen aller Art, die den Bewohner der wärmern Zonen empfänglicher für Freude und Leid, für Liebe und Hass machen, lebt oder vegetirt vielmehr der Bewohner des nördlichen Sibiriens in der geisttödtenden Einförmigkeit seiner Beschäftigungen, die sich blos auf Anschaffung des nothdürftigsten

Lebensunterhaltes und auf ununterbrochenen Kampf gegen Mangel, Hunger und Kälte beschränken, ohne irgend eine bedeutende Gemüthsbewegung in negativer Ruhe dahin, und verlässt ohne Ueberwindung, ohne Reue ein Leben, das er kaum lieben kann, da es ihm nur Entbehrungen und keine Genüsse und Freuden darbot.

Zehnter Abschnitt.

Aufnahme der Küste des Eismeeres von der Mündung des kleinen Tschukotschje-Flusses bis zum Ausflusse der Indigirka, durch den Steuermann Kosmin im Jahre 1821.

Nach dem mir von dem Chef der Expedition ertheilten Befehl, in Betreff dieser Aufnahme, sollte ich aus dem Dörfchen Maloje-Tschukotschje, wohin ich ihn begleitet hatte, meine Reise antreten. Da die zu dieser Expedition nöthigen Pferde schon vor einiger Zeit hieher bestellt waren, so hatten wir darauf gerechnet, sie bei unserer Ankunft vor uns zu finden; dies war aber nicht der Fall, und wir mussten mehrere Tage auf sie warten. Endlich erschien am 1. Juli ein Jakut mit nicht mehr als fünf Pferden und der Anzeige, dass es ganz unmöglich gewesen sey, mehr derselben aufzutreiben; selbst diese wenigen waren aus drei verschiedenen Niederlassungen, auf 150 und mehr Werst von hier, herbeigebracht. Ich traf sogleich die nöthigen Anstalten zur Reise; zwei der stärkern Pferde wurden mit Reisebedürfnissen und Provisionen bepackt, die übrigen drei wurden für mich und meine beiden Reisegefährten, den Jakuten und einen jungen der Gegend kundigen Kosaken bestimmt. Ein Paar leichte Kähne, die wir auf den Rath dieses letztern zum Uebersetzen über die Ströme mitnahmen, wurden den Pferden meiner Begleiter angehängt und so nachgeschleppt. — Am folgenden Tage, 2. Juli, war alles in Bereitschaft und um $11\frac{1}{2}$ Uhr Vormittags brachen wir bei trübem Wetter und $7\frac{1}{2}°$ Wärme auf.

Der Fluss Tschukotschje entspringt aus dem 10 Werst von der Meeresküste entfernten nach WNW. liegenden See Tschukòtskoje, welcher in der Richtung von O. nach W. gegen 18 Werst lang ist und eine Breite von 7 bis 8 Werst hat. Er hängt durch einen kleinen Arm mit dem ihm an Grösse fast gleichen See Bokowoje zusammen. Ungefähr 8 Werst von der östlichsten Spitze dieses letzteren erstreckt sich nach Süden noch ein dritter, der, nach einem am Ufer desselben gefundenen todten Seehund, den Namen Nèrpitschje Osero (Nerpa, Seehund; osero, See) führt. Er hat von O. nach W. beinahe 15 Werst Länge; aus seinem westlichen Ende entspringt der Fluss Ubiennaja, der sich in die Mündung der Kolyma ergiesst, so wie von dem südöstlichen Ende der Fluss Pochòdskaja herkömmt und sich oberhalb mit der Kolyma vereinigt. — Diese drei Flüsse sind sehr fischreich und daher von grosser Wichtigkeit für die Bewohner des Kolymskischen Kreises.

Von der Mündung des Tschukotschje ab, in WNW.-Richtung, ist die Küste mit unzähligen kleineren und grösseren Seen besäet, und so flach und niedrig, dass sie sich kaum über den Wasserspiegel zu erheben scheint; daher findet man hier auch immer eine grosse Menge Treibholz, so dass an vielen Stellen unsere nicht daran gewöhnten Pferde auf den kreuz und queer umherliegenden Baumstämmen strauchelten, stürzten und zuletzt so wild wurden, dass wir sie nur mit sehr vieler Mühe bändigen und zum Weitergehen bringen konnten. Dies verursachte uns nicht nur öfteren Aufenthalt, sondern auch mancherlei Schaden; einer unserer Kähne ward ganz zerschlagen, und die Packpferde, die sich losrissen, warfen ihr Gepäck ab, welches wir auf der Tundra zusammensuchen mussten.

Nach einem durch alle diese Vorfälle sehr ermüdenden Marsche von 36 Werst langten wir endlich bei dem Flusse Ubiennaja an, wo wir die Nacht in einem der Balagany oder Sommerhäuschen zubrachten, welche die Bürger von Kolymsk während der Zeit des Fischfanges hier bewohnen. Nach Berechnung fand ich die Breite dieses Ortes 69° 37′, die Länge 159° 27′.

Früh Morgens, am 3. Juli, erhob sich ein starker Wind; ein dichter Nebel bedeckte die ganze Gegend, und Abends fiel etwas

Schnee bei 1½° Kälte; um Mittag waren noch eben so viel Grad Wärme gewesen. — Wir folgten dem Laufe der Ubiennaja nach NO. 40° und gelangten, 12½ Werst von unserem Nachtlager, an die Mündung dieses Flusses, der hier eine kleine Baj, von den Eingeborenen Ubiennaja Lajda genannt, bildet. — Wegen des heftigen Windes mochte ich es nicht wagen, mit unseren kleinen Kähnen über diese Bucht nach der gegenüberliegenden Meeresküste zu setzen, sondern folgte, nachdem ich über den Fluss gegangen war, der Krümmung des Ufers der Baj, bis zu dem gleichfalls in dieselbe fallenden Flüsschen Kon'kowaja, wo wir die Nacht unter freiem Himmel verbrachten. Dieser letzte Theil unseres heutigen Marsches war besonders mühevoll, weil das Meer, vom heftigen NO.-Winde aufgeregt, das niedrige Uferland weit hinauf überschwemmt hatte, so dass unsere Pferde bis an den Bauch im Wasser wateten. — Nicht weit von dem etwas erhöhteren Fleck, wo wir die Nacht zubrachten, fanden wir zwei Ribben eines wahrscheinlich gescheiterten Schiffes, die durch hölzerne Pflöcke mit einander verbunden waren; ein paar noch in den Bruchstücken steckende eiserne Nägel zeigten, dass die Bekleidung des Fahrzeuges mit solchen befestigt gewesen seyn musste. Wir befanden uns nach Berechnung in der Breite von 69° 46′ und in der Länge von 159° 27′. In der Richtung nach NW. 80° zeigten sich in einer Entfernung von ungefähr 13 Werst mehrere tungusische Jurten.

In der Nacht auf den 4. setzte der Wind nach Norden um, und trieb dicke Nebelmassen herbei, die sich bald senkten, bald wieder erhoben, aber ungeachtet der heftigen Windstösse nicht vertheilten. Morgens zeigte mein Thermometer zwar 1° Wärme, aber wir litten doch sehr von der Kälte, da unsere Kleider ganz durchnässt waren, und wir sowohl wegen des Sturmes, als auch wegen der aus lauter Wassertheilchen bestehenden Atmosphäre, nicht im Stande waren, mit dem ganz von Seewasser durchzogenen Treibholze ein Feuer anzumachen. — Nach einer sehr üblen Nacht fanden wir bei Tagesanbruch alles um uns herum, den Boden, die Pferde, ja selbst unsere Kleider, mit einer dünnen weissen, sehr fein krystallisirten Kruste von bittersalzigem Geschmack überzogen. In der Folge habe ich mehrmals Gelegenheit gehabt, zu beobachten, dass die N.- und NW.-Winde immer die Erde mit solchen salpeterhaltigen Krystallen überziehen, welche den Pferden wohlschmeckend und zuträglich seyn müssen, weil sie sich dann nie von der so überzogenen Stelle entfernen und das anscheinend ziemlich dürre und harte Gras mit grosser Begierde fressen.

Die Kon'kowaja ist hier eine halbe Werst breit, so dass es uns, bei dem immer fortdauernden Sturm, unmöglich war, unsere Pferde hinüberzubringen; wir waren daher genöthigt, 6 Werst weit längs dem Strome hinaufzugehen, wo er nur 70 Faden Breite hatte und wo wir recht gut hinüberkamen. Bald darauf widerfuhr uns ein Unfall da, wo wir ihn am wenigsten vermutheten; indem wir nämlich nach dem glücklich vollbrachten Uebergange über den reissenden Strom längs dessen Ufer wieder der Mündung zuritten und durch eine unbedeutende, seichte Bucht gingen, ward das Pferd meines Kosaken scheu und warf sowohl seinen Reiter, als auch ein paar Kisten, welche es trug, und welche mein Journal und unseren Thee- und Pulvervorrath enthielten, ins Wasser. Unser einziges Labsal, der Thee, war verdorben, und das Pulver ganz unbrauchbar, ein Verlust, der uns um so empfindlicher war, da wir uns so recht im Vaterlande der Bären befanden und bei einem stündlich zu gewärtigenden Angriffe derselben keine andere Vertheidigungswaffen hatten, als den Bogen des Jakuten, ein Beil und ein paar Messer.

Während meine Leute mit Einfangen des scheu gewordenen Pferdes beschäftigt waren, ritt ich nach dem oben erwähnten tungusischen Jurtenflecken, wohin ich auch sie beschied. Diese Niederlassung liegt auf etlichen der flachen (hier Jedoma genannten) Hügel verstreut, welche die Einförmigkeit der sibirischen Tundra etwas unterbrechen. Sie besteht aus 13 Jurten, die theils aus dünnen Balken und Stangen, theils auch aus Baumrinde erbaut sind, in welchen ungefähr 30 Tungusen und Jukahiren mit ihren Häuptlingen wohnen. Diese kommen gewöhnlich zu Anfange des Sommers, d. h. im Juni, hieher, um während höchstens zweier Monate zu fischen und Rennthiere und Gänse zu schiessen. Im August ziehen sie an die Küste des Eismeeres, den Steinfüchsen nach, und suchen auch wohl Mammutsknochen, bis die eintretende starke Kälte sie in die Wälder treibt, wo sie sich mit der Jagd der Pelzthiere beschäftigen. — Im Dezember versammeln sie sich in Tschetyrech, an den Ufern des Alasej, um dem alsdann dort gegenwärtigen Kommissair der Regierung den Jassàk, d. h. den in verschiedenem Pelzwerke bestehenden Tribut, zu entrichten und einige Bedürfnisse, als Tabak, Pulver u. dergl. einzutauschen. Den Rest des Jahres nomadisiren sie auf der Tundra, zwischen der Kolyma und Indigirka umher.

Als ich mich den Jurten näherte, kamen sämmtliche Bewohner, insbesondere die Häuptlinge, mir sehr freundlich entgegen, weil sie mich für einen der russischen Kaufleute hielten, die zuweilen von Kolymsk aus das Land bereisen und gegen Tabak und Branntwein Pelzwaaren von ihnen eintauschen. Meine Erklärung, dass ich nicht in dieser Absicht gekommen, sondern ein reisender Tajon sey, änderte jedoch nichts in der mir gewährten freundlichen Aufnahme; sie luden mich ein, ihre Wohnungen zu besuchen, und bewirtheten mich und meine später angelangten Leute auf das Beste. Dagegen beschenkte ich sie mit Tabak und etwas von meinem nassgewordenen Thee, welches beides ihnen sehr angenehm war; ich verbrachte den Rest des Tages bei diesen gutmüthigen Leuten, die mir behülflich waren, meinen durchnässten Theevorrath möglichst gut zu trocknen, und mir zu unserer Weiterreise ein paar neue Kähne, an Stelle der alten, fast ganz unbrauchbar gewordenen, mitgaben.

Da der Mitschman Matiuschkin und der Doktor Kyber, die auf ihrer Reise Gelegenheit hatten, diese Völkerschaften genauer kennen zu lernen, ihre Lebensweise, Sitten und Gebräuche schon beschrieben haben, so halte ich es für überflüssig, meine in der Eile gemachten Bemerkungen hinzuzufügen, und erlaube mir nur, im Allgemeinen zu sagen, dass ich die nomadisirenden Tungusen und Jukahiren für die glücklichsten Völker Sibiriens halte. Ihre wandernde Lebensart ist nicht geeignet dazu, sie an irgend einen Ort oder Gegenstand besonders zu fesseln, sie gehen dahin und dorthin mit ihrer geringen Habe, und bei dem beständigen Wechsel kennen sie nicht das schmerzliche Gefühl des Verlustes oder der Trennung von einer Heimath, die sie nicht besitzen. Eben so fremd ist ihnen auch die Sorge für die Zukunft. Zufrieden im Genusse der Gegenwart, sind sie stets fröhlich, und verzagen selbst beim grössten Mangel nie, sondern bauen mit einer Art von Fatalismus auf die Vorsehung, indem sie sprechen: „was geschehen soll, dem kann man nicht entgehen." — Fern von der den Jakuten eigenthümlichen Streitsucht, sind die unter Halbwilden seltenen Gefühle der gegenseitigen Zuneigung zwischen Verwandten sowohl als Freunden, und die höchste Sittenreinheit bei ihnen wahrlich bewundernswürdig. Von letzterer mag hier als Beweis eine Strafe angeführt werden, welcher das tungusische Mädchen unterworfen wird, das seine jungfräuliche Ehre einbüsst. Eine solche Leichtsinnige oder Verführte wird mit verbundenen Augen, in Begleitung der ganzen Gemeinde, hinausgeführt bis an den ersten Baum, auf den sie stösst, und der die Grösse ihrer Strafe bestimmt, indem alle Zweige desselben zu ihrer Züchtigung verbraucht werden, wodurch dann ihr Vergehen abgebüsst ist. Diese Strafe ist übrigens hier weniger grausam, als in jedem anderen Lande, weil, zum Glück für die armen Geschöpfe, die hiesigen Bäume in der Regel nicht gross sind und auch nur wenige Zweige haben.

Die Hügelgruppe, auf welcher das tungusische Dörfchen stand, erstreckt sich von hier 8 bis 10 Werst weit nach Westen hin; dort, an Höhe zunehmend, wendet sie sich nach NO. dem Meere zu und bildet auf der Ostseite des grossen Tschukotschje-Flusses eine ziemlich bedeutende Bergkette. Unter den hier wie überall in diesen Gegenden das niedrige Küstenland in grosser Menge durchschneidenden Landseen ist der bedeutendste und fischreichste der, der auf der Nordseite jener Hügelreihe liegt, und unter andern den Fluss Mawrina mit Wasser versorgt. Der an der Südseite der Hügelkette liegende See Ostrownoje bildet den Fluss Jakutskaja, an welchem, zwei Werst von den tungusischen Hütten, ein den kolymskischen Einwohnern gehöriger Sommer-Balagan liegt.

Am westlichen Abhange der Hügel findet sich eine ungeheure Menge Treibholz, unter welchem die Tungusen auch, wie wir früher, Bruchstücke eines grossen Seefahrzeuges gefunden hatten, welches, nach den noch in den Brettern steckenden eisernen Nägeln zu urtheilen, nicht von der hier gewöhnlichen einfachen Konstruktion gewesen seyn musste.

Wir verliessen am 5. Juli um Mittag die gastfreundliche Niederlassung der Tungusen, und zogen in der Richtung nach NO. 27° weiter. Unser Weg führte uns zwischen mehreren kleinen Landseen hindurch, bis an die Meeresküste, wo wir nach einem Marsch von 26 Werst unser Nachtlager in 70° 00′ nördlicher Breite und 159° 41′ berechneter Länge aufschlugen. — Der ganze Meereshorizont war mit Eis und hohen Torossen bedeckt, die sich bis auf 2 Werst von der Küste erstreckten; von allen Seiten hörten wir das hier gewöhnliche, donnerähnliche Getöse der zusammenstürzenden Eisberge, die der heftige Nordwind mit ungeheurer Gewalt auf die Untiefen und an einander trieb.

Am 6. war es sehr trübe; der heftig und anhaltend aus NO. wehende Wind zertheilte endlich gegen Mittag den finstern Nebelschleier, der die ganze Gegend überdeckt hatte. Mein Thermometer zeigte nur 1¼° Wärme.

Der niedrigen Küste folgend, erreichten wir das Vorgebirge Tschukotschej, an dessen westlicher Seite ich in dem am Flusse Bolschaja Tschukotschje erbauten Balagan zu übernachten beschloss. Er liegt in der Breite von 70° 06′ 30″ und in 159° 39′ östlicher Länge. Von hier nach NO. 8° ist die Küste auf einer Strecke von 10 Werst niedrig und flach, dann aber erhebt sie sich zu einer steilen Höhe und bildet das Kap Tschukotschej, welches in 70° 07′ der Breite und 159° 48′ östlicher Länge von Greenwich liegt. Seine Höhe beträgt 75 Fuss über dem Meeresspiegel; es bildet zwei über einander liegende Absätze, die ganz aus bläulich-grauem Lehm zu bestehen scheinen. Eine Menge von der Höhe losgerissener Bruchstücke in Form gleichseitiger 20 bis 25 Fuss hoher Kegel umgiebt den unteren Theil des Berges.

Wir bestiegen den Gipfel und fanden auf dem höchsten Punkte des Berges einen See, der noch so fest zugefroren war, dass wir unsere Pferde ohne alle Gefahr hinüberführen konnten. Von hier übersah ich einen grossen Theil des Meeres, welches zwischen O. und N. mit weit ausgedehnten, wie es schien festen Eisfeldern und Torossen bedeckt war; zwischen S. und O. aber zeigte sich bewegliches Treibeis. In der Richtung nach SW. 5° war die Küste niedrig; in NO. 8° bemerkte ich eine einzelne Anhöhe, die, als wir weiter gingen, ganz von der Küste getrennt erschien. Es war, wie sich auswies, die Insel Krestowoj, die erste der Bären-Inseln.

Vom kleinen Tschukotschje-Flusse bis an das Kap dieses Namens ist die Küste niedrig, flach, und mit einer grossen Menge sich tief in das Land erstreckender Seen und Sümpfe besäet. — Die Bucht Tschukotschja, in welche jener Fluss sich ergiesst, hat an der Mündung eine Breite von 4 bis 5 Werst; an der Westseite derselben, gegenüber der Insel Krestowoj, ist das Ufer so niedrig, dass es sich kaum von der Meeresfläche unterscheidet.

Während ich das Ufer der Bucht aufnahm, hatte ich den Kosaken in einem Kahne ausgeschickt, um die Breite und Tiefe derselben auszumessen. Er kam mit dem Berichte zurück, dass wir bei der Mündung ganz füglich hinübergehen könnten. Unglücklicher Weise hatte er zwar die Tiefe der Furth, aber nicht zugleich auch den Boden untersucht; dies wies sich bei dem Uebergange aus, wo das vorangehende Pferd, nicht weit vom Ufer, plötzlich bis über den halben Leib in den weichen, lehmigen Schlamm versank, so dass wir bis spät in die Nacht alle unsere Kräfte anstrengen mussten, um es wieder herauszuziehen. — Durch diesen unglücklichen Vorfall von der Unmöglichkeit des Ueberganges an dieser Stelle überzeugt, schlugen wir unser Nachtlager am diesseitigen Ufer auf, und da es mit unseren Vorräthen ziemlich übel stand, stellten wir unser Setznetz auf, in der Hoffnung, einen guten Fang zu thun. Aber auch dieser Versuch misslang; als wir es am folgenden Morgen (7. Juli) herauszogen, fanden wir nur einen einzigen Fisch darin.

Da wir nicht hoffen konnten, hier eine bequeme Furth zu finden, so zogen wir längs dem östlichen Ufer der Tschukotschja hinauf, wo es uns endlich, 9 Werst oberhalb, glückte, über den Fluss zu kommen, längs dessen westlichem Ufer wir wieder an die Meeresküste gelangten.

Die grosse Tschukotschja ergiesst sich in NO. 70° ins Meer; sie hat eine bedeutende Tiefe, etwas erhöhte Ufer und ist sehr reissend. Von einem östlich sich erhebenden Hügel kommen mehrere kleine Bäche und ergiessen sich in die Tschukotschja, welche die nördlichste Gränze der Weideplätze der kolymskischen Bürger ist. — Nach den genommenen Peilungen fand ich das Kap Tschukotschje in SO. 90° und den höchsten Punkt der Insel Krestowoj in NO. 15°.

Am 8. Juli erreichten wir, immer längs der Küste gehend, das Kap Krestowoj, welches nach Berechnung in 70° 17′ der Breite und 159° 55′ der Länge liegt. Es besteht, wie das Kap Tschukotskoj, ganz aus grauem Lehm, und erhebt sich gegen 65 Fuss über die Meeresfläche. Von dieser Höhe, hinter welcher die Küste sich allmälig nach Westen herabsenkt, konnte ich ganz deutlich die oben erwähnte erste Bären-Insel, Krestowoj, sehen, die nach den genommenen Peilungen in NO. 5° liegt. Auch hier war längs der Küste, auf eine ziemliche Strecke, das Eis fest; in der Ferne zeigten sich grosse Torossen in Menge.

Gegen NW. 21°, und etwa 6 Werst von dem Kap entfernt, beginnt eine 3 Werst lange und nur 200 Faden breite Landenge, die zwischen dem Meere und einem 7 Werst langen und 5 bis 6 Werst breiten Landsee liegt; sie ist nicht sehr hoch, aber hügelig, und gleicht, vom Meere aus gesehen, einer Reihe kegelförmiger Berggipfel. Auch dieser natürliche Damm besteht, wie die beiden Kaps, aus grauem Lehm; westlich von hier aber, wo die steile, von mehreren Bächen durchschnittene Küste eine Richtung nach NW. 40° nimmt, besteht der Boden aus schwarzer, vegetabilischer Erde. — Nachdem wir von hier noch 13 Werst weiter geritten waren, gelangten wir an einen zwar nicht breiten, aber tiefen Strom, dem ich nach dem Schutzheiligen des heutigen Tages den Namen Prokopij beilegte, und an dessen Ufer wir die Nacht zubrachten.

Ungefähr 7 Werst jenseit unsers Nachtlagers fand ich das Ufereis ganz mit einer Art Körner bedeckt, die eine täuschende Aehnlichkeit mit Roggen hatten, und die, wie ich in der Folge erfuhr, Samenkörner einer Art Pfriemengrases, stipa pennata (russisch: kowyl) sind, welches hier an der Küste in grosser Menge wächst, und deren Samen vom Winde weit herumgetragen wird.

Am 9. Juli benutzte ich einige heitere Sonnenblicke, die durch die trüben Wolken drangen, um eine Mittagshöhe zu nehmen, nach welcher ich die Breite unsers Nachtlagers an der Mündung des Prokopij-Flusses auf 70° 27′ 44″ bestimmte; die berechnete Länge war

$159°\ 43'$; die Insel Krestowoj lag in NO. $20°$. — Wir setzten unsern Marsch längs dem niedrigen Ufer nach NW. $31°$ fort und durchschnitten in der Entfernung von $4\frac{1}{2}$ Werst von unserem Nachtlager die Mündung des Agafonow-Flusses, der in NO. $60°$ ins Meer fällt, und an dessen westlichem Ufer ein Balagan erbaut ist. — 14 Werst weiter machten wir zur Nacht an einem nördlich in das Meer fallenden Flusse Halt. Auf dem Wege hieher gingen wir über sieben ausgetrocknete Bäche, in deren Mündungen eine grosse Menge Treibholz lag, unter welchem ich wieder mehrere Bruchstücke eines grossen Seefahrzeuges fand, zum Theil mit darin steckenden eisernen Bolzen und Nägeln, so wie auch ein Bootsruder, an welchem die grüne Farbe noch gut erhalten war.

Am 10. Juli brachen wir bei $7\frac{3}{4}°$ Wärme um 8 Uhr Morgens auf und langten, nachdem wir 6 Werst in einer NW.-Richtung längs der Küste fortgegangen waren, bei dem Kap Krestowoj an. Dieses Vorgebirge, welches nur 35 Fuss Höhe hat und ganz aus schwarzer Dammerde besteht, ist so zu sagen das nördliche Ende einer nach Westen hinlaufenden, flachen Hügelreihe. Die Nacht brachten wir $5\frac{1}{2}$ Werst weiter, an dem Flusse Krestowaja zu, dessen nach Osten gerichtete Mündung 70 bis 80 Faden breit ist. Am östlichen Ufer desselben steht ein Balagan nebst ein paar verfallenen Jurten und bei denselben zwei dem Aussehen nach schon sehr alte Kreuze, nach denen auch der Fluss und das Kap ihre Benennung haben. Nach der Mittagsbeobachtung bestimmte ich die Breite dieses Punktes auf $70°\ 43'\ 33''$ N., und die berechnete Länge auf $159°\ 15'$ östlich von Greenwich. — Die nördliche Spitze der Insel Krestowoj lag nach NO. $39°\ 00'$, der hohe Hügel auf derselben in NO. $62°\ 00'$, die Südspitze der Insel in NO. $66°\ 30'$ und das Kap Krestowoj in SO. $61°\ 00'$. Als am Nachmittage der Himmel sich völlig aufklärte, erblickte ich von dem Punkte aus, wo wir uns eben dann befanden, den Hügel auf der Insel noch einmal, und zwar jetzt in NO. $58°\ 00'$.

Auf dem Festlande finden sich, längs dem Flusse Krestowaja, eine Menge Landseen, die mit Heerden nistender wilder Gänse bedeckt waren. Ein unweit von unserem Standplatze gelagerter Schwarm derselben schreckte uns in der Nacht durch sein gewaltiges Geschrei. Die Ursache davon war die Erscheinung eines schwarzen Bären, vor dem die Gänse sich bis zu uns hinflüchteten, und der auch unsere weidenden Pferde nöthigte, ganz in unserer Nähe zu bleiben. Wir hielten uns so gut wir konnten bereit, den Gast zu empfangen, aber er erschien nicht; das Bellen eines Hundes, der uns begleitete, schreckte ihn, und er flüchtete sich in die Tundra zurück; uns aber verhalf dies kleine nächtliche Abenteuer zu einigen der verscheuchten Gänse, die wir erschlugen.

Am 11. Juli Morgens bedeckte ein dicker Nebel die ganze Gegend und beschränkte unsern Horizont auf einige wenige Faden. Da es mir wichtig war, sowohl die Länge dieses Ortes, als auch die Lage der Bären-Inseln genau zu bestimmen, so entschloss ich mich, in der Hoffnung auf heiteres Wetter, hier einen Rasttag zu halten, dessen auch unsere sehr ermüdeten Pferde bedurften. Aber ich ward in meiner Hoffnung getäuscht; auch am folgenden Tage dauerte der Nebel fort, und der eingetretene Nordwind überzog den ganzen Himmel mit so dicken, trüben Wolken, dass wir eher Schnee, als klarere Luft erwarten konnten. Dies bewog mich, unsere Reise lieber fortzusetzen, als hier die Zeit ganz nutzlos zu verlieren. Wir zogen demnach am 12. gegen Mittag bei $2\frac{3}{4}°$ Wärme weiter. — Nachdem wir $13\frac{1}{4}$ Werst von unserem Nachtlager gemacht hatten, gingen wir über das Flüsschen Bajgatschowa und übernachteten, 14 Werst von da, an der Mündung der Kuros'hägina. Dieser nur 10 Faden breite Fluss ist ziemlich tief und fällt in einer NNO.-Richtung in das Meer. — Hier sieht man noch die Ueberreste einer durch Herrn Hedenström des Fischfanges wegen erbauten Jurte. Der Weg von dem Flusse Krestowaja bis an die Kuros'hägina ist besonders für die Pferde sehr beschwerlich, da die Meereswellen weit hinauf die flache Küste bespülen, und den aus Sand und Lehm bestehenden Boden tief aufweichen.

Auch am 13. war der Himmel noch sehr bewölkt; gegen Mittag aber erhob sich ein starker Ostwind, der die Wolken vertheilte, so dass ich die Meridianalhöhe der Sonne in SO. 10° nehmen konnte, nach welcher ich die Breite des Orts auf 70° 53′ 37″ bestimmte. Aus 10 Entfernungen des Mondes von der Sonne fand ich die Länge 158° 55′ 36″. Der berechnete Längenpunkt differirte von dem beobachteten um 4 Meilen nach Westen. — Nachmittags zogen wir weiter längs der Küste, welche zuerst nach NW. 60° ging und dann allmälig nach NW. 70° hinbog. Wir machten an diesem Tage überhaupt 28 Werst.

Der Fluss Kuros'hägina fällt in einer Entfernung von 4½ Werst von unserem letzten Nachtlager in NO. 20° in das Meer. Er ist 1 bis 1½ Werst breit und hat drei Ausflüsse, von denen aber zwei fast ganz ausgetrocknet sind. An der Ostseite des Flusses, etwa 3½ Werst oberhalb seiner Mündung, steht ein noch ziemlich gut erhaltener Balagan. Auf der Westseite erhebt sich, ungefähr 10 Werst weit von dem Ufer des Stromes, eine in NW.-Richtung liegende, ziemlich hohe Hügelreihe, die in der Entfernung von 3 bis 7 Werst von der Küste bis zum Flusse Kuropatoschnaja fortläuft. Der sich kaum über dem Wasserspiegel erhebende, flache Strand besteht aus einer festen, grauen Thonerde, auf welcher nur sehr undichtes, dünnes Gras spriesst; die ganze Oberfläche ist mit einer feinen Salzkruste überzogen und mit kleinen Muscheln bedeckt. Auch zeigte die Menge der hier herumliegenden Federn, dass die Küste von mausernden Gänsen stark besucht seyn müsse. Treibholz sahen wir nur sehr wenig, und auch das war schon so vermodert, dass es unter den Hufen der Pferde in kleine Stücke zerbröckelte. In den zunächst liegenden kleinen Landseen fanden wir das Wasser beinahe ganz schwarz, welches vielleicht von dem verfaulten Treibholze herrühren mag, mit dem sie angefüllt sind.

Unser heutiges Nachtlager (13. Juli) hielten wir in der Nähe eines ziemlich hohen Berges, dem ich den Namen des nordischen Parnasses gab. Ich erstieg ihn und hatte von dem Gipfel desselben eine ausgedehnte Aussicht auf das Meer. Etwa 6 Werst von unserem Lager erstreckte sich, parallel mit der Küste fortlaufend, eine Reihe hoher Torossen, hinter denen sich schwimmende Eisfelder zeigten. Zwischen den Torossen lag viel Treibholz, welches durch die Wellen und den Andrang des Eises in beständiger Bewegung war; ich sah deutlich die einzelnen Balken bald sich aufrecht erheben, bald wieder niedersinken, welches ein gar sonderbares bewegliches Bild gab. Es gelang uns hier, vier Gänse und ein paar Taucherenten zu erschlagen.

Am 14. hatten wir heiteres Wetter, leichten SW.-Wind und Mittags 9½° Wärme. Ich benutzte diese günstige Temperatur, um einen Theil unseres durchnässten Schiesspulvers zu trocknen, dessen wir jetzt um so mehr bedurften, da unser Vorrath an Lebensmitteln schon sehr abgenommen hatte, und wir weiterhin nicht hoffen konnten, viel mausernde Gänse anzutreffen, die sich mit Knitteln erlegen lassen. — Nach Beobachtung der Mittagshöhe bestimmte ich die Breite dieses Ortes auf 71° 00′ 56″ und die Länge desselben, laut Berechnung, auf 158° 10′. Die Abweichung der Magnetnadel betrug 10° 00′ östlich.

Nachmittags gingen wir über fünf unbedeutende, von den Bergen herabkommende Bäche, und legten, in einer Richtung nach NW. 89° 00′ überhaupt 28 Werst zurück. Auch hatten wir dabei Gelegenheit, unser übertrocknetes Pulver zu versuchen, indem wir einige Gänse erschossen. Nach den genommenen Peilungen lag uns der nordische Parnass in SO. 89°.

Die Luft war immer freundlich und mild; am 15. zeigte das Thermometer 15½° Wärme. Meinen Mittagsbeobachtungen nach befanden wir uns in 71° 03′ 54″ der Breite und in 157° 23′ östlicher Länge von Greenwich. Nachmittags gelangten wir an die Mündung des Flusses Bolschaja Kuropatoschnaja, der nach N. in das Meer fällt und 1½ bis 2 Werst breit, aber so seicht ist, dass wir ihn ohne Unbequemlichkeit zu Pferde durchwateten. Wir machten am heutigen Tage 31 Werst.

Vom nordischen Parnasse nimmt die oben erwähnte mit dem Strande parallel laufende Hügelreihe eine SW.-Richtung und endigt in SO. 23° von der Mündung der Bolschaja Kuropatoschnaja. Westlich von diesem Flusse erhebt sich, nach dem Meere zu, ein hoher Hügel, dessen Gipfel 7 Werst weit von uns in SW. 80° liegt; bei demselben steht ein Balagan, und von hier beginnt das bis zum Flusse Malaja Kuropatoschnaja fortlaufende steile Ufer, welches den Namen Kuropatoschnoi Jar führt. Dieses senkrecht herabfallende Hochufer besteht grösstentheils aus nie aufthauendem Eise, das mit ein wenig schwarzer Erde und Lehm vermengt ist; hier und da blicken dünne, lange Baumwurzeln hervor, und da, wo die Eismasse von den Meereswellen bespült wird und die wenigen Erdtheile herabrollen, kommen nicht selten Mammutsknochen zum Vorschein.

Am 16. Juli, wo wir uns in 71° 04′ 20″ der beobachteten Breite und 156° 26′ berechneter Länge befanden, hatten wir um Mittag 18½° Wärme. — Wir folgten in der Richtung nach SW. 60° der Küste, und nachdem wir 17 Werst gemacht hatten, gelangten wir an den Fluss Malaja Kuropatoschnaja, dessen Mündung in NO. 50° liegt und gegen 2 Werst breit ist. Dieser Strom fliesst zwischen zwei Hügelreihen, von denen er die östliche bespült; die westliche aber ist von dem jetzigen Flussbette 4 Werst entfernt. Wahrscheinlich war das ganze zwischen beiden Hügelketten liegende Thal einst das Bett des Stromes. — An der Westseite der Mündung steht ein Balagan, den wir aber nicht zum Nachtlager benutzten, sondern noch 13 Werst weiter zogen. Von der Mündung der Malaja Kuropatoschnaja nimmt die bis hieher nach SW. 65° laufende niedrige Küste auf einer Strecke von 4½ Werst eine Richtung nach SW. 52°, dann erhebt sie sich plötzlich wieder zu einer steilen Höhe von 30 bis 35 Fuss, und besteht, wie das oben beschriebene Ufer, aus Eis, Lehm und etwas schwarzer Erde. Ich brach mir einige der darin liegenden Baumwurzeln (grösstentheils Birken) heraus, und fand sie so frisch und wohlerhalten, als ob sie eben erst von dem Baume abgehauen wären*). — Der an der Meerseite vor dem steilen Ufer liegende niedrige Streif bestand aus feinem, weissem Sande, und war ganz bedeckt mit halbverwitterten Mammutsknochen; Treibholz fanden wir dahingegen gar nicht, obgleich nach den angerollten Sandschichten diese Strecke immer von den Meereswellen bespült werden muss.

Am 17. Juli befanden wir uns in 70° 56′ 48″ beobachteter Breite und 155° 31′ berechneter Länge. Das Thermometer zeigte 16½° Wärme. Dieses seit drei Tagen anhaltende milde, warme Wetter hätte uns wohl können vergessen machen, unter welchem Grade nördlicher Breite wir uns befanden, wenn nicht die vor uns liegenden unabsehbaren Eisfelder des Meeres und der ewig gefrorene Boden, auf dem wir

---

*) Der nächste Wald ist 100 Werst von hier zu finden.

standen, uns daran erinnert hätten. Noch vor drei Tagen durften wir die dicken Winterkleider gar nicht ablegen, jetzt war uns die leichteste Bekleidung fast zu warm. Wie unerträglich müsste die Hitze hier seyn, wenn man nicht auf und zwischen tausendjährigen ungeheuren Eismassen stände! — Seit 72 Stunden schon war die Sonne am völlig wolkenleeren Horizont gar nicht untergegangen; heute erschien sie uns zum letzten Male in ihrer vollen Pracht, welche noch durch die von der verstärkten Ausdünstung des Meereises herrührenden Strahlenbrechung um Vieles erhöht wurde. Die scheinbare Grösse und Peripherie des Sonnenballes, seine Erhöhung und der Lichteffekt wechselten unaufhörlich; jetzt schien die Sonne verkleinert, in elliptischer Form in den Ocean zu tauchen, dann erhob sie sich wieder plötzlich in ihrer vollen Grösse und schwamm, bald in röthlichem, bald in gelblichem Feuer glühend, majestätisch am Horizont. Dies wunderbare, prachtvolle Schauspiel dauerte den ganzen Tag fort, und trotz dem Schmerze, den das grelle Licht und die Refraktion uns an den Augen verursachten, konnten wir uns doch nicht den Genuss versagen, den herrlichen Anblick zu geniessen. — In der Nacht auf den 17., als die Sonne im mitternächtlichen Meridian stand, konnte ich mit dem Sextanten die sichtbare Dimension des Feuerballes ausmessen; ich fand den Durchmesser in horizontaler Richtung $37' 15''$ und in vertikaler $28' 20''$.

Wir folgten der nach SW. $65°$ gehenden niedrigen Küste bis auf 12 Werst von unserm Nachtlager, wo sie plötzlich eine Wendung nach NW. $82°$ macht; in dieser Richtung zogen wir noch 15 Werst weiter, und schlugen dann unser Nachtlager am Fusse eines flachen Hügels auf.

Am 18. Juli zeigten sich am Horizont einige leichte Wolken, doch war der Himmel über uns noch ganz rein und heiter; gegen Abend aber erhob sich ein starker Nordwind, der ihn bald ganz mit Wolken überzog, und uns nöthigte, wieder nach unseren Pelzen zu greifen. Nach meiner Mittagsobservation war unsere Breite $70° 58' 11''$, und die berechnete Länge $154° 45'$ östlich von Greenwich. Die Richtung der Küste ging nach SW. $57°$; sie war ziemlich weit ins Land hinein flach, von einer Menge kleiner Seen durchschnitten und mit Treibholz bedeckt. — Auf der Strecke von $19\frac{1}{2}$ Werst, die wir heute machten, mussten wir über vier in das Meer fallende Flüsse gehen, von denen der erste und bedeutendste die **Bolschaja Konètschnaja** heisst. 2 Werst weiter kamen wir an die **Malaja Konètschnaja**; dann, nach einem Zwischenraume von 4 Werst, an einen Fluss, dessen Namen meine Begleiter nicht anzugeben wussten, und endlich gelangten wir an den vierten, die **Schkulewa**, an dessen Ufer wir die Nacht zubrachten. Alle vier winden sich mit sehr steilen Ufern zwischen niedrigen Hügeln durch; die drei letztgenannten fallen in NO. ins Meer. An der grossen, so wie auch an der kleinen Konètschnaja sind Balagany erbaut. — Zwei unserer Pferde waren durch den langen beschwerlichen Marsch bis hieher so von Kräften gekommen, dass wir uns genöthigt sahen, ihr Gepäck auf die übrigen zu vertheilen, und sonach mussten meine beiden Begleiter den Weg weiter zu Fusse fortsetzen.

Am 19. Juli nahm der Nordwind an Stärke zu; es regnete den ganzen Morgen, und um Mittag fiel, trotz der $11°$ Wärme, die das Thermometer noch angab, ein tüchtiger Schnee. Unsere beobachtete Breite war $70° 53' 48''$, die berechnete Länge $154° 13'$. Nachmittags verfolgten wir 9 Werst weit die nach SW. $79°$ gehende Küste, setzten über einen ziemlich breiten Fluss und erreichten, nachdem wir noch $3\frac{1}{2}$ Werst nach SW. $69°$ gegangen waren, den östlichen Arm des **Alasej**, welcher den Namen **Lagoschkin** führt. Dieser tiefe und reissende Nebenfluss windet sich in vielen Krümmungen zwischen steilen Ufern dem Meere zu und bildet, indem er sich an seiner Mündung in zwei Arme theilt, eine von Ost nach West 2 Werst lange Insel. Wir setzten 2 Werst oberhalb derselben über den Strom an einer Stelle, wo er 150 Faden breit ist. — $3\frac{1}{2}$ Werst weiter gingen wir noch über einen anderen Arm des Alasej, den **Bolschoj Alasejskoj Protòk**, an dessen Ufer wir unser Nachtlager aufschlugen.

Unter allen Flüssen, die sich auf der ganzen Strecke zwischen der Kolyma und der Indigirka in das Meer ergiessen, ist der Alasej der wichtigste und bemerkenswertheste. Er entspringt unter dem $67°$ der Breite aus dem Alasejskischen Gebirge und nimmt eine Menge anderer Flüsse auf, die theils auch aus diesem Gebirge, theils aus verschiedenen grossen Landseen entspringen. Er ist von bedeutender Tiefe, macht in seinem Laufe eine Menge sehr starker Krümmungen und ergiesst sich durch fünf Arme ins Meer, von denen die beiden oben erwähnten die wichtigsten sind; die drei übrigen mehr nach Westen liegenden haben so wenig Wasser, dass sie nicht selten ganz austrocknen.

Der Arm Bolschoj Alasejskoj Protòk wird von dem Lagoschkin durch eine Insel getrennt, die in ihrer Hauptrichtung nach NNW. 12 Werst lang ist. Der Ausfluss des letzteren hat eine Breite von $2\frac{1}{2}$ Werst, niedrige Ufer und einen reissenden Fall. Von der die Mündung begränzenden westlichen Erdzunge dehnt sich eine Sandbank weit in das Meer hinaus. — Hier an dem Lagoschkin traf ich zu meiner und besonders meiner beiden Begleiter grossen Freude den Jakutenhäuptling Sosonow mit zwei seiner Leute und sechs frischen Pferden an, die wir gegen die unsrigen ganz ermatteten vertauschten. Sosonow war, in Folge des früher ergangenen Aufgebotes, aus den nächsten 150 Werst von hier belegenen Jakuten-Niederlassungen am Alasej hieher gekommen und erwartete uns schon seit fünf Tagen.

Der 20. Juli brachte uns mit gelindem ONO.-Winde wieder klares, mildes Wetter und eine Wärme von beinahe 11°. — Wir befanden uns in der beobachteten Breite von 70° 50′ 14″ und in der berechneten Länge von 153° 43′ 10″. Höchlich erfreut, nach langer Zeit wieder einmal, ausser uns dreien, noch ein paar Menschen um uns zu sehen, beschloss ich, diesen Tag hier zu verbringen: wir warfen unser Netz aus und fingen sechs grosse Lachsforellen und über zwanzig andere kleinere Fische, mit denen wir unsere Gäste bewirtheten; diese halfen uns dagegen wieder unser stark beschädigtes Pferdegeschirr, so wie auch die beiden Kähne ausbessern und zur Weiterreise tüchtig machen.

Tages darauf setzten wir um 4 Uhr Nachmittags unsere Reise mit frischen Pferden fort, nachdem ich aus zehn genommenen Mondsentfernungen die Länge unsers Nachtlagers auf 153° 43′ 10½″ bestimmt, und mich dadurch von der Richtigkeit meiner gestrigen Längenberechnung überzeugt hatte. Die Abweichung der Magnetnadel fand ich 10° 00′ östlich. — Nachdem wir 13 Werst von unserem Nachtlager über einen Arm des Alasej gesetzt waren, gelangten wir an den Ausfluss des Flüsschens Malaja Alasejskaja, über welches wir eine sehr bequeme Furth fanden und uns zur Nacht daselbst niederliessen. Von hier nimmt die niedrige Küste eine Richtung nach SW. 70°; sie war mit Treibholz bedeckt, zwischen welchem feines, undichtes Gras wächst.

Am 22. Juli bewölkte sich der Himmel bei starkem Ostwinde, der gegen Abend nach Norden umsetzte und einen dichten Nebel um uns her verbreitete. Um Mittag hatten wir $9\frac{1}{2}°$ Wärme. Die beobachtete Breite war 70° 48' 48"; die aus zehn genommenen Mondsentfernungen berechnete Länge 152° 59' 44". — Wir folgten der Küste in der Richtung nach NW. 87° und kamen, 6 Werst von unserem Nachtlager, über das Flüsschen Bulgin, von wo die Küste sich nach NW. 81° wendet; nachdem wir von da $11\frac{1}{2}$ Werst zurückgelegt hatten, setzten wir über einen anderen kleinen Fluss, der in NW. ins Meer fällt, und von welchem wir in einer Entfernung von 2 Werst an die Mündung des Flusses Bludnaja kamen, die beinahe 80 Faden breit ist. Der Fluss ist sehr reissend und hat ausserordentlich steile Ufer.

Wegen des heftigen Windes durften wir es nicht wagen, hier bei der Mündung mit unseren kleinen Kähnen überzusetzen, und waren genöthigt, längs dem Strome in nördlicher Richtung $5\frac{1}{2}$ Werst hinaufzugehen, wo der erste Arm des Flusses noch mit so festem Eise bedeckt war, dass wir ganz bequem hinübergehen konnten. $2\frac{1}{2}$ Werst weiter gingen wir auf dieselbe Weise auch über den zweiten Arm. Hierauf zogen wir noch 8 Werst weiter nach SW. 70° und blieben zur Nacht an dem gegen N. gerichteten Ausflusse der Wschiwaja, in der berechneten Breite von 70° 55' und östlicher Länge von 152° 15'.

Die Mündung der Wschiwaja ist 70 bis 80 Faden breit, hat eine bedeutende Tiefe und in Terrassen oder Stufen herabgehende Ufer. Der Strom ist sehr reissend und unterwäscht die Ufer so, dass oft grosse Erdlagen von oben herabstürzen, wobei dann immer eine Menge Mammutsknochen zum Vorschein kommen, die den Jukahiren (welche diesen Fluss Pilà, die Säge, nennen) jährlich eine reiche Ausbeute gewähren. Ueberhaupt ist diese Gegend der Küste sehr reich an Mammutsknochen. — Am östlichen Ufer der Wschiwaja steht ein Balagan, eine Jurte und ein grosses hölzernes Kreuz, welches, wie mir die Anwohner der Indigirka erzählten, vom Meere hier angeschwemmt seyn soll; sie fanden es zwischen dem Treibholze, und richteten es hier auf. Eine auf demselben eingeschnittene Inschrift war so verwischt, dass ich nur wenige einzelne Buchstaben errathen konnte, die aber gar keinen Sinn gaben.

Am 23. Juli machten wir, immer längs der Küste dem niedrigen Strande folgend, in der Richtung nach W. z. N. 26 Werst und übernachteten an dem Flüsschen Delakowaja. Wir hatten uns auf einer etwas erhöhten Stelle gelagert, aber bei dem anhaltenden Nordwinde stieg das Wasser bald so hoch, dass wir genöthigt waren, auf eine abwärts liegende Anhöhe zu flüchten, wo wir uns sicher glaubten; doch auch hieher erstreckte sich die Fluth in der Nacht, und nur mit Mühe gelang es uns, einen anderen höheren Hügel zu erreichen, wo wir auf trocknem Boden standen. Am folgenden Morgen änderte sich der Wind, das Wasser fiel, und wir setzten unsere Reise in der Richtung nach NW. 45° längs dem niedrigen Meeresstrande fort. Nach einem Marsche von 5 Werst erreichten wir den östlichsten Arm der Indigirka, welcher der Kolymskische Ausfluss (kolymskoj protòk) heisst. — Der heftige Nordwind, über die ungeheuren Eisfelder kommend, kühlte die Temperatur der Atmosphäre so sehr ab, dass wir um Mittag nur noch $\frac{1}{2}°$ Wärme hatten. Abends liess der Wind etwas an Heftigkeit nach, und wir bekamen Regen.

Zwischen dem östlichen Ufer des Festlandes und der Insel Kolessowsk, deren nördlichen Theil ich wegen eines dicken Nebels nicht übersehen konnte, ist der Kolymskoj Protòk 2 bis 3 Werst breit. Wir verfolgten dessen östliches Ufer 6 Werst weit in der Richtung nach SW. 52°, gingen dann über den kleinen Fluss Propadschaja und übernachteten, 5½ Werst jenseits desselben, am Ausflusse der Bludnaja, in der berechneten Breite von 71° 00′ und der Länge von 151° 10′.

Der Fluss Bludnaja fällt in NW. in den Kolymskoj Protok oder Arm der Indigirka; er hat zwei Ausflüsse, von denen der eine Malaja (die kleine) und der andere Bolschaja (die grosse) Bludnaja heisst. An ersterem fanden wir drei einsame Jurten, in welchen ein paar Familien aus den Uferbewohnern der Indigirka leben. Bei diesen, die sich sowohl wegen der Fischerei, als auch wegen des vorzüglich guten Weideplatzes hier angesiedelt hatten, liess ich unter der Obhut des Jakuten meine von der Reise sehr angegriffenen Pferde, damit sie sich erholen und Kräfte sammeln möchten. Ich selbst aber bestieg mit dem Kosaken und einem der hiesigen Einwohner ein Boot, um die 60 Werst von der Mündung der Bludnaja entfernte Niederlassung Jedomka zu besuchen. Mit der sommerartigen Jahreszeit hatte es nun ein Ende; am 25. und 26. Juli hatten wir Regen, Schnee und Hagel; an letzterem Tage zeigte das Thermometer Mittags nur noch $^3/_4^{\,0}$ Wärme, Abends aber schon $1^{\,0}$ Kälte.

Unsere Fahrt ging langsam stromaufwärts; vier Hunde zogen das Boot und meine beiden Leute ruderten; an Stellen, wo die Krümmungen des Stromes uns vor den Wind brachten, spannten wir auch noch ein Segel von Rennthierfellen auf. Nach 16 Stunden erreichten wir endlich das Dörfchen Jedomka in $70^{\,0}\ 56'\ 30''$ der Breite und $151^{\,0}\ 06'$ der Länge. — Diese nur aus drei Jurten und einem aus Balken erbauten kleinen Häuschen bestehende Niederlassung liegt auf einer Anhöhe am Zusammenflusse der Petròwaja und des Kolymskoj Protok. Wir trafen Niemand von den Bewohnern an; alle waren auf die Fischerei und Jagd ausgegangen. Das Herannahen des Winters war hier schon sehr merkbar; die ganze Fläche war mit Schnee bedeckt, der gegen Abend bis zu einem halben Fuss Höhe zunahm; dabei war der Nordwind so heftig, dass wir uns genöthigt sahen, hier etwas zu verweilen. — Abends traf ein Bürger Namens Kotschewschtschikow aus der Gegend der Indigirka bei uns ein; er war in der Hoffnung hergekommen, hier vielleicht einigen tscherkessischen Rauchtabak einhandeln zu können, den die Bewohner von Jedomka zuweilen gegen Pelzwerk oder Fische von den herumziehenden russischen Kaufleuten eintauschen. — Wir freuten uns sehr, bei unserem einsamen Feuer einen Menschen mehr zu haben, und ich verbrachte in der Gesellschaft dieses zwar 80jährigen, aber noch vollkommen rüstigen und sehr beredten Greises, den ich durch ein kleines Geschenk an langentbehrtem Tabak beglückte, einen recht angenehmen Abend. Am folgenden Morgen setzten wir unsere Reise gemeinschaftlich fort, da er mir den Wunsch äusserte, mich bis zur Mündung der Russkaja zu begleiten; ein Antrag, der mir sehr angenehm war, weil ich an ihm einen zuverlässigen Wegweiser auf den vielen Nebenflüssen und Armen der Indigirka und einen überaus unterhaltenden Gesellschafter hatte. Seine Lebensgeschichte, die er mir sehr umständlich erzählte, ist merkwürdig genug.

Kotschewschtschikow ist in Kirensk geboren, von wo ihn in seinem funfzehnten Jahre sein älterer Bruder auf einer Reise die Lena hinab mitnahm. Es war einer von den ehemals mehr noch als jetzt hier gewöhnlichen Zügen auf gut Glück und ohne irgend einen bestimmten Zweck, die für die Bewohner dieses von der Natur so stiefmütterlich ausgestatteten Landes, das sie durch Nichts an irgend einen Ort besonders fesselt, einen ganz vorzüglichen Reiz zu haben scheinen, und zu denen sich oft mehrere Familien zusammenthun. Auch dieses Mal bestand die Reisegesellschaft aus mehr als vierzig Menschen, Männern, Weibern und Kindern, die unter Anführung eines kirenskischen Bürgers, Namens Afonassij, auf einem selbst gebauten Fahrzeuge (Kotscha), in der Hoffnung, irgend etwas Besseres zu finden, als das, was sie verliessen, die Lena hinabfuhren. Sie verbrachten zwei Winter in menschenleeren Wüsten, wo sie sich kümmerlich von Fischen und wilden Gänsen nährten, und eine grosse Menge sehr schöner Mammutsknochen einsammelten. Während des zweiten Winters starb der grösste Theil der Gesellschaft und auch der Anführer Afonassij. Nach ihm trat der ältere Kotschewschtschikow, als der geschickteste Schiffer unter ihnen, an die Spitze der übriggebliebenen Abenteurer. Kurz vor Eintritt des dritten Winters erreichten sie das Eismeer, schifften lange, mit zahllosen Gefahren und Mangel kämpfend, umher, ohne eigentlich zu wissen, wo sie sich befanden, und hatten zuletzt das Unglück, an der Mündung der Indigirka zu scheitern, wo ihr Fahrzeug als unbrauchbares Wrack liegen blieb. Hier trennten sich die beiden Brüder von ihren bisherigen Gefährten, nahmen von den wenigen geborgenen Sachen und Geräthschaften einiges mit, und zogen in das Innere des Landes, wo sie sich, als der Winter völlig eintrat, an einem fischreichen Flusse eine Hütte erbauten, um da den dritten Winter zu verbringen. Obgleich diese ihre Niederlassung nur

50 Werst von dem Orte Jedomka entfernt lag, so kamen die beiden Einsiedler doch mit den Bewohnern desselben in gar keine Berührung, so wie sie auch überhaupt während dieses ganzen Winters Niemand, weder von Reisenden noch von den Eingeborenen des Landes sahen. Vor einem Besuche dieser letztern fürchteten sie sich, weil sie früher viel von ihrer Raub- und Mordlust gehört hatten. Daher kam es denn dass, als sie im folgenden Sommer zwei Männer erblickten, die sich ihrer Hütte näherten, sie beschlossen dieselben umzubringen; ehe sie aber diesen mörderischen Plan ausführen konnten, fand sich, dass die Ankömmlinge Russen, und eben solche Glücksucher waren als sie selbst. Sie bewirtheten die Gäste so gut sie es vermochten, und liessen sich endlich bereden ihre Einsiedelei zu verlassen, in dem Fahrzeuge der neuen Freunde die Indigirka hinaufzufahren, und gemeinschaftlich mit ihnen ihr Heil zu versuchen. Allein schon in der dritten Nacht verliessen sie heimlich das Boot und flohen nach ihrer Hütte zurück.

Auf meine Frage, was sie denn zu dieser Flucht bewogen habe, da doch ihre bisherige Existenz eben nicht sehr angenehm war, und da sie hoffen konnten, jetzt wieder ihre Heimath zu erreichen, erklärte mir der Alte, es sey ehemals hergebrachte Sitte gewesen, dass bei Zusammenkunft zweier dergleichen wandernden Parteien, dieselben bei dem ersten Fang oder Fund ans Land gestiegen seyen, und dort mit den Waffen in der Hand, durch Kampf entschieden hätten, wem von beiden jetzt und in Zukunft die Ausbeute der Reise und der Jagd gehören solle; die Ueberwundenen wurden dann gewissermaassen Knechte der Sieger, welche sie gewöhnlich sehr hart behandelten. Da nun ihre beiden neuen Reisegefährten ein Paar sehr kräftige, wohlgenährte Männer waren, so wollten sie, durch mehrjährige Noth und Mangel geschwächt, es nicht auf ein solches Recht des Stärkern ankommen lassen, und zogen daher vor, lieber in ihre freie Wildniss zurückzukehren, wo sie noch ungefähr anderthalb Jahre verbrachten, bis sie endlich im fünften Winter, auf einer weitern Jagdstreiferei, ein aus sechs Jurten bestehendes Dörfchen, Russkoje Ustje, antrafen, in welchem 15 Russen sich schon seit mehreren Jahren angesiedelt hatten. Der einsamen und wandernden Lebensart endlich müde, schlossen die beiden Brüder sich an diese kleine Kolonie an, und sind seitdem auch dageblieben. Von ihrem ersten Gefährten haben sie weiter nie etwas erfahren.

Mein alter Reisegesellschafter war so erfreut, endlich ein Mal wieder ein Wesen gefunden zu haben, dem er seine Abenteuer, als etwas Neues, mittheilen konnte, dass er, als wir am 27. Juli bei dem Flecken Stantschik anlangten, noch lange nicht fertig mit Erzählen war. Diese kleine Niederlasung, die eigentlich nur aus einem Balkenhäuschen, einer Jurte, einem Uross oder grossen Zelte aus Rennthierfellen und ein paar Scheunen besteht, hatte gerade jetzt ein recht belebtes Aussehen, indem die ganze Bevölkerung von Jedomka damit beschäftigt war, mit ihren Häusern, Hütten und ihrer ganzen Habe hieher zu ziehen. Sie verlassen nämlich Jedomka ganz, weil es ihnen dort an Treibholz fehlt, und siedeln sich hier an, wo sie sowohl mehr Holz als auch viel einträglichere Fischerei haben, da der Fluss Lunds'hin, an welchem der Flecken liegt, sich hier in den Kolymskoj Protok ergiesst, der reich an Fischen ist. Stantschik liegt in **70° 51′** der Breite und **150° 12′** der Länge.

Nach einer hier recht bequem und ruhig verbrachten Nacht, bestiegen wir am andern Morgen (28. Juli) bei mässigem Nordwind und $3\frac{1}{2}°$ Wärme, wieder unser durch Hunde gezogenes Boot und langten nach einer 23stündigen Fahrt in dem oben erwähnten Dörfchen Russkoje Ustje an, wo uns der alte Kotschewschtschikow mit ächt russischer Gastfreundschaft aufnahm. Da ich hier ein ganz leidliches Unterkommen fand, so beschloss ich, mich bis zum halben September aufzuhalten, um meine sämmtlichen Notizen im Betreff der Aufnahme zu ordnen, ins Reine zu bringen und dann, bei Eintritt des Winters, die Rückreise auf dem geradesten Wege, theils in Narten, theils zu Pferde anzutreten. Mir ward ein Häuschen eingeräumt wo ich mich, nach hiesigem Maassstabe recht bequem, einrichtete und meine Arbeiten begann. Jeden heitern Tag benutzte ich, theils zu kleinen Ausflüchten in der Umgegend, theils zu astronomischen Beobachtungen. Unter andern bestimmte ich, nach sechs genommenen Sonnenhöhen, die Breite des Ortes auf **71° 00′ 19″**, und seine Länge nach **78** Mondesentfernungen, durch **10** Berechnungen, auf **149° 30′ 53¼″** östlich von Greenwich. Die Abweichung der Magnetnadel betrug, nach dem einfachen Azimuth 9° 53′ und nach korrespondirenden Azimuthen 10° 00′. — Die Mittelabweichung war 9° 58′ östlich.

Diese kleine Niederlassung besteht eigentlich nur aus vier Häusern oder Hütten mit einigen wenigen dazu gehörigen Nebengebäuden; sie liegt am westlichen Ufer des westlichsten Armes der Indigirka, welcher, so wie das Dörfchen selbst, Russkoje Ustje, die russische Mündung, heisst.

Zwei Werst von hier, in SSW.-Richtung, liegt ein anderes, nur aus zwei Balkenhäusern und drei Jurten bestehendes kleines Dörfchen, Ust' Jelon', an einem nach ONO. gehenden Flusse gleiches Namens, dessen obere Hälfte die Jakuten Bjurjuloch nennen.

Die Bewohner der drei Niederlassungen, Jedomka, Russkoje Ustje, und Ust' Jelon', die mit der allgemeinen Benennung Indigirskie s'hiteli, Indigirka-Bewohner, bezeichnet werden, sind alle Russen; ihre Gesammtzahl beläuft sich nach der letzten Revision auf 108 männliche Köpfe. — Das eben nicht sehr einträgliche Gewerbe dieser Leute beschränkt sich auf Fischerei, Jagd und Einsammeln von Mammutsknochen. Erstere dient blos zu ihrer eigenen Nahrung; was die Jagd betrifft, so treiben sie, als Handelsartikel, den Fang der Steinfüchse in Fallen längs der Meeresküste mit gutem Erfolg, und vertauschen die Bälge gegen verschiedene nothwendige Lebensbedürfnisse, an die von Zeit zu Zeit im Winter herumziehenden Nis'hne-Kolymskischen und andere Kaufleute, die ihnen auch die Mammutsknochen abnehmen. — Um Streitigkeiten über das einer jeden Ortschaft zustehende Jagdrecht zu vermeiden, ist unter ihnen festgesetzt, dass das Jagdrevier der Einwohner von Jedomka sich von diesem Orte bis an den Ausfluss der Kuros'hagina, und das der Bewohner von Russkoje Ustje und Ust' Jelon', von der Mündung der Jana bis zu der der Kondratjewa erstreckt, und diese Gränzen werden gewissenhaft beim Aufstellen der Fallen beobachtet. Im Sommer sind blos die Weiber und Kinder mit der Fischerei beschäftigt, die Männer aber zerstreuen sich mit ihren kleinen Böten und Hunden in der Tundra, um Rennthiere und Gänse zu jagen und Mammutsknochen zu suchen, die einen ziemlich bedeutenden Handelsartikel ausmachen. Sie lassen die eingesammelten

Knochen und Zähne, in Haufen mit dem Zeichen des Besitzers bezeichnet, auf der Tundra, um sie hernach im Winter auf Narten abzuholen, und es gereicht wahrlich der unter diesen ungebildeten Menschen herrschenden Rechtlichkeit und Gewissenhaftigkeit zur grössten Ehre, dass noch nie ein so bezeichneter Haufe von einem andern Jäger berührt worden ist.

Nach der Aussage dieser Leute werden die Ufer der Indigirka und ihrer verschiedenen Arme, während der Mauserzeit, viel häufiger von den Gänsen und Schwänen besucht als die Kolyma; dagegen aber soll diese letztere mehr und schmackhaftere Fische liefern als die Indigirka. In den Seen der Umgegend ist eine hier unter dem Namen Krasnaja ryba, rother Fisch, bekannte Fischgattung häufig, die aber nicht mit den im übrigen Russland unter dieser Benennung verstandenen grossen Fischen, Hausen, Stör, Sewrjuga u. s. w. zu verwechseln ist.

Die Anwohner der Indigirka sind unstreitig viel arbeitsamer und industrieuser als die an der Kolyma Lebenden; dessenungeachtet aber stehen sich diese im Ganzen viel besser als jene. Dies, wider alle Erfahrung streitende, Resultat rührt blos von der Lage ihrer beiderseitigen Niederlassungen her; die längs den Ufern der Kolyma Angesiedelten liegen mehr oder weniger an dem Wege, auf welchem die jakuzkischen Pelzhändler immer nach Sredne- und Nis'hne-Kolymsk ziehen, und auf ihrer Reise von den Bewohnern des Landes den Ertrag ihrer Jagd, unmittelbar, theils für baares Geld kaufen, theils gegen allerlei Waaren eintauschen; es giebt hier eine Art von Konkurrenz, und die Verkäufer können, wenn ein Käufer ihnen etwa gar zu wenig für ihre Waare bietet, mit ziemlicher Gewissheit auf einen andern Durchreisenden rechnen, der ihnen einen höhern Preis giebt. Nicht so es mit den Indigirkern, bei denen es durchaus gar keine Durchreisende giebt, und deren Absatz sich auf die kleine Anzahl Spekulanten aus Jakuzk oder Kolymsk beschränkt, welche durch Hoffnung auf einen grossen Gewinn gereizt, die beschwerliche Reise an die öden Ufer der nördlichen Indigirka unternehmen. Die armen Bewohner dieser Wüste sind gezwungen den niedrigsten Preis, den ihnen ein solcher Monopolist für ihre kostbaren Pelzwerke bietet, anzunehmen, weil dies das einzige Mittel ist, sich die unentbehrlichsten Bedürfnisse als: Kleidung, Fischnetze u. s. w. anzuschaffen. Der Mangel an letztern besonders ist oft so gross, dass sie nicht im Stande sind, sich ihre tägliche Nahrung, und noch weniger einen hinlänglichen Wintervorrath an Fischen anzuschaffen, und sich daher, trotz ihrer Arbeitsamkeit und der oft reichen Ausbeute an Steinfuchsbälgen und Mammutsknochen doch in einer sehr bedrängten Lage befinden.

In der Nähe von Russkoje Ustje findet man viele Spuren von ehemaligen grossen Ansiedelungen und Lagerplätzen, über deren Ursprung ich indessen nichts Bestimmtes erfahren konnte. Einer alten, übrigens ziemlich allgemein verbreiteten, Sage nach hat hier der mächtige und zahlreiche Stamm der Omöki gelebt, die von hier nach Westen gezogen seyn sollen, wo jedoch, so viel ich weiss, keine Spur von ihnen zu finden ist. — Als die jetzigen russischen Ansiedler sich hier zuerst niederliessen, fanden sie an allen Nebenflüssen der Indigirka eine grosse Menge alter verfallener Jurten und Erdhütten mit Feuerstätten und mancherlei Geräthschaften. Auch jetzt noch findet man hier zuweilen Aexte von Jaspis und Ueberreste von Waffen, die von den jetzigen ganz verschieden sind, so dass an einer frühern, verschwundenen Bevölkerung dieser Gegend gar nicht zu zweifeln ist.

Während meines Aufenthaltes in Russkoje Ustje, besuchten mich die wenigen Bewohner der benachbarten Ortschaften und brachten mir, als eines ihrer grössten Leckerbissen, den hier sogenannten Olenij sdor, den besten Rückenspeck der Rennthirre, wofür ich sie durch etwas Thee und Tabak weit über alle Erwartungen beglückte.

Am 2. September zeigten sich die ersten Eisschollen auf der Indigirka, die früher schon starke Eisränder angesetzt hatte, und im Laufe von drei Tagen so fest zufror, dass man am 5. September schon mit Schlitten hinüberfahren konnte.

Am 23. September traf der Chef der Ustjanskischen Expedition, Lieutenant Anjou hier an, welcher die ihm übertragene Aufnahme der Küste des Eismeeres vom Ausflusse der Jana bis Russkoje Ustje beendigt hatte.

Auch ich war um diese Zeit mit meinen Arbeiten, welche die Aufnahme der Küste, vom Ausflusse der Kolyma bis zu dem östlichsten Arme der Indigirka umfassten, zu Stande gekommen, und konnte daher Anstalten zu meiner Rückreise machen. Bei der jetzigen Jahreszeit musste ich einen andern Weg einschlagen als den, auf welchem ich hergezogen war, weil durch die anhaltenden starken Fröste, der Schnee längs der Küste gewöhnlich so hart wird, dass die Pferde nicht mehr im Stande sind ihn aufzuscharren, um wie sonst, das unter demselben liegende alte Gras zu ihrer Nahrung hervorzuholen. Sowohl aus diesem Grunde, als auch um den Rückweg abzukürzen, beschloss ich queer über die Tundra zu gehen, und trat am 26. September meine Reise auf Narten mit Hunden bespannt an, welche mich in zwei Tagen nach dem Dorfe Jedomka brachten. Von hier ging ich, wieder zu Pferde, über die öde menschenleere Tundra bis zu den jakutischen Niederlassungen am Alasej, wo ich frische Pferde bekam, mit denen ich am 6. Oktober in Nis'hne-Kolymsk anlangte.

Auf meiner zehntägigen Rückreise gab es durchaus nichts der Erwähnung würdiges ausser etwa, dass wir auf der Tundra mehreren zahlreichen Wolfsheerden begegneten, die, Nachts besonders, unsere Pferde sehr beunruhigten und uns nöthigten immer bei denselben zu wachen. Einer dieser Räuberheerden jagten wir ein von ihnen zerfleischtes Rennthier ab, welches uns sehr zu Statten kam, da unser ganzer Speisevorrath bis auf einige wenige Zwiebacken aufgezehrt war.

Eilfter Abschnitt.

Dritte Eisfahrt. — Zurüstungen. — Seuche unter den Hunden. — Reiseplan. — Abreise aus Nis'hne-Kolymsk. — Fahrt nach Norden. — Wellenförmig aufgeworfener Schnee. — Ueberfall von weissen Bären. — Vorrathskeller im Eise. — Beschwerliche Fahrt. — Unfall. — Hohe Torossen. — Zweite Vorrathsniederlage. — Theilung der Expedition. — Falsche Anzeigen von Land. — Rückkehr zu den Vorrathskellern. — Vereinigung der Expedition. — Abermalige Richtung nach Norden. Osterfest. — Eisbruch. — Torossen. — Richtung nach Osten. — Eisflächen. — Kap Schelagskoj. — Ankunft bei dem ersten Vorrathskeller. — Rückweg nach der Küste. — Pochodsk; Hungersnoth daselbst. — Ankunft in Nis'hne-Kolymsk. — Ueberschwemmung.

Auf den kurzen an Missgeschick aller Art für die Bewohner von Nis'hne-Kolymsk reichen Sommer von 1821, folgte ein langer, für sie höchst qualvoller Winter, der auch uns in eine peinliche Lage versetzte, da wir durchaus gar keine Mittel hatten, dem allgemeinen Elende abzuhelfen.

Die grösstentheils verunglückte Rennthierjagd, und die durch das Austreten der Flüsse und den frühzeitigen Winter auch sehr kärglich ausgefallene Fischerei, hatten über das ganze Land eine unvermeidliche Hungersnoth herbeigeführt. Hiezu gesellte sich aber noch ein neues, bis jetzt um Nis'hne-Kolymsk fast unerhörtes Unglück, eine verheerende Seuche unter den Hunden, welche den grössten Theil dieser nützlichen und für die Bewohner dieses Theiles von Sibirien durchaus unentbehrlichen Thiere wegraffte.

Schon im Sommer hatte sich die Hundeseuche längs den Flüssen Indigirka, Jana und an der Lena geäussert; mit Eintritt des Winters erreichte sie auch die Ufer der Kolyma. — Da meine bevorstehende dritte Eisfahrt ganz davon abhing, ob wir die zum Fortbringen unserer 8 Narten erforderlichen 96 Hunde zusammenzubringen im Stande wären, so liess ich es mir sehr angelegen seyn, die zu ihrer Erhaltung nöthigen Maassregeln zu ergreifen, indem ich sogleich befahl, wenigstens hundert vollkommen gesunder Hunde zusammenzusuchen, und sie, sobald als möglich an den grossen und kleinen Tschukotschje-Fluss zu bringen, um sie dort auf Kosten der Expedition zu füttern, und dabei alle Kommunikation mit der umliegenden Gegend zu vermeiden, damit wenigstens diese Hunde von der Seuche frei blieben. Zugleich ordnete ich an, dass unsere nach Tschukotschje gehenden Hunde einen Theil unserer Fischvorräthe nach den im verwichenen Jahre bei der grossen Baranicha errichteten neuen Vorrathskammern bringen sollten, um hernach weniger aus Nis'hne-Kolymsk mitnehmen zu müssen. Allein ehe wir noch im Stande waren dieses alles in Ausführung zu bringen, griff die Seuche so furchtbar um sich, dass wir mit aller Mühe statt der 96 zu unserer Reise erforderlichen Hunde, nur 36 auftreiben konnten, die dann auch gleich abgefertigt wurden, und fast alle am Leben blieben. — Die Sterblichkeit unter den Hunden wuchs mit der steigenden Kälte von Tage zu Tage, und verbreitete sich bald über sämmtliche Dörfer und Niederlassungen des Kolymskischen Kreises, so dass da, wo es sonst von Hunden wimmelte, die Erscheinung eines dieser Thiere eine Seltenheit war. An das sich fast alljährlich erneuernde Elend des Hungers schon gewöhnt, sehen die hiesigen Eingeborenen demselben mit einer gewissen sorglosen Ergebung entgegen, nicht so aber dem Verluste ihrer Hunde, die ihnen zu ihrer Existenz unentbehrlich sind. Sie mussten sich jetzt selbst vor die Narten spannen, um ihr Brennholz aus dem Walde, um die Fischvorräthe, die an verschiedenen Orten längs der Kolyma aufbewahrt werden, herbei zu fahren; endlich mussten sie ihren Haupterwerbzweig während des Winters, die Jagd der Pelzthiere aufgeben, weil sie derselben nicht anders als mit Narten in den entfernten Wäldern nachgehen konnten. Ihre ganze Existenz war durch den Verlust der Hunde vernichtet, und der Jammer unter den unglücklichen Besitzern unendlich.

Unter diesem allgemeinen Elende traten wir in das Jahr 1822.

Da die Zeit unserer Abreise herannahte, und hier gar keine Hoffnung war, Fahrhunde aufzutreiben, so schickte ich einen meiner zuverlässigsten Kosaken an die Indigirka, wo die Seuche noch nicht hingelangt war, mit dem Auftrage dort die uns noch fehlenden 60 Hunde anzuschaffen, und sie, gut gefüttert, an dem grossen Tschukotschje in Bereitschaft zu halten, bis ich ihm anzeigen würde, wohin er sie mir zuführen solle. Am 5. März erhielt ich von ihm den Bericht, dass es unmöglich gewesen sey, mehr als 45 gute Hunde zusammenzubringen, und dass diese an dem bestimmten Orte mich erwarteten.

Mit Abnahme der strengen Fröste schien auch die Seuche an Kraft zu verlieren; endlich liess sie ganz nach, aber die unglücklichen Bewohner von Kolymsk hatten über $4/5$ ihrer einzigen und unentbehrlichen Hausthiere verloren. Die meisten der am Leben gebliebenen gehörten den Kosaken der hiesigen Stanitza, welche, als sie die Verlegenheit sahen, in welcher ich mich durch den Mangeln an Vorspann zu meiner bevorstehenden Reise befand, in Gemeinschaft mit einigen Bürgern, mir freiwillig mit der lobenswerthesten Selbstentsagung und Bereitwilligkeit, 20 Narten, jede mit 12 Hunden bespannt, anboten. Wir besassen jetzt, mit denen die ich von dem grossen Tschukotschje herkommen liess, gegen 300 Hunde; leider aber fanden sich darunter nur überhaupt 60, die zu einer weitern Fahrt tauglich und zuverlässig waren, und diese reichten nur zu fünf Schlitten hin; die übrigen waren alle schwach, kraftlos und durchaus unbrauchbar. — Dies machte eine wesentliche Abänderung in meinem ursprünglichen Reiseplane nöthig, nach welchem wir unsere Expedition in zwei Abtheilungen vornehmen wollten. Ich musste nun sowohl diesen Plan als auch den Vorsatz aufgeben, unsere Reise von dem Ausflusse der grossen Baranicha zu beginnen, wo ich, wie früher erwähnt, ein Haus nebst einem Vorrathsmagazin angelegt hatte; letzteres aber war leer, da wir bei der Seuche, wegen Mangels an Transportnarten, nichts von Vorräthen hatten dorthin schaffen können. Nur mit vieler Mühe war es uns gelungen, dieselben nach Sucharnoj, am Ausflusse der Kolyma, zu bringen.

Endlich war alles so weit in Bereitschaft, dass wir aufbrechen konnten. Nachdem wir den Rest unserer getrockneten und frisch eingefrorenen Fische und unsere übrigen Reisebedürfnisse auf die Schlitten geladen hatten, verliess ich am 10. März Nis'hne-Kolymsk, in Begleitung des Mitschmannes Matiuschkin, des Steuermannes Kosmin und des Matrosen Nechoroschkow *). — Wir hatten überhaupt nur fünf sogenannte Reisenarten, solche nämlich, die die ganze Reise mit uns machen sollten; hiezu waren sowohl die besten Schlitten, als auch die zuverlässigsten Hunde ausgesucht. Zum Transport der Provisionen folgten uns ausserdem noch 19 Narten, auf deren Auswahl weniger Sorgfalt gewendet war, weil sie, wie auf den frühern Fahrten, zurückgeschickt werden sollten, sobald sie geleert wären. Unter den Nartenführern war einer, der uns bei den Tschuktschen als Dollmetscher dienen sollte.

Am 12. März erreichten wir Sucharnoj, wo wir den 13. mit verschiedenen Vorbereitungen zu unserer Eisfahrt verbrachten. Die Transportnarten und zum Theil auch unsere Reisenarten wurden hier mit Lebensmitteln für uns auf 40 Tage, und mit Futter für die Hunde auf 35 Tage beladen, und so begannen wir am 14. unsere Fahrt auf dem Eismeere. Am folgenden Tage erreichten wir den grossen Baranow-Felsen, wo wir uns mit so viel Treibholz versorgten, als unsere Narten noch tragen konnten; dies war aber leider alles Lärchenholz, welches sehr schwer ist und schnell verbrennt. Da ich dieses schon von unsern vorigen Reisen her wusste, so hatte ich unter andern auch an den beiden Aniujen bedeutende Vorräthe von Birkenholz (das an der Kolyma nicht wächst) anlegen und einen Theil davon nach Kolymsk bringen und austrocknen lassen, um es leichter zu machen. Wir hatten davon für 15 Tage; ausserdem hatte ich 4 Pud Fischthran mitgenommen, welcher nach hiesiger Weise mit Moos und Holzspänen gebrannt, uns Feuerungsmaterial auf 10 Tage liefern konnte, so dass wir überhaupt auf beinahe 40 Tage mit diesem unentbehrlichen Bedürfnisse versorgt waren. Dadurch waren aber auch unsere Narten Anfangs ziemlich schwer beladen.

---

*) Der Doktor Kyber, der ohne Rücksicht auf seine sehr geschwächte Gesundheit, uns doch auf dieser Expedition begleiten wollte, reiste zwar mit uns ab, sah sich aber trotz aller Anstrengung genöthigt, schon am 14. aus Sucharnoj zurückzukehren.

Am 16. gegen Mittag setzten wir bei heftigem Ostwinde, trübem Wetter und Schnee, unsere Fahrt in nördlicher Richtung fort. Die nach Norden und Nordwest gewandte Seite des grossen Baranow-Felsens besteht aus senkrechten, sechs Faden hohen Schieferfelsen, die vom Meere bespült werden, und nur hie und da durch flache niedrige Thalschluchten unterbrochen sind. Nachdem wir 8 Werst zurückgelegt hatten, befanden wir uns an der nördlichsten Spitze des Baranow-Felsens, auf welcher einige einzelne steinerne Säulen stehen (hier Kekùry genannt), die dem Ganzen das Aussehen eines alten verfallenen Schlosses geben. Hier nahmen wir, in einer Entfernung von zwei italienischen Meilen, die Peilengen der nördlichen Spitze des Felsens in SO. 73°; die Breite war 69° 45′ 30″, aus welcher sich die östliche Länge von 164° 9′ von Greenwich ergab.

Von hier aus richteten wir unsern Weg gerade über das Meer nach NO. 30°. Ich fand dem Zwecke unserer Reise am angemessensten, vom grossen Baranow-Felsen in gerader Richtung nach NO., bis in $71\frac{1}{2}°$ zu fahren, wo ich, im Meridian des Vorgebirges Schelagskoj aber 150 Werst von demselben entfernt, ein Vorrathsmagazin anlegen wollte, um einige geleerte Narten nach Nis'hne-Kolymsk zurückschicken zu können, und mit den übrigen meine Untersuchungen nach O., N. und NW. fortzusetzen. Auf diese Art nämlich wurde unsere jetzige Reise gewissermaassen eine Fortsetzung der vorjährigen, und so konnten wir demnach hoffen, zu einem befriedigenden Resultat über das Daseyn des problematischen Landes im Norden zu gelangen.

Ungefähr $1\frac{1}{2}$ Werst von der Küste kamen wir an eine beträchtliche Gruppe unregelmässiger hoher Torossen, zwischen denen wir 18 Werst zurücklegten, und dann unser Nachtlager aufschlugen, nicht sowohl weil wir schon der Ruhe bedurften, als vielmehr um ein Paar unserer in den Torossen beschädigten Reisenarten auszubessern, und unsere zurückgebliebenen Proviantschlitten abzuwarten, die erst spät in der Nacht, in sehr üblem Zustande bei uns ankamen. — Sie hatten bei der Fahrt in den Torossen so sehr gelitten, dass wir genöthigt waren zu ihrer Ausbesserung einen grossen Theil unseres Vorrathes an Birkenholz zu verwenden. Diese verdrüssliche Arbeit beschäftigte uns den ganzen folgenden Tag, und wir konnten nicht eher als am

18. März um 11 Uhr unsere Weiterreise antreten. — Die Witterung war trübe, es schneite stark, und bei scharfem N.W.-Winde hatten wir 13° Kälte. — Die Torossen nahmen ab und hörten zuletzt ganz auf; statt ihrer aber geriethen wir an eine grosse von ungeheuren Schneewellen durchfurchte Fläche, welche uns die Fahrt ausserordentlich erschwerte; zwar litten die Narten auf dem sanften Schnee weit weniger als in den Torossen, aber die Hunde wurden durch das unaufhörlich bergauf- und bergabziehen sehr ermüdet. Die Höhe dieser zusammengewehten Schneewellen, die zwei Faden und darüber betrug, und ihre Dichtheit zeigten, dass es oft und stark geschneit haben müsse, und dass hier hauptsächlich Ostwinde herrschen.

Nach der Mittagsobservation befanden wir uns in 69° 56½′ der Breite; die berechnete Länge betrug 0° 14′ östlich von dem grossen Baranow-Felsen. An diesem Tage (18. März) machten wir nur 23 Werst, woran zum Theil unser spätes Ausfahren, hauptsächlich aber die schlechte Beschaffenheit unserer Transportnarten Schuld war, die beständig brachen und uns vielen Aufenthalt verursachten. Dahingegen gelang es uns einen grossen weissen Bären zu erlegen, dessen Fleisch und Speck unsern Hunden sehr willkommen war. — In der Nacht stieg die Kälte bis auf 25°. — Obgleich diese Temperatur auch den ganzen folgenden Tag fortdauerte, so war sie uns doch erträglich, weil es beinahe ganz windstille war. — Gegen Mittag erheiterte sich die Atmosphäre und wir sahen den grossen Baranow-Felsen, der nach den Peilungen in SW. 11°, in der Entfernung von 40 Werst von uns lag.

Von 9 Uhr Morgens bis gegen Mittag legten wir auf einer ziemlich glatten Eisfläche, in nordöstlicher Richtung 18 Werst zurück. Hier ergab sich, nach der Mittagsbeobachtung, dass wir uns in 70° 12′ der Breite, und in der berechneten Länge von 0° 50′ östlich vom grossen Baranow-Felsen befanden. Nach Mittage setzten wir unsere Fahrt weiter fort, mussten aber, nachdem wir überhaupt am heutigen Tage 36 Werst gemacht hatten, wegen des sehr heftigen NW.-Windes und eines dichten Schneegestöbers früher als gewöhnlich unser Nachtlager aufschlagen. Auch heute waren unsere 16 Proviantnarten (drei derselben hatten wir schon geleert und zurückgeschickt) zurückgeblieben;

erst spät in der Nacht langten 14 derselben bei uns an, die uns aber von den noch fehlenden beiden nichts zu sagen wussten. — Ich war um so besorgter wegen ihres Schicksals, als es hier von weissen Bären wimmelte, deren einer in dieser Nacht in unser Lager einbrach, wo er aber, ohne noch irgend einen Schaden angerichtet zu haben, erlegt wurde. Wir verbrachten die Nacht in der peinlichsten Unruhe wegen unserer armen Gefährten, und am Morgen, sobald der Tag graute, schickte ich gleich einige Leute aus, um sie aufzusuchen. — Endlich langten sie an und berichteten uns, dass sie, durch das dichte Schneegestöber von den übrigen getrennt, bei einbrechender Dunkelheit genöthigt gewesen wären Halt zu machen, und dass sie die sehr kalte Nacht ohne Feuer und fast ohne Nahrung, in beständiger Furcht vor den Bären zugebracht hätten, die sie nur durch ihr Geschrei und das Bellen ihrer Hunde von sich abgewehrt hatten. — Wir legten an diesen Stellen einen Vorrathskeller im Eise an, den wir mit Lebensmitteln für unsere Rückreise füllten, und wieder drei Transportnarten zurückschickten.

Der NW.-Wind ward immer heftiger und das Schneegestöber dichter. Das Thermometer zeigte $-18°$. — Trotz dem trübem Wetter machten wir eine Mittagsbeobachtung und fanden die Breite von $70° 19\frac{1}{2}'$; nach Berechnung ergab sich die Länge $1° 6'$ O. vom grossen Baranow-Felsen.

Am 21. legte sich der Wind und ging nach Osten über; der Himmel klärte sich zwar auf, aber der Horizont war trübe und bedeckt; das Thermometer zeigte $-19°$. — Wir fuhren um 10 Uhr in nordöstlicher Richtung durch Torossen weiter. Die Mittagsobservation gab $70° 26'$ Breite und $1° 22'$ berechnete Länge, östlich vom grossen Baranow-Felsen. — Nachmittags erlegten wir einen Bären, der uns nachzog und schon drei unserer besten Hunde verwundet hatte. Einige der Nartenführer, denen unsere magere Kost nicht zusagte, entschlossen sich, trotz dem hier allgemeinen Widerwillen gegen das Bärenfleisch, einige Stücke davon zu braten, und versicherten, nachdem sie es verzehrt hatten, dass es sehr wohlschmeckend sey. — Abends zeigte das Thermometer $25°$ mit heftigem Ostwinde.

Nachdem wir unsere in den Torossen beschädigten Narten wieder in Stand gesetzt hatten, setzten wir am 22. März unsere Reise weiter fort. Die Mittagsbeobachtung gab 70° 39′ Breite und die Berechnung 1° 51′ östlich vom grossen Baranow-Felsen. — Die Abweichung der Magnetnadel an userm Handpeilkompasse fand sich 14½° östlich.

Wir hatten viele Mühe unsere Narten aus dem tiefen Schnee heraus und über die hohen Torossen hinüberzubringen, und rückten daher nur sehr langsam vor; auch waren wir nur 14 Werst von unserm Nachtlager gekommen, als uns die herannahende Nacht und die Ermüdung der Hunde nöthigte Halt zu machen. Die Proviantnarten kamen erst sechs Stunden nach uns an; der immer heftiger werdende Wind und das Schneegestöber, welches die Luft ganz verfinsterte, hätten sie ohne Zweifel in's Verderben geführt, wenn sie nicht, meinem bestimmt wiederholten Befehle gemäss, sich immer dicht hintereinander gehalten hätten; dadurch waren sie im Stande, sich gegenseitig Hülfe zu leisten und endlich, nach vieler Mühe und Gefahren, doch sich wieder mit uns zu vereinigen.

Zu unserer grossen Freude erhob sich am 23. März der früher beschriebene warme Wind (teploj wèter), der einen solchen Einfluss auf die Temperatur hatte, dass das Quecksilber bei heiterm Himmel in kurzer Zeit bis auf 1½° stieg. Wir eilten diese günstige Veränderung zu benutzen, indem wir Zelte, Narten, Pfähle und was nur sonst noch irgend dazu tauglich war, mit unserer Wäsche und unsern von dem feuchten Schnee ganz durchnässten Kleidern behingen, um sie zu trocknen; die ausgehängte Garderobe, die Geschäftigkeit, mit der ein Jeder den höchsten, dem Winde am meisten ausgesetzten Punkt zu erwischen suchte, um seine Lumpen aufzuhängen, das Jubeln über den Genuss einer Luft, die man doch einathmen konnte ohne zu erfrieren, — das alles gab ein so grotesk-komisches Bild, dass wir selbst, obgleich mitspielende Personen, es nicht ohne Lachen ansehen konnten.

Während dieses Intermezzo fuhr Herr von Matiuschkin mit zwei Narten nach NO. hinauf, um zu untersuchen ob die Torossen nicht etwa in dieser Richtung sich verminderten; er kehrte aber nach zwei Stunden mit der Nachricht zurück, dass sie vielmehr noch dichter und grösser würden, dass er aber eine sich nach Westen hinziehende Bahn gefunden habe, die ihm etwas weniger mit Torossen bedeckt zu seyn schien. Ich beschloss gleich in westlicher Richtung weiterzugehen; es ward schnell eingepackt und wir brachen auf. Die heutige Mittagsbeobachtung gab $70^0\ 42'$; die berechnete Länge fand sich $1^0\ 51'$ östlich von dem grossen Baranow-Felsen.

Die Fahrt war äusserst schwierig; bald fanden wir ebenso hohe und steile Torossen als früher, und es gab allerlei Unfälle. Unter andern riss beim Heraufziehen meiner Narte auf eine der höchsten Torossen, als wir eben den Gipfel derselben erreicht hatten, der Riemen, mit welchem die Hunde angespannt sind; sie flogen von der Höhe hinab und liessen mich mit der Narte oben sitzen. Unglücklicher Weise trafen sie unten auf eine frische Bärenspur, der sie ihrem Instinkte nach unaufhaltsam folgten; alles Rufen u. s. w. war vergebens, und ich wäre wahrscheinlich durch den Verlust der Hunde in die grösste Verlegenheit mit dem Fortbringen meiner Narte gekommen, wenn nicht endlich der ihnen lang nachschleppende Anspannen-Riemen zwischen ein paar Eisschollen wäre hängen geblieben, und sie aufgehalten hätte; so fanden wir sie nach langem Suchen über vier Werst weit von dem Orte, wo die gescheiterte Narte stand, ganz erschöpft von den Ansrengungen, die sie gemacht hatten, um sich zu befreien.

Obgleich wir in vier Srunden nicht mehr als 6 Werst zurückgelegt hatten, so war es doch Zeit an unser Nachtlager zu denken; wir schlugen es unter dem Schutze einer Eisscholle auf, welche an jeder Seite 8 Faden lang war; nach SO. dehnte sich eine lange Reihe hoher Torossen aus. — Wie immer waren auch heute unsere Transportnarten weit zurückgeblieben, und langten erst sechs Stunden später bei uns an, so dass sie also 10 Stunden auf den 6 Werst zugebracht hatten. — In der Nacht schlug der Wind nach SW. um, und nahm sehr an Stärke zu; doch legte er sich wieder gegen Morgen, und als wir aufbrachen, hatten wir bei ganz bewölktem Himmel 11 ? gegen Mittag fiel Schnee.

Die Mühseligkeiten, die wir am heutigen Tage (24.) zu bekämpfen hatten, überstiegen alle bisherigen; nur mit Hülfe der Brechstangen konnten wir uns über und durch eine dichte Gruppe von Torossen durcharbeiten, die höher waren als alle bis jetzt gesehenen. Das Eis, aus welchem sie bestanden, war sehr fest und gleichsam knorrig gefroren, und an manchen Stellen mit bläulichem Lehm und Kies bedeckt. Bei jedem Schritte fast brach oder riss etwas an den Narten, die trotz aller angewandten Vorsicht bald hier, bald da von den glatten Gipfeln der Torossen hinab rutschten und in die schmalen, schluchtenartigen Zwischenräume stürzten, aus denen wir sie mit unsäglicher Mühe wieder heraufziehen mussten u. s. w. Menschen und Thiere wurden ungeheuer angegriffen, und keiner von uns blieb ohne Beschädigung. — Nach fünfstündiger, ununterbrochener Anstrengung waren wir nur um 5 Werst weiter gekommen, und sahen uns genöthigt, theils aus Entkräftung, theils auch wegen des übeln Zustandes unseres Fuhrwerks Halt zu machen. Da besonders die Transportnarten immer schlechter wurden und uns sehr grossen Aufenthalt machten, so entschloss ich mich, hier eine grosse Proviantniederlage im Eise zu machen, und sämmtliche dadurch geleerten Narten mit ihren schwachen Hunden nach Nis'hne-Kolymsk zurückzuschicken. Wir gingen gleich an die Arbeit; zwei grosse Vorrathskeller wurden im Eise ausgehauen, mit den zu unserer Rückfahrt nöthigen Vorräthen gefüllt und dann sorgfältig mit grossen Eisblöcken geschlossen; die Fugen oder Zwischenräume wurden mit Schnee verkittet und mit Wasser übergossen, welches alsbald fror, so dass das Ganze nur eine Masse bildete, die den Bären unzugänglich war. Nach Beendigung dieser Arbeit gingen wir an die Ausbesserung der Narten, an denen es viel zu thun gab; aber die Führer der nach Kolymsk zurückgehenden Narten waren so erfreut, endlich einmal von den — wie sie sagten, unerhörten — Beschwerden dieser Reise befreit zu seyn, dass sie, trotz ihrer Ermüdung, unter lautem Jubel rascher und ämsiger als je arbeiteten, und, als sie mit allem fertig waren, noch den Rest des Tages mit Gesang, Tanz und allerlei Spielen verbrachten.

Gegen Abend klärte sich der Horizont etwas auf und zeigte uns zwei bergähnliche Erhöhungen, von denen ich die eine in SW. $19°$ für den grossen Baranow-Felsen hielt; nach Berechnung lag dieser Gegenstand 130 Werst von uns entfernt; der andere lag nach SW. $5°$; ob übrigens das, was wir da sahen wirklich Berge oder nur so gestaltete dichte Wolken und Nebel waren, kann ich nicht bestimmen. —

Als ich, nach den Peilengen des erstern, die Lage unseres jetzigen Standpunktes bestimmt hatte (welches auch mit der Berechnung zusammentraf), fand es sich, dass der östlichste Punkt unserer vorjährigen Reise, jetzt von uns in einer Entfernung von 30 Werst westlich lag. — Wir verbrachten hier die Nacht, und am folgenden Morgen (26.) gingen unsere 13 geleerten Transportnarten nach Nis'hne-Kolymsk ab.

Schon am vorigen Tage hatte ich den Herrn von Matiuschkin in zwei Narten mit Provision auf 5 Tage ausgesandt, um in nordöstlicher Richtung einen Ausweg aus den Torossen zu suchen; heute fuhr ich selbst, in Begleitung des Herrn Kosmin, mit drei Narten und Vorräthen auf 3 Tage gerade nach Norden hinauf. Mit dem Herrn von Matiuschkin hatte ich verabredet, dass wir uns am 29. bei den eben angelegten Vorrathskellern treffen sollten, wo ich, um meine Hunde zu schonen, unser grosses Reisezelt zurück liess. Wir nahmen zuerst eine NW.-Richtung, weil, wie mir schien, die Torossen dorthin undichter und kleiner wurden. — Nachdem wir 14 Werst von unsern Vorrathskellern entfernt waren, beobachteten wir um Mittag die Breite von $70° 52'$; die berechnete Länge war $1° 56'$ östlich vom grossen Baranow-Felsen. Hier hörten nach und nach die Torossen des ewigen oder nie schmelzenden Eises auf; anstatt ihrer trafen wir im Norden eine andere Gruppe derselben, welche aber aus frischem Eise bestand. Diese Torossen, die sich durch Aufschichtung des Treibeises im Winter bilden, unterscheiden sich von jenen durch ihre grünlich blaue Farbe, durch ihre nackten, spitzen Gipfel und durch eine gewisse Regelmässigkeit in ihrer Lage. — Wir trafen hier auf eine ebene, von Schnee beinah ganz entblösste Bahn, die sich längs dem neuen Eisbruche nach WNW. erstreckte. — Nachdem wir in dieser Richtung etwa 5 Werst gefahren waren, erblickten wir zu unserm grossen Erstaunen alte Schlittenspuren, die wir, nach genauerer Untersuchung, für die noch von unserer vorjährigen Fahrt erhaltenen erkannten. Da wir uns nach unserer Berechnung jetzt wenigstens 35 Werst von dem Striche befanden, den wir damals befahren hatten, so ist es wahrscheinlich, dass der den ganzen Sommer über herrschende NW.-Wind, jene ganze Eisfläche nach Osten vorgeschoben hatte, bis an die Stelle, wo sie sich jetzt befand.

Zwischen den neuen Torossen, unter denen sich hin und wieder auch einige der alten fanden, legten wir 51 Werst zurück und schlugen unser Nachtlager neben einer dieser letzteren auf, deren Seiten ganz mit Sand und Kies bedeckt waren, wie wir dies überhaupt mehrentheils bei den alten Torossen fanden. Der Abend und die Nacht waren heiter; das Thermometer stand auf — $20°$ bei gelindem SO.-Winde. Der ganze Horizont zeigte überall nichts als Torossen, die immer mehr das Ansehen von stehendem Eise gewannen; nur hin und wieder fanden sich Brüche und bei denselben aufgeschichtetes Eis, mit Lehm und Sand gemischt.

Am 27. um Mittag hatten wir die Breite von $71° 13'$ erreicht; unsere berechnete Länge betrug $2° 13'$ östlich vom grossen Baranow-Felsen; die Abweichung der Magnetnadel war $15°$. — Bei der Beobachtung glaubte Herr Kosmin von dem Gipfel einer der höchsten Torossen nach NO. zwei Hügel zu erblicken; wir richteten unser Fernrohr dahin, konnten jedoch auch damit nichts bestimmtes entdecken. Dem blossen Auge stellten sich ziemlich deutlich ein paar dunkelblaue, wie Berge gestaltete Hügel dar, die aber zuweilen verschwanden und dann wieder sichtbar wurden. Der grössere derselben lag nach den Peilungen in NO. $40°$. Die Meinungen über diese Flecke waren getheilt; uns beiden schien das, was wir sahen, Land zu seyn; unsere Nartenführer hielten es für eins der früher beschriebenen, in diesen Regionen sehr gewöhnlichen, optischen Trugbilder, die sich durch die aus dem Meere aufsteigenden Dünste und aus den feinen Eistheilchen bilden, mit welchen die Atmosphäre angefüllt ist.

Wir setzten unsere Fahrt in der Richtung nach NO. $40°$ fort und stiessen, nachdem wir ungefähr eine Werst von dem oben bestimmten Punkte gefahren waren, auf ein im Eise eingefrorenes, beinahe ganz verfaultes Stück Holz. — Je weiter wir vorrückten, desto bemerkbarer wurden die beiden oben erwähnten Flecke, die sich nach und nach vor unseren Blicken ausdehnten und ganz das Aussehen eines nicht sehr entfernten, flach gebirgigen Landes gewannen. Die Hügel traten deutlicher vor, wir unterschieden vollkommen die dazwischen liegenden Thäler, und sogar einige einzelne Felsparthien — alles bestätigte uns in der Ueberzeugung, wir hätten das mit so vielen Beschwerden und Mühseligkeiten gesuchte Land endlich gefunden. Wir wünschten uns gegenseitig Glück zu der Erreichung unsers Zieles und eilten froh vorwärts, um noch vor Abend das langersehnte Ufer zu betreten. Aber unsere Freude war nicht von Dauer, und bald fielen unsere schönen Hoffnungen in ihr Nichts zurück. Mit der geänderten Abendbeleuchtung ward unser neuentdecktes Land plötzlich um $40°$ in der Richtung des Windes fortgerückt; dann dehnte es sich nach allen Seiten aus und bedeckte den ganzen Horizont, so dass wir in der Mitte eines ringsum von Bergen eingeschlossenen Landsees zu stehen schienen.

Ziemlich missmüthig über die vernichtete Hoffnung, schlugen wir unser kleines Nachtlager auf, nachdem wir am heutigen Tage zwischen den Torossen 40 Werst gemacht hatten. Bei $-16°$ wehte ein scharfer ONO.-Wind. — Am folgenden Morgen (28.) hatten wir zu unserm Verdruss eine Wiederholung des gestrigen optischen Phänomens; durch die sonderbare Strahlenbrechung in der unteren mit Dämpfen erfüllten Schicht der Atmosphäre bildeten die näheren und fernen Torossen wieder ein weit ausgedehntes, hügeliges Land, welches uns zu umgeben schien.

Nachdem wir noch $11\frac{1}{2}$ Werst in NNW.-Richtung gemacht hatten, befanden wir uns, nach der Mittagsbeobachtung, in der Breite von $71° 34'$ und in der berechneten Länge von $2° 50'$ östlich von dem grossen Baranow-Felsen. Die Abweichung des Peilkompasses betrug $17°$ östlich. — Da durchaus keine Verminderung in den Torossen zu bemerken, noch auch nach allen bisherigen Erfahrungen zu hoffen war, so entschloss ich mich, hier umzukehren, um zur bestimmten Zeit bei unserem Vorrathskeller einzutreffen. Die Rückfahrt ging rascher, theils weil die Hunde immer auf einem schon bekannten Wege zurück schneller und williger laufen, als auf einem neuen, ungebahnten, theils auch, weil wir bei unserer Herfahrt mehrere der übelsten Stellen etwas geebnet hatten. Bis zum Sonnenuntergang legten wir **50 Werst zurück.**

Am 29. verbreitete ein frischer Ostwind Feuchtigkeit in der Atmosphäre; das Thermometer zeigte $-9°$. Wir sahen mehrere Spuren von Bären und ihren Schmarotzer-Begleitern, den Steinfüchsen. — Spät am Abend langten wir bei unserer Vorrathsniederlage an, wo wir den Herrn von Matiuschkin schon vorfanden, welcher am Morgen eingetroffen war. Unserer Verabredung zufolge hatte er seinen Kurs nach NO. genommen und befand sich, nachdem er in drei Tagen 90 Werst gemacht, in der Breite von 71° 10'; in der Länge hatte er beinahe den Meridian des Sandkaps (Peschtschànoj Myss) erreicht. Obgleich er den Weg weniger beschwerlich als den bisherigen fand, so war die Fahrt selbst doch mit vieler Schwierigkeit verknüpft, wozu besonders der viele, tiefe Schnee beitrug, in welchen sehr oft die Hunde und das Fuhrwerk versanken. Auch er war, wie wir, durch den bläulichen Schein am Horizont getäuscht worden. Ausser vielen Spuren von Steinfüchsen sah er auch die in solcher Entfernung ziemlich seltene Spur eines rothen Fuchses.

Auf dieser Fahrt wurde einer der ihn als Dolmetscher für die Tschuktschen-Sprache begleitenden Nartenführer von heftigen Magenkrämpfen befallen. Glücklicher Weise befand sich bei der Expedition auch ein Jukahir, der am Omolon für einen Feldscher galt und immer seine chirurgische Waffe, eine Lanzette, bei sich führte. Sehr froh, seine Kunst hier einmal zeigen zu können, verordnete er gleich einen Aderlass und verrichtete ihn auch mit vieler Behendigkeit; ob dadurch, oder dessenungeachtet, der Patient Linderung erhielt, will ich nicht entscheiden, aber das Uebel liess nach, und nur seine Mattigkeit nöthigte uns, den folgenden Tag hier liegen zu bleiben.

Ein anderes Ungemach, das uns schon auf unseren früheren Eisfahrten betroffen hatte, war die Augenentzündung, die durch den ungeheuer blendenden Frühlingsschnee hervorgebracht wurde. Wie früher gelang es uns auch jetzt durch leichtes Einreiben mit Spiritus, dem Uebel Einhalt zu thun und durch den Gebrauch der schwarzen Florbrillen demselben weiterhin vorzubeugen.

Wir benutzten die beiden hier verbrachten Rasttage, um aus unserer Niederlage einen 20tägigen Proviant-Vorrath zu nehmen und unsere Narten damit zu beladen.

Am 31. März traten wir um 2 Uhr Nachmittags unsere weitere Reise wieder an, indem wir den vorigen Weg nach Norden nahmen, der uns bequemer als jener in der Richtung nach NO. zu seyn schien. Doch machten wir nicht mehr als 12 Werst und schlugen dann unser

Nachtlager auf. — Der Abend und die Nacht waren völlig windstill und der ganze Himmel bewölkt; aber am folgenden Morgen (1. April) erhob sich ein Ostwind, der Nachmittags nach Süden hinüberging und die Wolken vertrieb. Wir hatten an diesem Tage nur 20 Werst gemacht; die Langsamkeit unserer Fahrt rührte daher, dass wir sowohl gestern als heute genöthigt waren, fast immer zu Fusse zu gehen, und nicht selten selbst Hand anzulegen, um den Hunden das Fortschleppen der noch schwer beladenen Narten zu erleichtern.

Dem am 2. April eingetretenen Osterfeste zu Ehren hielten wir einen Rasttag. Doppelte Fleischportionen und zwei Gläser Branntwein auf jeden Mann stimmten unser kleines Häufchen zur Fröhlichkeit, welche noch durch gelindes Wetter und heiteren Sonnenschein erhöht wurde. Es ward gesungen, getanzt, mit Flinten und Bogen nach dem Ziele geschossen, und so der Tag ganz froh verbracht.

Am folgenden Tage zogen wir bei gelinder, heiterer Witterung weiter, konnten aber wegen der häufigen und grossen Torossen nicht mehr als 18 Werst machen. In einer solchen Gruppe wurden zwei unserer Nartenführer durch herabstürzende Narten beschädigt, einer unserer besten Hunde aber erschlagen, welches bei dem ohnehin nicht starken Bestand unseres Zugviehes ein sehr empfindlicher Verlust war. Ueberhaupt hatten wir mit mancherlei Unfällen zu kämpfen, die unser Weiterkommen sehr verzögerten; so mussten wir z. B. am 4. April nach den ersten 13 Werst schon wieder Halt machen, weil in den Torossen die Sohlen an dreien unserer Narten zerbrochen waren; zum Ersetzen derselben war uns das mitgenommene Birkenholz sehr nützlich.

Nachdem wir unseren Schaden bestens wieder in Ordnung gebracht hatten, fuhren wir am 5. April weiter und kamen an eine mit Salzkrystallen überzogene Eisfläche; wir sahen hier bei einem Eisloche einen Seehund liegen, der aber, sobald er uns ansichtig ward, ins Wasser schlüpfte. — Wir fanden an der Oeffnung das Eis $1\frac{1}{2}$ Arschin dick; die Tiefe des Wassers war 12 Faden, der Meeresgrund grüner Lehm. Die Temperatur des Wassers betrug $-1\frac{1}{2}°$, die der Atmosphäre $-3°$. Auch beobachteten wir hier eine von WNW. nach OSO. gehende Strömung. — Nach einem Marsch von 19 Werst machten wir zum Nachtlager Halt und stellten eine besondere Schildwache aus, weil wir auf unserem Wege eine Menge Spuren von Bären und Steinfüchsen gesehen hatten und einer nächtlichen Ueberrumpelung von ersteren vorbeugen wollten. Das Merkwürdigste bei unserer heutigen Tagesreise war, dass mit dem frischen Ostwinde sich ein dichter, feuchter Nebel über die ganze Gegend verbreitete, der in kurzer Zeit unser Zelt und unsere Sachen und Kleider durchdrang und mit einem starken Reife überzog.

Als wir am 6. April Nachmittags mühsam 30 Werst zurückgelegt hatten, befanden wir uns gerade auf dem Punkte, von welchem wir am 28. März unsern Rückweg nach den Vorrathskellern antraten, so dass wir also diesmal 7 Tage gebraucht hatten, um eine Strecke zu durchziehen, die wir damals in $2\frac{1}{2}$ Tagen, aber freilich mit viel leichteren Schlitten, zurücklegten. Wir gingen noch $9\frac{1}{2}$ Werst weiter und schlugen dann unser Nachtlager auf. — Nördlich von jenem Wendepunkte erhoben sich wieder höhere und dichter stehende Torossen. Sie waren offenbar mehr von alter als von neuer Formation, und erschwerten uns das Vorrücken ganz ungemein, besonders durch den tiefen Schnee, der die Zwischenräume erfüllte. Am beschwerlichsten hatten es die Nartenführer, die beständig selbst Hand anlegen mussten, um sowohl die Schlitten vor dem Umsturz zu bewahren, als auch die Hunde beim Ziehen zu unterstützen. Durch die anhaltende starke Anstrengung stellten sich bei unserem Tschuktschen-Dolmetscher die Magenkrämpfe wieder ein und nahmen so sehr überhand, dass er uns, bei dem Mangel an allen Hülfsmitteln (ausser etwa der Lanzette des Jukahiren-Aeskulap), in eine höchst peinliche Verlegenheit setzte. — Da wir ihm durchaus nicht zu helfen vermochten, er aber uns auf der Fahrt noch vielen Aufenthalt verursachen konnte, so hielt ich es für das Beste, ihn nach der Kolyma zurückzuschicken, obgleich wir wenigstens 250 Werst vom Lande und 390 Werst von dem nächsten bewohnten Orte entfernt waren. So ungelegen mir auch diese Verminderung unserer geringen Mannschaft war, so musste ich mich doch, um grösserem Uebel vorzubeugen, zu diesem Schritte entschliessen, und fertigte demnach den Patienten mit zwei Begleitern auf einer tüchtigen Narte ab, die ich statt mit 12, mit 24 Hunden bespannen liess. — Durch diesen doppelten Vorspann blieb eine unserer Narten ohne

Hunde bei uns zurück; diese liess ich auseinandernehmen, um sie zur Ausbesserung der übrigen zu benutzen. Die von den beiden Narten nachgebliebenen Provisionen und noch einiges Entbehrliche von den unsrigen vergruben wir im Eise bis zu unserer Rückkehr. Noch eine grosse Erleichterung verschafften wir uns auch dadurch, dass wir unser grosses Reisezelt den Zurückgehenden mitgaben, und nur ein paar sogenannte Pològi, kleine Sommerzelte, zurück behielten. — Unsere ganze Gesellschaft war jetzt auf fünf Personen mit drei Narten eingeschmolzen.

Am 7. April Morgens zertheilte ein gelinder Nordwind den dichten Nebel, der uns am vorigen Abend und während der Nacht umgab; aber schon um 3 Uhr Nachmittags stellte er sich wieder ein. Das Thermometer zeigte — 5°.

Wir waren kaum 3 Werst auf ziemlich ebenem Wege vorgerückt, als wir aufs Neue in ein Labyrinth dicht stehender Torossen geriethen, deren tiefe Zwischenräume verrätherisch mit lockerem Schnee angefüllt waren. Vergebens suchten wir von den höchsten dieser Eisklippen irgendwo einen Ausweg zu erspähen; so weit unser Blick reichte, war alles mit Torossen besetzt, und es blieb nichts übrig, als uns mit Brechstangen den Weg zu bahnen. Nach fünfstündiger Anstrengung hatten wir uns endlich aus den ärgsten Eisklippen herausgearbeitet und konnten noch 13 Werst weiterfahren, obgleich immer noch zwischen kleineren und grösseren Torossen, theils von alter, theils von neuer Formation. Zwei unserer Narten waren stark beschädigt und blieben weit zurück, so dass sie mich erst spät im Nachtlager einholten.

Am folgenden Tage hatten wir nur noch 2 Werst weit durch dichtstehende hohe Torossen zu fahren, und gelangten dann auf eine ebene, mit Salzkrystallen bedeckte Bahn; sie war 5½ Werst breit und nach Norden hin durch ungeheure Eismassen von frischem Bruche begränzt, die sich von Osten nach Westen hinzogen. Von den Gipfeln dieser Eisberge hatten wir eine weitausgedehnte Aussicht. Gegen Norden erhoben sich mehrere parallel laufende Torossenreihen von frischem Bruche und grünlicher Farbe, die den sich thürmenden Wellen des vom Sturme heftig bewegten Oceans glichen. Jenseit unserer schneelosen Bahn, die wie ein Fluss zwischen den Eisfelsen dahinlief, sahen wir nach Süden zu hohe, mit Schnee bedeckte Eisberge alter Formation, deren Unebenheiten diesem Theile des Meeres das Ansehen eines von tiefen Gräben und Schluchten durchfurchten Landes gaben.

Der Kontrast, den diese südlicher liegenden, alten Torossen mit den neuern, nördlichern bildeten, war zu auffallend, als dass wir noch daran hätten zweifeln können, hier die äusserste Gränze des sibirischen festen Ufereises erreicht und vor uns ein Meer zu haben, das von keinem noch nördlicheren Lande begränzt war. — Wir durchzogen noch zwei Gruppen neuer Torossen und schlugen in einer dritten unser Nachtlager auf. Zwischen diesen Torossen stiessen wir schon auf mehrere nicht zugefrorene Eisspalten, in denen wir eine Tiefe von $14\frac{1}{2}$ Faden fanden; der Boden des Meeres bestand aus grünem Lehm. — Hier vergruben wir wieder einen Theil unserer Provisionen, um mit den erleichterten Narten ungehinderter nach Norden vordringen zu können.

Am 9. April hatten wir bei heiterem Himmel und mässigem Ostwinde — $10°$. Nach der Mittagsbeobachtung befanden wir uns in $71°$ $50'$ der Breite; die Länge fand sich, nach Berechnung, $3°\,20'$ östlich vom grossen Baranow-Felsen. — Die Abweichung der Magnetnadel betrug $18\frac{3}{4}°$ östlich.

Nachdem wir den Eisrücken, hinter welchem unser Nachtlager stand, überstiegen hatten, befanden wir uns mitten in einer der wildesten Torossen-Gruppen, die uns bis jetzt noch vorgekommen war, und in der wir nach siebenstündiger Arbeit mit Brechstangen doch nicht mehr als 3 Werst vorrückten. Da dieses Eischaos durchaus gar kein Ende nahm, und die völlige Ermattung unserer Hunde, so wie der traurige Zustand der Narten uns täglich mit dem gänzlichen Verluste der einen oder der anderen bedrohte, so hielt ich mit den beiden mich begleitenden Offizieren Rath und forderte ihre Meinung: ob sie, unter diesen Umständen, noch eine Möglichkeit sähen, auf irgend eine bedeutende Entfernung vorzudringen? Beide erklärten, dass wenn auch das Eis weiterhin noch sicher wäre, wir doch mit unseren matten Hunden zwischen den unaufhörlichen Torossen in einer ganzen Woche kaum 30 Werst vorwärts gelangen könnten. — Diese auf die bisherige Erfahrung gegründete Meinung, die ich vollkommen theilte, bewog mich zu dem Entschlusse, den Rückweg anzutreten. Um uns aber durchaus keine Uebereilung zu Schulden kommen zu lassen, trug ich dem Herrn von Matiuschkin, auf dessen Gewissenhaftigkeit und Eifer ich mich vollkommen verlassen konnte, auf, in einer leeren Narte mit zwei Begleitern das Eis nach Norden hin zu untersuchen, und sich zu überzeugen, ob es für uns wirklich unmöglich sey, weiterzufahren. — Er ging am 10. April ab; in der Nacht hatten wir bei mässigem Winde das Krachen der sich lösenden Eismassen gehört. Am Morgen stellte sich ein scharfer Nordwind ein; das Thermometer zeigte — 8°.

Während der Abwesenheit des Herrn von Matiuschkin stellte ich einige Beobachtungen über die Inklination der Magnetnadel an; die Abweichung des Handpeilkompasses fand sich nach den Azimuthen $18°\ 45'$ östlich; die um Mittag beobachtete Breite war $71°\ 52'\ 19''$ N. und die berechnete Länge $3°\ 23'$ östlich vom grossen Baranow-Felsen. Die Tiefe des Meeres war $14\frac{1}{4}$ Faden, der Grund grüner Lehm.

Nach sechs Stunden kehrte Herr von Matiuschkin zurück. Er war über viele hohe und äusserst schwierige Torossen gegangen, hatte über mehrere breite Eisspalten setzen müssen, war aber dessenungeachtet bei der Leichtigkeit seines völlig unbepackten Fuhrwerkes nur 10 Werst in gerade nördlicher Richtung vorgerückt, als der völlige Bruch des Eises und das offene Meer ihm jedes Weitergehen verboten. Hier war er Zeuge des grossen Naturschauspiels gewesen, das nur in den Polarregionen Statt findet, und mit dem gewöhnlichen Eisgange der grössten und reissendsten Ströme durchaus gar nicht zu vergleichen ist. Er sah, wie das Eismeer sich seiner Fesseln entledigte, wie die ungeheuren Eisfelder von den tobenden Meereswogen fast senkrecht in die Höhe gerichtet, fortgetrieben, mit furchtbarem Krachen aneinandergeschleudert, dann durch die Gewalt der schäumenden Wellen in die Tiefe hinabgeworfen wurden, von wo sie, durch das aufgeregte Element wieder gehoben, aufs Neue an der Oberfläche erscheinen, bedeckt mit dem durch sie aufgewühlten, grünlichen Lehm, der hier überall den Boden des Meeres ausmacht, und den wir so oft schon auf den höchsten Torossen gefunden hatten. Es ist unmöglich, sich eine

Vorstellung von diesem ungeheuren Zerstörungschaos zu machen; die unübersehbare, in die furchtbarste Bewegung gesetzte todte, einfarbige Fläche; diese hunderte von Klaftern grossen Eismassen, die wie leichte Brettchen auf- und abgeschleudert werden, das unaufhörliche donnerähnliche Krachen der berstenden, dicken Eismassen, das Rauschen der dazwischen wüthenden Meereswogen — es ist ein Schauspiel, einzig in seiner Art, mit nichts zu vergleichen, durchaus nicht zu beschreiben! — Das Eismeer hatte seine Fesseln gesprengt, und auf dem Rückwege fand Herr von Matiuschkin schon an mehreren Stellen die Spur seines Hinweges ganz verschoben und grosse Strecken mit Wasser bedeckt.

Es war nun hier an kein Weitergehen zu denken, und wir mussten eilen, zu unserem nächsten Vorrathskeller zurückzukehren, um unsere Provisionen zu retten, ehe das Brechen des Eises dahin gelangte.

Nachdem wir unsere Vorräthe hervorgeholt und auf die Narten geladen hatten, glückte es uns, südwestlich einen etwas weniger beschwerlichen Weg durch die Torossen zu finden, auf welchem wir an diesem Tage (10. April) noch 16 Werst in WNW.-Richtung machten. Wir sahen eine Menge Spuren von Bären, die von Süden nach Norden, wahrscheinlich zu den Eisspalten auf den Seehundsfang, gezogen waren.

Am 11. April fiel etwas Schnee bei gelinder Kälte. Die beobachtete Breite unsers Nachtlagers war $71^\circ 54'$, die berechnete Länge $2^\circ 52'$ östlich vom grossen Baranow-Felsen.

Unser Kurs nach WNW. führte uns über eine wie gesagt ziemlich ebene Bahn wieder in alte, grosse Torossen; um diesen wo möglich auszuweichen, wollten wir nach NO. hinwenden, bestiegen aber zuvor einen 15 Faden hohen Eisberg, von welchem wir die ganze Umgegend übersehen konnten. Neue, undurchdringliche Torossen erstreckten sich so weit unser Blick reichte; aber ein dem Rollen des entfernten Donners ähnliches Getöse und dichte blaue Dünste, die sich zwischen NW. und NO. an vielen Punkten säulenartig erhoben, waren deutliche Anzeichen von dem Aufbrechen und der Unzuverlässigkeit des Meereises. Wir hatten hier Gelegenheit, zu beobachten, dass wenn das Eis an Stellen, wo es übrigens noch dick und fest ist, spaltet, der plötzliche Zutritt der Luft eine nach Verhältniss zu der Temperatur der Atmosphäre stärkere oder schwächere Verdunstung des Wassers hervorbringt, die dann gewöhnlich in Gestalt von dunkeln, vertikal in die Höhe steigenden Dunstsäulen erscheint.

Da an weiteres Vorrücken bei diesen Umständen gar nicht zu denken war, so setzten wir unsere Fahrt nach Westen längs dem alten Toross fort, bis derselbe eine südwestliche Richtung annahm, und schlugen hier unser Nachtlager, 24 Werst von dem gestrigen, auf. — Der Rest unsers Fischthrans war bei der jetzigen Tageswärme grösstentheils ausgeflossen, und unser kleiner Vorrath an Holz hatte schon so sehr abgenommen, dass wir uns nicht erlauben durften, mehr als einmal am Tage Feuer zum Thee- und Essenkochen anzumachen; wir mussten uns daher in der übrigen Zeit mit gedörrtem und gefrorenem Fisch begnügen und unsern Durst mit Schnee löschen.

Am 12. trug ich Herrn von Matiuschkin auf, die Richtung der alten Torosse zu untersuchen, und zu sehen, ob sich nicht irgend ein Durchweg nach Norden finden liesse. Er kehrte nach drei Stunden mit dem Berichte zurück, dass es zwar schwer, aber doch wohl nicht unmöglich sey, in jener Richtung vorzudringen. Wir machten uns demnach gleich dahin auf den Weg, waren aber kaum 6 Werst gefahren, als wir das Eis sehr dünn, stark geborsten und mit Salzwasser bedeckt fanden; dies waren so bestimmte Vorboten eines nahen grossen Eisbruches, dass ich es nicht wagen durfte, weiterzugehen, besonders da der Nordwind immer heftiger und anhaltender wurde. — Die Meerestiefe war auch hier $14\frac{1}{2}$ Faden, der Grund aber bestand nicht, wie insgemein, aus grünlichem Lehm, sondern aus Kies.

Wir befanden uns jetzt in $72°\ 2'$ der Breite und in gerader Richtung 262 Werst vom grossen Baranow-Felsen, dem nächsten Lande, entfernt. Auf dieser ganzen, in verschiedenen Richtungen durchzogenen Strecke hatte uns sowohl die Beschaffenheit des Eises, als auch die regelmässig zunehmende Tiefe des Meeres unsere fortschreitende Entfernung vom festen Lande angezeigt, und wir konnten daraus mit vieler Wahrscheinlichkeit annehmen, dass wenn es wirklich auch nach Norden hinauf noch ein grosses Land gäbe, wir höchstens ungefähr die Hälfte der Entfernung desselben von der Küste Sibiriens erreicht hätten. Indessen war es nicht sowohl dieser Umstand, als vielmehr einzig und allein die physische Unmöglichkeit, die uns nöthigte, unser Vordringen weiter nach Norden aufzugeben, und statt dessen die Erreichung des Meridians der Landspitze Schelagskoj, östlich, zu versuchen, da nach meiner Instruktion das problematische Land gerade nach Norden von diesem Kap liegen sollte. — Demnach entschloss ich mich umzukehren, und wir kamen auf demselben Wege Abends bei unserem Nachtlager vom 10. April an.

Am 13. nächtigten wir bei unserem am 6. April angelegten Vorrathskeller, um welchen wir in Menge Spuren der wahrscheinlich durch die Witterung herbeigelockten Bären fanden, die sich aber vergeblich bemüht hatten, die Eisdecke aufzuscharren. Als wir den Keller mit Brechstangen öffneten, um die darin enthaltenen Provisionen auf unsere Narten zu laden, fanden wir den ganzen Raum mit Wasser angefüllt, welches sich durch eine auf dem Boden entstandene Spalte hineingedrängt hatte; glücklicher Weise aber war der Riss im Eise nur schmal, so dass unser Fischvorrath zwar durchnässt, aber nichts davon verloren war. — Theils um die Fische etwas an der Luft zu trocknen, theils auch um unsern sehr ermatteten Hunden einige Ruhe zu geben, blieben wir den ganzen folgenden Tag hier, und fuhren erst am 15. bei leichtem NNO.-Winde weiter. Das Thermometer zeigte — 14½°.

Wir fuhren in OSO.-Richtung 36 Werst auf ziemlich ebener Bahn zwischen zwei Reihen hoch aufgethürmter Torossen dahin, welche sich zuletzt vereinigten und eine ungeheure mit allerlei Erdtheilen bedeckte Eismasse bildeten, deren Zwischenräume vielleicht zu Durchfahrten hätten benutzt werden können, wenn· sie nicht haushoch mit lockerem Schnee angefüllt gewesen wären, in welchem Menschen und Thiere versanken. Wir sahen uns genöthigt, wieder zurückzukehren, und schlugen unser Nachtlager am Eingange der oben erwähnten Bahn auf. — Die Kälte war während der Nacht, die wir ohne Feuer zubrachten, empfindlich; das Thermometer zeigte — 20°.

Am folgenden Tage setzten wir bei heiterer Luft und gänzlicher Windstille unsere Fahrt längs den nach Osten hinlaufenden Eisbergen fort. Nach einer guten Mittagsobservation befanden wir uns in 71° 30′

der Breite und in der berechneten Länge von $3^0\ 54'$ östlich vom grossen Baranow-Felsen. Trotz des tiefen Schnees und einer überhaupt sehr beschwerlichen Fahrt, legten wir doch am heutigen Tage 30 Werst zurück und machten erst am Abend Halt.

Obgleich wir am folgenden Morgen (17.) nur -18^0 hatten, so zwang uns doch ein heftiger, schneidender, von Schneegestöber begleiteter SW.-Wind, diesen Tag hier zu verbringen. Um Mittag benutzten wir einen günstigen Augenblick, wo die Sonne zwischen den Wolken hervortrat, um unsere Breite zu beobachten, die wir auf $71^0\ 18'$ bestimmten. Unsere berechnete Länge war $4^0\ 4'$ östlich vom Baranow-Felsen. Die Abweichung der Magnetnadel betrug 18^0 östlich.

Am 18. legte sich der Sturm und wir setzten unsere Fahrt über alte, mit frischem, grünlichem Lehm bedeckte Torossen fort. Nachdem wir 18 Werst von unserem Nachtlager zurückgelegt hatten, kamen uns zwei grosse Bären in den Wurf; wir machten sogleich Jagd auf sie, hatten aber dabei nur Schaden und Zeitverlust und gar keinen Gewinn; denn obgleich einer der Bären nach langem Verfolgen erlegt wurde, so fanden wir sein Fleisch so mager und dürr, dass es nicht einmal zum Futter für die Hunde taugte; überdies aber hatte das Thier mehrere unserer Hunde schwer verwundet. Ein grosser Theil des Tages war dadurch verloren, und wir schlugen sehr ermüdet unser Nachtlager auf. — Während der Nacht sahen wir, als Zeichen des eingetretenen Frühlings, einer langen Zug nach NW. fliegender, schwarzer Enten (anas nigra), mit denen im Norden von Sibirien oft die schwimmenden Eisschollen ganz bedeckt sind.

Am 19. befanden wir uns in der beobachteten Breite von 71^0 $18'$ und in $4^0\ 36'$ berechneter Länge vom Baranow-Felsen. Um Mittag nöthigte uns ein heftiger Sturm aus NW. mit dichtem Schneegestöber, Halt zu machen und den Rest des Tages liegen zu bleiben. Am folgenden Morgen setzten wir bei immer noch fortdauerndem Wind und Schnee unsere Reise fort, und gelangten 3 Werst von unserem Nachtlager auf eine nach Norden hin von hohen, eine SSO.-Richtung habenden Torossen begränzte ebene Bahn. Westlich von derselben sahen wir Eisberge von altem und östlich andere von neuem Bruche. Bei letzteren maassen wir in einer nur mit dünnem Eise überzogenen Spalte die Tiefe des Meeres, die wir 21 Faden fanden; der Grund war grüner Lehm und die Strömung ziemlich stark nach OSO. Am nordöstlichen Horizont erhoben sich dunkelblaue Dunstsäulen, wie wir deren schon öfter beim aufbrechenden Eise bemerkt hatten. Wir machten bis gegen Abend 39 Werst und schlugen unser Nachtlager unter einem sehr hohen Eisrücken auf, der durch die Vereinigung der alten Torossen mit den neuen gebildet war. Nach Osten hin erstreckten sich die letzteren bis an den Horizont.

Herr von Matiuschkin und der Steuermann Kosmin machten sich am 21. April früh Morgens in einer leichten Narte auf, in der Hoffnung, vielleicht einen Ausweg im Osten zu finden; sie hatten aber mit vieler Anstrengung ungefähr nur eine Werst nach NNO. über spitze, dichte Torossen gemacht, als sie sich an einer ganz von Eise freien Stelle befanden, deren Breite wenigstens 2 Werst betrug. Diese Oeffnung erstreckte sich von OSO. nach WNW. bis über den sichtbaren Horizont hinaus; auf der Ostseite derselben schien das Eis von einer Menge Risse und Spalten durchschnitten zu seyn, auch sahen sie von dem Gipfel eines hohen Eisberges ganz deutlich mehrere weit ausgedehnte, offene Stellen, auf denen dünne Eisfelder nach OSO. trieben; etwa einen Faden unterhalb des Wasserspiegels fanden sie eine starke Strömung nach SO. Die Meerestiefe betrug hier $19\frac{1}{4}$ Faden; der Grund war grüner Lehm.

Bei einer solchen Nähe des schon offenen Wassers war an kein Weitergehen zu denken, und wir schlugen, unserem ersten Plane gemäss, den Weg zu dem Meridian des Kap Schelagskoj ein, indem wir uns an den Fuss der alten Torossen hielten, wo die Fahrt gefahrloser und weniger unbequem als in den Torossen von neuem Bruche war.

Wir fuhren die ganze Nacht, da wir uns aber dabei immer durch den tiefen Schnee arbeiten mussten, so hatten wir dessenungeachtet am folgenden Morgen nicht mehr als 27 Werst in einer SSO.-Richtung zurückgelegt und waren dann genöthigt, unserer sehr ermüdeten Hunde wegen Halt zu machen.

Am 22. April Morgens waren wir von einem dichten Nebel umgeben, der uns selbst die nächsten Gegenstände verdeckte. Als dieser sich etwas vertheilt hatte, erblickten wir nach Süden deutlich die schwarzen, schroffen Felsen des Kap Schelagskoj, die sich senkrecht am Horizont erhoben. Nach den genommenen Peilungen lag die südöstliche Spitze der Küste in SO. 45°, die mittelste Höhe oder Erhabenheit auf derselben in SO. 40°, die südwestliche Spitze des Vorgebirges in SO. 33°; unsere Entfernung von letzterem betrug 50 Meilen, oder 87 Werst.

Um $3\frac{1}{2}$ Uhr Nachmittags fanden wir durch die Berechnung des Sonnen-Azimuths die Abweichung des Handpeilkompasses 18° 49′ östlich. Die Mittagsbeobachtung gab unsere Breite 70° 52′ 41″ N.; unsere Länge war nach den Peilungen 6° 40′ östlich vom grossen Baranow-Felsen. Es ergab sich, dass unsere Längenberechnung um 24′ differirte, welcher Unterschied einer Entfernung von 8 Meilen gleich ist.

Die Beobachtungen mit dem Inklinator gaben folgendes Resultat:
Mit der Theilung nach Osten gewendet,
  die untere Spitze der Nadel $= 81° 25′$
  die obere - - - $= 81° 25′$
    Das Mittel . . . . . . $= 81° 25′$.
Mit der Theilung nach Westen gewendet,
  die untere Spitze der Nadel $= 78° 30′$
  die obere - - - $= 78° 30′$
    Das Mittel . . . . . . $= 78° 30′$.
Demnach Mittel-Abweichung . . . . $= 79° 57\frac{1}{2}′$.

Die immer zunehmende Tiefe des Meeres und die vielen offenen Stellen im Eise standen so vollkommen mit unserer Berechnung der Nähe des festen Landes im Widerspruch, dass wenn wir nicht von dem Dasein desselben überzeugt gewesen wären, wir wohl schwerlich geahnt hätten, dass wir uns in einer Entfernung von nicht mehr als 90 Werst von der Küste eines grossen Kontinents befänden. Diese Bemerkung führt allerdings zu dem Schlusse, dass unsere bisherigen erfolglosen Versuche in der Auffindung des zweifelhaften Polarlandes eben so wenig die Nichtexistenz desselben beweisen, sondern nur zeigen, dass es uns, trotz aller Anstrengungen, unmöglich gewesen war, dasselbe zu erreichen; ob übrigens nicht dieselben unüberwindlichen

Hindernisse, auf die wir stiessen, sich auch in Zukunft der Ausführung dieses Vorhabens entgegenstellen werden, wage ich nicht zu entscheiden. — Schliesslich halte ich noch für nöthig, zu bemerken, dass obgleich wir hier viele neue Brüche antrafen, das Eis doch durchgehends sehr dick und mit festem Schnee bedeckt war, während es weiter nach Norden hinauf sehr dünn und fast ohne Schneedecke war, und dass besonders die Nordwinde immer von feuchter Luft begleitet waren. Aus diesen beiden Umständen ist mit Grund zu folgern, dass die Beschaffenheit des Meeres im Norden wesentlich von der verschieden ist, die wir hier fanden.

Gegen Abend bezog sich bei frischem SSW.-Winde der Himmel mit Wolken. — Die Fahrt nach SW. wurde uns jetzt durch hohe Torossen und tiefen Schnee ausserordentlich erschwert; wir änderten daher unsern Kurs und gingen nach SSO.; hier stiessen wir auf einen zum Theil schon verwesten Fichtenbalken, den wir als eine sehr erwünschte Zugabe zu unserm kärglichen Feuerungsmaterial klein hackten und mitnahmen. — Nachdem wir 19 Werst in obiger Richtung gefahren waren, fanden wir eine Masse unübersteiglicher Torossen, die sich bis an das Kap Schelagskoj erstreckten und uns jede Möglichkeit, weiter zu gehen, benahmen. Die Felsen des Kaps waren ganz deutlich zu sehen; ihre äusserste Spitze lag, nach den genommenen Peilungen, in SO. 30°. Obgleich der Horizont sehr rein und heiter war, so konnten wir doch weder nach Osten, noch nach Norden irgend ein Anzeichen von Land ersehen. — Wenn man annimmt, dass jedes nicht gar zu niedrige Land in einer Entfernung von 50 Werst von hier aus hätte sichtbar seyn müssen, und dass wir von dem Kap Schelagskoj nur 80 Werst entfernt waren, so lässt sich mit Gewissheit behaupten, dass im Meridian dieses Kaps auf einer Strecke von 130 Werst kein Land existirt. Früher haben wir gesehen, dass auf 300 Werst nördlich vom grossen Baranow-Felsen sich kein Land befindet.

Wir hatten jetzt nur noch auf vier Tage Futter für die Hunde und waren 200 Werst von unserer Vorrathsniederlage im Eise entfernt; dies sowohl, als auch die schon sehr weit vorgerückte Jahreszeit zwangen uns, alles Weitergehen aufzugeben und unverzüglich unsere Rückreise anzutreten, welches wir denn auch am folgenden Tage

(23. April) thaten, wo wir, über alte Torossen und lockeren Schnee fahrend, in westlicher Richtung 26 Werst zurücklegten. Nach der Mittagsbeobachtung befanden wir uns in 70° 50′ der Breite; unsere Längenberechnung ergab 2° 8′ westlich vom Kap Schelagskoj.

Nach Mittag hatten wir im Süden die Ansicht einer fortlaufenden niedrigen Landküste, die gleichsam über dem wahren Horizont zu schweben schien. Wir befanden uns zwar eben gerade gegenüber dem Sandkap (Peschtschanoj Myss); da aber zwischen uns und der Küste nicht weniger als 98 Werst lagen, so konnte jene Erscheinung nur durch die schon mehrmals erwähnte, den Polarregionen eigenthümliche, und auch auf dem Meere nicht seltene Strahlenbrechung hervorgebracht seyn, die schon oft zur Entdeckung sehr entfernter Gegenstände geführt hat. — Unser heutiger Weg war dem gestrigen ähnlich; auch zeigten sich einige Spuren von Bären und den sie stets begleitenden Steinfüchsen. Wir konnten nicht mehr als 35 Werst machen und schlugen dann unser Nachtlager auf.

Am folgenden Tage (25. April) gab die Mittagsbeobachtung die Breite von 70° 54′; unsere berechnete Länge war 3° 12′ westlich vom Kap Schelagskoj. Der immer noch durch Torossen und durch den dazwischen liegenden tiefen, lockeren Schnee sehr beschwerliche Weg nöthigte uns, nachdem wir 38 Werst zurückgelegt hatten, Halt zu machen. Abends sahen wir wieder zahlreiche Züge von schwarzen Enten, die über unsern Köpfen hin nach Westen flogen.

Am 26. machten wir, trotz des beschwerlichen Weges, dennoch 43 Werst, und fanden in der Nähe unsers Nachtlagers einen frischen Espenbalken. — Wir hatten den Rest unserer mitgenommenen Vorräthe jetzt verzehrt, und da für die Hunde auch kein Futter mehr übrig war, so fürchteten unsere Führer sehr für diese Thiere, die bei Mangel an Futter gleich von Kräften herunterkommen. Da wir uns aber auf unsere Berechnungen verlassen konnten, nach welchen wir nur noch eine Tagesfahrt bis zu unserer Vorrathsniederlage hatten, so setzten wir unsere Reise getrost weiter fort und rückten während des 27. ziemlich rasch vor, weil die Torossen merklich seltener und kleiner wurden. — 10 Werst vor unserm Keller trafen wir auch die Spur des Herrn von Matiuschkin, der früher hier einen Ausweg gesucht hatte, und erreichten, nachdem wir überhaupt an diesem Tage **40 Werst** gemacht hatten, Abends den Vorrathskeller, wo wir unser Nachtlager aufschlugen und uns während des Rasttages, welchen ich den sehr ermüdeten Hunden hier gestatten musste, um so mehr gütlich thun konnten, da wir unterweges noch einen tüchtigen Fichtenbalken gefunden hatten, der uns, bei dem schon seit einiger Zeit eingetretenen Mangel an Feuerungsmaterial, sehr erwünscht war. An den stark benagten Eisblöcken und dem aufgewühlten Schnee war deutlich zu sehen, dass die Bären während unserer 28tägigen Abwesenheit viele ernstliche Versuche gemacht hatten, um zu unsern vergrabenen Schätzen zu gelangen; glücklicher Weise waren sie aber fruchtlos gewesen, und wir fanden alles unversehrt.

Da wir wegen der stark vorgerückten Jahreszeit, bei dem Mangel an Vorräthen und dem schlechten Zustande unsers Fuhrwerkes an keine Fortsetzung unserer Reise denken durften, so hielt ich es für das Beste, die Rückfahrt nach Kolymsk auf unserem alten Herwege zu machen, der unterdessen um vieles besser geworden war, indem der zwischen den Torossen liegende, damals lockere Schnee sich theils gesetzt, theils auch durch die anhaltend kalten Winde an Festigkeit gewonnen hatte. Dies begünstigte unsere Fahrt so sehr, dass wir am **29. April 55 Werst**, so wie am folgenden Tage **50 Werst** zurücklegen konnten, und so am **1. Mai Abends die Küste erreichten,** wo wir unser Nachtlager ungefähr in der Mitte zwischen dem grossen und dem kleinen Baranow-Felsen aufschlugen.

Trotz unserer Ermüdung waren wir doch früh mit der ersten Morgendämmerung wach, um uns an dem langentbehrten Anblick der schon von ihrer Schneedecke befreiten Erde zu erfreuen; ein Gefühl, das sich nicht beschreiben lässt! — Schon der Seemann freut sich, wenn er nach einer langen Fahrt auf dem Meere wieder einmal Land erblickt; um wie viel mehr mussten wir uns dessen freuen, die wir **49 Tage** auf dem todten, starren Eismeere herumgeirrt waren, während der ganzen Zeit nichts als ewiges Eis und Schnee gesehen hatten, und unaufhörlich mit Gefahren, Kälte und Mangel an allen Lebensbedürfnissen und Bequemlichkeiten kämpfend, als einziges Obdach gegen Polarfrost und Stürme nur ein leichtes Zelt und oft nicht einmal Feuer gehabt hatten, um unsere erstarrten Glieder etwas zu erwärmen! Das alles war nun glücklich überstanden, und wir begrüssten froh die heimische Erde und die Uferberge, die trotz ihrer Nacktheit unseren ermüdeten Blicken malerisch und freundlich erschienen. Das kümmerlich falbe Moos, der niedrige, blätterlose Strauch, das Gezwitscher der hie und da umherflatternden Vögelchen — alles verkündigte uns den Frühling und unsere Wiederkehr in eine belebte Natur; unter frohen Gefühlen begrüssten wir sie und wünschten uns gegenseitig Glück zu dem Ende unserer diesmaligen Mühseligkeiten.

Mit wahrem Vergnügen erfülle ich hier die heilige Pflicht, meinen beiden wackeren Gefährten, dem Mitschmann Matiuschkin und dem Steuermann Kosmin meinen herzlichen Dank für den rastlosen Eifer abzustatten, mit dem sie mir während der ganzen Dauer dieser Eisfahrt beistanden, auf der wir unzählige Male selbst Hand anlegen mussten, um die Schlitten bald durch beinahe bodenlosen Schnee, bald über senkrechte Eiswände hinüberzuschaffen. Ihrer unermüdlichen Thätigkeit und Ausdauer verdanke ich es hauptsächlich, dass auch unsere Nartenführer, dem Beispiele der Offiziere folgend, sich den vielfachen Gefahren und Mühseligkeiten willig und ohne Murren unterzogen.

Am 4. Mai langten wir in Pochodsk an, wo mich eine neue, frohe Ueberraschung erwartete; mein Freund und Dienstgefährte, der Lieutenant Anjou, war eben, mit seiner Expedition von Neu-Sibirien kommend, hier eingetroffen, um nach Nis'hne-Kolymsk und von dort längs der Küste nach der Jana zurückzugehen. Dies unerwartete Wiedersehen in diesen fernen Eiswüsten gewährte uns einen grossen Genuss, der aber leider durch den Anblick des uns umgebenden Jammers und Elendes sehr getrübt wurde. Sechs halbverhungerte Tungusen-Familien hatten in der höchsten Verzweiflung ihre Steppen verlassen und waren mit Anstrengung ihrer letzten Kräfte hieher gewandert, in der Hoffnung, zu Pochodsk vielleicht Hülfe und Rettung vor dem Hungertode zu finden. Aber auch die hiesigen wenigen Einwohner befanden sich selbst fast in einer ähnlichen Lage. Ihre geringen Vorräthe waren verzehrt, sie fristeten ihr elendes Leben mit den widernatürlichsten Gegenständen, und nur die Hoffnung auf die mit dem eintretenden Frühlinge zu hoffende Fischerei und Jagd schützte sie vor Verzweiflung. — Das Elend und der Jammer, die hier herrschten, waren schrecklich! — Wir theilten den ganzen Rest unserer Vorräthe unter diese Unglücklichen aus, und dürfen uns wohl mit dem Bewusstsein schmeicheln, viele derselben vom Hungertode gerettet zu haben.

Am 5. Mai zogen wir wieder in Nis'hne-Kolymsk ein, nach einer Abwesenheit von 57 Tagen, in welcher Zeit wir überhaupt 1355 Werst gemacht hatten. — Ich fand hier neue Befehle von dem General Gouverneur von Sibirien, in Betreff unserer Beschäftigungen für dieses Jahr, vor mir. — Unseren guten Gefährten, den Doktor Kyber fanden wir leider noch nicht ganz wieder hergestellt; er litt immer an seinem alten Uebel, ertrug aber seine Leiden mit Muth und Standhaftigkeit.

Der Ort Nis'hne-Kolymsk war, wie wir es erwartet hatten, von allen Bewohnern verlassen, die, im Lande verstreut, ihren Sommerbeschäftigungen nachgingen. Auch jetzt, wie früher, fanden wir hier Niemand als einen wachthabenden invaliden Kosaken und die alte Bürgersfrau Suchomässicha, die beständige Hüterin des Ortes, die uns nach alter Sitte mit einem frischgebackenen, wohlschmeckenden Kuchen empfing, und es sich überhaupt angelegen seyn liess, durch ihre geschäftige Dienstfertigkeit uns das überstandene Reiseungemach vergessen zu machen.

Am 10. Mai fiel der erste Regen, der uns indess noch nicht den Sommer brachte, indem wir nachher mehrmals recht starken Schnee hatten. — Am 17. zeigte sich an einigen geschützten und den Sonnenstrahlen recht ausgesetzten Uferbuchten etwas keimendes Gras, und am 22. begann endlich der Eisgang, nachdem der Strom 259 Tage hindurch mit Eis bedeckt gewesen war. Hiemit trat aber auch die hier gewöhnliche Ueberschwemmung ein, die uns am 26. Mai zwang, aus unseren Wohnungen auf die platten Dächer der Häuser zu flüchten, wo wir, die einzigen lebenden Wesen in der ganzen Gegend, umringt von allen unseren Sachen, Vorräthen und Hunden, unter freiem Himmel das Ende dieser Sündfluth erwarteten. Auf den zuweilen auch wohl eintretenden Fall, dass das Gebäude von den mit grosser Gewalt daranstossenden Eisschollen beschädigt würde, oder dass das Wasser bis zu uns hinauf stiege, hatten wir unsere Böte in der Nähe, um uns nach dem Berge Pantelejew zu begeben, der, selbst bei dem höchsten Wasserstande, immer eine sichere Zuflucht gewährte. — Die Bewohner des Ortes ermangeln nie bei ihrem Auszuge, ihre kleinen Habseligkeiten, alles, was nicht nagelfest in der Wohnung und Vorrathskammer ist, auf die Dächer zu bringen, die dann so, mit allerlei Hausrath, Kisten, Tönnchen, Schlitten u. dergl. beladen, nebst den dazwischen herumrudernden Böten, dem einzigen Kommunikationsmittel, einen höchst sonderbaren Anblick gewähren. Mit dem 31. Mai fing das Wasser an zu fallen, und bald darauf konnten wir wieder in unsere Wohnungen hinabziehen, wo wir zwar unter Dach, aber trotz dem ewig auf dem Heerde brennenden Feuer, noch lange in einer nasskalten, dumpfen Atmosphäre leben mussten, bis die Wände und Böden das eingesaugte Wasser allmälig verdunstet hatten.

Zwölfter Abschnitt.
Reise des Herrn von Wrangel durch die steinige Tundra im Sommer 1822.

Ausser den Vorbereitungen zu der uns im künftigen Winter bevorstehenden abermaligen Eisfahrt, deren Mittelpunkt unser neuer, am Ausflusse der grossen Baranicha erbaute Balagan seyn sollte, hatte ich beschlossen, diesen Sommer zur Aufnahme der Meeresküste vom Ausflusse der Kolyma bis zum grossen Baranow-Felsen, und zur Wiederholung der im Winter 1821 gemachten astronomischen Bestimmung der vornehmsten Küstenpunkte zu benutzen.

Sobald nach der Frühlingsüberschwemmung die Flüsse wieder in ihre Ufer zurückgetreten waren, fertigte ich vier zuverlässige Leute nach dem Dorfe Pantelejewa ab, von wo sie zu Pferde nach dem Balagan gehen sollten, um dort einen Karbass (grosses Boot) zu bauen und mit Netzen, Setzkörben und Reusen so viel nur immer möglich Fische zu fangen, welche unsern Hauptvorrath für die bevorstehende Winter-Expedition ausmachen sollten. Nächstdem war ihnen aufgetragen, sich mit der Gänse- und Schwanenjagd zu beschäftigen, um auch dadurch unsere Vorräthe zu bereichern. Sie gingen am 11. Juni ab.

Am 23. Juni bestieg ich mit dem Lieutenant Anjou, dem Mitschmann Matiuschkin und dem Steuermann Kosmin unser neuerbautes Boot Kolymà, und fuhr den Strom hinab, an den Niederlassungen Krestowoj, Tschernoussow und Pochodsk vorbei, wo ich die daselbst für die Expedition angelegten Fischereien besichtigte. — In Pochodsk trennte sich der Herr von Anjou von uns, um in Begleitung dreier

Leute zu Pferde seine Reise nach der Indigirka fortzusetzen. — Am 26. erreichten wir eine am rechten Ufer der Kolyma befindliche felsige Landspitze Krest, das Kreuz, genannt; wo wir ein Paar russische Familien fanden, die sich der Fischerei wegen hier niedergelassen hatten. 15 Werst von hier fällt der kleine Fluss Pantelejewka in die Kolyma.

Die Lage dieses Punktes hat in jeder Rücksicht so grosse und wesentliche Vorzüge vor der von Nis'hne-Kolymsk, dass die Versetzung dieses Städtchens hieher gewiss von dem grösten Nutzen sowohl für die eigentlichen Einwohner selbst, als auch für die Bewohner der ganzen Umgegend seyn würde. Das hochgelegene Uferland ist den Frühlings-überschwemmungen nie ausgesetzt, und bietet eine trockene Ebene dar, die mehr als hinreichend ist, um alle jetzt in Nis'hne-Kolymsk befindlichen Gebäude in gehöriger Entfernung eines von dem andern aufzustellen. Treibholz von der vorzüglichsten Gattung zum Bau giebt es hier im Ueberflusse, und in der Ufergegend sowohl als auch auf mehreren in dem Strome befindlichen Inseln finden sich sehr schöne Weideplätze, die selbst für den Winter hinlänglich Heu für die Pferde liefern können. Ueberhaupt ist hier die Vegetation weit kräftiger und mannigfaltiger als bei Nis'hne-Kolymsk; der Lärchenbaum erreicht schon eine gewisse Höhe und ist stärker und schöner als dort, auch ist die Gegend reich an allerlei nützlichen Kräutern und an Beeren, den einzigen Früchten, die hier gedeihen. Endlich liegt Krest so ziemlich im Mittelpunkte der verschiedenen Dörfer und Niederlassungen, deren Bewohner sich zu bestimmten Zeiten des Jahres nach dem Städtchen begeben, um dort allerlei Lebensmittel und andere Gegenstände abzusetzen, und denen die Hinüberführung desselben eine grosse Erleichterung seyn würde. Das Versetzen des Ostrog aus Nis'hne-Kolymsk nach Krest wäre sehr leicht zu bewerkstelligen, da die Entfernung in gerader Linie stromabwärts nicht mehr als 25 Werst beträgt, und also das Herbringen derjenigen Gebäude, die noch der Mühe lohnen, transportirt zu werden, ohne viele Schwierigkeit und Kosten zu bewerkstelligen wäre. Endlich ist die Lage und die Umgebung von Krest im Ganzen viel freundlicher, gesunder und durch den Schutz der naheliegenden Anhöhen und Waldungen die Luft weniger kalt und rauh als in Nis'hne-Kolymsk. Kurz, die Versetzung dieses Ortes hieher wäre in jeder Rücksicht eine wahre Wohlthat und die geringe Mühe und Arbeit eines Jahres, welches vielleicht dazu erforderlich seyn könnte, würde gewiss schon im folgenden hundertfältigen Lohn tragen.

Das steile Ufer, welches bei Krest eine Wendung nach NO. 40^0 macht, besteht aus einer harten felsigen Thonerde, von dunkelrother und grüner Farbe. Letztere, dem Grünsteinschiefer nicht unähnlich, liegt oft in Schichten, die in der Richtung nach NO. 60^0 schiessen und unter einem Winkel von 65^0 mit dem Wasserspiegel nach SO. 30^0 streichen.

Wegen widrigen Windes mussten wir einen Tag liegen bleiben und konnten erst am 28. Juli unsere Reise fortsetzen. Auf einer Strecke von 15 Werst bleibt das nördliche Ufer schroff und steil; die Felsen, von derselben Gattung wie bei Krest, ziehen sich längs dem Ufer hin; dann aber verlassen sie es, treten tiefer ins Land, und lehnen sich zuletzt an die Westseite des von der Pantelejewka bespülten Gebirges Surowaja. Dieses Flüsschen entspringt aus den oberhalb liegenden sogenannten Weissen Felsen, und fällt hier in die Kolyma, die wir nun verliessen um unsere Fahrt auf der Pantelejewka fortzusetzen, welche an ihrer Mündung nicht mehr als 12 Faden Breite hat. Zwölf vor das Boot gespannte Hunde zogen uns ziemlich rasch stromaufwärts. — Bis an das 17 Werst von der Mündung belegene Dorf Pantelejewa sind die Ufer mit einer Schicht vegetabilischer Erde bedeckt, in welcher niedrige Sandweiden und Erlengesträuch wachsen, etwas abwärts trifft man grosse Strecken ausgebrannter Lärchenwälder.

Bei der anhaltend warmen Witterung war die ganze Luft mit dicken Wolken und Mücken, dieser Sommerplage der sibirischen Heiden, angefüllt, und wir waren froh, als wir das Dorf Pantelejewa erreichten, wo wir uns in einer mit bitterm Rauche angefüllten Scheune etwas erholten. Dieses Dorf steht auf dem linken Ufer des Flusses, in einer mit mehreren fischreichen Seen besäeten und mit üppigem Grase bewachsenen Fläche, die sich 15 Werst bis nach Nis'hne-Kolymsk erstreckt. Im Winter leben hier in acht Häusern sieben Familien, die auf den Sommer gröstentheils an die Kolyma hinziehen, um dem dort ergiebigern Fischfange obzuliegen. — Der Berg Pantelejew erhebt sich mit seinen beiden Gipfeln auf dem rechten Ufer in einer Entfernung von 8 Werst.

In dem Dorfe trafen wir den rastlos thätigen Kaufmann Beres'hnoj, meinen frühern Reisegefährten auf unserer zweiten Eisfahrt, der uns hier aus einer grossen Verlegenheit half. Es war nämlich unmöglich gewesen aus Nis'hne-Kolymsk Pferde zu meiner fernen Reise zu bekommen, und ich hätte die hier so kurz zugemessene günstige Sommerzeit mit vielleicht fruchtlosem Umhersuchen nach andern Pferden verlieren müssen, wenn nicht Herr Beres'hnoj mir auf die gefälligste Weise zehn von den seinigen überlassen hätte, die er für jetzt entbehren konnte, und für die er durchaus gar keine Zahlung von mir annehmen wollte. „Sie reisen auf Befehl des Kaisers und zum allgemeinen Nutzen", sprach der wackere Russe, „wie soll ich da Bezahlung nehmen; Gott hat mich gesegnet — ich brauche das nicht." — Dabei blieb er. — Er war eben auf einer Reise nach der Tschaunbucht begriffen, um dort Mammutsknochen zu suchen, mit denen er einen sehr ausgebreiteten Handel treibt, und da nach unserm Reiseplan für diesen Sommer der Herr von Matiuschkin auch jene Gegend untersuchen sollte, so bot er sich ihm als Reisegefährten an, womit gewiss beiden Theilen sehr gedient war.

Nachdem wir am folgenden Tage noch einige Vorkehrungen zu unserer bevorstehenden Reise getroffen hatten, benutzten wir das heitere, milde Wetter, um einen Gang nach dem Pantelejew-Berge zu machen. — Wir fanden bis zur Spitze desselben einen gebahnten schmalen Fussteg, den die hiesigen Eingebornen immer gehen, um die Rauschbeere (vaccinium ulginorum) zu sammeln, die nirgends so häufig und so gross zu finden ist, als hier. Dies ist das Geschäft der Mädchen, die sich weniger mit den übrigen schwerern häuslichen Arbeiten befassen, sich aber zum gemeinschaftlichen Beerensammeln aus allen benachbarten Orten hier vereinigen, und dies Geschäft unter lauten Gesängen treiben, die man weit umher erschallen hört.

Von dem Ufer der Pantelejewka erhebt sich das Land auf einer Strecke von 6 Werst allmälig unter einem sehr geringen Winkel, dann wird die Erhöhung bedeutender bis an den Fuss des Berges selbst, der die nach Süden sich erstreckende Fläche gegen die rauhen Nordwinde schützt, und dadurch die Vegetation begünstigt. Leider ist der dichte Lärchenwald, der einst den Berg und einen Theil der Ebene bedeckte, vor 50 Jahren durch einen furchtbaren Waldbrand verzehrt, der sich von den beiden Aniuj-Flüssen bis an die nördlichste Gränze der Waldregion erstreckte. Merkwürdig ist es, dass erst vor zwei Jahren hier wieder ein neuer Lärchenanwuchs begann, der sich munter erhebt, und ein zwar noch ganz niedriges, aber durch sein lichtes Grün freundliches Wäldchen bildet, wo zwischen den jungen Bäumchen eine Menge buntfarbiger Blumen hervorsprossen. Weiter hinauf, wo kein Baum mehr fortkommt, wachsen Thymian, Kamillen und andere dergleichen Kräuter; nach dem Gipfel des Berges hin, rankt längs dem steinigen Boden nur noch die sibirische Zwergzeder und niedriges Gesträuch, welches zuletzt so jämmerlich und dünn wird, dass man es nicht mehr von dem dazwischen stehenden Grase unterscheiden kann. Endlich auf dem höchsten Punkte des Berges hört alle lebendige Vegetation auf, und man sieht nichts mehr als einige graue Moosgattungen, die den nackten Boden überziehen. So öde und traurig auch dieser Berggipfel ist, so wird man doch für die Mühe des Ersteigens, durch das den Fuss des Berges umgebende schöne Grün der jungen Lärchen und durch den Anblick der üppig mit Blumen besäeten Wiesen entschädigt. Auch die weit ausgedehnte Aussicht, die sich von hier nach allen Seiten in die Ferne eröffnet, ist, freilich nur in dieser kurzen Jahreszeit, sehr schön. Von Nordwest nach Süden übersehen wir die weite, am Horizonte sich verlierende Tundra mit ihren zahllosen, kleinern und grössern Landseen; sie bildet das linke Ufer der Kolyma und die Mündungen der beiden Aniuj-Flüsse. Den Lauf der mit einer Menge, theils bewachsener, theils nackter Inseln besäeten Kolyma verfolgten wir über Nis'hne-Kolymsk hinaus, eine Strecke von 130 Werst bis in das Meer. — Im Norden war die Aussicht durch die näher gelegenen flache Berge begränzt, hinter denen die Berggruppe von Sucharnoj mit ihren weissen, unter einer ewigen Eis- und Schneedecke liegenden Gipfeln hervorragt. Noch weiter hinauf erblickt man die schwarzen, zackigen Spitzen der längs der Meeresküste hinlaufenden Felsen. — Gegen Osten erheben sich die weissen Felsen, die zwar eine ziemlich lang ausgedehnte Kette bilden, doch aber, von hier aus gesehen, sich wie eine abgesonderte Gruppe darstellen, weil der Blick gerade auf das vordere Ende der Felsenreihe trifft, die in einer OSO.-Richtung hinter demselben fortläuft, und also von dem Pantelejew aus nicht zu sehen ist. In SO. und S. ragen in weiter Ferne am Horizonte der Fläche, die längs den Ufern der Flüsse Aniuj und Tunkina fortlaufenden Berge hervor. Der Landstrich, den man auf diese Art von hier aus überschaut, beträgt fast nach allen Richtungen gegen 300 Werst.

Der höchste Gipfel des Pantelejew ist mit Bruchstücken eines schwarzen Schiefers bedeckt, unter denen man einige wenige Spuren von verwittertem weisslichen Granite findet; der eigentliche, solide Felsenkern des Berges kommt nirgends zu Tage. Die Südseite desselben bildet mit dem Wasserspiegel einen Winkel von $30°$; die Nordseite fällt weit steiler hinab, nirgends aber haben wir Schluchten oder auch nur etwas bedeutende Spalten gesehen.

Ausser diesem Hauptgipfel hat der Berg auf der Westseite noch eine andere, etwas niedrige Spitze, die durch eine fortlaufende Reihe kleinerer Hügel mit dem Berge Surowskaja zusammenhängt, während jener sich eben so an die oben erwähnten weissen Felsen anschliesst. Die von Nis'hne-Kolymsk aus genommene Winkelhöhe des ersten Gipfels betrug $0°48'45''$; die Entfernung des Berges von dort ist 14,758 Faden; hieraus ergeben sich 1491 englische Fuss vertikaler Höhe des Berges über dem Ostrog. Bei stillem, heiterm Wetter zeigte Reaumür's Thermometer, Abends um 5 Uhr, an der Spitze des Berges $+1\frac{1}{2}°$, am Fusse desselben aber $+5°$.

Nachdem ich die nöthigen Peilungen der Hauptpunkte von dem Berge aus genommen hatte, kehrten wir Abends nach dem Dorfe zurück, dessen Breite ich nach den Peilungen und einer am 29. Juni beobachteten Mittagshöhe auf $68°57'$ N., und seine Länge auf $0°40'$ östlich von Nis'hne-Kolymsk bestimmte. Die Abweichung des Handpeilkompasses fand sich $12\frac{1}{2}°$ östlich.

Gleich nach Sonnenuntergang fiel das Quecksilber unter 0; zur Nacht umlegten schwarze Wolken den Berg; es erhob sich ein heftiger Sturm aus Westen, und bei Tagesanbruch erblickten wir die obere Hälfte des Berges mit dichtem Schnee bedeckt, während unten der

Regen in Strömen herab fiel. Dieses Unwetter, das uns nicht erlaubte unsere Reise fortzusetzen, hielt bis zum 1. Juli an, wo die Atmosphäre sich völlig aufklärte und die Witterung wieder so mild und angenehm ward, dass wir aufbrechen konnten. Herr von Matiuschkin ging, wie oben gesagt, mit dem Kaufmann Beres'hnoj zuerst in die Gegend von Ostrownoje am kleinen Aniuj, um von dort einen Dollmetscher für die Tschuktschen-Sprache mitzunehmen, und dann nach der Tschaunbucht. Ich nahm meinen Weg der Meeresküste zu, nach dem Baranow-Felsen, wo ich die daselbst im Jahre 1787 durch den Kapitain Billings gemachten Breitenbeobachtungen meiner Instruktion gemäss wiederholen wollte. Meine Begleiter waren: der Steuermann Kosmin, ein Matrose und zwei Jakuten, welche sechs Packpferde mit unsern Sachen führten.

Wir machten an diesem ersten Tage unserer Reise nur 11 Werst und nachdem wir durch die Niederung zwischen den Bergen Pantelejew und Surowaje gezogen waren, schlugen wir unser Nachtlager an der Nordseite des erstern, an einem kleinen Landsee auf. — Der Kontrast, den der jetzt vor uns liegende, völlig den Nordwinden ausgesetzte Landstrich mit der freundlichen Gegend macht, die wir eben verlassen hatten, ist ungeheuer. So wie man die schützenden Berge hinter sich hat, findet man sich plötzlich in einer höchst traurigen Wüste; mit jedem Schritte werden die wenigen hier noch wachsenden Lärchenbäume niedriger und verkrüppelter, bald hören sie ganz auf, und man sieht nur noch kleines Sandweidengebüsch und Zwergbirken, die kaum die Höhe eines Fusses erreichen. Meistentheils ist der Boden ganz nackt, und nur hie und da wächst falbes Moos und undichtes, niedriges, vom Froste gelb gewordenes Gras, die einzigen Erzeugnisse dieser öden Gegend, deren Anblick durch die von ehemaligen Waldbränden übrig gebliebenen schwarzen, todten Baumstummel noch trauriger wird. — Der Boden ist hier fast überall in den Thälern lehmig; nur in dem kleinen See, an dem wir uns gelagert hatten, fanden wir Kies, wodurch das Wasser sehr schön und klar wird.

Das Traurige der Gegend abgerechnet, brachten wir hier einen ganz angenehmen Abend zu; die Luft war mild, der Himmel heiter, und um Mitternacht hatten wir 5° Wärme. Auf der glatten Oberfläche des Sees spiegelten sich die Gipfel des Pantelejew-Berges und der weissen Felsen. Ich benutzte diese Ruhe und Reinheit des Seespiegels, um vermittelst des Sextanten die Winkelhöhen der in demselben reflektirten Berge zu nehmen, da mir weder die Zeit noch die Umstände erlaubten, die Ausmessung dieser Höhen auf eine andere Art zu bewerkstelligen. Nach dieser Aufnahme und den früher genommenen Peilungen und Mittagshöhen, berechnete ich folgende Höhen:

Die mittelste Spitze der weissen Felsen 2509 $\frac{1}{2}$ englische Fuss.
Der östliche Gipfel des Pantelejew... 1739 $\frac{3}{4}$ -   -
Der westliche Gipfel desselben..... 1167   -   -

An den abschüssigen Wänden der Felsen lag noch viel Schnee, der mehr oder weniger immer sich dort erhält, woher denn auch die Benennung dieser Felsen rührt. Die Gipfel derselben waren zwar von Schnee entblösst, doch war dies weniger durch die Wirkung der Sonnenstrahlen oder der atmosphärischen Wärme, als vielmehr durch die hier herrschenden heftigen Winde hervorgebracht, die nicht selten, oft mitten im Winter, an den höchsten Stellen den Schnee hinabwehen. Dieser Umstand erschwert sehr die genaue Bestimmung der eigentlichen Schneelinie. — Es ist bekannt, dass auf den sibirischen Tundry oder Haiden, die doch den Sonnenstrahlen völlig ausgesetzt sind, die Erde nie tiefer als 4 oder höchstens 6 Werschok aufthaut; an der Meeresküste findet man immer grosse ausgeworfene Eisschollen, die nie schmelzen; ebenso erhalten sich grosse Massen Schnees an der Küste und in den Thälern von einem Winter bis zum andern, und wahrscheinlich würde auch die ganze Oberfläche des Meeres ewig gefroren bleiben, wenn das Eis nicht durch den Andrang der aufgehenden Ströme, noch mehr aber durch die regelmässig jeden Frühling eintretenden heftigen Stürme gebrochen würde.

Am 2. Juli berechnete ich nach der Mittagshöhe unsere Breite 68° 41′ 49″, und die Länge 160° 51′ östlich von Greenwich. Die Abweichung der Magnetnadel betrug 12 $\frac{1}{2}$° östlich. Das Thermometer zeigte + 8°.

Wir folgten dem Laufe verschiedener von dem Pantelejew und der Surowaja herabströmenden Bäche, und lagerten uns nach einem Marsche von 20 Werst, am Ufer eines derselben, der Philippowka. —

Der Weg hieher führte durch einen lehmigen Sumpf, auf welchem blos einige elende Sandweiden und verdorrte kleine Lärchensträuche zu sehen waren. Hier an dem Ufer des Flusses aber standen ziemlich kräftige, grade Lärchenbäume und Lärchenweiden. Rauschbeeren und die sogenannte Knäsheniza (rubus arcticus) wuchsen hier in grosser Menge. Letztere, deren Pflanze der Erdbeere, die Frucht aber an Gestalt der Brombeere gleicht, hat einen überaus feinen aromatischen Geschmack und Geruch, wie man ihn unter diesem Himmelstrich wahrlich nicht erwarten sollte.

Die Philippowka hat ihren Ursprung aus den weissen Felsen; sie ist ziemlich reissend und ergiesst sich in die Kolyma. Man fängt hier viele und grosse Fische von der Gattung des Salmo thymallus, hier Chārjus genannt. — In früherer Zeit war das Flussthal der Philippowka durch die Menge der in demselben so zu sagen einheimischen Elennthiere, Sochàtoj, berühmt. Durch den grossen Waldbrand im Jahre 1770 wurden sie ganz von hier verscheucht, fanden sich aber als der Wald allmälig von neuem anwuchs, wieder ein, und vermehrten sich in kurzer Zeit so stark, dass in dem Winter von 1812 fast jeder sechs Elennthiere erlegte. Die zehn Bewohner des Dorfes Pantelejewa allein hatten 70 Stück derselben geschossen. Ob durch diese grosse Verheerung unter ihnen oder aus andern Ursachen diese Thiere wieder verschwanden, ist schwer zu entscheiden, so viel aber ist gewiss, dass diese die letzte glückliche Jagd war; jetzt ist die Erscheinung eines Elennthieres im Kolymskischen Kreise eine grosse Seltenheit, von der lange nachher noch gesprochen wird. — Am Omolon und südlicher hinab dauerte diese Jagd zwar noch fort, aber mit geringem Erfolg. Das Verschwinden des Elenns ist für diese an Nahrungsmitteln so höchst arme Gegend ein sehr empfindlicher Verlust, besonders in den Jahren wo die Fischerei und die Rennthierjagd missglücken.

Am 3. Juli erhob sich ein warmer Südwind; Morgens hatten wir $8^°$, um Mittag aber $10\frac{1}{2}^°$ Wärme; so angenehm uns übrigens diese milde Temperatur war, so wünschten wir doch die Kälte wieder herbei, denn mit der Wärme stellten sich auch die hiesigen Plagegeister, die Mücken, wieder ein, die uns sowohl als auch unsern armen Pferden furchtbar zusetzten, besonders da wir, so lange wir in Bewegung waren, uns nicht durch die gewöhnlichen grossen Rauchfeuer ihrer erwehren konnten.

Die heute beobachtete Mittagshöhe gab die Breite von 68° 52′ 59″ N.; nach Berechnung fanden wir uns in der Länge von 162° 9′ O. von Greenwich. Die Abweichung der Magnetnadel betrug 13° östlich.

Wir zogen immer weiter nach Norden, im Angesichte der Berge von Sucharnoje, dem untern Arme der Philippowka folgend, der sich im Thale fortschlängelt. Nachdem wir so 16 Werst gemacht hatten, verliessen wir das Ufer des Flusses und nahmen unsern Weg nach NW., um über den Bergrücken zu gehen, welcher die Sucharnojschen Berge mit den am rechten Ufer der Kolyma sich erhebenden Larionowschen Felsen verbindet. Da wir aber nicht hoffen konnten dort oben so gute Weide für unsere Pferde zu finden als in dem Thale, so beschloss ich hier noch ein Nachtlager zu nehmen. — Jn der Breite von 69° 5′ N. hört hier die Waldregion auf; statt der Bäume trifft man nur noch ärmliches, verkrüppeltes Gesträuch, dessen niedrige Stämmchen kaum eines Fingers Dicke haben. Dies ist auch die Gränze der sogenannten Felsentundra (kàmennaja tùndra) einer von Bäumen ganz entblössten und mit grossen Steinen und Felsen besäeten Haide, die nach allen Seiten von hohen, mit ewigem Schnee bedeckten Bergen umgeben ist. Es war hier so kühl, dass wir uns genöthigt sahen unsere Pelze anzuziehen. Bei Sonnenuntergang zeigte das Thermometer 1° Kälte.

Am folgenden Tage (4. Juli) erstiegen wir den Bergrücken auf einer breiten, von den Rennthierheerden ausgetretenen Bahn, die uns nach einem Marsche von 9 Werst auf der entgegengesetzten Seite wieder hinabführte. Auf dem höchsten Punkte fand ich, nach einer genommenen Mittagshöhe, die Breite von 69° 5′ 22″ N., die berechnete Länge war 162° 9′ östlich von Greenwich; die Abweichung der Magnetnadel betrug 15° östlich. — Bei heiterm Wetter kann man von hier aus die Mündungen der Kolyma ganz deutlich sehen; uns waren sie durch einen dichten Nebel verhüllt, der mir auch nur erlaubte ein paar Peilungen zu machen.

Die Nordseite des Bergrückens, den wir überstiegen hatten, ist insofern von der Südseite verschieden, als diese letztere sich ziemlich sanft erhebt, während jene schroff in ein tiefes, enges Thal hinabstürzt, welches in der Richtung nach SW. 56° durch mehrere parallel laufende, immer niedriger werdende und sich zuweilen sanft wieder erhebende Erdwälle, in eben so viele schmale Thäler abgetheilt ist. Der eigentliche Felsen ist nirgend sichtbar, wohl aber findet man eine Menge einzelner Bruchstücke, theils weissen Granits, theils schwarzen Schiefers, die zerstreut auf der Oberfläche des Berges umherliegen.

Von der Nordseite des Bergrückens sahen wir rechts die sucharnoj'schen Berge, die den Kern der hiesigen Gebirge bilden; sie bestehen aus mehreren, mit ewigem Eise bedeckten Koppen, die eine sich nach NNO. hinziehende Gruppe ausmachen. In dieser Richtung setzten wir unsere Reise fort, indem wir den Krümmungen eines Thales folgten, welches zwischen den sucharnoj'schen Bergen und den Höhen liegt, die das rechte Ufer der Kolyma bilden. — Um unsern Pferden einige Ruhe zu geben, machten wir bei einem kleinen Flüsschen, kamennaja Wiska, Halt, welches nördlich von dem larionowschen Felsen in die Kolyma fällt. — 8 Werst von da zogen wir durch einen Arm des Baches Sucharnaja, und wählten zu unserm Nachtlager einen sehr guten Weideplatz an einem 6 Werst weiter belegenen Arm desselben Baches. In den Thälern, die wir durchzogen, lag noch Schnee, der so fest war, dass unsere Pferde darüber weggingen ohne einzubrechen. In der Nacht hatten wir bei gelindem NO.-Winde $2\frac{1}{2}°$ Kälte.

Am folgenden Tage (5. Juli) war unsere beobachtete Breite 69° 17′ 55″ N., die berechnete Länge 162° 03′ O. von Greenwich; die Abweichung der Magnetnadel $5\frac{1}{2}°$ östlich. — Wir mussten noch über zwei Zuflüsse des Baches Sucharnaja setzen, die wie die vorigen seicht, aber dabei ziemlich reissend waren. Sie fallen nach ihrer Vereinigung bei dem Balagan von Sucharnoje in die Kolyma. — Ausser diesen, die Sucharnaja bildenden Bächen, fliesst in dem Thale, durch welches wir zogen, noch ein solcher der den Namen Glubòkoj Rutschèj, der tiefe Bach führt, und der, ohne sich mit jenem zu vereinigen (woran ihn eine zwischen beiden liegende Hügelreihe hindert), nicht weit von Laptew's Leuchtthurme*) gleichfalls in die Kolyma fällt. Die Ufer dieses Flüsschens bestehen aus Dammerde und sollen sehr viele Mammutsknochen enthalten. Unweit dieses Baches verliessen wir das Thal, und gelangten, über einige Hügel gehend, in ein anderes, wo sich der Medwes'hja- (Bären-) Fluss, zwischen dem hier nach SO. gehenden, sucharnoj'schen Gebirge und den Strandhügeln seinen Weg gebahnt hat. Er ist bedeutender als die vorhergehenden; seine Breite beträgt 10 Faden und er ist so tief, dass man nur an wenigen Stellen Furthe zum Hinübergehen findet. Wir erlegten hier eine Menge wilder Gänse, die auf den kleinen Landseen des Flussthales ihre Mauserzeit abwarten; dies war uns sehr erwünscht, da unser Fleischvorrath schon seit einigen Tagen zu Ende war. Auch fanden wir hier auf den trocknen Sandstellen eine Zwiebelgattung, die uns eine sehr schmackhafte und gesunde Speise lieferte.

Wir verbrachten die Nacht am Fusse der sich an den Baranow-Felsen lehnenden Berge. Gegen Mitternacht fiel etwas Schnee; das Thermometer zeigte — 3°. Am folgenden Morgen stieg es wieder auf + 5°; die Luft war mild und der Himmel heiter.

Unser Weg ging über die Strandhügel, welche immer in einer parallelen Richtung mit der Meeresküste fortlaufen; sie bestehen grösstentheils aus Eis und Erde, und hängen nicht zusammen, sondern sind durch tiefe Schluchten von einander getrennt. Von einem der höchsten Punkte hatten wir eine weite Aussicht auf das Meer, wo nach Norden hin grosse Eisberge umher schwammen, während im Osten, bei dem weit vorspringenden Baranow-Felsen, die Wasserfläche bis an die Küste des Festlandes mit einer unbeweglichen Eisdecke überzogen war.

Wir erreichten den Strand bei dem kleinen Baranow-Felsen, da wo der Kapitain Billings während seiner Expedition gelandet war, und fanden das von ihm errichtete Kreuz mit der einfachen Inschrift: „Im Jahr 1787 am 12. Juli" noch ganz unversehrt. Hier, wo jener Seefahrer seine Breitenbeobachtungen vor 55 Jahren anstellte, liess ich unser Lager aufschlagen um dieselben zu wiederholen. — Das Wetter

---

*) Siehe die Einleitung.

war uns zu diesen Arbeiten am folgenden Tage (7. Juli) sehr günstig; wir hatten bei reinem Himmel und mässigem NO.-Winde um Mittag 5° Wärme. Nach den durch mich und Herrn Kosmin mit zwei verschiedenen Sextanten von Troughton und Karry auf Quecksilberhorizonten, genommenen Mittagshöhen des untern Sonnenrandes, fand sich die doppelte Sonnenhöhe:

nach Troughton . . . . 82° 16′ 03″
nach Karry . . . . 82° 17′ 02″
Mittelhöhe . . . . . 82° 16′ 32½″.

Demnach ergab sich die Breite dieses Ortes 69° 38′ 00″ N., und (nach unserer früheren Aufnahme) die Länge desselben 162° 49′ östlich von Greenwich.

Die korrespondirenden Sonnen-Azimuthe gaben für die Abweichung des Handpeilkompasses 12½° östlich. Diese plötzliche Abnahme der Abweichung der Magnetnadel war mir um so befremdender, da sie eigentlich in dem Verhältnisse unserer Annäherung zum Pole hätte zunehmen müssen.

Um auch die übrigen Beobachtungen des Kapitain Billings zu wiederholen, verfolgten wir, immer längs der Felsenküste des uns im Osten liegenden Meeres ziehend, einen steilen und höchst beschwerlichen Pfad, auf welchem unsere Pferde oft niederstürzten und uns viel Aufenthalt verursachten. Dies sowohl als auch die beständig aus den Schluchten hervorbrechenden plötzlichen und heftigen Windstösse, erschwerten und verzögerten unsern Marsch sehr, so dass wir nur mit Mühe den Ort erreichten, wo Kapitain Billings am 29. Juni seine fernern Beobachtungen angestellt hatte, nämlich die Mündung eines Flüsschens, das sich in eine kleine Bucht an der Westseite der am weitesten vortretenden Spitze des kleinen Baranow-Felsens ergiesst.

Die Felsen an der Westseite dieses Kaps bestehen aus gemeinem Quarz, in welchem wir grosse Drusen mit sehr regelmässigen, etwa einen Zoll langen Krystallen fanden. Der Strich dieser Quarzmasse schien, längs der Küste, von NO. 20° nach SW. 20° gerichtet, und unter einem Winkel von 65° mit dem Wasserspiegel nach SO. 80° zu schiessen. Weiter nach Osten hin finden sich keine Steinlagen auf dem Berge; dahingegen ist dessen Oberfläche mit grössern und kleinern

Bruchstücken schwarzen Schiefers, und untermischten Quarzes bedeckt ist, die sich nur mit vieler Mühe zerbröckeln liessen. Auf den Schiefer folgen eben solche Trümmer eines feinkörnigen weisslichen Granites, dessen Schichten am Meere in unregelmässigen Lagen vorkommen. Oben auf dem Berge erheben sich mehrere Säulen von ähnlichem Granit.

Bei immer heiterm Wetter und einer Temperatur von 7° Wärme um Mittag, setzten wir unsere Beobachtungen am 8. Juni mit denselben Instrumenten fort, und fanden wie oben die doppelte Sonnenhöhe:

mit dem Troughtonschen Sextanten . . . 81° 46′ 53″
- - Karryschen - . . . . 81° 48′ 00″
Mittelhöhe . . . . 81° 47′ 26″.

Demnach ergab sich die Breite dieses Ortes 69° 41′ 48″ N., die Länge 163° 19′ östlich von Greenwich. Die Abweichung der Magnetnadel war 13° östlich.

Von hier eilten wir zu dem Punkte, wo Kapitain Billings am 6. Juli seine Breitenbeobachtungen angestellt hatte; zu Auffindung desselben benutzte ich die mir von dem Admiralitäts-Kollegium zugestellte Karte.

Als wir über den Bergrücken gingen, der sich von dem Baranow-Felsen landeinwärts zieht, sahen wir an der Ostseite desselben, wo die sich senkende Küste mehrere mit vegetabilischer Erde bedeckte grasreiche Thäler bildet, ansehnliche Heerden wilder Schaafe. Sie halten sich gern bei diesen Felsen auf, deren steile, fast senkrechte Wände sie mit einer ganz unbegreiflichen Schnelligkeit erklettern. Nirgends findet man sie in so grosser Anzahl als hier, daher denn auch die Benennung Baranow-Felsen — von Baràn, das Schaaf, herrührt.

Der Berg ist vom Fusse bis zum Gipfel mit ungeheuren Felsstücken überdeckt, die ihn beinah unzugänglich machen. Sie bestehen wie die obern Felsensäulen (hier **kekùry** genannt) aus weisslichem Granit. Diese letztern sind **50** bis **60** Fuss hoch, und haben die Form von vierkantigen Parallelepipeden, deren Nord- und Südflächen breiter als die beiden andern sind. Im Osten dieser Granitfelsen erscheint wieder Schiefer, der aber keine Säulen bildet, sondern sich mit einem weit in's Meer hineinlaufenden, senkrecht 30 Fuss hohen Felsenkap endigt.

Im Allgemeinen sind diese Felsenberge länglich ausgedehnt, von WNW. nach OSO. gerichtet; ihre östliche und westliche Seiten gehen ganz steil hinan. Die Schluchten, durch welche die Flüsse dem Meere zuströmen, haben gleichfalls eine WNW.-Richtung. — Von dem Gipfel dieser Berge konnten wir einen grossen Theil des Meeres und die ganze weite Bucht übersehen, die zwischen den beiden Baranow-Felsen liegt; festes Eis bedeckte dieselbe so wie auch das Meer in der Richtung nach NNO., bis über den sichtbaren Horizont hinaus. — Abends hatten wir völlige Windstille, heitern Himmel und um Mitternacht 5° Wärme.

Am 9. Juli gab Troughton's Sextant eine zweifache Mittagshöhe: ☉ 81° 27′ 38″. Unsere danach berechnete Breite war 69° 40′ 34″ N.; die Länge 163° 52′ östlich von Greenwich. — Die Abweichung der Magnetnadel fand sich $13\frac{1}{2}$° östlich. — Das Vorgebirge des kleinen Baranow-Felsens (hinter welchem der Punkt unserer Beobachtungen von 8. Juli liegt) war nach den in SW. 89° 30′ genommenen Peilungen, 7 italienische Meilen weit von uns entfernt.

Ob wir unsere Beobachtungen genau auf demselben Punkte gemacht haben, auf welchem der Kapitain Billings die seinigen am 6. Juli 1787 anstellte, kann ich nicht mit Gewissheit bestimmen, da das Ufer hier sehr abschüssig ist, und durchaus kein charakteristisches örtlishes Merkmal hat; ich habe mich daher blos, wie schon oben bemerkt ist, nach der angegebenen Entfernung des kleinen Baranow-Felsens richten können.

Der eintretende Mangel an Lebensmitteln, nöthigte uns etwas landeinwärts zu gehen, wo wir hoffen konnten, an den zahlreichen kleinen Landseen die dort gewöhnlich in grosser Menge nistenden wilden Gänse zu finden. Wirklich gelang es uns auch deren in kurzer Zeit 17 Stück zu schiessen, was für die jetzige Zeit, wie unsere Führer versicherten, sehr glücklich war. Früher ist die Gänsejagd in dieser Gegend ergiebiger gewesen; seit einigen Jahren aber scheint es, dass diese Thiere die Ufer der Indigirka vorziehen, wo sie sich in SO. in grosser Menge einstellen, dass man ihrer jeden Sommer mehrere Tausende erlegt, die grösstentheils als Hundefutter für den Winter aufbewahrt werden. Man pflegt sie gewöhnlich heerdenweis in einen leeren Uross (ein aus Stangen aufgestellte Sommerwohnung) hinein zu treiben und dort zu schlachten. Oft werden sie auch auf freiem Felde mit Knitteln erschlagen. — In beiden Fällen, besonders aber in letzterm, ist eine grosse Behendigkeit und Uebung von Seiten des Jägers erforderlich, da die mausernden Gänse zwar nicht fliegen können, weil ihnen die Schwingfedern fehlen, dahingegen aber so schnell über die ebene Tundra laufen, dass es sehr schwer ist sie einzuholen. Wenn sie sich in Gefahr fühlen, so kauern sie sich auf dem Boden, recken den Hals längs demselben hin und verstecken, wie der Strauss, den Kopf zwischen die kleinen Mooshügelchen; dabei liegen sie so unbeweglich da, dass ein ungeübter Jäger sie für schon erschlagen hält und an ihnen vorübergeht. Gemeiniglich halten sie sich in ziemlich grossen Heerden zusammen, deren jede einen eignen Anführer hat, den die übrigen nicht anders als etwa in der grössten Gefahr verlassen. — Die hiesigen Eingeborenen unterscheiden vier Gattungen von Gänsen: die weisse Gans, die sonst längs der Meeresküste in grosser Menge anzutreffen war, jetzt aber ganz verschwunden zu seyn scheint; die eigentliche wilde Gans (gumènnik), welche zu der grauen Art gehört und die grösste ist; dann die Kosàrka und der Piskùn, die viel kleiner sind als die übrigen. Letzterer ist nicht grösser als eine zahme Ente.

Manche der hiesigen Seen sind von ziemlich hohen Erdhügeln umgeben, in denen sich Mammutsknochen befinden. Diese Hügel, mit den Seen welche dazwischen liegen, sind im Süden durch eine Bergreihe begränzt, die sich OSO.-wärts vom kleinen Baranow-Felsen erhebt, und durch eine zusammenhängende Kette niedriger Hügel mit dem grossen Baranow-Felsen vereinigt, der, aus der Ferne gesehen, wie eine einzelne, abgesonderte Insel daliegt.

Unsere Gänsejagd führte uns 15 Werst östlich von dem grossen Baranow, wieder an die Küste des Meeres, von welchem ein grosser Theil mit feststehendem Eise bedeckt war. Wir schlugen hier unser Nachtlager auf, und zogen am folgenden Tage (10. Juli) bei völliger Windstille und $7°$ Wärme weiter. Nach der Mittagsobservation fand ich unser Nachtlager in $69° 36' 6''$ N.; die berechnete Länge $164° 32'$

östlich von Greenwich. Die Nordspitze des grossen Baranow-Felsens lag in NW. 50°. — Die Abweichung der Magnetnadel betrug 13½°.

Da der Kapitain Billings seine vierte und letzte Breitenbeobachtung an dieser Küste, auf der Nordspitze des grossen Baranow-Felsens angestellt hatte, so begab ich mich dahin, während ein paar unserer Begleiter zurückblieben um die Gänsejagd fortzusetzen.

Auch wir stiessen auf eine grosse Heerde dieser Vögel, die das längs den Bergen sich hinschlängelnde Flüsschen Semlänaja, das sich am Fusse des Felsens ins Meer ergiesst, fast ganz bedeckten; als wir uns aber ihnen näherten, erfüllten sie die Luft mit ihrem kreischenden Angstgeschrei, und schwammen über eine an der Mündung befindliche offene Stelle, bis nach der das Meer bedeckenden Eisfläche, auf welcher sie mit ganz unglaublicher Schnelligkeit weiter liefen. — Ich habe in der Folge Gelegenheit gehabt zu bemerken, dass auch die Rennthiere sich auf diese Art vor ihren Verfolgern auf die Eisfläche des Meeres flüchten. Als wir bald darauf die Südseite des grossen Baranow bestiegen, sahen wir unten in der Ebene eine zahllose Menge wilder Rennthiere, die hier, in Ermangelung von Moos, sich das junge aufkeimende Gras recht gut schmecken liessen; leider verscheuchte sie das Gebell unserer Hunde, die ganze Masse ergriff eiligst die Flucht, und es gelang uns nicht auch nur eins derselben zu erlegen. Wir fanden beim Herabsteigen die ganze Ebene mit grossen Haufen von Rennthierhaaren bedeckt, welches die Versicherung unserer Führer bestätigte, dass diese Thiere, wie die Gänse, an die Seeküste ziehen, um ihre Haarungszeit hier abzuwarten, wo sie weniger von den Mücken verfolgt werden.

Bis an den Fuss des Berges waren wir auf dem flachen Küstenlande fortgezogen; hier aber mussten wir diesen bequemen Weg verlassen und über die Berge gehen, da der grosse Baranow an der Ost- und Nordseite senkrecht aus dem Meere aufsteigt und von demselben bespült wird. Den südlichen Berg erstiegen wir ohne grosse Beschwerde, obgleich die Nordseite desselben sehr steil ist, wodurch das Hinabsteigen schwierig war. Nicht so gut ging es uns auf dem nördlichen Berge, den wir, nachdem wir mit vieler Mühe und Anstrengung ungefähr eine halbe Werst geklettert waren, verlassen mussten, weil die auf der steilen, glatten Felswand liegenden losen Steine beständig unter unsern Füssen wichen und wegrollten, so dass Menschen und Pferde in beständiger Gefahr schwebten, von der bedeutenden Höhe in das Meer hinabzustürzen. Ich beschloss daher den Berg im Süden zu umgehen, und schlug den Weg über die Höhe ein, welche ihn mit dem südlichen Berge verbindet; dies gelang vollkommen; — wir kamen durch einen tiefen Hohlweg im Norden wieder da an das Meer, wo der Felsen sich nach SO. wendet. Ich bin daher der Meinung, dass dieser Punkt dem entspricht, dessen Breite der Kapitain Billings am 21. Juli 1787 bestimmte. Er zeichnet sich dadurch aus, dass die hoch ansteigende felsige SO.-Seite des Baranow sich hier über das mehr abschüssige Küstenland erhebt, und dass in der Entfernung von einer Werst, nach Westen hin, auf einem eben nicht sehr hohen Hügel einige Felsensäulen (kekùry) stehen, welche die östlichsten des ganzen Baranow-Felsengebietes sind.

Den grossen Baranow bilden zwei Berge, von denen jeder aus zwei, ihrer Länge nach parallel nach WNW. gerichteten Anhöhen besteht, die unter sich wieder in der Richtung nach NNO. durch einen Rücken verbunden sind. In einiger Entfernung von dem Felsen ist sowohl nach Osten als nach Westen diese Spaltung des Berges nicht sichtbar, und in der Projektion erhält er das Ansehen eines nach Norden spitz auslaufenden länglichen Daches. Die Ostseite des Felsens besteht aus schwarzem Schiefer, die Westseite aber aus weisslichem Granit; sein Fuss ging an der Stelle unseres Nachtlagers steil in das Meer hinab. Es war unmöglich die Lage und Richtung der Schichten dieses Gesteins herauszufinden, da dasselbe ganz verwittert ist und die Trümmer regellos durcheinander liegen. — Die auf der Westseite befindlichen Felsensäulen bestehen ebenfalls aus weissem Granit; sie erheben sich in zwei Reihen in der Richtung nach NNO. Ihre Unterterlage neigt sich in einem sehr geringen Winkel nach OSO.

Der heutige Abend war der schönste dieses Sommers; das Thermometer zeigte $10°$ Wärme, und bei völliger Windstille war der Himmel vollkommen rein. — Dagegen hatten wir Tages darauf (11. Juli) nur $5°$ Wärme mit frischem Westwinde.

Bei unsern am 11. Juli angestellten Beobachtungen gaben:

Trougthon's Sextant die doppelte Mittagshöhe ☉ 80° 33′ 38″
Karry's Sextant - - - ☉ 80° 35′ 00″.
Mittelbreite . . . . . . 69° 43′ 56″ N.
Die Länge fand sich **164° 10′** östlich von Greenwich. — Nach den korrespondirenden Azimuthen betrug die Abweichung der Magnetnadel **12° 35′** östlich.

Um 2 Uhr Nachmittags überdeckte ein dichter Nebelschleier die ganze Gegend; bald darauf stellten sich in kurzen Zwischenräumen aufeinanderfolgende Regenschauer ein, und so dauerte diese trübe, feuchte Witterung bis zum 19. Juli ununterbrochen fort. Sehr glücklich war es, dass dies nicht früher eintrat, wodurch wir gehindert worden wären, die hiesigen Breitenbeobachtungen des Kapitain Billings zu wiederholen. — Nachstehende Tabelle giebt das Resultat seiner und unserer Beobachtungen.

Benennung der Orte.	Im Jahre 1787.	Beobachtete Breite.	Im Jahre 1822.	Beobachtete Breite.	Differenz.
An der Nordspitze des kleinen Baranow.	Juli 29.	69° 27′ 26″	Juli 8.	69° 41′ 48″	14′ 22″
Zwischen dem grossen u. kleinen Baranow.	Juli 6.	69° 27′ 43″	Juli 9.	69° 40′ 34″	12′ 51″
Auf der Westseite des des kleinen Baranow.	Juli 12. 13.	69° 22′ 48″ 69° 22′ 44″	Juli 7.	69° 38′ 00″	15′ 14″
Auf der Nordostspitze des grossen Baranow.	Juli 21.	69° 35′ 56″	Juli 11.	69° 43′ 56″	8′ 00″
Im Ostrog Nis'hne-Kolymsk.	—	68° 17′ 14″	—	68° 31′ 51″	14′ 37″

Es ist hierbei zu bemerken, dass die Beobachtungen am 21. Juli, von dem Schiffe, 3 Meilen nördlich vom grossen Baranow angestellt wurden*). Wenn nun der Punkt, wo wir unsere Beobachtung am 11. Juli anstellten, sich in demselben Meridian befände, in welchem

---

*) Siehe die Beschreibung der Reise des Kapitain Billings, herausgegeben durch den Sekretair der Expedition, Sauer. — Im englischen Originale S. 77.

Kapitain Billings die seinige machte, so würde die Differenz von 8′ 00″ sich bis auf 11 Meilen vergrössern; zugleich würde auch die geringe Differenz in der Länge der beiden Punkte eine bedeutende Verschiedenheit in der Breite zur Folge haben, da die Küste hier im Meridian eine plötzliche starke Wendung macht.

Ich habe schon oben gesagt, dass der Punkt, auf welchem der Kapitain Billings seine Beobachtungen am 6. Juli machte, nicht genau angegeben werden könne; demnach kann also nur von drei der obigen Observationen mit Bestimmtheit gesagt werden, dass sie durch uns an den von jenem Reisenden gewählten Punkten wiederholt worden; diese sind die erste, dritte und fünfte, und bei diesen findet sich auch ziemlich gleichmässig eine Differenz von ungefähr 15′.

Die Abweichung der Magnetnadel hat auf der ganzen Küstenstrecke von Nis'hne-Kolymsk bis zum grossen Baranow, etwa um 5° abgenommen, wie folgende Tabelle beweist.

Orte.	Abweichung im Jahre 1787.	Abweichung im Jahre 1822.	Differenz.
Zu Nis'hne-Kolymsk . , . . .	13° 04′ 0′	9° 56′	5° 8′
Zwischen dem kleinen u. grossen Baranow	17° 12′ 0′	12° 30′	4° 42′
Bei dem grossen Baranow . . .	17° 40′ 0′	12° 35′	5° 05′

Bei obigen Anzeigen ist die Abweichung auf einen unserer Handpeilkompasse reduzirt, welcher das Mittel zwischen einem andern dergleichen und dem grossen Schiffskompasse angab.

Nachdem wir diese Beobachtungen beendigt hatten, kehrten wir zu unserm am 10 Juli verlassenen Lagerplatze zurück, wo wir das Flüsschen Semlänaja durch das eindringende Meerwasser ausserordentlich angeschwellt fanden. Auf dieser ganzen Küste strömt nämlich das Meer bei West- und Nordwest-Winden dem Lande zu, und verursacht ein Steigen des Wasserstandes so wie dagegen der Südwind ein Fallen desselben zu Wege bringt. Eine regelmässige Ebbe und Fluth haben indessen weder wir, noch auch die hiesigen Bewohner bemerken können. Es giebt wohl wenige Punkte auf der Erde, die mehr dazu geeignet wären, das Gemüth zum Trübsinn und zur Schwermuth zu stimmen, als die Gegend an der hiesigen Küste des Eismeeres. Landwärts nichts als öde, unübersehbare Ebenen, ohne Baum oder Strauch, oder sonst irgend einen Gegenstand, an dem der durch die unsägliche Einförmigkeit ermüdete Blick haften, sich erholen könnte. An der Meeresküste rauhe, düstere Felsenberge und Eisblöcke, von denen herab wieder nichts zu sehen ist, als auf der einen Seite dieselbe endlose, wüste Tundra, und auf der andern die noch ödere, unbegränzte Eisfläche des Meeres. Todtenstille rund umher, keine Spur von Mitmenschen, nur selten ein Anzeichen, dass es hier doch noch einiges thierisches Leben giebt. So ist diese Gegend während des grössten Theiles des Jahres beschaffen; blos in der kurzen Periode des sogenannten Sommers belebt sich dies ungeheure Grab der Natur, hie und da durch die Rennthier- und Gänseheerden, die, wie gesagt, sich hieher flüchten, erstere um sich während der Haarungszeit vor den Mücken zu bergen und das auf der Tundra wachsende junge Gras zu benutzen, letztere um fern von Menschen ungestört zu mausern und zu hecken. Sie halten sich während dieser Zeit am liebsten und häufigsten an den Mündungen der ins Meer fallenden Flüsse auf, wo sie ungestörter sind und immer die reichlichste Nahrung finden.

Unser Weg führte uns auf der öden, mit einer Menge kleinerer und grösserer Landseen besäeten Tundra, über drei Flüsse, die in Entfernungen von 2, 3 und 6 Werst, durch niedrige Hügelreihen getrennt, in beinahe paralleler Richtung, der hier bis 15 Faden hohen Küste zuströmen und sich dort zwischen grossen Eisblöcken ins Meer ergiessen. — An einem derselben, der der breiteste und tiefste ist, fanden wir einen in die Erde aufrecht eingegrabenen Pfahl, dem ähnlich, den wir im verflossenen Jahre am Kap Schelagskoj gesehen hatten, und der wahrscheinlich noch aus dem 17. Jahrhundert von den damaligen Fahrten der Bewohner des Festlandes herrührt. — Hier schlugen wir am 12. unser Lager auf, und da an dem Uferabhange recht guter Graswuchs war, so blieben wir auch noch den folgenden Tag liegen, um unsere ziemlich ermatteten Pferde ausruhen zu lassen. — Das Wetter war rauh und unangenehm; ein scharfer Nordwestwind trieb dichte Nebel herbei; um Mittag hatten wir nur noch 1° Wärme und in der Nacht überzogen sich die kleineren Seen mit einer Eiskruste. — In der Nähe unsers kleinen Lagers fanden wir mehrere Mammutsknochen und Wallfischribben, die aber grösstentheils schon verwittert waren *).

Als wir am 14. Juli Nachmittags über den dritten der obigen Flüsse zogen, der, wie gesagt, breiter und tiefer ist, als die beiden ersten, ward das Pferd des Herrn Kosmin scheu und warf ihn mitten im Strome ab. Schwimmend erreichte er das jenseitige Ufer, wo er sogleich Kleider und Wäsche wechselte; da aber trotz dieser Vorsicht, bei der kalten Abendluft und dem in einen dichten Regen übergegangenen Nebel eine ernstliche Erkältung zu befürchten war, so beschloss ich, nicht, wie gewöhnlich, zur Nacht Halt zu machen, sondern ununterbrochen bis an den Morgen weiterzuziehen, um durch diese Bewegung die etwa stockende Cirkulation des Blutes wieder in gehörigen Umlauf zu bringen. Wir ritten und gingen die ganze Nacht durch, und dieser Maassregel haben wir es wahrscheinlich zu verdanken, dass jener Unfall weiter keine schlimme Folge hatte.

Nach einem solchen achtzehnstündigen Marsche erreichten wir am 15. Juli den im verflossenen Sommer an der grossen Baranicha erbauten Balagan der Expedition. Er liegt am linken Ufer des Flusses, da wo derselbe sich in das Meer ergiesst, und besteht aus einer geräumigen Wohnstube mit einem Feuerheerde und einer daran gebauten Scheune für allerlei Vorräthe. — Die Mündung der grossen Baranicha ist 1 Werst breit, aber so flach, dass bei niedrigem Wasser an mehreren Stellen, und namentlich in der Mitte des Stromes, sich trockene Sandbänke zeigen. Das rechte Ufer ist steil und felsig, das linke hingegen sandig und flach. Von Südost nach Südwest erstreckt sich am Horizont eine Kette zum Theil mit ewigem Schnee bedeckter Berge,

---

*) Die meisten und besten Mammutsknochen werden in einer gewissen Tiefe unter der Oberfläche, gemeiniglich in Lehmhügeln, selten in schwarzer Erde, und nie im Sande gefunden. Je fester und härter der Lehm ist, desto besser haben sich auch die Knochen in demselben erhalten. Auch hat die Erfahrung gelehrt, dass man immer mehr dieser Knochen an den durch höhere Berge geschützten Anhöhen, als an der flachen Meeresküste, oder auf der ebenen Tundra findet.

aus denen sowohl dieser, als auch ein anderer, 35 Werst westlich von hier sich gleichfalls ins Meer ergiessender Fluss entspringen; diese beiden Ströme haben die Eingeborenen gleichfalls Baranicha genannt, weil sich an deren Ursprunge sehr viele wilde Schafe einfinden, die ihnen im Winter eine einträgliche Jagd gewähren. — In der Nähe unsers Balagans und weiter nach Süden hinab liegen eine Menge Landseen, an welchen sich immer um den 10. Juli herum die wilden Gänse versammeln; 30 Werst ostwärts pflegen gewöhnlich zum 1. August die Schwäne sich einzustellen, um wie jene ihre Mauserzeit hier abzuwarten. — Ungefähr 1 Werst abwärts von unsern Gebäuden fanden wir Spuren einer ehemaligen Tschuktschen-Ansiedelung, grosse Haufen halbverbrannter Rennthierknochen und Geweihe, einiges zerbrochenes Hausgeräth und unter andern eine recht gut aus Basalt gearbeitete Thranlampe.

Ich traf zu meiner grossen Freude die früher aus Nis'hne-Kolymsk hergeschickten Leute alle gesund und wohlbehalten an. Sie waren schon seit zwei Wochen hier angelangt und beschäftigten sich mit dem Bau eines Bootes, mit Netzestricken und anderen zum Fischen gehörigen Arbeiten. Sie erzählten uns allerlei von Streifereien der Tschuktschen, und sogar von vermeintlich Statt gefundenen nächtlichen Besuchen derselben, die aber wohl nur in ihrer durch die hier allgemeine Furcht vor diesem Volke aufgeregten Einbildung Statt gefunden hatten und weiter keiner Erwähnung verdienen.

Unsere letzte Tagereise hieher war rascher als gewöhnlich gegangen, daher denn die uns mit den Packpferden folgenden Jakuten zurückgeblieben waren. — Der ganze Tag verstrich, ohne dass sie sich sehen liessen, und wir mussten natürlich hieraus folgern, dass ihnen irgend ein Unglück zugestossen sey, welches uns sehr beunruhigte, da alle unsere Sachen und mehrere Instrumente sich auf den Packpferden befanden. Endlich langten sie spät in der Nacht bei uns an; es war ihnen ein grosser, schwarzer Bär begegnet, durch dessen Erscheinen die Pferde so erschreckt wurden, dass sie sich losgerissen und auf der Tundra verlaufen hatten, wo die Leute ihrer nur mit vieler Mühe wieder habhaft werden konnten. Das sämmtliche Gepäck war dabei ins Wasser gefallen und vieles von den Sachen und Vorräthen verdorben; unter andern war auch eins unserer Thermometer zerbrochen, so dass uns nur noch eins derselben nachblieb.

Wir benutzten die Zeit unsers hiesigen Aufenthalts theils zu unserm wesentlichsten Zweck, der Fischerei für das Bedürfniss der Expedition, theils auch zu verschiedenen Exkursionen, um die Gegend genauer kennen zu lernen. Wenn die Witterung dem Fischen nicht günstig war, so bestiegen wir unsere Pferde, durchstreiften die Tundra, besuchten die Meeresküste und die Seen, schossen Gänse, einmal auch sogar einen schwarzen Bären, und machten uns so viel möglich mit den Stellen bekannt, die für die Rennthierjagd im Wasser am vortheilhaftesten schienen. Diese Beschäftigungen und Streifereien im Lande erhielten uns thätig, munter und gesund. — Zu den unfreundlichen Begebenheiten gehört eine Ausfahrt, die wir in unserm neuerbauten Boote auf dem Flüsschen Kosmina machten, welches **20 Werst** östlich von der grossen Baranicha ins Meer fällt. Trotz des Sommers war nur das Fahrwasser in der Mitte offen, an den Ufern aber standen noch starke und feste Eisränder; bald nach unserer Abfahrt lösten sich diese, setzten sich in Bewegung und versperrten den ganzen Fluss so, dass wir nicht weiter konnten und ganzer drei Tage ohne Obdach und Schutz gegen den häufig herabströmenden Regen zubringen mussten, bis endlich ein günstiger Südwind die Eisschollen auseinandertrieb und uns einen Durchweg zu unserer Wohnung eröffnete. — In der Kosmina, die zwar nicht so breit als die grosse Baranicha, aber viel tiefer ist, werden weit mehr Fische gefangen als in dieser; am meisten giebt es darin Lachsforellen, dann auch noch eine andere rothe Fischgattung, die an der Kolyma, wo sie sich übrigens nicht findet, unter dem Namen Krasnina bekannt ist. Dieser Fisch hat zwar einen recht guten Geschmack, ist aber der Gesundheit nachtheilig, indem er Uebelkeiten erregt und Mattigkeit in allen Gliedern hervorbringt.

In dieser Gegend des Eismeeres kann man mit Recht von demselben sagen, dass es seinen vormaligen Reichthum verloren hat, von dem man nur noch die verwesenden Ueberreste hin und wieder längs der Küste antrifft. Hier stösst man auf ganze Haufen von Fischbein, worunter sich noch manche Stücke fanden, die wir zu unsern Fischkörben u. s. w. brauchen konnten; dort liegen eine Menge halbverwitterter Wallfischgerippe, deren Porosität und Sprödigkeit ihr hohes Alter beweisen; selbst Treibholz scheint schon seit langer Zeit nicht mehr hier angeschwemmt worden zu seyn, denn die einzelnen Stämme, die wir noch hie und da am Strande fanden, waren grösstentheils verwest. Vielleicht ist die Ursache dieses Verschwindens der Wallfische sowohl als des Treibholzes in dem Umstande zu suchen, dass das Meereis wahrscheinlich sonst hier weit geringer war, und dass es jetzt, in grösserer Menge und Ausdehnung, die freie Bewegung des Wassers überhaupt und die Annäherung jener schwimmenden Gegenstände verhindert. Unter manchen auf ein hohes Alterthum deutenden Naturprodukten fanden wir auch mehrere halb vermoderte, halb gefrorene, kleine, kurz geschwänzte Krebse oder Krabben, denen ähnlich, die in England unter dem Namen Shrimps bekannt sind, und die ich ausserdem sonst nirgend in Sibirien, weder lebend noch todt, gesehen habe. — Vor etlichen Jahren erschienen an der Küste und in der Kolyma eine ungeheure Menge verschiedenfarbiger Mollusken, welche sich an die Fischernetze, Setzkörbe u. s. w. ansaugten, und mit denselben herausgezogen, als Hundefutter verbraucht wurden. Das Gewächsreich beschränkt sich in dieser öden Gegend ausser dem Moose auf etwas niedriges, hartes Gras und einige wenige Blüthen tragende Pflanzen. Zuweilen soll sich hier auch wohl der Meerkohl, crambe maritima, zeigen; er ist aber selten, und mir ist keiner zu Gesichte gekommen.

Während der ganzen Zeit unsers hiesigen Aufenthalts war das Wetter mehr trüb und neblicht als heiter; es regnete oft, schneite auch einige Male recht tüchtig. Der wärmste Tag, den wir hier hatten, war der 24. Juli, an welchem das Thermometer um Mittag $10°$ Wärme und um Mitternacht noch $9\frac{1}{2}°$ anzeigte *). Dieser Tag und besonders die Nacht erinnerten uns an die schwülen Sommertage und Nächte in den südlicher gelegenen Theilen unsers Vaterlandes; nicht das leiseste Wehen des Windes störte die vollkommene Ruhe der Luft; nur von Zeit zu Zeit wiederkehrende starke Donnerschläge im Osten unterbrachen die feierliche Stille; ein dichter Nebel, der in einer Ent-

---

*) Nach dem 6. Juli war das Thermometer gewöhnlich bis auf $2°$ unter dem Gefrierpunkte, während wir um Mittag gewöhnlich nur $3°$, selten $7°$ Wärme hatten.

fernung von **10** Faden alle Gegenstände unsern Augen verdeckte, war endlich die Folge dieser hohen Temperatur. — In der Nacht auf den **26.** hörten wir wieder das dumpfe Rollen eines entfernten Donners, und am folgenden Morgen erreichte das Quecksilber eine Höhe von **16°**; diese dauerte aber nicht lange, denn schon gegen Mittag sank es wieder auf **9°** hinab. Um **5** Uhr Nachmittags hatten wir bei frischem Westwinde einen anhaltenden, starken Platzregen und ein starkes Gewitter. Bald darauf zeigte das Thermometer nur noch **2°** Wärme und um Mitternacht schon **1°** Kälte. — Dieser Kampf in der Atmosphäre schien die Endkrise des kurzen Sommers gewesen zu seyn; denn seitdem umhüllte uns ein beständiger, dichter Nebel; das Quecksilber stieg um Mittag selten über **3°** und Nachts fror es immer einige Grad.

Die Temperatur des Meerwassers untersuchte ich so oft, als es mir möglich war, in unserm Boote bis auf wenigstens **100** Faden ins Meer hinauszugehen. In dieser Entfernung, und bei einer Tiefe von $1\frac{1}{2}$ Faden, veränderte sich die Temperatur des Wassers von **1°** bis auf $3\frac{1}{2}°$, ohne irgend eine Art von Uebereinstimmung mit der Temperatur der Atmosphäre, wie aus folgender Tabelle zu ersehen ist.

Juli.	Stunde.	Beschaffenheit der Atmosphäre.	Temperatur der Luft.	Temperatur der Oberfläche des Wassers.
19.	Mittag	Heiter, schwacher NW.-Wind.	$+2°$	$+3\frac{1}{2}°$
23.	Mittag	Leicht bewölkt, schwacher WSW.-Wind.	$+8°$	$+1°$
24.	Mittag	Vollkommen bewölkt, Windstille.	$+10°$	$+2°$
30.	Mitternacht	Nebel, fast unmerkliche Luftbewegung von Westen.	$-1\frac{1}{2}°$	$+3\frac{1}{4}°$
August. 7.	Mittag	Bewölkt, schwacher OSO.-Wind.	$+5\frac{1}{4}°$	$+3°$
8.	Mittag	Trüb, starker W.-Wind.	$+5\frac{3}{4}°$	$+3°$
9.	Mittag	Trüb, starker W.-Wind.	$+2\frac{3}{4}°$	$+1\frac{1}{2}°$

Das Meerwasser war übrigens weit weniger salzig, als man es hier wohl hätte vermuthen können; wahrscheinlich ist die Nachbarschaft so vieler Flussmündungen und das geschmolzene Eis- und Schneewasser, welches von der Küste herabströmte, die nächste und Hauptursache davon. — Wir haben weder hier, noch auch, wie schon oben gesagt, an anderen Punkten dieser Küste irgend eine regelmässige Ebbe und Fluth bemerken können. Der Westwind (vorzüglich WNW.) verursacht eine der Stärke desselben entsprechende Strömung längs der Küste; dann nähern sich die Eisschollen dieser letzteren, und das Wasser steigt auf 3, 4 und auch wohl mehr Fuss, bis ein Landwind es wieder zurückdrängt, oder bis bei eingetretener Windstille das Wasser wieder seinen natürlichen Stand einnimmt. — Bei NO.-Wind strömt das Meer nach Westen; da dieser Wind aber selten stark und anhaltend ist, so bleibt die östliche Strömung gewöhnlich die vorherrschende.

Das Meereis verloren wir nie aus dem Gesichte; es schien am Horizont unbeweglich, während in unserer Nähe nur einzelne unbedeutende Eisschollen umherschwammen. An windstillen Tagen hörten wir deutlich aus der Ferne das Krachen der durch den Eisbruch zusammenstürzenden Eisberge. Wenn man hiebei noch dessen gedenkt, dass die Nordwinde keine bedeutende Wellenbewegung auf dem Meere hervorbringen, so wird es höchst wahrscheinlich, dass das Eis im Norden, d. h. in der Gegend, wo wir im verflossenen Frühling unsere Vorräthe vergruben, ein ewiges, fest und unbeweglich stehendes Eis ist; und somit wird meine damals blos auf die äussere Beschaffenheit, die Unebenheiten und die Farbe des Eises von alter und neuer Entstehung gegründete Hypothese jetzt durch diese Beobachtungen bestätigt.

In der Nacht auf den 21. Juli kam Herr von Matiuschkin mit seinem Reisegefährten, dem Kaufmann Beres'hnoj, und dem Tschuktschen-Dolmetscher bei uns an; sie verbrachten bei uns eine Woche und setzten dann ihre Reise nach der Tschaun-Bucht weiter fort.

Ich hatte meinen Aufenthalt hier absichtlich verlängert, um einige Monds- und Sonnenfernen zu nehmen, die im Kalender bis zum 1. August angezeigt waren; aber des anhaltenden Nebels wegen, der den ganzen Himmel verdeckte, konnte ich nicht eher dazu gelangen, als am 31. Juli, wo ein frischer NO.-Wind endlich die Atmosphäre reinigte, als ich mich schon zur Abreise anschickte. — Wir benutzten diesen günstigen Umstand, um mehrere Längenbeobachtungen zu machen, und berechneten aus 50 Entfernungen die Länge unsers Standpunktes (des Balagans) auf $166°\,40'\,39''$ östlich von Greenwich. Die Breite desselben fanden wir in $69°\,30'\,41\frac{1}{2}''$ N.

Die Abweichung der Magnetnadel betrug nach den genommenen Sonnen-Azimuthen $15°\,25'$ östlich.

Nach Beendigung dieser Beobachtungen verliess ich mit zwei Begleitern den Balagan und setzte meine Reise weiter fort; wir hatten ausser den Reitpferden noch ein Packpferd für unsere wenigen Sachen und für die Instrumente. Meine Absicht war, längs der grossen Baranicha bis zu ihrem Ursprunge zu gehen und mich dann nach dem kleinen Aniuj und der Kolyma zu wenden. Herrn Kosmin liess ich mit vier Leuten hier zurück, um den Fischfang und die sorgfältige Bereitung unserer Vorräthe zu leiten; sobald seine Gegenwart bei diesem Geschäft nicht mehr nöthig war, sollte er auf dem kürzesten Wege wieder nach Nis'hne-Kolymsk zurückkehren.

Am ersten Tage meiner Reise gingen wir, in einiger Entfernung von der Baranicha, über mehrere nicht sehr hohe Erdhügel, um jenseits derselben eine bequeme Furth durch einen Bach zu suchen, der in die Baranicha fällt. Auffallend war die Menge von Steinfuchshöhlen, die wir auf diesem Wege antrafen und die alle mit junger Brut besetzt waren, welche hier in den vier ersten Wochen, wo sie ihr Nest nicht verlassen, Norniki *) genannt werden. Unser Hund fing deren mehrere, die der uns begleitende Jakut mit einer ganz unglaublichen Schnelligkeit ausweidete und die Felle als gute Beute mitnahm. — Es ist höchst merkwürdig, dass nach den Beobachtungen der Eingeborenen die Fruchtbarkeit der Steinfüchse regelmässige Perioden von drei zu drei Jahren hält; daher hatten auch die Tungusen, die ganz

---

*) Nòrnik, von Norà, die Höhle oder das Lager eines kleinen Thieres. — Die Felle dieser jungen Steinfüchse, die braunes, leicht gekräuseltes Haar haben, sind sehr sanft und werden zu Besetzung und Verzierung der Parki gebraucht.

vorzügliche Fuchsjäger sind, und immer sehr genau die Rechnung dieser Epochen beobachten, vor zwei Jahren schon uns versichert, dass es im Jahre 1822 sehr viele Steinfüchse geben würde.

Wir verbrachten die Nacht auf einer trockenen Wiese 22 Werst vom Balagan und etwa 4 Werst von der Baranicha. Hier hatten meine Begleiter den ihnen ganz neuen Anblick von zwei Kranichen; diese Vögel besuchen nämlich so selten die im hohen Norden gelegenen Gegenden, dass die wenigsten Bewohner derselben sie zu sehen bekommen, daher denn ihr Erscheinen immer, als eine besondere Merkwürdigkeit, Erstaunen und Bewunderung erregt.

Am 1. August befanden wir uns, nach der Mittagsobservation, in 69° 22′ 57″ der Breite; die Abweichung der Magnetnadel betrug nach den Sonnen-Azimuthen 15° östlich. — Die Temperatur der Luft, die übrigens sanft und mild war, konnte ich nicht bestimmen, da bei dem Unfall, den unsere Leute kurz vor ihrer Ankunft bei dem Balagan am 15. gehabt hatten, uns nur ein Thermometer übrig geblieben war, das ich Herrn Kosmin überliess, um die Beobachtungen über die Temperatur an der Meeresküste fortzusetzen.

Je mehr wir uns der Baranicha näherten, desto seltener und geringer wurden die Hügel und Erhöhungen, die wir bisher auf unserem Wege angetroffen hatten; endlich hörten sie ganz auf und wir befanden uns auf einer grossen, mit unzähligen kleineren und grösseren Seen besäeten Ebene, auf der wir 26 Werst machten, und dann am linken Ufer des Stromes, 38 Werst von dessen Mündung, unser Nachtlager aufschlugen. Der hier ungefähr 20 Faden breite Strom ist nicht tief, aber ziemlich reissend, und hat in seinem Bett mehrere quer hinübergehende, breite Felslagen, die recht gute Furthe bilden. Das rechte Ufer ist steil und felsig; der Grund längs demselben besteht grösstentheils aus kleinen Bruchstücken von schwarzem Schiefer und Grünstein-Porphyr, doch haben wir darunter auch Feuerstein, dunkelrothen Jaspis und Karniole gefunden, letztere von ziemlicher Reinheit und schöner Farbe.

An dieser Stelle bildet sich die grosse Baranicha aus der Vereinigung zweier Flüsse, von denen der östlichere aus einem südöstlich liegenden Gebirge entspringt; der andere hat seine Quellen auf Bergen, die man von hier aus im Süden sieht.

Am 2. August befanden wir uns nach der Mittagsobservation in 69° 09′ nördlicher Breite und in der berechneten Länge 11′ westlich von dem Balagan. Die Abweichung der Magnetnadel war 15° östlich. — Der Himmel war bewölkt, aber die Luft warm und völlig windstill.

Wir zogen in südlicher Richtung über Felsenhügel, die sich im Westen, nicht weit von dem westlichen Arme der Baranicha, aneinanderreihen, und gelangten nach einem Marsch von 5 Werst zu einer am Ufer des Flusses einzeln stehenden Anhöhe aus verwittertem Granit und schwarzem Schiefer, dessen Schichten nach WNW. streichen und sich in NNO. unter einem Winkel von 60° mit dem Horizont senken. Unter den herabgerollten Bruchstücken fand ich viele Quarztrümmer.

Am Fusse dieser Anhöhe macht die Baranicha eine plötzliche Wendung nach Westen; wir setzten hinüber und verfolgten auf dem jenseitigen Ufer einen Bach aufwärts, der, von Süden kommend, in die Baranicha fällt. Die das rechte Ufer dieses Baches ausmachenden niedrigen, aber beinahe senkrechten Berge bestehen ebenfalls aus schwarzem Schiefer, zwischen dessen Schichten sich Lagen von Konglomerat fanden, die zuweilen eine Dicke von 25 Faden hatten; diese streichen nach NW. 30° und schiessen nach NO. 60° in einem Winkel von 50° mit dem Horizont. Wir überstiegen diese Bergkette, und als wir an der Südseite derselben hinabgekommen waren, befanden wir uns wieder am Ufer der Baranicha, die, nach obiger Wendung, längs der Südseite dieser Berge hinfliesst. Auch hier ist das Gestein hauptsächlich Schiefer, der nach NW. 30° streicht, und, nach SW. 60° schiessend, einen Winkel von 70° mit dem Horizont bildet.

Hier theilt sich der Fluss in zwei Arme, von denen wir dem westlichen folgten, der nicht breiter als etwa 5 Faden, dabei aber ziemlich reissend ist. Wir machten am Ufer desselben, 22 Werst von unserm letzten Nachtlager, Halt. Zu beiden Seiten hatten wir Hügelreihen, hinter denen ein schwarzes Gebirge hervorragt. — Wir hatten die Nacht über und am Morgen des folgenden Tages (3. August) viel Regen mit scharfem Nordwind. Um Mittag klärte sich die Atmosphäre etwas auf und gestattete mir, eine Beobachtung anzustellen, nach welcher unsere Breite in $68^0\ 57'\ 17''$ war. Die berechnete Länge fand sich $0^0\ 14'$ westlich von dem Balagan.

Wir setzten unsern Weg längs dem Arme der Baranicha fort, der sich 6 Werst weiter oberwärts wieder in drei Arme theilt, von denen wir den mittlern zu unserm Wegweiser wählten. Das Thal verengte sich immer mehr und mehr; bald fanden wir uns von hohen Felsen und Bergen eingeschlossen, deren nackte, steile Wände sich über finstere, mit Schnee angefüllte Schluchten, nicht selten weit überhängend, erhoben. Mit unsäglicher Mühe gelang es uns erst spät in der Nacht, den Gipfel dieses Gebirges zu erreichen, wo wir aber, trotz der Höhe, einen nur an der Oberfläche gefrorenen tiefen Morast trafen, der durchaus gar kein trocknes Weide- und Lagerplätzchen darbot, so dass wir genöthigt waren, unsere schon sehr ermatteten Pferde noch weiter zu treiben, um ein Nachtlager zu suchen. — Aus diesem merkwürdigen, hoch liegenden Morast entspringt ein südwärts hinabfallender Bach, der ein Zufluss des Flusses Poginden' ist, welcher sich später in den kleinen Aniuj ergiesst. Dem Laufe dieses Baches folgend, zogen wir den Berg hinab, dessen Abfall nach Süden beinahe unmerklich ist. Hier treten die Gebirge auf beiden Seiten zurück, und in dem erweiterten Thale fliesst der Bach langsam durch einen mit niedrigem Strauchwerk bewachsenen Sumpf. — Wir schlugen unser Nachtlager 7 Werst von dem Bergrücken, den wir überstiegen hatten, auf, und erblickten von hier im Süden eine von Osten nach Westen sich hinziehende, hohe Bergkette, an welche sich die Hügelreihen anschliessen, die das Thalbett bilden. — An der Stelle, wo die drei Arme der Baranicha sich vereinigen, nämlich etwa 5 Werst von dem höchsten Punkte des Gebirges, besteht dasselbe aus sehr verwittertem Granit. Auf der Nordseite fand ich in den Schluchten schwarzen, ziemlich harten Schiefer, mit starken Quarzadern untermischt.

Am 4. hatten wir warmes, heiteres Wetter; die Mittagsobservation gab eine Breite von $68^0\ 46'\ 43''$ an; die berechnete Länge war

$0°\,29'$ westlich von dem Balagan. Die Abweichung der Magnetnadel betrug $15°$ östlich.

Ich hatte kaum meine Beobachtungen geendigt, als meine ganze Aufmerksamkeit durch ein höchst interessantes und für mich ganz neues Schauspiel angezogen ward: Zwei unabsehbare Rennthierzüge, auf ihrer Rückwanderung begriffen, zogen nicht weit von unserem Lagerplatze die Hügel hinab, von NW. nach S. über die Ebene hin, den Wäldern zu, die sie den Winter über bewohnen. Dicht aneinandergedrängt, bildete jeder Zug eine grosse nach vorn sich verengende Masse, die langsam und majestätisch daherwogte und mit ihrem breitgezackten, hohen Geweih einem entlaubten, wandelnden Walde glich. Es war ein in seiner Art schöner, grossartiger Anblick! An der Spitze des Zuges ging als Anführer ein vorzüglich grosses Thier, welches, wie meine Führer versicherten, immer eine Rennthierkuh, nie ein Bock seyn soll. Hinter der einen Heerde schlich ein Wolf, der nur den Augenblick zu erwarten schien, wo irgend ein junges oder schwächeres Thier sich etwas von der Heerde absondern würde, um sich desselben zu bemächtigen; als er uns aber gewahr wurde, gab er seinen Plan auf und floh zurück in den Wald. Dem andern Zuge folgte in einiger Entfernung ein grosser, brauner Bär, der aber bescheidnere, weniger blutdürstige Absichten hatte; er begnügte sich damit, von Zeit zu Zeit mit vieler Geschicklichkeit ein Mäuschen unter dem lockeren Boden hervorzuscharren und es zu verspeisen. Dies harmlose gastronomische Geschäft trieb er so ämsig, dass er sich dabei auch nicht im mindesten durch unsern Anblick stören liess. — Dahingegen kostete es uns nicht wenig Mühe, unsere Hunde, deren wir zwei mit hatten, in Ruhe zu erhalten, denn ihr Bellen, ja auch nur ein Laut oder eine Bewegung von uns hätte den Zug verscheucht und die am kleinen Aniuj auf denselben lauernden Rennthierjäger um diese ihnen so höchst nothwendige Beute gebracht. Der ganze Zug dauerte über zwei Stunden; als er an uns vorüber war, brachen wir auf und gelangten nach einem Marsch von 20 Werst an den Fuss der Bergkette, die wir von unserm letzten Nachtlager aus gesehen hatten. An der Ostseite derselben fliesst ein anderer Arm, oder Zufluss des Poginden herab; im Westen erheben sich senkrechte, in hohe, spitze Gipfel auslaufende

Felsenwände. Hier macht der Fluss eine plötzliche Wendung nach Westen und strömt durch ein gegen Norden und Süden von Bergen eingeschlossenes Thal, in welchem, wie man aus der kräftigeren Vegetation schliessen kann, durch diesen Schutz ein milderes Klima herrschen muss. Das sonst überall hier nur längs dem Boden hinkriechende Gesträuch erhebt sich und bildet kleine Gruppen, das Gras ist kräftiger und saftreicher, selbst der Boden ist weniger morastig, und an mehreren sandigen Stellen fanden wir eine grosse Menge wilden Lauches. Diese merkliche Aenderung in der Vegetation und Temperatur, so wie der sehr viel raschere Lauf des Flusses bezeichnen den Theilungspunkt und den Abfall des Gebirges nach Süden. — Wir schlugen unser Nachtlager 5 Werst unterhalb der oben erwähnten Wendung des Flusses, am Fuss eines nicht sehr hohen, aus Konglommerat bestehenden Berges auf, bei welchem ein von Süden kommender Bach sich in den Poginden' ergiesst.

Am 5. August erhob sich ein frischer Ostwind und der Himmel bezog sich mit Wolken, die mir nicht gestatteten, meine gewöhnliche Mittagsobservation zu machen. Nach Berechnung fand ich die Breite von 68° 33′ und die Länge 0° 53′ westlich von dem Balagan.

Wir verfolgten unsern Weg nach Westen, im Flussthale des Poginden', der hier zwar nicht über 7 Faden breit, aber dabei so tief und reissend ist, dass man nur an den Stellen übergehen kann, wo die im Flussbett liegenden grossen Steine Wasserfälle bilden. Von den das Thal begränzenden Bergen sinken die südlicheren bald zu einer Reihe niedriger Hügel herab, während die nördlichen ihre Höhe und senkrechte Gestaltung am Ufer des Flusses behalten. — 12 Werst von unserm Nachtlager wurden wir durch den schon lange entbehrten Anblick eines Wäldchens erfreut. Ich hatte diese Erscheinung mit einiger Ungeduld erwartet, um durch Bestimmung der Breite desselben meine· früheren Beobachtungen über die Gränze der Waldregion im Osten von Nis'hne-Kolymsk weiter auszuführen und zu berichtigen. Sowohl ich als der Herr von Matiuschkin hatten an zwei verschiedenen Punkten ziemlich übereinstimmend diese Gränzlinie unter 68° 54′ gefunden; desgleichen hatte auch Herr Kosmin auf der Tundra, in der Richtung der Indigirka, über 68° 40′ keine Waldungen mehr angetroffen. Hier endlich ging die Waldregion nur bis in 68° 36½′, welches aber wahrscheinlich wohl von der hohen Lage dieser Gegend herrührt.

Am Saume des obigen Gehölzes bestehen die längs dem Südufer des Flusses belegenen Berge aus Schiefer, der mit Glimmerschiefer untermengt und mit Quarzadern durchschossen ist; unter dem Schiefer liegen 4 Fuss dicke Konglommeratschichten. Die Lagen des Gesteins streichen nach NO. und schiessen nach SO. unter einem Winkel von 20° mit dem Horizont.

Da wir schon volle 30 Werst zurückgelegt hatten, so liess ich gegen Abend Halt machen und unser Nachtlager in einem freundlichen Lärchenwäldchen am Flusse aufschlagen, dessen jenseitiges Ufer aus düsteren, schwarzen Felsen bestand. Die Konformation dieser letzteren, an dem nördlichen Ufer stehenden war ganz der der Berge an der Südseite gleich. — Die Schichten streichen nach NO. 80° und schiessen nach SO. 10° in einem Winkel von 30° mit dem Horizont. — Das Thal dehnt sich hier bis zu einer Breite von 2 Werst aus; die südlich gelegenen Berge erheben sich merklich und der hier 10 Faden breite Fluss bildet in seinem raschen Laufe mehrere Wasserfälle. — Während der Nacht besuchte uns ein Wolf, der über den Strom geschwommen war, sich aber, als er das Bellen unserer wachsamen Hunde vernahm, schnell wieder entfernte, ehe wir noch Zeit hatten, nach unseren Flinten zu greifen.

Am 6. August klärte sich die Atmosphäre wieder auf; die Mittagsbeobachtung gab eine Breite von 68° 36′ 31″; die berechnete Länge war 1° 28′ westlich vom Balagan, die Abweichung der Magnetnadel 14° östlich. — In dem erweiterten Thale schlängelte sich der Fluss in sanften Windungen, indem er bald den Fuss des nördlichen, bald den des südlichen Gebirges bewässerte. Längs dem Ufer wachsen lichtgrüne Gruppen hoher Weidengebüsche, zwischen denen sich hin und wieder schlanke, kräftige Espen erheben und mit dem dunkleren, bläulichen Grün der Lärchenbäume abwechseln. Die lange Entbehrung eines solchen Anblicks gab dieser einfachen Landschaft einen ungemein freundlichen Charakter; selbst die schwarzen Felsen, an denen nur selten etwas Grün aus irgend einer Ritze hervorspriesste, und die ganze, immer noch sehr ärmliche Natur verloren in unseren Augen ihre eigenthümliche Düsterkeit; wir labten unsere ermüdeten Blicke an dem Blättchen, an dem Grase, die uns freundlich und heimisch zuzuwinken schienen.

Nach einem Marsch von 24 Werst schlugen wir unser Nachtlager in einem dichtbelaubten Weidenwäldchen auf. Das Thal hat hier eine Breite von 5 Werst. Die Berge zu beiden Seiten sind weniger hoch; auf der Nordseite bestehen sie, wie früher, aus Glimmerschiefer, dessen Schichten genau die oben beschriebene Richtung haben. Hier, wie längs dem ganzen Flussufer, enthält der Boden Glimmerschiefer, Quarz, kleinere und grössere Konglommerate und Grünsteinporphyr.

Am folgenden Morgen (7. August) erhob sich ein scharfer Ostwind und der Himmel bezog sich mit Wolken. Die Mittagsbeobachtung gab die Breite von $68^0\ 12'\ 17''$, die berechnete Länge $2^0\ 01'$ westlich vom Balagan. Nachmittags erreichte der Wind eine solche Stärke, dass wir uns nur mit Mühe auf den Pferden erhalten konnten, die selbst oft strauchelten oder taumelten. Die Wolken flogen pfeilschnell über die Berge hinweg und ergossen sich endlich in heftigen Regenströmen über uns. So unfreundlich auch dieses Wetter war, so setzten wir dennoch unsern Marsch fort, um sobald als möglich menschliche Wohnungen zu erreichen, wo wir hoffen konnten, uns wieder mit Lebensmitteln zu versorgen, da die unsrigen alle zu Ende waren. Mit aller Anstrengung aber war es uns nicht möglich, bei dem tief durchnässten Boden mehr als 16 Werst zu machen. Unsere müden Pferde versagten den Dienst, und eins derselben war durch den langen, beschwerlichen Marsch so sehr angegriffen, dass ich fürchten musste, es bei längerer Anstrengung ganz zu verlieren, und mich daher genöthigt sah, hier zwei Tage zu rasten. Unterdessen hatte sich der Sturm zwar gelegt, aber das Wetter ward uns dadurch nicht günstiger; am 8. regnete es unaufhörlich fort und am 9. fiel ein starker Schnee, der auf den Hügeln liegen blieb. Das Schlimmste aber war, dass der Fluss von den starken Regengüssen und dem schmelzenden Schnee in kurzer Zeit so ungeheuer anschwoll, dass er austrat und das ganze Thal überschwemmte, so dass wir uns plötzlich auf der kleinen Anhöhe, wo unser Zelt stand, wie auf einer Insel, von allen Seiten mit Wasser umringt befanden, und auch diesen Standpunkt wahrscheinlich verloren hätten, wenn nicht am 9. ein starker Frost eingetreten wäre, der uns aus dieser peinlichen Lage befreite. Hier beginnt wieder der ausgebrannte Wald, dessen ich oben bei der Philippowka erwähnt habe, und der diesem Theile des Poginden'thales einen so öden, unfreundlichen Charakter giebt. — Unsere berechnete Breite war $68^0\ 41'$, die Länge $2^0\ 25'$ westlich von dem Balagan.

Am 10. August zogen wir bei dichtem Schneegestöber weiter. Da die Berge, deren Untersuchung der Hauptzweck meiner Reise war, sich hier in der Fläche verloren, so beschloss ich, jetzt gerade nach Süden zu gehen, um den kleinen Aniuj sobald als möglich zu erreichen. — Wir suchten lange nach einer bequemen Furth zum Uebergang über den Poginden', aber vergeblich; die Tiefe und Strömung desselben vereitelten alle unsere Versuche, und wir sahen uns genöthigt, auf dem östlichen Ufer, 2 Werst von unserm Nachtlager, Halt zu machen und bei einem der Wasserfälle, wo der Uebergang am ersten möglich werden konnte, abzuwarten, bis das Wasser abgenommen hätte. Glücklicher Weise fiel es schon in der folgenden Nacht merklich und wir eilten, mit Tagesanbruch, ehe noch die Sonnenstrahlen den Schnee auf den Bergen aufgethaut hatten, über die Felsenlagen zu gehen, die hier den Wasserfall bilden. Wir kamen glücklich hinüber, obgleich uns das Wasser bis an die Sättel reichte.

Nicht weit von hier fällt in den Poginden' ein Flüsschen, welches wir aufwärts verfolgten. Die hohen, felsigen Ufer dieses Flüsschens sind mit jungen Lärchenbäumen und hohem Gebüsch bewachsen, in welchem wir hoffen konnten, Rebhühner zu finden, was uns höchst erfreulich gewesen wäre, da wir schon seit vier Tagen nichts als getrockneten Roggenzwieback und Thee zu unserer ganzen Nahrung gehabt hatten. Es ward sogleich einer der Führer abgeschickt, um einiges Wild zu schiessen, während wir auf dem kürzesten Wege die Hügelkette durchschnitten. Da sich gewöhnlich um diese Zeit die Rebhühner in Menge hier aufzuhalten pflegen, so zweifelten wir gar nicht an einem reichlichen Ertrage der Jagd; aber es fing schon an spät zu werden und unser Jäger erschien immer noch nicht. Da er weder auf unser Rufen, noch auf mehrere Signalschüsse antwortete, so fingen wir an zu fürchten, es möchte ihm in dem Gebirge irgend ein Unglück wiederfahren seyn. Endlich fanden wir ihn, ganz ermüdet von vielem Umherirren, unter einem Busch am Ufer des Flusses schlafend; seine Jagd war sehr ungünstig ausgefallen und hatte nur ein einziges Rebhuhn eingebracht, welches auch das letzte war, das uns bis zu unserer Ankunft an dem Aniuj zu Gesicht kam. Mit getäuschten Hoffnungen und hungrigem Magen zogen wir weiter.

Das Flüsschen, längs dem wir hinaufgegangen waren, hat von seinem Ursprunge bis an die Mündung nicht mehr als 8½ Werst; an dem westlichen Ufer erheben sich einige schwarze Schieferfelsen von unbedeutender Höhe; die rechte Seite ist Morast, mit einigen flachen Hügeln, auf denen kleines, verkrüppeltes Lärchengesträuch wächst. — Von der Anhöhe, auf welcher dieser Fluss entspringt, geht ein zweiter nach Süden hinab, dem wir 3 Werst weit folgten und dann unser Nachtlager an einer durch Gebüsche beschützten Stelle aufschlugen, wo er in einen andern Fluss fällt, der von Osten nach Westen dem Poginden' zuströmt. — Hinter den niedrigen Schieferbergen ragt im Osten der Lobogènsche Bergrücken hervor, dessen Gipfel an mehreren Stellen mit Felsensäulen gekrönt sind; von dort kömmt der Fluss Lobogèn, der sich in den Aniuj ergiesst. — Ich berechnete die Breite unsers Nachtlagers (am 12. August) auf 68° 3¼' und die Länge 2° 23' westlich von unserm Balagan an der Baranicha.

Unser Weg führte uns über eine Reihe niedriger Hügel und dazwischen liegende Sümpfe, durch welche ein paar Bäche fliessen, die sich auch mit dem Poginden' vereinigen. Wir machten 21 Werst auf einer morastigen, mit Landseen besäeten Fläche, die sich im Westen bis an den Poginden' erstreckt, welcher uns von hier in einer Entfernung von 8 Werst als ein kleines Flüsschen erschien. In derselben Richtung erblickten wir auch die Leledinskischen Berge, die sich nach SSO. dahinziehen und sich dem Aniuj in der Gegend nähern, wo dieser den Poginden' aufnimmt. — Nach Süden lagen, in geringer Entfernung, mehrere Berge mit spitzigen Gipfeln.

Am 13. August früh Morgens wurden wir beim Erwachen höchst unangenehm durch die Entdeckung überrascht, dass unsere Pferde, die wie gewöhnlich auf einer nahe gelegenen Wiese grasten, in der Nacht alle bis auf eins, das alt und kraftlos war, verschwunden seyen. Wahrscheinlich hatten sich während der Nacht Bären oder Wölfe dort gezeigt und sie versprengt. Wir machten uns sogleich nach verschiedenen Seiten auf, um die uns so nothwendigen Flüchtlinge wo möglich einzuholen; nachdem wir aber den ganzen Tag bis spät in die Nacht hinein mit vergeblichem Suchen hingebracht hatten, kehrten wir unverrichteter Sache und sehr ermüdet zu unserm Zelte zurück. Aber auch hier hatten wir nicht einmal den Trost, uns durch Speise und Trank zu stärken, denn am gestrigen Tage war der letzte Rest unserer Zwiebacke verzehrt, und unser ganzer Vorrath an Lebensmitteln bestand in etwas Thee und Zucker, was denn nun freilich eben nicht sehr nahrhaft war.

Zu dem gewiss sehr empfindlichen Verluste der Pferde gesellte sich aber eine zweite, in unserer Lage nicht minder wesentliche Unannehmlichkeit: der uns als sogenannter Wegweiser begleitende Jukahir erklärte nämlich, dass er durchaus gar nicht mehr wisse, wo wir uns eigentlich befänden, indem die vor uns liegenden Gebirge ihm völlig fremd seyen; dass die im Süden sichtbaren Berggipfel gar nicht so aussähen, wie die, welche am kleinen Aniuj in der Nähe von Konowalow, dem Winterlager seines Stammes lägen, und dass wir uns demnach noch sehr weit von dem Sommerlager der Jukahiren befinden müssten. — Die bei Berechnungen unvermeidlichen Fehler konnten allerdings Ungewissheit in der Längenbestimmung hervorbringen, aber unser Jukahir war nicht einmal im Stande, nur anzugeben, ob wir zu weit nach Osten oder nach Westen gerathen seyen; er hatte so vollkommen den Kopf verloren, dass er sogar den Fluss Poginden' nicht erkannte. Unsere Lage, besonders bei dem gänzlichen Mangel an Lebensmitteln, war gewiss sehr übel; wir durften keine Zeit verlieren, sondern mussten suchen, sobald als möglich den Aniuj zu erreichen, der uns zu menschlichen Niederlassungen geleiten konnte. Daher beschloss ich, wenn sich bis zum folgenden Morgen die Pferde nicht einfänden, unsere Reise zu Fusse fortzusetzen.

Am 14. packten wir unser Zelt und den grössten Theil unserer

Sachen zusammen, verbargen sie an einem leicht wieder zu findenden Orte und nahmen nur unsern Theeapparat, einen Kessel und meine Instrumente mit; hiemit beluden wir das uns treu gebliebene, alte Pferd und machten uns früh Morgens, bei ziemlich dichtem Regen und scharfem Winde, zu Fusse auf den Weg. — Wir vermieden so viel möglich die sumpfigen Stellen, und zogen über die Hügel den im Süden vor uns liegenden Bergen zu. Es wäre überflüssig, aller der Beschwerden zu erwähnen, die wir auf unserm Marsche zu überwinden hatten; man kann sich ungefähr einen Begriff davon machen, wenn man bedenkt, dass wir unter beständigem Regen durch Sümpfe waten, über ziemlich tiefe, reissende Bäche auf in der Eile zusammengeworfenen Stegen gehen, und uns durch Gebüsch und stachliges Strauchwerk einen Weg bahnen mussten. Nach acht mühevollen Stunden hatten wir nicht mehr als 15 Werst gemacht, waren aber so ermüdet, dass wir Halt machen und uns ruhen mussten. Zum Glücke hörte wenigstens der Regen auf; wir machten ein Feuer an, um unsere ganz durchnässten Kleider etwas zu trocknen, und nachdem wir unsere blos aus einer Portion Thee bestehende Abendmahlzeit eingenommen hatten, verbrachten wir die Nacht unter freiem Himmel auf die Ermüdung recht gut. — Am Morgen aber stellte sich der Hunger bei allen recht ernstlich ein, und das Bedürfniss ward mit jeder Stunde stärker. Wir hofften in den Vorrathslöchern der Feldmäuse die in Sibirien unter dem Namen Makarscha bekannte süssliche, mehlige Wurzel zu finden, die den Jukahiren oft aus der Noth hilft, aber leider ergab sich, dass die haushälterischen Thierchen dem morastigen Boden keine Vorräthe anvertraut hatten, und wir sahen uns endlich genöthigt, unsere Zuflucht zu einem andern hiesigen Nahrungssurrogat, der Baumrinde, zu nehmen. Es ward ein gesunder, junger Lärchenbaum gewählt, dessen äussere Borke abgeschält wurde; dann schnitten wir die innere, weiche Rinde in kleine Stücke, die wir in unserm Kessel so lange kochten, bis die Oberfläche des Wassers sich mit Harz überzog; nachdem dieses rein abgeschöpft war, würzten wir den Brei mit Salz und Pfeffer, und ich muss gestehen, dass das neue Gericht, trotz den noch darin zurückgebliebenen klebrigen Harztheilen, sich ganz gut essen liess, wozu denn freilich wohl der Hunger sehr wesentlich beitrug. Wenigstens füllt es den Magen, und mässig genossen brachte es auch weiter keine Unbequemlichkeit hervor.

Während dieses Frühstücks bezog sich der Himmel mit finstern Wolken, und den ganzen Tag über (15. August) regnete es von Zeit zu Zeit. Meiner Berechnung nach hatten wir die Nacht in $68^0\ 17'$ nördlicher Breite, und $2^0\ 45'$ westlicher Länge von dem Balagan verbracht.

Wir erhoben uns früh und setzten, trotz dem Regen, unsere Fussreise weiter fort. Die Hügel um uns herum wurden allmälig höher und gestalteten sich zu hohen, senkrecht aufstrebenden Bergen, die immer häufiger wurden, je näher wir der Gegend kamen, wo wir, meiner Berechnung nach, den Aniuj finden mussten. Wir wateten über einen reissenden Bach, den unser Jukahir nicht kannte; seiner Meinung nach waren wir noch sehr weit vom Aniuj entfernt. — Ein ununterbrochener Marsch von 13 Werst brachte uns auf den höchsten Gipfel der Bergkette, von wo wir die Aussicht auf die Umgegend hatten; südwestlich zogen sich die Berge fort, im Süden aber lag vor uns ein tiefes Thal, in welchem wir endlich das Ende unser Noth, den ersehnten Aniuj entdeckten. Die Freude über diesen tröstlichen Anblick war gross; unser Jukahir, der nun das Thal, den Strom und seinen Winterwohnort, Konowalowo, erkannte, jauchzte laut, und brach plötzlich, Ermüdung und Hunger vergessend, in seinen fröhlichen Nationalgesang, Andylschtschina, aus. — Mich freute vornehmlich, dass meine Berechnungen sich hiermit als richtig bewährten.

Wir hatten ungefähr $9\frac{1}{2}$ Werst bis an den Strom, und von da noch 2 Werst bis an den Ort Konowalowo zu gehen, und hofften daher bestimmt noch vor Abend in letztern eintreffen zu können; als wir aber das Ufer des Flusses erreicht hatten, war die kleine Gsellschaft, die seit $11\frac{1}{2}$ Stunden ununterbrochen auf den Beinen gewesen und auf höchst beschwerlichen Pfaden hohe Berge erklimmt hatte, so völlig entkräftet, dass wir einmüthig beschlossen, lieber hier unter freiem Himmel, im Regen die Nacht zu verbringen, und erst am folgen Morgen über den Fluss nach Konowalowo zu gehen.

Unser Jukahir indessen erbot sich dies Stück Weges noch zu machen, um von dort einige Lebensmittel zu holen. Er ging ab und wir erwarteten, um ein tüchtiges Feuer gelagert, mit Ungeduld seine Rückkehr. Nach anderthalb Stunden kam unser Abgesandter endlich zurück, aber — mit leeren Händen; er hatte alle Vorrathskammern der jetzt noch auf ihren Sommerlagen lebenden Einwohner durchsucht, und durchaus gar nichts gefunden, als die traurigen Beweise, dass hier eine schreckliche Hungersnoth geherrscht haben müsse.

Zu ermüdet um noch an Verfertigung eines Baumrindenbreies zu denken, trösteten wir uns über unsere getäuschten Hoffnungen mit etwas Thee und mit der Ueberzeugung, dass wir in dem 12 Werst von hier belegenen Ort Ostrownoje Menschen und einige Lebensmittel finden würden. Früh Morgens (16. August) machten wir uns dahin auf den Weg, und langten daselbst nach einem Marsche von $3\frac{1}{2}$ Stunden an. Aber auch hier sahen wir uns in unsern Hoffnungen getäuscht, alles war leer, die wenigen Einwohner des Ortes waren theils auf dem Fischfange, theils auf der Jagd im Lande verstreut, und hatten alles, was etwa noch von Vorräthen übrig war, mitgenommen. — Sehr niedergeschlagen bereiteten wir uns wieder einen harzigen Baumrindenbrei; unterdessen aber fertigte ich ein paar meiner Leute nach dem nächsten 6 Werst vom Ostrog entfernten Sommerlager, am Fusse des Berges Obrom ab, wo gewöhnlich die hiesigen Jukahiren dem Rennthirzuge aufzulauern pflegen, und wo ich hoffte von dem Häuptlinge derselben einige Lebensmittel zu erhalten. — Er schickte uns auch wirklich den ganzen Rest seiner Provisionen, der aber leider nur in einem Stücke Rennthierfleisch, zwei Rennthierzungen und einem Fische bestand. Die Leute machten ein schreckliches Bild von der Noth und dem Hunger, mit welchem sie kämpften; schon seit einiger Zeit bestand ihre einzige Nahrung in zerstampften Knochen, gekochten Stücken Rennthierfell, Wurzeln u. dergl., und noch war das Ende dieser fürchterlichen Noth nicht abzusehen. Die Frühlingsjagd war missrathen, und selbst in diesem Augenblicke, wo die Rennthiere in vollem Wandern waren, hatten die unglücklichen Hungernden noch keines dieser Thiere erlegen können.

Die Lage dieses Volkes, dessen ganze Existenz blos von dem

Zufalle einer glücklichen Jagd abhängt, ist im höchsten Grade bedauernswürdig. Da ihnen die Mittel fehlen, sich die zum grössern Fischfange erforderlichen Netze u. dergl. anzuschaffen, so haben sie sich seit undenklicher Zeit ganz auf die Jagd beschränkt, aber auch diese letzte, einzige Nahrungsquelle sehen sie nach und nach versiegen. Die Rennthiere scheinen nämlich, gleichsam durch die Erfahrung mehrerer Jahrhunderte belehrt, ihre Wanderungsperioden geändert zu haben; statt wie sonst im Sommer durch den Aniuj zu ziehen, benutzen sie jetzt im Frühling und Herbste die Eisdecke des Stromes zu ihrem Uebergange, wo dann das Stechen derselben weit schwieriger, ja oft ganz unmöglich ist. Es heisst daher allgemein unter den Jukahiren: „zu unserm Unglücke ist auch das Rennthier klüger geworden."

Da ich von den angekommenen Jukahiren erfuhr, dass ein aus Jakuzk mit Briefen und Geld für die Expedition angekommener Kosak mich schon seit einem Monat in Nis'hne-Kolymsk erwarte, so beschloss ich, sogleich dorthin abzureisen, ohne meinem frühern Plane gemäss den Berg Obrom und die längs dem Aniuj liegende Felsenkette zu untersuchen. Demnach fertigte ich meinen Jukahiren mit noch zwei zuverlässigen Leuten zu Pferde ab, um unsere zurückgelassenen Sachen zu holen und vielleicht die verlaufenen Pferde aufzusuchen, ich selbst aber bestieg früh Morgens, am 17. August, ein Boot, und fuhr damit den reissenden Aniuj hinab, dessen geschlängelte Ufer, jetzt noch mit grünenden Baumgruppen besetzt, einen recht freundlichen Anblick darboten. — Da dieser Strom und dessen Umgebungen schon im Jahre 1821 durch die Herren von Matiuschkin und Kyber bereist und im neunten Abschnitte umständlich beschrieben worden, so hielt ich es für unnütz, mich mit nochmaligen Untersuchungen aufzuhalten, und eilte nur den Ostrog zu erreichen.

Am 20. August langte ich endlich nach einer zweimonatlichen Abwesenheit zu Nis'hne-Kolymsk an. Eine Woche später traf auch Herr Kosmin daselbst ein; die Fischerei an der Baranicha war beendigt, aber leider ziemlich unbedeutend ausgefallen, so dass unsere vornehmste Hoffnung nur noch auf dem Fange der Heringe beruhte, die jetzt eben in starken Zügen in der Kolyma gingen.

Herr von Matiuschkin, der seinem Plane gemäss bis zu den Wohnorten der Tschuktschen vorgedrungen war, traf bei völliger Winterbahn am 24. September hier ein, nachdem die Kolyma schon am 18. September zugefroren war. — Der nachstehende Abschnitt enthält seinen Bericht über diese eben so schwierige als interessante Reise..

Dreizehnter Abschnitt.
Reise des Mitschman Matiuschkin durch die Tundra östlich von der Kolyma, im Sommer des Jahres 1822.

Mir war von dem Chef der Expedition aufgetragen, im Laufe dieses Sommers die Tundra und überhaupt die Gegend im Nord-Osten von der Kolyma zu untersuchen und aufzunehmen, während er selbst in Begleitung des Steuermanns Kosmin die sogenannte steinerne oder felsige Tundra bereisen wollte. — Wir fuhren demnach zusammen am 23. Juli von Nis'hne-Kolymsk ab, und erreichten am 27. das Dörfchen Pantelejewka, wo wir von einander scheiden sollten. Hier trafen wir unsern alten Reisegefährten, den wackern Kaufmann Beres'hnoj an, der eben auf einer Handelsreise nach der Tschaunbucht begriffen war, theils um Mammutsknochen zu suchen, theils auch um bei den Tschuktschen allerlei Waaren umzutauschen· — Da er über Ostrownoje gehen wollte, um von dort einen Tschuktschen-Dolmetscher mitzunehmen, und da überhaupt unser Weg so ziemlich derselbe war, so beschlossen wir die Reise gemeinschaftlich zu machen, woraus uns beiden verschiedene Annehmlichkeiten erwuchsen.

Am 1. Juli trennten wir uns von dem Herrn von Wrangel, setzten auf das rechte Ufer der Pantelejewka hinüber, bepackten und bestiegen die Pferde, und traten unsere Reise an. Anfangs folgten wir einem schmalen Wege, der auf den Berg Pantelejew führt; nachdem wir aber 3 Werst auf demselben fortgeritten waren, wendeten wir uns nach Osten, dem sogenannten Felsen zu, um die Nebenflüsse der

Pantelejewka und des Uptschin zu vermeiden, die von dem seit zwei Tagen herabströmenden Regen so angeschwollen waren, dass wir schwerlich hoffen konnten, irgendwo eine zum Uebergange taugliche Furth zu finden. Wir zogen bis nach Sonnenuntergang über langgestreckte, mit Wald bewachsene felsige Hügel und durch morastige, von einer Menge kleiner rieselnder Flüsschen und Bäche durchschnittene Thäler, und setzten schon in der Dämmerung über das tiefe und ziemlich reissende Flüsschen Nuptschag, welches von den **weissen Felsen** herabkömmt und 8 bis 10 Werst oberhalb des Dorfes, das wir heute verlassen hatten, in die Pantelejewka fällt. — Ueberall waren die Spuren des gestrigen Sturmes sichtbar; Bäume, mit ihren Wurzeln aus dem Boden herausgewühlt und niedergeworfen, lagen in langen Reihen quer über den Weg und erschwerten unsern Pferden das Gehen ganz ungemein. Bei einbrechender Nacht machten wir Halt, schlugen unser Zelt auf, liessen die Pferde grasen und legten uns zur Ruhe.

Am folgenden Morgen (2. Juli) setzten wir unsere Reise weiter fort. Je mehr wir uns den weissen Felsen näherten, desto lichter wurde der Wald, der zuletzt in ein niedriges Gebüsch überging, aus welchem nur hie und da ein, gewöhnlich verbrannter, Lärchenstamm hervorragte. Der morastige Boden war ganz mit Moos bezogen und von vielen kleinen Bächen in verschiedenen Richtungen durchschnitten Auf den höhern Stellen und Hügeln lagerten eine Menge Sumpfvögel, die, wie es scheint, hier ihre nördlichste Station haben; höher hinauf nach Norden trifft man sie fast nie mehr an. Ueberhaupt verschwand das animalische wie das vegetabilische Leben immer mehr und mehr; die Einöde ward immer öder, nur die unendlichen Schwärme, wie es schien ausgehungerter Mücken nahmen nicht ab, und quälten uns und unsere armen Pferde fürchterlich. In der Hoffnung ihrer Verfolgung doch etwas zu entgehen, schlugen wir unser Nachtlager auf einer ganz nackten, und dem Winde völlig ausgesetzten Anhöhe auf; zu unserm grossen Leidwesen aber legte sich der Wind, und wir waren wieder den Bissen dieser furchtbaren Quälgeister preis gegeben, die sich durch nichts abwehren liessen. Vergebens bedeckten wir uns mit Netzen aus Pferdehaar geflochten, vergebens hüllten wir uns in dicken, stinkenden Rauch von glimmenden, trocknen Blättern und Moos ein — nichts half, bis endlich die eintretende Kühle der Nacht und die Dunkelheit uns einige Ruhe verschaffte; diese war aber nur von kurzer Dauer, denn bei den ersten Strahlen der Morgensonne stellten sich unsere Peiniger mit erneuerter Wuth wieder ein.

Am 3. Juli früh Morgens verliessen wir die weissen Felsen, welche, merklich an Höhe abnehmend, sich nach Osten hin in flache, langgedehnte Hügel verlieren, und gingen südwärts, wo wir ein buschiges, von mehreren Flüssen durchschnittenes Hügelland betraten. Allmälig stellte sich Wald ein, der bald so dicht wurde, dass wir nur mit Mühe vordringen konnten. Den Ufern der Flüsse konnten wir nicht folgen, da sie zwar alle dem Aniuj zuströmen, aber viel zu weit westlich in denselben fallend, uns ganz von unserer Richtung abgebracht hätten. So irrten wir denn gleichsam bald rechts, bald links, wie sich gerade lichtere Stellen darboten, und benutzten die Pfade, die die Rennthiere auf ihrer Wanderung nach SO. gebahnt hatten. Zur Nacht lagerten wir uns an dem steilen Ufer eines Armes des Uptschin-Flusses, der sich durch einen dichten Lärchenwald hinschlängelt. Hier fanden wir zum ersten Male seit unserm jetzigen Auszuge Spuren von Menschen, ein Paar der früher beschriebenen Fallen für Füchse und Zobel.

Am folgenden Tage (4. Juli) früh Morgens erblickten wir über die Gipfel der Bäume hinaus die beiden Berge Krugi und Nupgol, an welchen der Aniuj vorbei fliesst, und zwischen denen wir durchgehen mussten, um zu diesem Flusse zu gelangen. Obgleich die Berge eben nicht fern von uns waren, so konnten wir doch nicht hoffen, heute noch den Strom zu erreichen, weil der, wahrscheinlich noch von keinem menschlichen Fusse betretene Wald immer dichter und durch die Wurzeln und Aeste der umgestürzten Bäume immer unwegsamer wurde; selbst unser einziger bisheriger Wegweiser, die Rennthierfährte, verlor sich hier ganz.

Wir suchten soviel möglich die Richtung nach Osten zu halten, setzten über mehrere Bäche, und mussten uns oft mit Aexten einen Weg bahnen, so dass wir mit unsäglicher Mühe oft nur eine halbe Werst in einer Stunde vorrückten. Dessenungeachtet erreichten wir aber doch wider unsere Erwartung gegen Abend die von Osten nach Westen sich weit ausdehnende waldlose Ebene, auf welcher sich der einzeln stehende Berg Krugi befindet *). Wir ritten nach Osten hin, längs der unbedeutenden niedrigen Hügelreihe Dewätissopotschnaja (neungipflige), bis in das von Seen und Bächen durchschnittene Thal, welches den andern Berg, Nupgol, umgiebt. Es war schon spät als wir hier anlangten und der Weg überaus beschwerlich, so dass wir uns genöthigt sahen, obgleich nur 5 bis 6 Werst von dem Berge und den in der Nähe desselben befindlichen Sommerwohnungen einiger Jukahiren entfernt, die Nacht zwischen den mit Wald bewachsenen flachen Hügeln zuzubringen, die den Nupgol umgeben.

Auf dem Wege hieher stiessen wir in einem der Bäche über die wir setzten, auf einen sehr grossen Mammutszahn, der wohl gegen 2½ Pud (100 Pfund) an Gewicht halten konnte, und der unsern Gefährten Beres'hnoj durch seinen Werth für die bisherige Mühseligkeit belohnt hätte. Leider aber fand sich bei näherer Untersuchung der grössere Theil des Zahnes so fest in dem Eise des Flussbettes eingefroren, dass wir ihn, trotz aller vereinten Bemühungen, da wir keine spitze eiserne Brechstangen hatten, nicht herauskriegen konnten. Zum allgemeinen Bedauern der ganzen Gesellschaft blieb dieser Fund unbenutzt.

Um 9 Uhr am folgenden Morgen (5. Juli) erreichten wir die am Fusse des Nupgol, auf dem Ufer des Aniuj liegende Sommerwohnung einer jukahirischen Fischerfamilie. Auf den Rath dieser Leute gingen wir hier über den Aniuj, wobei wir uns ihrer Böte zum Hinüberführen unseres Gepäckes bedienten. Ihrer Versicherung nach soll der Wald auf dem diesseitigen rechten Ufer des Stromes so dicht seyn, dass man gar nicht durch denselben dringen kann; zudem hätte uns auch der weiterhin in den Aniuj fallende ansehnliche Fluss Poginden grosse Schwierigkeiten entgegengesetzt, da die ganze Gegend völlig unbewohnt ist, und wir also nicht hoffen konnten Böte oder sonst irgend eine Hülfe zum Uebersetzen zu finden.

Am 6. Juli gingen wir durch einen schmalen, aber dichten Wald-

---

*) Alle solche einzeln stehende Berge werden hier, ihre Bestandtheile mögen seyn welche sie wollen, nicht Góry, Berge, sondern Kàmni, Steine, Felsen, genannt.

strich, der sich längs dem Aniuj hinzieht. Zwischen den kräftig wachsenden Lärchenbäumen fanden wir, als Denkmäler der Vergangenheit, eine Menge Grabstätten der Urbewohner dieses Landes, Jukahiren oder Omoki, die jetzt mit der Benennung **Ungetaufte** bezeichnet werden. Diese bewahrten, so wie die meisten der Nomadenvölkerschaften, im östlichen Sibirien ihre Leichen in einer Art grosser, viereckiger Särge, die auf hohen Pfählen in der Luft schwebend befestigt waren, um sie vor den Bären und Wölfen sicher zu stellen *). — Wir fanden hier, wie gesagt, mehrere dieser luftigen Grabstätten, die aber alle schon umgestürzt waren. Die Pfähle sowohl als die Särge oder Leichenbehälter selbst, schienen mit steinernen Aexten gearbeitet zu seyn. Ich hoffte vielleicht in den letztern irgend etwas von alten Geräthschaften oder Waffen zu entdecken, fand aber durchaus nichts darin als ganz verwitterte Gebeine und Schädel. Ein uns begleitender Jukahir versicherte, dass man zuweilen, jedoch selten, auf dergleichen Schamanengräber stiesse, in denen sich noch Ueberreste von Götzenbildern und allerlei Stückchen Eisen und Kupfer fänden, die als Verzierungen an der Schamanentracht gedient haben müssten.

Aus dem Walde kamen wir auf eine weit ausgedehnte, morastige Ebene, die, wie gewöhnlich solche Moräste, auf denen früher Bäume standen, mit einer Menge runder, mit Moos bewachsener Hügelchen besäet war, zwischen welchen unzählige kleine Bäche hin und her rieselten. Dies erschwerte den Gang unserer Pferde sehr, die bald über die härtern Erdhaufen stolperten, bald wieder in den Morast versanken, ja nicht selten hinstürzten, so dass wir mehrmals genöthigt waren, ihnen die Ladung abzunehmen und wieder von neuem aufzupacken. Das alles zusammen kostete uns sehr viel Zeit und hielt uns so lange

---

*) Dergleichen auf Pfählen hoch in der Luft stehende Behältnisse sind auch jetzt noch unter der Benennung **Sajba** hier im Gebrauch, aber nicht um Leichen darin niederzulegen, sondern zur Aufbewahrung von Fischen und allerlei andere Lebensmittel, die auf diese Art ziemlich sicher vor den Raubthieren sind. Doch sollen die Bären zuweilen versucht haben, die Pfähle, auf denen der Behälter steht, zu zernagen, weshalb man sie gewöhnlich mit Schiesspulver oder feingestossenem Schwefel einreibt und bestreicht, welches, wie man behauptet, den Bären zuwider seyn soll.

auf, dass wir erst spät Abends bei einer am rechten Ufer des Aniuj gelegenen kleinen Niederlassung anlangten, die doch nur 25 Werst von unserm letzten Nachtlager entfernt war. Hier fanden wir einige tschuwanzische Familien, die ihre Rennthiere verloren, und sich am Aniuj niedergelassen hatten, um sich von der Fischerei zu ernähren. Doch selbst der ziemlich fischreiche Strom schützte sie nicht vor Hunger, da sie keine Netze besassen und zum Fischfange blos auf unvollkommene Angeln und eine noch unvollkommnere Art von einfachen Setzkörben beschränkt waren, in welchen wohl nur durch ein Wunder dann und wann einmal ein Fisch gefangen werden konnte. Das Elend und die Noth dieser Leute war über alle Beschreibung; wir schenkten ihnen einen Theil unserer Vorräthe und beglückten sie im vollen Sinne des Wortes dadurch. Schon der blosse Anblick einer menschlichen Speise entzückte sie; als sie nun aber gegessen hatten, nach langer Zeit wieder einmal satt waren, da überliessen sie sich den seltsamsten Ausbrüchen der Freude und des Dankes, und es kostete nicht wenig Mühe, sie endlich zur Ruhe zu bringen, deren wir selbst sehr bedurften. — Als wir am folgenden Morgen unsere Reise fortsetzten, folgte uns die ganze Bevölkerung des kleinen Dörfchens auf das andere Ufer des Flusses, und begleitete uns noch eine weite Strecke; die Weiber sangen improvisirte Lieder zu unserm Lobe, und die Männer gaben durch wiederholtes Abschiessen einiger alten Flinten gleichsam den Takt dazu an. — Endlich schieden sie unter beständigen Dankbarkeitsbezeugungen von uns, aber lange noch hallte ihr lauter Gesang uns nach. Die Armen vergassen in ihrer Freude, dass, wenn sie auch heute noch satt zu essen hatten, morgen die Noth und der Hunger sich wieder einstellen würden, und zwar um so stärker, da sie an dem heutigen Tage in ihrer Sorglosigkeit gewiss keine Angelruthe in Bewegung gesetzt, keinen Fischkorb gesenkt hatten.

Unser Weg ging jetzt meistens durch flache, ausgetrocknete Flussbette, und so erreichten wir ziemlich früh am Tage eine auf dem südlichen Ufer des Aniuj, gegenüber dem Berge Obrom, liegende Sommerniederlassung, wo wir, einer Unpässlichkeit des Kaufmanns Beres'hnoj wegen, und auch um unsere Pferde ausruhen zu lassen, zwei **Tage** (8. und 9.) zubrachten.

Am 10. liessen wir unsere Pferde auf das rechte oder nördliche Ufer hinübersetzen; wir selbst aber fuhren auf einem kleinen, aus Baumstämmen zusammengebundenen Flosse den Strom hinab bis nach Ostrownoje, wo bald nach uns auch die Pferde anlangten. Herr Beres'hnoj nahm hier einen Tschuwanzen - Häuptling an, der die Tschuktschen-Sprache kannte und ihm als Dolmetscher dienen sollte; dies und einige andere nöthige Vorbereitungen zur weitern Reise hielten uns einen ganzen Tag hier auf, so dass wir erst am 12. uns wieder auf den Weg machen konnten. — Wir zogen an dem nordwestlichen, waldigen Abhange des Obrom hin, setzten über das Flüsschen Ostrownoja, und schlugen unweit desselben unser Nachtlager auf, nachdem wir am heutigen Tage überhaupt 15 Werst gemacht hatten.

Am folgenden Morgen war der Himmel mit Wolken bedeckt, die Luft war trüb und dick, und endlich kam Regen, der eine ganze Woche anhielt. — Am 13. führte uns unser Weg über hohe, mit Wald bewachsene Hügel, bis zu den Quellen des Baches Konowalowo, wo wir übernachteten, und am folgenden Tage, unter immerwährendem Regen weiter zogen. Gegen Abend kamen wir an eine weite, nackte Ebene, über welche hinaus wir einen bedeutenden Wald erblickten, der in mehrere Gruppen getheilt war und ganz das Ansehen hatte, als wäre er von einem bedeutenden, verschiedene Krümmungen machenden Strome durchschnitten, den wir für den Poginden hielten. Leider hatten wir uns geirrt; als wir ziemlich spät in der Nacht den Wald erreichten, fanden wir nur einen ziemlich unbedeutenden Bach, über den wir gingen, und am Ufer desselben unser Nachtlager aufschlugen.

Die ganze seither durchzogene Gegend war eine vollkommen unbelebte Einöde, in der wir weder einen Vogel, noch sonst irgend ein lebendes Thier zu Gesichte bekommen hatten, und wir sehnten uns um so mehr, die eigentliche Tundra mit ihren kleinen Seen zu erreichen, wo wir hoffen konnten wilde Gänse und Fische zu finden, um damit unsere Vorräthe zu ergänzen, die bald zu Ende gingen. Mit Tagesanbruch eilten wir weiterzuziehen, und erreichten bald eine Anhöhe, von welcher wir gegen Norden den grossen, mit einer Menge Inseln besäeten und gewöhnlich fischreichen Poginden erblickten, zu dem wir um Mittag gelangten. Nachdem wir lange vergeblich eine Furth gesucht hatten, schlugen wir endlich unser Lager am Ufer des Flusses, unter dem Schutze eines dichten Pappelwäldchens auf, wo sich unsere Pferde an dem kräftigen Grase des Flussthales gütlich thun konnten, während einige von uns das Netz auswarfen und die übrigen sich längs dem Ufer zerstreuten, um einen bequemen Platz zum Uebergange zu suchen.

Die freundlichen Ufer des Poginden bilden einen höchst grellen Kontrast mit der öden, traurigen Gegend, die wir bisher durchzogen hatten. Man glaubt sich plötzlich in eine andere Region, in ein anderes Land versetzt; statt des einförmigen Lärchengehölzes und der ewigen Sümpfe und Mooshügel, die unsern Marsch so sehr erschwerten, fanden wir hier dichte Wäldchen von schönen hochstämmigen Pappeln, Espen und einer sehr zierlichen Weidengattung mit langen feinen Zweigen, so wie auch schöne grasreiche Wiesen; besonders sind die hohen trocknen Ufer des Stromes mit allerlei blühenden, wohlriechenden Kräutern bewachsen. — Auch fanden wir hier eine grosse Menge wilden Lauches, der uns ein sehr willkommener Zusatz zu unsern kärglichen Küchenzettel war.

Nach langem, vergeblichem Suchen kehrten wir, ohne eine Furth entdeckt zu haben, zu unserm Zelte zurück, wo wir leider fanden, dass die Fischerei auch nichts eingebracht hatte. Ziemlich missmüthig über das Fehlschlagen unserer beiden Unternehmungen legten wir uns spät Abends zur Ruhe, mit der Hoffnung, dass das Wasser im Strome während der Nacht abnehmen würde; eine Erscheinung, die hier sehr gewöhnlich ist, indem selbst mitten im Sommer die Nachtfröste so stark sind, dass die in die grössern Flüsse fallenden Bäche und geringern Zuflüsse ganz gefrieren, daher der Wasserstand in jenen fast immer gegen Morgen niedriger zu seyn pflegt als am Abend.

Wirklich fanden wir auch am 16. früh Morgens das Wasser in dem Poginden um volle zwei Fuss niedriger als gestern. Wir eilten diesen günstigen Umstand zu benutzen und eine oberhalb gelegene Stelle zu erreichen, wo der Strom sich in drei Arme theilt, und wo wir also hoffen konnten leichter hinüber zu kommen. Der erste dieser Arme war ganz seicht, und wir gingen ohne alle Schwierigkeit über denselben, der zweite hingegen war so tief, dass die Pferde bis an den halben Leib im Wasser gingen; in dem dritten aber hätten wir beinah eines unserer Packpferde verloren, welches ein Jakut führte. Dieser letzte Uebergang geschah oberhalb eines Wasserfalls, wo die Strömung zwar stark, die Furth aber übrigens bequem war. Um dem heftigen Andrange des Wassers die ganze Kraft der Pferde entgegenzustellen, hatten wir unsere Richtung schräge stromaufwärts genommen, und erreichten so auch ganz glücklich das gegenüber liegende Ufer; dieses war sehr steil und während die vordern Pferde es langsam erklimmten, ward das letzte derselben von dem Strom überwältigt, seitwärts gewandt und umgeworfen. Nur der lange Leitriemen, durch welchen es an das vordere Pferd gebunden war, rettete es vor dem Untergange; wäre dieser nicht so stark gewesen, so hätte der Strom das Thier mit sich fortgerissen und es wäre mit seiner ganzen Ladung unwiederbringlich verloren gewesen; so aber gelang es uns doch es zu retten.

Sobald wir die Karavane wieder geordnet hatten, setzten wir unsern Zug in nördlicher Richtung fort und erblickten bald, von dem Gipfel eines nackten Hügels, wieder eine der frühern ähnliche, weit ausgedehnte sumpfige Fläche mit einer Menge kleiner Landseen, und am Saume derselben den nach Süden fliessenden Filatow, einen der drei Hauptzuflüsse des Poginden'. In beinahe paralleler Richtung mit demselben läuft eine zusammenhängende Kette niedriger, mit Wald bewachsener Hügel, auf denen wir fortritten, bis wir einen bequemen Uebergang durch den Morast fanden, der uns an das Ufer des Flusses brachte. Auf den Anhöhen trafen wir mehrere, leerstehende tungusische Jurten an.

Der Filatow ist ohne Vergleich geringer als der Poginden'; an den Stellen, wo keine Inseln ihn erweitern, beträgt seine Breite höchstens 10 bis 15 Faden; aber sein Lauf ist überaus rasch, nirgend sieht man eine ruhig fliessende Stelle, sondern der ganze Strom ist gleichsam ein ununterbrochener Wasserstrudel. Er bildet eine Menge Inseln; seine Ufer bestehen aus Kies und Sand, worauf niedriges Weidengebüsche wächst. Das Thal, durch welches der Fluss strömt, hat eine Breite von 10 bis 15 Faden. An den Stellen, wo er sich der oben arwähnten Hügelreihe nähert, macht er mehrere, plötzliche Krümmungen, und bildet dadurch an seinem rechten Ufer einige mit Lärchenbäumen bewachsene, stark vorspringende, hohe Kaps, die einen sehr hübschen Anblick gewähren. Auf einer dieser dicht beschatteten Anhöhen schlugen wir unser Lager auf, um einigen Schutz vor dem Regen zu finden, der unaufhörlich herabströmte.

Im Norden unseres Nachtlagers sahen wir zu beiden Seiten des Flusses Gebirge, die in der Ferne an Höhe abzunehmen schienen, weil sich das Flussbette dorthin erhob. Etwa 20 bis 25 Werst südwestlich von uns endigte die Gebirgskette mit einem hohen, mit Felsenzacken gekrönten Berg, welcher den Namen Scherochomatoj Kamen (der höckerige, unebene Berg) führt. Von diesem ab verliert sich die Bergkette in eine Reihe niedriger, zackiger Felsen, die wahrscheinlich nichts anderes sind, als das Gerippe eines ehemaligen Gebirges, von welchem die dasselbe umgebende Erdschicht nach und nach weggewaschen und herabgerollt ist. Die meisten dieser Felsen haben eine höchst sonderbare Gestaltung, und mit Hülfe einiger Einbildungskraft findet man darunter kolossale Figuren von Menschen, Thieren und Ruinen alter Gebäude. Der Hauptbestandtheil dieser Berge und Felsen ist Schiefer, mit Quarzadern von höchstens einem Fuss Dicke durchschossen.

Trotz dem immer fortdauernden Regen, zu dem sich noch in der Nacht ein dichter, die Luft verfinsternder Schnee gesellt hatte, setzten wir am 17. Juli, bei diesem eben nicht sommerlichen Wetter, unsere Reise fort. Als wir ungefähr 10 Werst geritten waren, kamen wir an einen Fluss, den unsere Begleiter Fedoticha nannten; er fliesst längs dem Saume des Waldes auf der rechten Seite des Filatow, und fällt in der Breite von $69° 3'$ in diesen Fluss.

Mit der Fedoticha hat der Wald ein Ende; an dem gegenseitigen Ufer fanden wir nichts als Weidengebüsche, welches sich zuletzt in ein verkrüppeltes, niedrig längs dem Boden hinkriechendes Gesträuch verlor. — Wir versorgten uns hier mit einem Vorrath von Zeltpflöcken, die weiterhin auf der nackten Tundra nicht zu haben sind, und setzten dann unsere Reise den Filatow hinauf fort. Nachdem wir über diesen und über mehrere in denselben fallende kleinere Flüsse und Bäche gesetzt waren, lagerten wir uns zur Nacht am Fusse eines kleinen Hügels, der uns gegen den sehr scharfen Nordwind einigen Schutz gewährte. Während unsere Pferde sich ihr Futter zum Theil unter den noch immer fallenden Schnee hervorscharrten, machten wir mit etwas aufgesammeltem Reisig ein kleines Feuer an, kochten unsere Abendmahlzeit und erhielten, so gut es sich mit dem kümmerlichen Brennmaterial thun liess, die Gluth, um während der Nacht weniger zu frieren. — Wir hatten ungefähr ein paar Stunden geruht, als wir durch das plötzliche Bellen unseres Hundes geweckt wurden; ein grosser, schwarzer Bär war, der Witterung der Pferde nachschleichend, in die Nähe unseres Zeltes gekommen, aber das Bellen unsers treuen Wächters verscheuchte ihn, er ergriff eiligst die Flucht und verlor sich in dem Gebüsche; wir konnten ihn der Dunkelheit wegen nicht verfolgen, und hielten daher auch unsern Hund zurück, der dabei leicht hätte den Kürzern ziehen können.

Das anhaltend böse Wetter gab uns wenig frohe Aussichten für unsere Weiterreise. Regen, Schneegestöber und scharfer Nordwind dauerten auch am 18. Juli fort; dabei war die ganze Gegend mit einem so dichten Nebelschleier bedeckt, dass wir kaum hundert Schritte weit vor uns sehen konnten. Die Berge an der Südseite des Thales durch welches wir zogen, waren höher und steiler als die nach Norden gelegenen; da wo uns der Nebel erlaubte ihre Gipfel zu ersehen, fanden wir sie überall felsig und mit Schnee bedeckt.

Das Thal wurde immer wilder und schauerlicher; durch den anhaltenden Regen und Schnee angeschwellt stürzen mehrere kleine, aber reissende Bäche schäumend aus den Schluchten der südlichen Bergkette und durchschneiden in allen Richtungen das Thal, welches immer enger wird und zuletzt einem ehemaligen, mit unzähligen Steintrümmern bedeckten Flussbette gleicht; die zu beiden Seiten senkrecht emporstrebenden Felswände mit ihren sonderbar gestalteten Zacken und Spitzen *) und die dazwischen gähnenden finstern, Schluchten, geben der ganzen wilden Gegend einen gewissen schauerlichen Charakter, der

---

*) Die Felsart hier und an der grossen Baranicha ist Uebergangsgrünstein, dunkelgraulich-grün, feinkörnig mit innigster Verbindung von Hornblende und dichtem Feldspath.

auf uns alle einen tiefen Eindruck machte. Die Jukahiren behaupteten zwar, es sey hier der Sommeraufenthalt mächtiger, böser Geister; dessenungeachtet aber besuchen sie dieses Thal, mit Beobachtung aller möglichen Vorsichtsmaassregeln gegen den Einfluss dieser letztern, gemeimiglich im Herbste, weil sich dann, wegen des in dieser Gegend häufig wachsenden Wermuthes, die wilden Schaafe daselbst in grosser Menge einzufinden pflegen. Besonders ist dies der Fall an den Ufern des Flusses Beresowaja, der daher auch die kleine Baranicha (von Baràn, das Schaaf) genannt wird. — Wir folgten eine Weile dem Laufe dieses Flusses, der sich einen Weg zwischen den Felsen bahnt; aber der schneidende Wind, der fast in allen Richtungen aus den Felsenritzen blies, war so heftig, dass unsere Pferde beständig Gefahr liefen, auf dem unsichern, steinigen und schlüpfrigen Pfade niederzustürzen, so dass wir uns zuletzt genöthigt sahen Halt zu machen, und unser Nachtlager unter einer weit vorspringenden Felszacke aufzuschlagen, die uns etwas gegen den unaufhörlich herabfallenden Schnee schützte, welcher die ganze Gegend mit der traurigen Winterdecke überschüttete.

Gegen Morgen (19. Juli) legte sich der Wind und wir eilten unsere Reise fortzusetzen. Je weiter wir vorrückten, desto mehr dehnte sich das Flussthal aus, bis es endlich wieder eine Breite von 10 Werst erlangte; in eben dem Verhältnisse nahm auch die Höhe der dasselbe einschliessenden Berge ab, welche sich zuletzt, als wir ungefähr 20 Werst zurückgelegt hatten, in einzelne, unbedeutende Erdhügel auflösten. Mit der weniger eingeengten, horizontalern Lage des Bodens ward auch der Lauf der Beresowaja ruhiger, und es zeigten sich hie und da wieder die kleinen charakteristischen Seen der Tundra. Gegen Abend schlugen wir unser Zelt unter dem Schutze eines hohen Erdhügels an einer Stelle auf, wo das Thal schon über 20 Werst breit war.

Für die Beschwerden unserer heutigen Tagereise waren wir beide der Kaufmann Beres'hnoj und ich, einigermaassen entschädigt; er durch den Fund eines Mammutszahnes, der sich einzeln hieher verirrt hatte, ich durch einen feisten wilden Schwan den ich schoss, und der uns für den Augenblick, bei unserm schon bis auf einige Zwiebacken eingeschmolzenen Mundvorrath, von wesentlicherem Nutzen war, als der antediluvianische Knochen. Ueberdies war mein Jagdfang gleichsam ein glückbringender Vorbote, denn als wir unser Nachtlager am Fusse eines Hügels, nicht weit von einem kleinen See hielten, wurden wir früh Morgens (am 20. Juli) durch ein gewaltiges Tutti schnatternder Gänse geweckt, das ganz in unserer Nähe erschallte; hoch erfreut bestiegen wir den Hügel und sahen eine zahllose Menge federnder Gänse, die fast den ganzen See bedeckten. Wir setzten uns sogleich zu Pferde, bewaffneten uns mit Knitteln und eilten, den kleinen See zu umstellen, damit die so willkommenen Gäste uns nicht entgingen. Unser Hund half wacker sie auf das Ufer treiben, und es glückte uns, 75 derselben mit unsern Knitteln zu erlegen. Weniger geübt in Führung der ungewohnten Waffe als meine Begleiter, und unbekannt mit den strategischen Kunststücken, die die wilden Gänse üben, hatte ich nur ein einziges dieser Thiere erlegt, die hier, ganz aus ihrer Gänsenatur herausgehend, eben so verschlagen wie die Füchse, sich durch allerlei List vor ihren Verfolgern zu bergen und zu retten wissen. Sobald sie nämlich merken, dass sie nicht im Stande sind zu entkommen (da sie um die Mauserzeit nicht fliegen können), so verstecken sie den Kopf hinter irgend ein kleines Erdhügelchen oder in das Gras, strecken Hals und Beine steif und starr aus und liegen so unbeweglich da, dass man sie für schon erschlagen halten muss. So war ich oft an mehreren dergleichen scheintodten Gänsen vorübergeeilt, um einer noch fliehenden nachzujagen, aber wenn ich zurückkehrte, um die meiner Meinung nach schon erschlagenen aufzupacken, waren sie verschwunden, oder entwischten mir mit unglaublicher Geschicklichkeit unter den Händen. Die Eingebornen, die dieses Kunststück schon aus Erfahrung kennen, schlagen auf jede liegende Gans derb los und sagen: „ein überflüssiger Schlag schadet nie." — Die Schnelligkeit, mit der sie zwischen dem nach allen Seiten fliehenden Gänsehaufen umherrennen, und links und rechts, vorwärts und rückwärts ihre Streiche mit dem Knittel führen, ist bewundernswürdig; es ist ein ganz eigenthümliches, bewegliches Bild, welches, obgleich in sehr verkleinertem Maassstabe, ein Seitenstück zu dem Rennthierstechen im Flusse abgiebt.

Hoch erfreut über den uns so nothwendigen und ansehnlichen

Zuwachs an Lebensmitteln, beluden wir unsere Pferde mit der Beute und eilten, das endlich zum ersten Male nach unserer Abreise aus Ostrownoje eingetretene heitere Wetter zu benutzen, um die Meeresküste zu erreichen, die nach der Meinung unserer Führer noch wenigstens 25 bis 30 Werst von uns entfernt seyn sollte. Sehr angenehm überraschte es die ganze Gesellschaft, als ich nach der um Mittag angestellten Beobachtung der Sonnenhöhe fand, dass wir nur noch etwas über 5 Werst bis an die Küste zu machen hätten, deren Nähe uns blos durch einige unbedeutende Hügel verdeckt war.

Nachdem wir über die Beresowaja gegangen waren, liessen wir sie links, erstiegen die eben erwähnten Hügel und schlugen unser Nachtlager am Meeresstrande, etliche Werst östlich von der Mündung jenes Stromes auf. — Das Meer war bis an den Horizont mit einer blendend weissen, festen Eisdecke überzogen, und nur in einigen wenigen Buchten sah man noch offenes Wasser. — In der Nacht erhob sich ein heftiger Wind aus dem Meere, der eine Menge grosser Eisschollen auf den Strand trieb und eine sehr empfindliche Kälte hervorbrachte.

Am 21. Juli machten wir uns früh auf den Weg, indem wir der Küste in östlicher Richtung folgten. Die vielen ins Meer fallenden Flüsse und Bäche, deren sumpfige Ufer uns oft nöthigten, Umwege von mehreren Werst zu machen, hielten uns sehr auf, und da wir ausserdem auch noch der Gänsejagd und dem Fange der jungen Steinfüchse in ihren Höhlen nachgingen, so kamen wir erst um Mitternacht bei dem Balagan der Expedition an, wo sich der Herr von Wrangel mit seinem Gefolge schon seit einigen Tagen befand.

Verschiedene Vorkehrungen zu der weiteren Reise nöthigten den Kaufmann Beres'hnoj, einige Tage hier zu verweilen. Am 31. Juli brachen endlich beide kleine Karawanen auf; der Herr von Wrangel verfolgte seine Reise südlich, die grosse Baranicha hinauf, und wir setzten auf dem durch Herrn Kosmin bei dem Balagan erbauten Boote über die drei Arme des Flusses, wohin unsere Pferde schon einige Tage früher abgefertigt waren. Hier mussten wir uns aber etwas aufhalten, weil unser Tschuktschen-Dolmetscher plötzlich krank wurde. Die einzigen Heilmittel, die wir besassen: etwas Salmiak, Branntwein,

Thee und Pfeffer, verbunden mit Diät und Ruhe, thaten indessen, bei der kräftigen Natur des Patienten, gute Wirkung; er war nach 24 Stunden schon so weit wieder hergestellt, dass wir am folgenden Tage (1. August) unsere Reise fortsetzen konnten.

Das rechte Ufer der Baranicha, auf welchem wir uns jetzt befanden, ist in seiner Beschaffenheit ganz von dem linken Ufer verschieden. Statt des steinigen Grundes und der schroffen Felsen und Schluchten, die uns dort so viele Beschwerden verursachten, trafen wir jetzt nur mehr oder weniger zusammenhängende, flache Erdhügel, die beinahe parallel mit der Küste fortlaufen und längs denen wir in nordöstlicher Richtung hinzogen. In blauer Ferne zeigten sich die scharfen Umrisse der jenseitigen zackigen Felsen mit ihren Schluchten.

Die Gänse, die die Periode des Mauserns überstanden hatten, zogen in ungeheuren Schwärmen dem Süden zu, und es gelang uns nicht, auch nur eine einzige zu schiessen; dahingegen aber erschlugen wir neun Paar Schwäne, die noch im vollen Mausern begriffen waren. Diese Vögel halten sich nie in grosser Anzahl zusammen; man sieht sie gewöhnlich nur paarweise, selten zu vier, auf den Landseen oder an den Ufern derselben umherziehen.

Etwa 10 Werst vor einem Flüsschen, dem bedeutendsten unter allen, die wir seit unserm Uebergange über die Baranicha angetroffen hatten, kamen wir an einem zum Theil eingestürzten Hügel vorbei, von dessen Fusse bis an die Meeresküste, auf einer Strecke von mehr als einer halben Werst, der Boden so zu sagen aus lauter Mammuts- und Büffelgerippen bestand. Mein Reisegefährte glaubte hier eine reiche Ausbeute zu machen, aber trotz allen ämsigen Nachsuchungen fand sich auch nicht ein einziges sogenanntes Mammutshorn, wie die den Elephantenzähnen ähnlichen Hauer hier genannt werden. Aus der grossen Menge Backenzähne des Mammuts aber schlossen wir, dass wahrscheinlich schon Andere, Glücklichere vor uns da gewesen und die kostbare Waare herausgelesen hatten. Diese Vermuthung bestätigte sich sehr bald; in einem benachbarten trockenen Thale stiessen wir auf mehrere Feuerstellen und Zeltpflöcke, um welche herum eine Menge Bruchstücke von grossen Mammutshauern lagen, die uns andeuteten, dass eine frühere Karawane hier verweilt, ihren an dem oben erwähnten Hügel gemachten Fund gesäubert und, des leichteren Transports halber, die zerspaltenen und verwitterten Wurzelenden abgesägt hatte.

Nachdem wir über den obigen Fluss unweit seiner Mündung gesetzt waren, nahmen wir eine nordöstliche Richtung, überstiegen einige Hügel und gelangten in ein weites Thal, durch welches die Kosminka zwischen einer Menge Seen dahinfliesst. An dem rechten Ufer fanden wir ganz unerwartet den Steuermann Kosmin, der wegen Mangels an Fischen in der grossen Baranicha diesen Fluss verlassen hatte und in seinem Boote mit den Arbeitern längs der Meeresküste hieher gefahren war. Gleich in der ersten Nacht ihrer Ankunft in der Kosminka wurden sie durch ein paar sehr reichliche Züge erfreut, allein am folgenden Morgen schon trieb ein heftiger Nordwind so viel Eis an die Küste und in den Strom hinauf, dass sie mehrere Tage hindurch unbeschäftigt bleiben mussten.

Die Kosminka, welche bei niedrigem Wasserstande eine Breite von 25 Faden und 4 bis 5 Faden Tiefe hat, scheint mir nichts anders als eine schmale, tief in das Land hineingehende Bai zu seyn, um so mehr, da die Fischer, welche ungefähr 20 Werst hinaufgegangen waren, um Vögel zu schiessen, uns versicherten, dieser vermeintliche Fluss habe überall dieselbe Breite und Tiefe und das Wasser sey überall, selbst oberhalb, so salzig, dass sie genöthigt waren, sich zum Trinken und Kochen Wasser aus den Seen zu holen. Der entfernteste Punkt ihrer Wanderung hinauf lag nach Südost.

Erst am 3. August trennten wir uns von Herrn Kosmin, der mit seinen Leuten noch hier blieb. — Mit Hülfe dieser letzteren hatten wir die beiden Tage unseres Hierseyns dazu benutzt, ein leichtes Boot zu zimmern, welches uns zum Uebersetzen über die breiteren und tieferen Flüsse von grossem Nutzen seyn konnte. Mit diesem und mit 16 Reit- und Packpferden zogen wir weiter. Wir waren unserer sechs, der Kaufmann Beres'hnoj mit seinem Dolmetscher, dem Tschuwanzen-Häuptling Mordowskij, drei Jakuten und ich. — Wir zogen in der vorigen Richtung über einen Bach, der in die Kosminka fällt und über mehrere schon ganz zugefrorene, kleine Landseen, und machten zur Nacht am Fusse eines Hügels Halt.

Am folgenden Morgen brachen wir zusammen auf; bald aber trennte ich mich in der Absicht, die Gegend von einem höheren Standpunkte besser zu übersehen, von meinen Gefährten und kam, auf den Hügeln fortreitend, an einen im Thale nach WSW. fliessenden Bach, auf welchem eine verspätete grosse Gänseschaar noch ganz ruhig ihr Wesen trieb. Ich liess mein Pferd auf dem Hügel grasen, näherte mich vorsichtig unter dem Winde der sorglosen Schaar und begann die Jagd, indem ich, nach hiesiger Weise, mit einem Knittel unter sie warf. Die Schwungfedern waren ihnen noch nicht gewachsen, sie konnten daher nicht auffliegen, und ich erlegte ihrer mehrere, die mein Hund mir aus dem Wasser holte. Unterdessen kam auch einer unserer Jakuten herbei, den man, unruhig über mein Verschwinden, ausgeschickt hatte, um mich zu suchen. Geschickter als ich setzte er die angefangene Jagd fort, und wir kehrten mit einer ansehnlichen Beute zu unserer Karawane zurück.

Unser heutiges (4. August) Nachtlager nahmen wir am Rande eines grossen, tiefen Thales, wahrscheinlich eines ehemaligen Sees. Unsere Pferde fanden hier sehr gute Weide, und da die steilen, das Thal umgebenden Hügelwände meinen Reisegefährten hoffen liessen, in denselben eine gute Erndte von Mammutszähnen zu machen, so beschlossen wir, uns einige Tage hier aufzuhalten. Leider entsprach der Erfolg nicht den Erwartungen; es fanden sich zwar mehrere Knochen, aber die Ausbeute an eigentlichen Zähnen war sehr unbedeutend. Dahingegen aber waren wir glücklicher auf der Jagd, indem wir am Ufer eines Sees zwei Rennthiere schossen. Es scheint beinahe, als ob diese Thiere hier einheimisch sind; man findet sie in dieser Gegend nur in kleinen Heerden, deren wir auch weiterhin einige längs der Küste begegneten.

Von dem Gipfel des Abhanges, an dem wir uns gelagert hatten, sahen wir nach Osten, über 100 Werst von uns entfernt, die hohen Berge **Wajwanin**, **Geilla**, **Rautan** und das **Kap Schelagskoj**, oder, wie es auch zuweilen die Eingebornen nennen, **Jerri**. Alle die schroffen Felsen, welche die Tschaunbucht im Osten und Süden begränzen, waren deutlich zu unterscheiden, so dass ich hier einige zu meiner Aufnahme der Gegend sehr nützliche Peilengen nehmen konnte.

Wir brachten hier wieder zwei Tage zu, weil Herr Beres'hnoj, nach der örtlichen Beschaffenheit dieser Gegend, hoffte, in den Thalufern Mammutsknochen zu finden; da er aber auch jetzt nichts der Beachtung würdiges entdeckte, so beschloss er, sich ferner nicht mehr mit Nachsuchungen der Art aufzuhalten und sich für diese Reise hauptsächlich auf den Handel mit den Tschuktschen zu beschränken. Ohne daher mit dem wahrscheinlich auch vergeblichen Untersuchen der noch übrigen vielen Bergabhänge Zeit zu verlieren, brachen wir am 7. August auf und richteten unsern Weg nach Südwesten, zwischen Erdhügeln und grösstentheils mit Eis bedeckten Seen, nach der sogenannten Bolschája Rekà, dem grossen Flusse, und gelangten nach einem kurzen Marsch an die linke oder westlich liegende Mündung der Tschaun-Bucht, die man bisher immer für einen Fluss gehalten und mit jenem Namen belegt hat.

Ich muss noch einer bemerkenswerthen Eigenthümlichkeit erwähnen, die mir hier in der wunderbaren Natur des hohen Nordens aufgefallen ist. Von der Baranicha ab, und besonders seitdem wir die Kosminka verlassen hatten, waren wir immer zwischen dicht nebeneinanderliegenden Seen gezogen. Alle diese grösseren und kleineren, fast immer aber sehr tiefen Wasserbecken werden durch schmale, meistens nur einen oder anderthalb Fuss breite Erddämme von einander getrennt. Dessenungeachtet ist das Niveau des Wasserspiegels in diesen Seen so verschieden, dass der Unterschied oft einen, zwei und sogar mehr Fuss beträgt, woraus zu schliessen ist, dass das Wasser in denselben durchaus gar keine Verbindung haben muss, weil sonst der Wasserstand überall gleich seyn müsste. Da aber die oben erwähnten schmalen Dämme, so viel ich habe bemerken können, aus schwarzer, vegetabilischer Erde bestehen, so wäre nur vorauszusetzen, dass auch sie, wie der ganze Boden hier, festes, nie aufthauendes Eis sind. Hieraus liesse sich denn auch die ausserordentliche Kälte des Wassers in diesen Seen erklären, von denen wir viele zugefroren fanden. Doch ist dabei wieder auffallend, dass bei einer nur ein paar Fuss dicken Erdmasse weder die freilich matten Strahlen der hiesigen Sonne, noch auch das diese Dämme von beiden Seiten bespühlende Wasser darauf einzuwirken im Stande seyn sollten, die unbedeutende Eismasse aufzulösen.

Die Tschaunbucht hat zwei Mündungen, welche durch die Insel Ojou (auf den älteren Karten Sabadàt genannt) von einander getrennt werden, deren Nordspitze ein niedriges, sandiges Kap bildet; auch der übrige Theil der Insel scheint von derselben Beschaffenheit; es ist kein Strauch, ja nicht einmal Gras, sondern nur Moos darauf zu sehen. Die westliche Mündung, an der wir uns jetzt befanden, ist die kleinere, und bei niedrigem Wasserstande beträgt ihre Tiefe nicht über zwei Fuss; dies war namentlich im vorigen Jahre der Fall, wo mein Reisegefährte auf seinem Zuge hieher sie ganz bequem durchwatete. Jetzt aber, da der Wind seit mehreren Tagen anhaltend von Norden herwehte, war das Wasser bedeutend gestiegen und die Bai hatte eine Breite von 10 bis 15 Werst.

Wir zogen längs dem Fusse des Uferberges auf einer schmalen Sandfläche hin, die fast ganz mit einer Gattung Muscheln bedeckt war, welche man auf den aleutischen Inseln und besonders auf Sitcha in grosser Menge antrifft; sie waren zum Theil mit grossblättrigem Seekohl und andern dergleichen Seekräutern überwachsen. Auch fanden wir häufig die Schalen der kleinen Seekrebse oder Garnellen (englisch shrimps) und eines muschelartigen Schalthieres, welches mir der digitellus crassus zu seyn schien.

Vom frühen Morgen wehte ein scharfer Ostwind; der Himmel war ganz heiter. Um Mittag sahen wir ein sehr schönes Phänomen, welches meine Begleiter für den Vorboten von anhaltendem Unwetter erklärten. Es erschienen nämlich um die Sonne vier Nebensonnen, welche, gleichweit von einander entfernt, durch einen mit den schönsten Regenbogenfarben spielenden Kreis verbunden waren, dessen Radius bis $22°$ betrug. Durch die wahre Sonne und durch zwei ihrer Trugbilder lief ausserdem ein Regenbogen von $80°$ Ausdehnung, an dessen Enden sich noch zwei kleinere Bogen befanden. Diese, die in einer senkrechten Richtung gegen den Horizont standen, hatten vorzüglich grelle, scharf bezeichnete Farben, aber in umgekehrter Ordnung. Die Erscheinung war zwei Stunden lang sichtbar; dann verschwand sie allmälig, und bald darauf, als der Wind sich gelegt hatte, trat auch das vorhergesagte üble Wetter, Schneegestöber u. s. w. ein.

Wir übernachteten in einem schmalen Thale, das gutes Gras für unsere Pferde und viel Treibholz für uns hatte. Auf dem Anberge, wo wir unser Zelt aufschlugen, war der Boden kaum bis 3 Zoll tief aufgethaut.

Am 8. August zogen wir an der niedrigen Seeküste weiter; rechts hatten wir eine 3, oft auch bis 5 und 7 Faden hohe, steile Uferwand, die aus einem dichten Gewebe von Wurzeln, allerlei Pflanzen und Bruchstücken des hiesigen verkrüppelten Nadelholzes bestand; sie war offenbar von neuerer Formation und enthielt daher auch keine Spur von Mammutsknochen *). Einer der hier am Ufer häufigen Bergstürze gewährte uns den merkwürdigen Anblick des Durchschnitts eines ehemaligen, kleinen Sees. Das Becken desselben war nur 5 Fuss tief; den unteren Boden bedeckte eine dichte, ziemlich ebene Eiskruste, über welcher unter einer etwas höher liegenden zweiten Eisschicht ein schmaler, leerer Raum zu sehen war. Diese obere Eisschicht war mit Erde bedeckt, auf welcher sich schon allerlei Kräuter und etwas niedrig längs dem Boden hinkriechendes Gesträuch zeigten.

Gegen Mittag erreichten wir die Mündung eines mit zwei Armen in die Tschaunbucht fallenden Flusses, der zwar nicht sehr breit, aber so tief war, dass wir unser Gepäck nicht anders als auf dem Boote hinüberbringen konnten; die Pferde schwammen ledig hinüber. Ich halte diesen Fluss für eine zweite Mündung der oben erwähnten Kosminka und werde hierin noch durch die Strömung bestärkt, die, nach der Richtung der den Lauf bezeichnenden Hügelreihen zu urtheilen, von Westen kömmt.

Jenseits dieses Gewässers ging unser Weg wieder zwischen niedrigen, sich sanft erhebenden Hügeln und zahllosen kleinen Seen, welches bei dem eingetretenen üblen Wetter unser Vorrücken sehr er-

---

*) An mehreren Stellen fanden wir in diesen Bergwänden gegen zwei Faden über der Meeresfläche liegendes, verwittertes Treibholz; das frische findet sich immer nur an der niedrigen Meeresküste; — sollte dies nicht ein Beweis seyn, dass auch hier das Meer seine alten Ufer verlässt und allmälig zurücktritt?

schwerte. — Auf den Ostwind folgte ein frischer NW.-Wind, der während der Nacht auf den 9. August sehr zunahm und alle Hügel mit Schnee bedeckte. Das Schneegestöber, mit Regen gemischt, war am folgenden Morgen so dicht, dass wir selbst die näheren Gegenstände nicht deutlich erkennen konnten. — Am Ausflusse eines Stromes sahen wir auf dem Sande eine Menge Bärenspuren, nach denen zu urtheilen diese Thiere hier schaarenweise herumgewandert seyn mussten. Nicht weit von da gelangten wir wieder an die Meeresküste, wo wir die Ueberreste eines wahrscheinlich gescheiterten Fahrzeuges, ein Brett mit hölzernen Pflöcken, fanden. — Trotz dem immer fortdauernden Unwetter konnten wir hier doch rascher vorrücken, denn die häufig vorkommenden Flüsse und Bäche, über die wir gehen mussten, abgerechnet, war der Weg, besonders als wir uns dem Berge Wajwanin näherten, sehr bequem und gut, denn er bestand aus ebenem, feinem Kies und zog sich längs einer fast senkrechten Felswand von schwarzem, mit Quarzadern durchschossenem Schiefer dahin.

Gegen Abend klärte sich der Himmel etwas auf und der Wind setzte ganz nach Norden um; dessenungeachtet aber war fast gar kein Eis in die Tschaunbucht hineingetrieben, welches wahrscheinlich von den vor derselben befindlichen Untiefen herrührte. Im Meere sahen wir in einer Entfernung von 2 bis 3 Meilen von der Küste einen einzeln stehenden Felsen, der einer mit halbem Winde gehenden Fregatte etwas ähnelt. Nach seiner weisslich-grauen Farbe schien es mir ein Quarzblock zu seyn, um so mehr, da er dem Wellenschlag und den beständig daran geschleuderten Eismassen so gut widersteht, welches bei einem Schieferfelsen gewiss nicht lange der Fall gewesen wäre. — Kurz vor unserm Nachtlager, als wir über ein nicht sehr breites, aber reissendes Flüsschen setzten, schlug einer unserer Jakuten mit dem Boote um; da er nicht schwimmen konnte, so wäre es ihm in seiner schweren, unbeholfenen Winterkleidung wahrscheinlich übel ergangen, wenn nicht sein Kamerad ihm augenblicklich vom Ufer einen langen Riemen zugeworfen hätte, an den er fasste und so herausgezogen ward.

Am 12. August setzten wir unsern Weg immer längs der Küste fort, die hier sehr hoch und steil ist und eigentlich einen Absturz des Berges Wajwanin bildet. Wir fanden viel Treibholz und in den

Schluchten der Uferwand festen Schnee und Eis. Als wir uns zur Nacht am Fusse einer kleinen, abwärts vom Meere belegenen Anhöhe gelagert hatten, zeigten sich vier schwarze Bären, die aber auf das Gebell unsers Hundes schnell wieder die Flucht ergriffen.

Am 13. gingen wir, um unsern Weg abzukürzen, landeinwärts in südöstlicher Richtung über die Hügel, von denen wir die Tschaunbucht übersehen konnten, deren Küste nicht weit von unserm letzten Nachtlager ein Vorgebirge bildet. Nach einem siebenstündigen, ziemlich scharfen Marsch gelangten wir an die niedrige, mit kleinen Kieseln bedeckte Küste des Meeres und an eine Kette schroffer Felsen, die sich im Süden erheben. Ich hatte mich zwischen diesen letzteren von meinen Gefährten entfernt und ritt sorglos vorwärts, als ich plötzlich beim Umbiegen um eine vorspringende Ecke in einiger Entfernung vor mir einen Bären erblickte, der damit beschäftigt war, einen, wie es schien eben gefangenen, Seehund zu verzehren. An Entkommen war nicht zu denken, denn der Bär war meiner schon ansichtig geworden, und da er mich wahrscheinlich für noch schmackhafter als seinen Seehund hielt, so liess er diesen im Stich und kam schnaubend auf mich los; an Vertheidigung war auch nicht zu denken, da ich ausser einem kurzen Messer an meinem Gurt gar keine Waffe bei mir hatte. In dieser üblen Lage fiel mir die Behauptung der hiesigen eingebornen Jäger ein, dass der Bär den starren Blick des Menschen nicht ertrage, sondern vor demselben fliehe; ich sprang schnell vom Pferde und ging so beherzt als nur immer möglich auf das Thier los. Aber weder mein beherztes Auftreten, noch mein scharfer Blick machten irgend einen Eindruck auf den Bären, der mit verdoppelter Wuth in gerader Richtung auf mich zurannte. Es wäre mir wahrscheinlich übel ergangen, wenn nicht gerade in diesem entscheidenden Augenblick mein zurückgebliebener Hund mit lautem Gebelle herbeigesprungen wäre und das Unthier erschreckt und zur Flucht bewogen hätte. Während er den fliehenden Feind noch eine Strecke verfolgte, lud ich den im Stiche gelassenen Seehund als Siegestropäe auf mein Pferd und kehrte zu der Karawane zurück, der ich durch den frischen Thran desselben einen sehr angenehmen Zusatz zu unserm bis auf Mehlbrei und einige Wurzeln eingeschmolzenen kärglichen Speisevorrath verschaffte.

Unsere Lage war sehr bedenklich; seit beinahe sechs Wochen schon zogen wir umher, ohne noch das eigentliche Ziel unserer Reise, das Tschuktschenland erreicht zu haben; unsere durch allerlei ungünstige Umstände sehr verzögerte Reise hatte bis jetzt viel mehr Zeit genommen, als nach Beres'hnoj's Ausrechnung dazu erforderlich seyn sollte; unterdessen war die Jahreszeit schon sehr weit vorgerückt, und nach dem mit jedem Tage rauher werdenden Wetter befürchtete er, dass der Winter plötzlich eintreten und uns auf eine hiesige Winterreise ganz Unvorbereiteten den Rückweg vielleicht unmöglich machen würde. — Alle diese Rücksichten bewogen Herrn Beres'hnoj, sich ernstlich mit unserm Hauptwegweiser, dem Dolmetscher, deshalb zu besprechen, und von ihm eine deutliche und bestimmte Anzeige zu fordern, wohin? und wie weit? wir noch ziehen müssten, um bis zu den Wohnorten der Tschuktschen zu gelangen. Nach vielem Hin- und Herreden ergab sich endlich, was ich schon seit einiger Zeit geahnt und auch geäussert hatte, dass unser Führer dies selbst nicht recht wüsste, sondern uns aufs Gerathewohl vorwärts geführt hätte. **Er war genöthigt zu erklären, dass, "da wir bis jetzt, trotz allen seinen Bemühungen,** die Tschuktschen noch nicht gefunden hätten, er nun auch nicht mehr anzugeben wisse, wo eigentlich dieses Volk und ihr Land zu finden seyen." — Es ist nicht schwer, sich unsern Aerger und Verdruss bei dieser Entdeckung zu denken; ich hatte doch wenigstens, meinem Auftrage gemäss, den ganzen Landstrich und die Seeküste bis hieher aufgenommen, mein Reisegefährte Beres'hnoj aber hatte für alle überstandenen Mühseligkeiten und gehabten Unkosten nur einige Mammutsknochen eingesammelt; beide hatten wir den interessantesten und Hauptzweck unserer Reise, die nähere Bekanntschaft mit dem merkwürdigen Tschuktschenvolke in dessen Heimath, verfehlt. Dessenungeachtet beschloss er aber, in Erwägung der vorgerückten Jahreszeit, seinen ganzen Reise- und Handelsplan für dieses Jahr aufzugeben und auf dem geradesten Wege über die Tundra nach der Kolyma zurückzukehren; ich konnte nicht anders, als seiner auf vieljährige Erfahrung und Kenntniss der örtlichen Umstände gegründeten Meinung beipflichten, und so brachen wir, sehr missmüthig über das Fehlschlagen unserer Pläne und Hoffnungen, am 14. August auf und richteten unsern Zug nach einem im Osten liegenden hohen Berge, welcher eine Art von Kap zu bilden schien und von welchem herab wir hofften, die Gegend übersehen und unsere Marschroute bestimmen zu können. Nachdem wir 20 Werst gemacht hatten, gelangten wir zu dem Berge, an dessen Fusse ein tiefer und ziemlich reissender Fluss hinströmte, über welchen wir nicht ohne viele Mühe setzten und erst spät Abends in der Dunkelheit unser Nachtlager an dem gegenüberstehenden hohen Ufer aufschlugen.

Mit den ersten Strahlen der Morgensonne erwartete uns eine höchst unverhoffte, angenehme Ueberraschung; der Zufall hatte uns besser geleitet, als unser Führer — wir befanden uns innerhalb der Gränzen des Tschuktschenlandes. Der vor uns im Thale sich hinschlängelnde Fluss war der Taunmeo, an dessen Ufern wir eine Menge Tschuktschenjurten erblickten; wir eilten ihnen zu, fanden aber alles leer. Bei mehreren waren noch ganz frische Spuren des Aufenthalts ihrer Bewohner zu sehen; auf den Feuerstätten hatte noch der Wind nicht die leichte Flugasche verweht; Knochen und allerlei Ueberbleibsel von Lebensmitteln lagen zerstreut umher; selbst die Wölfe, die doch sonst sehr schnell bei der Hand sind, waren noch nicht erschienen, um hier aufzuräumen. — Die Bewohner des Thales konnten unmöglich weit seyn; ich bestieg mit dem Dolmetscher, der nun die Gegend wieder zu erkennen behauptete, einen Berg, welchen er mir Geilly nannte und von dem wir wahrscheinlich eine weite Aussicht ins Land gehabt hätten, aber ehe wir noch völlig den Gipfel desselben erreichten, überzog ein dichter Nebel die ganze Gegend; dies und ein paar Signalschüsse unserer im Thale zurückgebliebenen Gefährten nöthigten uns, wieder hinabzusteigen. Herr Beres'hnoj, bei seinem einmal gefassten Beschlusse bleibend, war schon aufgebrochen und verfolgte seinen Weg den Fluss hinauf; wir bestiegen unsere mit einem Jakuten zurückgelassenen Pferde und holten die Karawane bald ein.

Das von dem Taunmeo durchströmte Thal hat eine ansehnliche Breite; es enthält, wie alle Thäler dieser Gegend, eine Menge Seen und wird von beiden Seiten, anfänglich durch flache Hügel, zuletzt aber von senkrecht sich in die Höhe thürmenden Felsengruppen begränzt. An Stellen, die einigermaassen gegen die eisigen Nordwinde geschützt sind, wächst niedriges, längs dem Boden hinrankendes Zwergbirkengesträuch, dessen wir uns, in Ermangelung anderes Feuerungsmaterials, zum Essenkochen bedienten.

Auf dem ganzen Wege, den wir am 16. August den Fluss hinauf verfolgten, sahen wir zwar häufig Stellen, wo Tschuktschenjurten gestanden hatten, aber nirgend eine Spur von Bewohnern; alles war leer und öde. Desgleichen trafen wir auch grosse Rennthierheerden an, die nichts weniger als scheu waren, sondern uns ruhig an sich herankommen liessen, woraus wir schlossen, dass es keine wilde, sondern zahme Hausthiere der gerade jetzt abwesenden Bewohner des Thales seyn müssten. Wirklich erfuhren wir auch in der Folge, dass unsere Vermuthung gegründet war und dass die Tschuktschen, denen sie gehörten, uns gesehen hätten, aber aus Furcht entflohen wären.

Je weiter wir uns von der Meeresküste entfernten, desto wärmer wurde die Luft, und gegen Abend stellten sich auch schon die Mücken wieder ein; glücklicher Weise befreite uns aber ein kräftiger Nordwestwind von diesen lästigen Begleitern des hiesigen Sommers. Wir sahen hier hin und wieder kleine Büsche von der schwarzen Rauschbeere (Empetrum), der Trunkelbeere (vaccinium uliginosum) und der Moltebeere (Rubus caamaemosus), die aber alle, des kalten Sommers wegen, keine Früchte trugen, wahrscheinlich auch wohl keine Blüthe gehabt hatten. Uebrigens war der ganze Boden morastig und mit kleinen Mooshügeln bedeckt, zwischen denen überall dünnes Eis sich gebildet hatte und nicht aufthaute.

Am 17. August hatten wir einen so heftigen Nordwestwind mit dichtem Schnee und Regen, dass es unmöglich war, weiter zu gehen. Wir mussten Halt machen, aber der Sturm war so heftig, dass wir weder unser Zelt aufschlagen, noch auch mit dem wenigen nassen Reisig, den wir auflasen, ein Feuer anmachen konnten, und also den ganzen Tag ohne Obdach und Feuer zubringen mussten. In der Nacht trat an die Stelle des Regens und Schnees ein ganz ordentlicher Frost ein, von dem wir in unsern völlig durchnässten Kleidern sehr viel litten, besonders da der Sturm immer fortwüthete und unser ohnehin kärglich genährtes Feuerchen beständig auslöschte.

Mit Tagesanbruch (18.) eilten wir aufzubrechen, um unsere halberstarrten Gliedmaassen wenigstens durch Bewegung zu erwärmen. Von dem starken Frost waren alle Seen mit tüchtigem Eise bezogen, und der Morast war so gefroren, dass wir überall eine feste Bahn fanden; selbst der Fluss hatte in den Buchten starke Eisränder angesetzt. Bei einer dieser Buchten, wo der Strom sich in zwei Arme theilt, deren einer nach Süden, der andere nach Westen ging, brachten wir die Nacht zu.

Am 19. machten wir nur eine kleine Tagereise, weil wir unsere ziemlich ermatteten Pferde schonen mussten, denen der beschwerliche Uebergang über eine hohe Bergkette bevorstand. Wir hatten durchaus gar kein Brennmaterial und mussten daher auch diese Nacht ohne Feuer zubringen. Einige trockene Zwiebacke machten unser ganzes Mahl aus.

Am folgenden Morgen wendeten wir uns nach Westen, wo wir mehrere in derselben Richtung hinziehende Rennthierheerden sahen. In einer zwischen zwei Flüssen liegenden Ebene stiessen wir auf die Spur eines Weges, den, wie wir nachher erfuhren, die Tschuktschen bei ihrem Zuge nach Ostrownoje genommen hatten. Ich schlug vor, diesem zu folgen, da er nach meiner Berechnung uns nördlich aus der Tundra hinausführen musste, aber meine Gefährten überstimmten mich, als Fremdling in der Gegend; wir liessen den Weg seitwärts liegen und gingen einen der Flüsse hinauf, der uns bald in eine völlig rauhe Wildniss brachte. Die mit Dünsten und Nebel erfüllte Atmosphäre gaukelte uns allerlei Trugbilder vor; mit jedem Schritte änderte sich die Scene; wir befanden uns in einem tiefen Thale; die Felsen, die uns umgaben, nahmen die sonderbarsten Gestalten an, je nachdem wir uns ihnen näherten, oder von denselben entfernten. Plötzlich senkte sich ein so dichter Nebel über die ganze Gegend, dass wir nichts mehr sahen, als höchstens nur noch einige hie und da vorspringende, schroffe Felszacken. Das Rauschen der von allen Seiten herabstürzenden Wasserfälle, welche oft grosse Felsstücke mit sich herabschleuderten, das Heulen des Sturmes zwischen den Schluchten und der unten in der Tiefe immer dichter werdende Nebel, der uns zuletzt auch die nächsten Gegenstände verdeckte, machte das Ganze zu einer höchst schauerlichen Scene und unser Vorrücken, bei der völligen Unkunde der Gegend, eben so gefährlich als mühsam. Endlich merkten wir, dass der Boden unter unsern Füssen immer steiler und jäher wurde; der Fluss schien sich von uns zu entfernen, wir geriethen in enge Schluchten, die vielleicht zu Abgründen führen konnten, und mussten zuletzt absitzen und unsere Pferde führen. Nach einer zweistündigen Anstrengung, während welcher wir auf den lockeren, unter unsern Schritten fortrollenden Steinen mit der grössten Gefahr gehend, nur durch das Gefühl die festeren Stellen aussuchten, erreichten wir die Spitze einer vorspringenden Anhöhe, wo der Pfad plötzlich zu endigen schien und ein jäher Abgrund vor uns lag, dessen Tiefe wir durch den Nebel nicht erkennen konnten. Nach und nach hatte sich die ganze kleine Karawane auf dem engen Raume versammelt; keiner wusste zu rathen. Vergebens starrten wir in die finstere Schlucht, die der Nebel ganz ausfüllte; vergebens suchten unsere Blicke einen Ausweg, es war keiner zu sehen. Unsere Lage war wirklich verzweifelt: vorwärts zu gehen war offenbar unmöglich, und zurückzukehren nach dem 30 Werst hinter uns gelegenen Weideplatze, wo wenigstens unsere Pferde Gras gefunden hätten, daran erlaubte uns die völlige Ermattung dieser letzteren nicht zu denken. In dieser peinlichen Ungewissheit hörten wir plötzlich das Röcheln und Trappeln einer vorüberziehenden Rennthierheerde, deren rauhe Töne, einen nahen Ausweg verkündigend, uns wie eine liebliche Musik klangen. — Wir eilten dem tröstlichen Schalle nach und erspähten bald die dichten Massen eines wandernden Zuges dieser Thiere, die uns aber schon gewittert hatten und bald in den Nebelwolken verschwanden. Aus der Spur, die wir verfolgten, sahen wir, dass der grössere Theil derselben einer südwestlich von uns liegenden Felsenschlucht zugegangen war, und schöpften daraus Hoffnung, dort einen Ausweg zu finden. Unsere Pferde am Zügel führend, gingen wir der Rennthierspur nach, durch einen engen Hohlweg, der sich allmälig in die Höhe wand und uns auf den höchsten Gipfel des Bergrückens brachte, den alle insgesammt für das Gränzgebirge der Tundra hielten, trotz allen meinen theoretischen Beweisen, dass dieses weit südlicher liegen müsse. Wir traten hier aus dem Nebel heraus; unter unsern Füssen wogte ein unübersehbares Wolkenmeer, dessen dichte Massen sich träge durcheinander hinwälzten; der kleine Fleck, auf welchem wir uns befanden, lag da, wie ein Inselchen in dem ungeheuren Ozean.

So mühevoll unser Hinaufklimmen gewesen war, so stand es doch in keinem Vergleich mit den Gefahren, die uns beim Herabsteigen auf jedem Schritte bedrohten. Bis zur Hälfte des Berges (ungefähr 100 Faden senkrechter Höhe) führte uns der Schlangenpfad der Rennthiere, deren vorsichtigen Gang wir eben so sehr bewunderten, als den behutsamen und festen Tritt unserer Pferde, denen die Gefahr neue Kräfte zu geben schien. Nun verloren sich aber die Spuren unserer Leiter auf losen Kieseln und Steintrümmern, die bei jedem Schritt in den neben uns tief in einem Abgrunde liegenden See hinabrollten. Auf diesem schräg abschüssigen und höchst unsichern Abhange leiteten wir unsere Pferde hinunter, wobei bald sie uns, bald wir ihnen als Stütze dienten. Endlich gelangten wir bei einbrechender Nacht an das Ufer des unten liegenden Sees, das aber ganz aus Kieseln bestand, so dass wir genöthigt waren, trotz aller Ermüdung noch weiter zu gehen, um einen Weideplatz für unsere Pferde zu suchen. Diesen fanden wir endlich, einige Werst weiter hinauf, an dem Ufer eines Waldstromes, der sich, über Felsen stürzend, in den See ergoss. Für unsere Thiere war hier gesorgt, mit uns selbst aber sah es übel aus, denn unsere Vorräthe waren alle gänzlich zu Ende, und eine allgemeine, genaue Revision sämmtlicher Säcke und Taschen brachte nichts weiter als etliche alte Zwiebacke und ein paar Stücke getrockneten Fisches ein. Wir theilten uns in diesen wenigen Brocken und legten uns, zwar sehr hungrig, doch die Meisten in der tröstlichen Ueberzeugung nieder, dass wir mit dem Uebergang über das Gebirge die nackte, unwirthbare Tundra hinter uns hätten und daher am folgenden Morgen schon den Aniuj, die Bolschaja Rekà und die Waldregion vor uns sehen würden, wo es weder an Schutz gegen das Unwetter, noch auch an Nahrungsmitteln fehlen könnte. Mir schien es unmöglich, dass wir schon das Grenzgebirge erreicht haben sollten, doch meine Zweifel konnten zu nichts helfen und ich behielt sie für mich. Trotz dem Hunger schliefen wir vor Ermüdung bald ein, und Mancher träumte froh von gebratenen Gänsen und einer kräftigen Fischbrühe.

Mit Anbruch des Tages war alles auf den Beinen, um sich zur Weiterreise anzuschicken, aber — beim ersten Umherblick ergab sich, dass ich leider Recht gehabt hatte; wir waren fehl gegangen, und das ganze steile und hohe Gebirge, welches die Tundra begränzt, lag noch im Süden vor uns. Im gestrigen Nebel hatten wir die Richtung verfehlt, hatten einen nordwestlich laufenden Zweig des Hauptgebirges mit unsäglicher Mühe und Gefahr überstiegen, und waren jetzt an einem andern Arm der Baranicha gerathen. Ich gab mir alle ersinnliche Mühe, Beres'hnoj und die Uebrigen von ihrem Irrthume und von der Nothwendigkeit zu überzeugen zurückzukehren, aber vergebens; der unheilbringende Tschuwanze behauptete steif und fest die Gegend genau zu kennen, nannte jeden Berg, jedes Thal und jeden der Flüsse die zu sehen waren mit Namen, und fand, trotz den frühern Beweisen seiner Unwissenheit, mehr Glauben als ich. Herr Beres'hnoj, der als Eigenthümer der Pferde die entscheidende Stimme hatte, beschloss vorwärts zu ziehen, und wir brachen auf.

Hungrig und missmüthig zogen wir weiter; ich in der nunmehr festen Ueberzeugung, dass wir eine falsche Richtung nähmen, Herr Beres'hnoj wenigstens seiner Sache ungewiss und über den Erfolg unruhig. Unser Zug ging sehr langsam, da unsere Pferde zu ermattet waren und wir meistens zu Fusse gehen mussten. So gelangten wir bis zu einer hohen Felswand, wo wir ein kleines, aber mit kräftigem Grase bewachsenes Weideplätzchen fanden, und dort bis zum andern Morgen Halt machten. Zur Nahrung hatten wir nichts als etwas wilden Lauch und einige Wurzeln, die unsere Jakuten glücklicherweise in den Mausehöhlen fanden.

Die Strahlen der Morgensonne (am 22. August), die sich über das vor uns liegende Land verbreiteten, und der nur zu kenntliche, nördlich aufsteigende, charakteristische Meeresnebel, dem wir gerade entgegen gingen, öffneten endlich meinen Reisegefährten die Augen, und selbst der Tschuwanze gestand, er habe den rechten Weg verfehlt und erinnere sich nicht je in dieser Gegend gewesen zu seyn. — Beres'hnoj und die Jakuten waren ausser sich, und glaubten mitten unter den Tschuktschen etliche hundert Werst von den beiden Aniujen entfernt zu seyn, was denn nun freilich in unserer Lage, ohne alle

Nahrungsmittel und mit ganz ermatteten Pferden eben nicht sehr tröstlich war.

Endlich wandten sie sich an mich, erkannten die Richtigkeit meiner frühern Behauptung und baten mich, die Leitung der Karawane zu übernehmen, mit dem Versprechen mir durchaus in allem zu folgen. Obgleich man mit einem von Hunger eingeschrumpften Magen eben nicht sehr empfänglich für die ätherische Ehre eines solchen Meinungssieges ist, so freute mich doch diese Anerkennung, weil sie mir die Aussicht darbot, endlich einmal aus dieser verzweifelten Lage herauszukommen. — Meiner Berechnung nach mussten wir etwa zwei Tagereisen von dem kleinen Aniuj und der Waldregion entfernt seyn; ich versprach die Karawane in dieser Zeit an den Fluss zu bringen, und so traten wir am 23. August unsere Weiterreise an.

Nachdem wir etwa 15 Werst durch tiefe, düstere Felsenschluchten gezogen waren, an deren senkrecht emporstarrenden Wänden die Nebelwolken in zwei und drei verschiedenen Schichten übereinander hingen, kamen wir an ein kleines Flüsschen, das mit der Schnelligkeit eines Gebirgstromes nach Norden hinabstürzte, und uns zu einem grossen, von schwarzen Felsenmassen umgebenen See führte. Wir umgingen diesen auf seiner Westseite, legten noch ungefähr 10 Werst zurück beschlossen dann, da wir den ganzen Weg zu Fuss neben den Pferden gemacht hatten, hier unser Nachtlager aufzuschlagen. Es wurde Feuer angemacht, und — nach alter Gewohnheit der Kessel drüber gehängt, der aber leer war, denn wir hatten durchaus gar nichts essbares. Während wir alle schweigend und hungernd um das Feuer gelagert waren, rief mich einer der Jakuten durch Zeichen bei Seite, und langte verstohlen aus seinem Quersacke eine wilde Ente hervor, die er, als er zufälliger Weise heute Nachmittag zurückgeblieben war, mit einem Steine erschlagen hatte; ,,da, Tojon *), sprach er, nimm das und iss es allein, allen kann der Bissen nichts helfen, und du bist sehr müde." — Ich dankte ihm herzlich für seine uneigennützige Gutmüthigkeit, und warf die Ente, ohne weitere Vorbereitung, in den Kessel. So

---

*) Tojon, Vorgesetzter, Oberer. So nennen alle sibirischen Völkerschaften jeden russischen Beamten.

schwach auch die Brühe davon ward, und so wenig davon auf eines jeden Theil kam, so that sie uns allen doch recht wohl; nichts blieb übrig als die Federn, denn auch die Knochen wurden verzehrt, und wir fühlten uns wirklich gestärkt.

Der Abend war heiter, kein Wölkchen trübte den tiefblauen Sternenhimmel, und wir entschliefen mit der angenehmen Hoffnung, am folgenden Tage recht günstiges Wetter zu unserer Reise zu haben. Allein in der Nacht erhob sich ein heftiger Wind, und als wir am 23. Morgens erwachten, fanden wir alles um uns herum und uns selbst dick verschneit. Um uns etwas zu erwärmen und zu trocknen, machten wir in der Geschwindigkeit mit unsern Zeltstangen ein Feuer an, bepackten die Pferde und machten uns dann zu Fuss auf den Weg, gerade dem Gebirge zu, welches nun nicht mehr fern war.

Wir folgten dem Laufe eines nach Süden gehenden Baches bis über die Knieen im Schnee watend, und folglich sehr langsam; nach und nach erhob sich der Boden und ging immer steiler hinan; endlich nach einem langen, mühseligen Marsche erreichten wir den schroffen Rücken der Gebirgskette. Nebelgewölke und dichtes Schneegestöber verdeckten die ganze Umgegend. — Wir lagerten uns, um etwas auszuruhen, in den Schnee; bald erschien die Sonne, zertheilte mit ihren Strahlen den Nebel und zeigte uns nach allen Seiten steile, mit Schnee bedeckte Eisberge. Endlich erspähten wir an der Südseite eine Stelle, wo es uns schien, dass es vielleicht möglich seyn könnte, einen Ausweg hinabzufinden. Die Schlucht ging steil hinunter in einen tiefen Abgrund; wir liessen die Pferde allein vorausgehen und folgten ihnen in geringer Entfernung. Jetzt erkannten wir die Wohlthat des herabgefallenen Schnee's, der den steilen, gefährlichen Pfad bedeckte, und uns das Hinabsteigen möglich machte. Unzählige Male schützte er er uns bei Fehltritten, und selbst das häufige Ausgleiten und Niederstürzen war minder gefährlich.

Bei Eintritt der Dunkelheit hatten wir den Fuss des Gebirges glücklich erreicht. Mancher unter uns hatte wohl eine tüchtige Brausche davon getragen, doch war Niemand gefährlich verletzt. Auch die Pferde hatten sich beim Straucheln und Fallen an den scharfen Felsecken blutig gerissen, aber sie waren alle am Leben und konnten uns ferner dienen. — Wir wünschten uns gegenseitig Glück zu dem überstandenen, beschwerlichen Uebergang, und lagerten uns in den Schnee, unter welchem unsere Pferde sich etwas Gras hervorscharrten. In der Hoffnung am nächsten Morgen den Aniuj zu erreichen, oder doch wenigstens zu erblicken, entschliefen wir zwar vor Müdigkeit, aber bald weckte uns der Hunger, der jetzt, nach dreitägigem Fasten und bei der beständigen Anstrengung uns gewaltig zu quälen begann. Merkwürdig waren die verschiedenen Wirkungen, die dieses peinigende Gefühl bei jedem Einzelnen hervorbrachte; der Eine betete, der Andere sang, Dieser stand mit sticrem, zur Erde gesenktem Blick wie leblos da, Jener sprang und schrie vor Angst und Schmerz; Einige redeten irre. Der Jakut, der mir sonst immer mit einer gewissen Ehrfurcht das Pferd vorführte, kam jetzt, wo durch die gemeinschaftliche Noth alle Bande des konventionellen Verhältnisses gelöst waren, umarmte mich und fragte halb trotzig: „Wann bringst du uns denn an den Aniuj? es ist hohe Zeit." Ich suchte zu beruhigen und zu trösten, indem ich mit Bestimmtheit versprach noch vor Abend in die Gegend desselben zu gelangen. — Eine weise leitende Hand ward jetzt unsere Führerin; ohne mir irgend eines Grundes dazu bewusst zu seyn, wählte ich von den vor mir liegenden Richtungen eine, die uns an eine Hügelkette führte; mit Mühe erstiegen wir den Rücken derselben und — erblickten ein ausgedehntes Thal, mit grossen Baumgruppen bedeckt — Wie auf offnem Meere, nach langer, beschwerlicher Fahrt der vom Mastkorbe ertönende Ruf: Land! Freude und Thätigkeit auf dem Schiffe hervorbringt, so wirkte auch hier der schon seit beinahe zwei Monaten entbehrte Anblick der Bäume wie ein elektrischer Schlag auf unsere ermattete Karavane. Wald! Wald! riefen alle auf ein Mal freudig aus, und trieben die Pferde zu rascherm Schritte an. Der Aniuj konnte nun nicht mer fern seyn, und mit ihm das Ende unserer Noth. —

Wir erreichten bald das nächste Gehölz, aber die ganz erschöpften Pferde, die nicht wie wir durch Hoffnung gestärkt wurden, strauchelten und schwankten bei jedem Schritte; wir schleppten uns noch ein paar Werst bis an einen kleinen See, wo wir Halt machten und unsere Thiere grasen liessen. — Der Hunger quälte uns alle gewaltig; — ich schlug vor eins der Pferde zu schlachten. „Nein, sagte mein Jakut, die sind so abgezehrt und mit Eiterbeulen bedeckt und ihr Blut so erhitzt, dass wir alle davon erkranken würden." — „Aber wir verhungern?!" — „Nun, Gott wird uns nicht verlassen!" — Langsam und kaum hörbar wiederholten alle: „Gott wird uns nicht verlassen", kreuzten sich und sanken, ohne an Zelt oder Feueranmachen zu denken, auf den feuchten Ufersand hin. Nur mit Mühe gelang es mir, ein paar der Jakuten dahin zu bringen, dass sie wenigstens unser kleines Setznetz in den See senkten. Sie thaten es aus Gehorsam, meinten aber kleinmüthig, es würde nichts bringen. Nach einigen Minuten lag alles in festem Schlafe.

Die Sonne stand schon hoch am Himmel als wir am folgenden Morgen (25. August) erwachten. — Unser Netz lag noch im Wasser; es war als fürchteten alle einen vergeblichen Zug zu thun; dies hätte uns in Verzweiflung gestürzt. „Wir müssen weiterziehen, Freunde, sagte ich, nehmt das Netz mit." — Es wurde herausgezogen; mit einer unbeschreibbaren Spannung starrten Aller Blicke in das trübe Wasser und folgten den Bewegungen des Netzes; jetzt erhob es sich allmälig, es schien schwerer als gewöhnlich, wir fühlten Leben in dem Garne — drei grosse und mehrere kleine Fische lagen darin. — „Gott hat geholfen!" riefen Alle, dankten ihm, fielen einander um den Hals und wünschten einander laut jubelnd Glück. Schnell ward ein Feuer angemacht der Kessel siedete, und der Genuss einer kräftigen Brühe mit wildem Lauch und einigen Kräutern versetzt, machte uns bald alles überstandene Ungemach vergessen; wir waren ganz glücklich.

Nach gehaltenem Mahle eilten wir weiter zu kommen, fingen unsere gleichfalls auf der kräftigern Weide gestärkten Pferde ein, und machten uns auf den Weg. Als wir den See umgangen hatten, sahen wir den Aniuj vor uns, mussten aber um an ihn zu gelangen, noch über einen reissenden Strom setzen, der schäumend und brausend aus dem See stürzte. — Dieser Uebergang mit kraftlosen Pferden war arg, und ich gestehe, dass ich einen ähnlichen nicht wieder versuchen möchte. Das Bette des Flusses war mit ungeheuren Felsblöcken besäet und oft plötzlich so tief, dass das Wasser bis an den Sattel ging. Bei jedem Schritte stolperten und wankten die Pferde, und wäre eins gestürzt, so hätte es sich nicht herausarbeiten können. — Indessen kamen wir glücklich hinüber, und nachdem wir auf einer Strecke von 5 Werst noch durch mehrere Flussarme theils geschwommen, theils gegangen waren, erreichten wir endlich den langersehnten Aniuj, und lagerten uns an der Mündung eines kleinen, in denselben fallenden Flüsschens. — Zwei Züge Gänse flogen nach Süden; ein nicht weit von unserm Lager nistender Falke machte Jagd auf sie, und schoss plötzlich auf eine Gans nieder, die sogleich todt zu Boden fiel, aber ehe er sich noch seiner Beute bemächtigen konnte, waren wir schon herbeigeeilt und bereiteten uns die fette Gans zum Abendessen.

Am 26. August lagerten wir uns zur Nacht in einem Pappelwäldchen, auf einer bei dem Zusammenflusse des Aniuj mit der Schichutina gebildeten Landzunge, und liessen unsere Pferde weiden, während wir noch vor Eintritt der Nacht in der Schichutina ein Fischwehr anlegten und unsere Setznetze daran befestigten. Schon nach einer Stunde sahen wir es von der Last der gefangenen Fische sinken, und als wir es herauszogen, fanden wir uns im Besitz von mehr als 200 verschiedenen grossen und kleinen Fischen. Hoch erfreut über diesen gesegneten Zug, machten wir ein grosses Feuer an und kochten und brateten unsere Beute; nebenbei gewährte uns auch der ziemlich starke Frost die Möglichkeit, uns an köstlicher, frischer Struganina, einem schon früher beschriebenen hier allgemein beliebten Leckerbissen, zu erlauben.

Gestärkt durch eine reichliche, nahrhafte Mahlzeit, warfen wir während der Nacht noch mehrere Male das Netz aus, und fingen in allem noch gegen 800 Fische. Erst als der Horizont sich im Osten zu röthen begann, legten wir uns zur Ruhe.

Hätte uns das Schicksal nur acht Tage früher oder später an diesen Fluss geführt, so wäre unser Fischfang gewiss nicht so reichlich ausgefallen; jetzt aber war gerade der Zeitpunkt, wo die Fische in den Aniuj flüchten, um dort in den tiefsten Stellen zu überwintern, weil, wie ihnen ihr Instinkt lehrt, die kleinern Flüsse oft bis auf den Grund ausfrieren. Im Frühlinge vertheilen sie sich bei dem hohen Wasser wieder in die letztern. Am Tage gelingt es hier nie Fische zu fangen, entweder weil sie dann am Boden ruhen, oder sich vielleicht vor dem

Wehr und den Netzen scheuen. So lag am **27.** unser Netz den ganzen Tag über vergebens im Wasser, während wir in der folgenden Nacht über **2000** Stück fingen.

Wir waren jetzt so reich an Fischen, dass wir, selbst bei dem ungeheuren Appetite der Jakuten *), doch unmöglich alles verzehren konnten, und da unser Vorrath sich immer mehr anhäufte, so beschlossen wir, im frischen Gedenken der überstandenen Hungersnoth, für andere Reisende, die vielleicht gerade nicht zu einer so glücklichen Fischperiode ankämen, hier eine Niederlage zu machen, in welche wir den Rest unserer gefangenen und eingefrornen Fische bergen könnten. In der grössten Geschwindigkeit wurde auf ein paar derben Lärchenbäumen eine Sajba erbaut, in welche wir **5000** Stück Fische niederlegten, und zur Nachricht für die nach uns des Weges Ziehenden richteten wir davor ein hohes hölzernes Kreuz auf. Die schon völlig eingetretenen Fröste sicherten den kleinen Vorrath vor dem Verderben. Einige Monate später erfuhren wir zu unserer grossen Freude von ein paar nach Kolymsk gekommenen Tschuwanzen, dass unser guter Zweck bei dieser Niederlage vollkommen erreicht sey; einige nomadisirende Familien, durch Mangel an Lebensmitteln aufs Aeuserste gebracht, waren glücklicherweise hieher gekommen und hatten, gewiss ganz unerwartet, diesen in ihrer Lage übergrossen Schatz gefunden, der ihnen einen ganzen Monat lang zur Nahrung diente, und sie vom Hungertode rettete. — Dem vor der Sajba aufgerichteten Kreuze verdankten wir auch noch den erfreulichen Nachsatz des Erzählers: „Das haben gewiss russische Leute gethan; Gott wird's ihnen lohnen!"

Dieser Bau hatte uns während des ganzen Tages (**29.** August) beschäftigt, und wir hatten auch eben nicht sehr geeilt um unsern Pferden Zeit zu lassen, sich auf der hiesigen, freilich etwas verschneiten, aber doch grasreichen Weide zu erholen.

---

*) Der Appetit dieser Leute ist ganz ungeheuer; jeder Jakut ass täglich sechzig, und auch wohl mehrere Fische auf, während ich an zehn derselben vollkommen genug hatte. Ueberhaupt verbrauchten wir täglich ungefähr 300 Fische, deren jeder im Durchschnitt eine halbe Arschin und drüber lang war.

Den 30. August *), dieser Tag, der jedem Russen, jedem Unterthan Alexander's des Gesegneten ein Tag der Feier und Fröhlichkeit ist, beschlossen wir noch hier zuzubringen und ihn, so gut es unsere Lage erlaubte, festlich zu begehen. Früh Morgens hielt Herr Beres'hnoj eine Andachtsstunde, und wir sowohl als unsere halb wilden Begleiter vereinten uns im herzlichen Gebete für das Wohl und lange Leben des geliebten Landesvaters, unter dessen mildem Scepter das unermessliche Reich glücklich ist und gedeiht. — Zu Mittag wetteiferten unsere Jakuten aus dem Fischreichthum mit Zusatz von wildem Lauch und einigen Kräutern und Wurzeln, verschiedene Gerichte zu bereiten, die sie selbst vorzüglich wohlschmeckend fanden und ihnen tüchtig zusprachen. Herr Beres'hnoj gab in Ermangelung von Branntwein, der schon längs verbraucht war, eine Portion Tabak aus seinem kleinen Vorrathe zum Besten, und schliesslich ward auf meinen Vorschlag ein Zielschiessen mit Bogen und Pfeilen angestellt, wobei mein grosses Reisemesser, ein alter Hirschfänger und ein Pferdezaum als Preise figurirten. So gering und ärmlich auch diese Mittel zur Feier des Tages waren, so herrschte doch wahre, herzliche Fröhlichkeit dabei, und in den weit in die wilde Einöde schallenden Gesängen unserer Begleiter ward dem Bèloj Zar' und Syn Sòlnza **) manches Lebehoch! gebracht. — Ein für uns sehr glückliches Ereigniss beschloss gewissermaassen diesen frohen Tag. Da wir am folgenden Morgen früh aufbrechen wollten, so gingen die Jakuten gegen Abend aus, um die Pferde einzufangen, und stiessen im Walde auf eine Tschuwanzen-Sajba, in welcher die abwesenden Bewohner mehrere Winterbekleidungen hinterlassen hatten. Dieser Fund war für uns von der grössten Wichtigkeit, denn bei dem durch die beschwerliche Reise sehr übel gewordenen Zustande unserer Garderobe, ward uns die mit

---

*) Der Tag des heiligen Alexander Newski, Namensfest des Kaisers.

**) Bèloj Zar', wörtlich weisser Zar', und Syn Sòlnza, Sonnensohn, so benennen fast alle im nördlichen Sibirien lebenden Völkerschaften den Kaiser. Die erstere Benennung ist ächt russisch; bèloj, weiss, bedeutet frei, im Gegensatze von tschèrnoj, schwarz, nicht frei, unterthan.

jedem Tage zunehmende Kälte immer empfindlicher. Wir nahmen daher aus dem gefundenen Vorrathe so viel Pelzhemden, Handschuhe und Pelzstiefel als wir eben brauchten, und liessen dagegen einen reichlichen Ersatz an Tabak, Pulver und Blei zurück. Auch errichteten wir vor der Hütte ein Kreuz auf einer Stange, an welcher zugleich ein Wegweiser zu unserer Vorrathssajba befestigt war. Dergleichen oft sehr wohlthätige Weisungen findet man hier in den von Nomaden durchzogenen Wildnissen häufig; es scheint gewissermaassen eine Art religiöser Pflicht unter ihnen, solche Wahrzeichen für die später Kommenden zu errichten, um ihnen einen aufgefundenen, kürzern oder bequemern Weg u. dergl. anzudeuten. Diese Wegweiser bestehen blos aus einem aufrecht in die Erde gesteckten Pfahl, mit einer horizontal daran gebundenen Stange, in der Richtung, welcher gefolgt werden soll. Bei dem feinen Ortssinne der Nomaden ist diese einfache Vorrichtung hinlänglich und allen vollkommen verständlich.

Mit Tagesanbruch (am 31. August) beluden wir unsere, durch die beinahe fünftägige Ruhe gestärkten Pferde mit unserm Gepäcke und einem Vorrathe von 1000 Fischen, und traten unsere Weiterreise an. — Das gar zu steile Gebirge nöthigte uns zwar Anfangs zwei Mal über den Aniuj zu gehen, doch kostete dies wenig Mühe, da durch den Frost und anhaltende Winde von oben das Wasser im Strome sehr niedrig war. Gegen Abend setzten wir noch über den Fluss Jebundon und übernachteten an dessen linkem Ufer. — Der Frost nahm immer zu, so dass wir über das Eis der kleinern Flüsse ziehen konnten; selbst auf dem Aniuj waren schon viele der seichten Stellen mit Eise bedeckt.

Am 1. September verliessen wir das Ufer des Aniuj, der hier mit einer starken Biegung rechts abgehend, sich hinter einem dichten Walde verlor, und zogen über Hügel und Thäler meistens zu Fuss, um uns zu erwärmen, da unsere Kleidung nicht hinlänglich gegen die immer steigende Kälte schützte.

Am 3. September waren wir zwölf Stunden hintereinander in scharfem Trabe geritten, in der Hoffnung noch an diesem Tage eine in der Gegend liegende Sommerniederlassung der Jukahiren zu erreichen; aber die einbrechende Dunkelheit nöthigte uns Halt zu machen, und wir schlugen unser Nachtlager in einem Gebüsche am Ufer des Aniuj auf, an den wir wieder gelangt waren. Hier und auf unserm ganzen Wege hieher sahen wir eine Menge der kleinen Hüttchen aus Zweigen, in welchen die Jukahiren gewöhnlich auf den Zug der Rennthiere zu lauern pflegen; dem Anscheine nach musste die Jagd wohl unglücklich ausgefallen seyn, da wir nirgends Geweihe oder irgend andere Anzeichen von erlegten Thieren fanden.

Früh Morgens wurden wir sehr angenehm dusch Menschenstimmen überrascht, die sich nicht weit von uns hören liessen; wir fanden hinter einer kleinen Anhöhe einige Jukahiren-Weiber, die dort in unserer Nähe die Nacht zugebracht hatten; sie beobachteten hier ein zum Fang der Rennthiere im Flusse Jelombal angelegtes Verhack. — Die Nachrichten, die sie uns mittheilten, waren sehr betrübend; längs der Kolyma und den beiden Aniujen herrschte der Hunger; sowohl die Rennthierjagd als die Fischerei waren gänzlich fehlgeschlagen und die Bevölkerung dieser Gegend sah einem schrecklichen Winter entgegen.

Fünf Werst von da gelangten wir an die Jurten dieser Jukahiren, auf dem linken Ufer des Jelombal. Hier wohnten fünf Familien, die uns mit vieler Herzlichkeit empfingen, und uns gleich den grössten ihrer Balagane einräumten. Unsere Jakuten waren ganz besonders erfreut, endlich Menschen angetroffen zu haben, die mit geduldiger Aufmerksamkeit ihre Erzählungen von unsern Reiseabenteuern, von den Gefahren, die wir überstanden, und von ihrem bei verschiedenen Vorfällen bewiesenem Muth und ihrer Entschlossenheit anhörten; nach hiesiger Landesweise liessen sie es dabei an Uebertreibungen und den unverschämtesten Prahlereien nicht fehlen. Unsere Gegenwart hinderte der Improvisation gar nicht; sie schienen alles das, was sie da zum Besten gaben, selbst zu glauben.

Herr Beres'hnoj erklärte mir, dass er sowohl um seine Pferde auf der hiesigen guten Weide sich vollends erholen zu lassen, als auch um selbst nach der beschwerlichen Reise auszuruhen, einige Zeit hier zu verweilen gesonnen sey. Da ich aber die Aufnahme der Tundra völlig beendigt, und also hier gar nichts weiter zu thun hatte, so beschloss ich die noch bis zum völligen Winter übrig bleibende Zeit zur Aufnahme des Aniuj bis Nis'hne - Kolymsk, eine Strecke von 500 Werst, zu benutzen. Ich liess daher aus einigen trocknen Espenstämmen mit Weidenruthen ein Floss zusammen binden und ein paar Ruder daran befestigen, um darauf den Strom hinabzufahren *). Der Bau war bald beendigt, und am 6. September trat ich auf dem gebrechlichen Fahrzeuge meine Flussreise an, von einem einzigen jungen Jukahiren begleitet, den mir sein Vater als Führer auf dem durch Untiefen, Klippen und Fälle ziemlich gefährlichen Strom mitgab; dafür hinterliess ich ihm, zum Gebrauch auf die Zeit der Jagd, meine Flinte nebst etwas Pulver und Blei.

Wir waren ungefähr 5 Werst gefahren, als wir ein einzelnes Rennthier am Ufer erblickten; mein Jukahir, ein tüchtiger Bogenschütze, war gleich bei der Hand und erlegte es. Sehr erfreut über diesen unverhofften Zuwachs an frischem Proviant, banden wir das Thier an unser Floss und fuhren weiter bis wir gegen Abend bei einem hohen, senkrecht in den Strom hinabfallenden Felsen, Tscherewok, anlangten, wo gewöhnlich um diese Zeit des Jahres eine Sommerniederlassung der Jukahiren zu seyn pflegt. Leider war dies jetzt nicht der Fall; wir fanden Niemand, welches um so verdriesslicher war, da wir vergessen hatten ein Feuerzeug mitzunehmen. Wir mussten also die ziemlich kalte Nacht ohne Feuer zubringen, und uns statt irgend einer warmen Kost mit den Beinsehnen und dem Mark unsers erlegten Rennthieres behelfen; beide werden hier immer roh gegessen und gelten für einen grossen Leckerbissen.

Noch vor Tagesanbruch (7. September) bestiegen wir wieder unser Floss, um uns auf die kalte Nacht durch Rudern etwas zu erwärmen; das hätte auch gewiss nicht gefehlt, wenn wir nicht bis auf

---

*) Die Flösse werden gewöhnlich auf folgende Art gebaut: man bindet 9 oder 10 gerade Baumstämme von leichter Holzgattung (Espen oder Pappeln) an dem Gipfelende mit Ruthen recht dicht zusammen, so dass sie eine Spitze bilden. Die entgegengesetzten Enden werden fächerartig ausgebreitet, und in die 1 bis 1½ Fuss breiten Zwischenräume kleinere Balken hineingeschoben, die dann wiederum gehörig untereinander mit Weidenruthen verflochten werden. Ein solcher Prahm sieht wie ein grosser Keil oder flach liegender Kegel aus, ist recht fest und durchschneidet, vermöge seiner Form, das Wasser ziemlich gut.

die Knochen durchnässt gewesen wären. — Es kann wohl keine unangenehmere Flussfahrt geben, als die unsrige; das ziemlich unbeholfene Fahrzeug, welches sehr schwer zu regieren war, blieb bald an den spitzen Klippen hängen, bald wurde es von einem Strudel mit grosser Gewalt fortgerissen, dann wieder einmal mit dem hintern Ende nach vorne gedreht; kurz der wilde Strom spielte damit nach Herzenslust. Wirkliche Gefahr gab es auf den Wasserfällen, wo unser Floss mehrmals beinah senkrecht stehend in die Tiefe hinabgeschleudert, und dann wieder von den schäumenden Wellen hinaufgeworfen wurde. An Lenken oder Ausweichen war da gar nicht zu denken; wir hatten genug damit zu thun, uns mit der grössten Anstrengung nur an den schwankenden, nassen Balken festzuhalten, um nicht selbst ins Wasser zu fallen. So brachten wir den grössten Theil des Tages zu, und landeten endlich Abends bei der Mündung des von der Nordseite in den Aniuj fallenden Flusses Labunja, wo wir wieder eine sehr kalte Nacht zubrachten.

Gegen Mittag, am 8. September, wurden wir durch eine in der Ferne aufsteigende Rauchsäule erfreut; unsere Hoffnung, dort Menschen anzutreffen, ward aber vereitelt, wir fanden nur die Feuerstätten einiger Fischer oder Jäger, die wahrscheinlich die Nacht hier zugebracht und wie gewöhnlich das Feuer sich selbst überlassen hatten. Auch das war uns ein sehr glücklicher Fund; wir benutzten die noch glimmenden Kohlen, machten ein tüchtiges Feuer an, trockneten unsere ganz durchnässten Kleider und kochten uns eine kräftige heisse Rennthierbrühe in einem Kessel, den wir bei unserer bösen Fahrt gewiss eingebüsst hätten, wenn derselbe nicht auf den Rath meines Begleiters nebst unserer übrigen kleinen Habe an die Balken des Flosses wäre angebunden worden. Nachdem wir uns getrocknet, durchgewärmt und gestärkt hatten, setzten wir unsere Reise weiter fort; um aber nicht wieder die kalten Nächte ohne Feuer zubringen zu müssen, erbauten wir auf dem Flosse aus Steinen eine Art von Heerd mit einer Vertiefung, und unterhielten darin sorgfältig ein kleines Feuer, was jetzt thunlich war, da von hier ab der Fluss ruhiger fliesst. — Unsere Vorsicht war übrigens für dies Mal unnöthig, denn gegen Abend gelangten wir am Fusse des grossen Felsens Obrom, an das Sommerlager einiger herumziehenden Jukahiren-Familien, die uns aber nichts als Feuer und ein Obdach aus Zweigen anbieten konnten; sie hatten schon seit beinahe zwei Tagen nichts gegessen. Wir bewirtheten unsere hungernden Wirthe mit dem grössten Theile unseres Rennthieres, und nach einer im Vergleiche zu den vorigen recht angenehmen Nacht, fuhren wir am folgenden Morgen, 9. September, weiter, kamen aber wegen des völlig widrigen Windes und starken Wellenganges nur bis an eine Bucht, Mungol genannt. Am 11. übernachteten wir in Plotbischtsche, am 12. in Maloje Wètrehnoje. Alle diese Orte, so wie die umliegende Gegend hatte ich im vorigen Jahre mit dem Doktor Kyber durchreist; damals lebte hier ein mit seinem Schicksale zufriedenes, nach seinen Begriffen glückliches Volk; jetzt war alles todt und öde. In den verlassenen Hütten nisteten Vögel und draussen schlichen hungrige Wölfe umher. Ein trauriges Bild! — Die wenigen, nicht durch den Hunger aufgeriebenen Bewohner waren weiter gezogen, um irgendwo Nahrung zu suchen. — In Maloje Wetrennoje trafen wir noch einige menschenähnliche Wesen; es war die ehemals wohlhabende Familie Korkin, die mich auch jetzt wie damals vor zwei Jahren freundlich aufnahm, und das Beste, was sie besass, eine kleine Portion Fische, vorsetzte. Blos um sie nicht zu kränken, genossen wir etwas davon; — die Unglücklichen assen selbst nur in 48 Stunden einmal. Früher gesund, wohlgenährt und kräftig, schlichen sie jetzt bleich und entkräftet einher.

Unser Floss war durch die lange Fahrt auf dem reissenden Strome sehr baufällig geworden, und hätte den sich schon zeigenden starken Eisschollen nicht wiederstehen können. Als wir uns anschickten es von neuem zu überbinden und zu befestigen, bot mir der wackere Korkin seinen Karbass (Boot) an, welches ich mit Dank annahm und am 13. September damit abfuhr. Wir setzten ein Segel auf, und da der Wind uns vollkommen günstig war, so erreichten wir in wenigen Stunden Molotkowo, wo einige Jukahiren-Familien nothdürftig von der Fischerei leben.

Obgleich der Aniuj sehr reissend ist, so hatten sich doch schon längs den Ufern breite Eisränder angesetzt, und manche Stellen waren sogar schon ganz mit einer dünnen Eiskruste bezogen, die wir indess ohne grosse Mühe durchschneiden konnten. Allein die eigentlichen Winterfröste waren vor der Thür, und wir liefen Gefahr mitten im Strome einzufrieren, ehe wir noch den ersten bewohnten Ort, Bajakowo, der 100 Werst von hier liegt, erreichten. Ich hielt es daher für nöthig in Molotkowo eine Narte mit sieben Hunden zu miethen, die ich mit mir auf das Boot nahm, um in obigem Falle auf dem Eise weiterzufahren.

Am 15. September vor Tagesanbruch verliessen wir Molotkowo, und obgleich wir uns an mehreren Stellen mit Mühe durch die treibenden Eisschollen durcharbeiten mussten, so erreichten wir doch zur Nacht die 50 Werst von jenem Orte belegene sogenannte russische Insel, die mit hohen Lärchenbäumen bewachsen ist. Trotz dem vielen Eise, waren wir doch gut durchgekommen; bei der einbrechenden Abenddämmerung aber geriethen wir zwischen zwei starke Eisschollen, die unsern Kahn einklemmten und quetschten. Glücklicherweise geschah dies in der Nähe der Insel, so dass wir, freilich nur mit vieler Mühe, uns und unsere ganz durchnässten Sachen auf das Ufer zu bergen vermochten. Da wir aller Wahrscheinlichkeit noch einige Tage hier bleiben mussten, so war unser erstes Geschäft, uns eine Hütte von Stangen und Zweigen zu erbauen, die wir von aussen mit Moos und Schnee bedeckten und mit Wasser übergossen; dies bildete bei dem starken Froste gleich eine derbe Eiskruste, die uns im Innern unseres Palastes vollkommen vor Wind und Kälte schützte. Nachdem wir die Hunde draussen angebunden hatten, um vor einem unverhofften Bärenbesuch gesichert zu seyn, machten wir in unserer Hütte ein Feuer an, bereiteten unser kleines Mahl, den Ueberrest unseres Rennthieres, und brachten die Nacht recht gut zu.

Zwei Tage mussten wir auf der Insel bleiben, weil das Eis noch zu dünn war; bei einem Versuche, den mein Gefährte am 17. Morgens machte, brach er durch und verdankte seine Rettung nur der ganz besondern Gewandtheit und Kraft, die diesen Naturmenschen eigenthümlich sind.

Am 18. endlich konnten wir es wagen über das Eis zu gehen, und erreichten glücklich mit unserer Narte das südliche Ufer des Stromes. Unsere Hunde waren so schwach, dass sie auf der noch nicht recht befestigten Bahn, selbst mit der leeren Narte, nur sehr langsam vorrückten; wir machten an diesem sowohl als am folgenden Tage überhaupt nur 15 Werst. Obgleich es in der vorigen Nacht recht tüchtig gefroren hatte, so war das Eis doch noch so schwach, dass unser Fuhrwerk zwei Mal durchbrach, und nur mit vieler Mühe gelang es uns die Hunde und den Schlitten wieder herauszuziehen.

Am 20. schien endlich das Eis vollkommen stark geworden zu seyn; wir schritten rascher vorwärts, und als wir 15 Werst zurückgelegt hatten, erblickten wir auf dem linken Ufer eine aufsteigende Rauchsäule, die uns die Anwesenheit von Menschen anzeigte. Ich eilte voraus dahin, als ich aber die Mitte des Stromes erreicht hatte, brach ich durch und wäre wahrscheinlich unter das Eis gerathen, wenn mich nicht eine aus Vorsicht mitgenommene Stange auf der Oberfläche erhalten hätte, bis der Jukahir mir den langen Nartenriemen zuwarf, an dem er mich herauszog. — Auf einem grossen Umwege erreichten wir endlich das Ufer, wo wir eine verarmte Lamutenfamilie trafen, die ihren einzigen Reichthum, einige Rennthiere, durch Wölfe verloren hatte, und aus ihrer Heimath hieher gezogen war, um sich von der Fischerei zu ernähren. Sie war darin glücklicher gewesen als die armen Jukahiren, und hatte schon einen recht bedeutenden Vorrath gedörrter und gefrorener Fische, von denen sie uns so viel überliess, als wir für uns und unsere Hunde brauchten. — In der Nacht stellte sich der sogenannte warme Wind ein, der das Eis so schwächte, dass wir genöthigt waren, ganzer zwei Tage hier zu verweilen. Erst am 23. konnten wir es wagen weiterzugehen, und erreichten, nicht ohne einige Gefahr, das Dörfchen Bajakowa, wo wir eine russische Bürgerfamilie aus Nis'hne-Kolymsk antrafen, die auf den Sommer hieher gekommen war, und sich zur Rückkehr dorthin anschickte.

Am 24. September langte ich endlich, nach einer Abwesenheit von 94 Tagen, in Nis'hne-Kolymsk an, wo ich mit nicht geringer Mühe meine mehrmals durchnässten Notizen über die Aufnahme der durchzogenen Gegend ordnete und eintrug.

Vierzehnter Abschnitt.

Vierte Eisfahrt und Aufnahme der Küste bis zu der Insel Koliutschin im Jahre 1823.

Der Winter von 1822 auf 1823 war nach dem Urtheile der hiesigen Bewohner weit milder als gewöhnlich, denn nur einmal (am 10. Januar) fiel das Thermometer bis 37° unter dem Gefrierpunkt, und Nordlichte liessen sich nur selten und schwach sehen. Ungeachtet dieser milden Temperatur wäre es aber doch nicht rathsam gewesen, bei derselben eine Reise auf dem Eismeere zu unternehmen, wo an und für sich die Kälte viel strenger und, bei dem gänzlichen Mangel an Erwärmungsmitteln und Obdach, weit empfindlicher ist. Ich verschob daher meine vierte Eisfahrt bis zum Eintritt einer etwas geringeren Kälte, und benutzte die Zeit dieser unwillkürlichen Verzögerung sowohl zu den hier zu Lande immer sehr weitläuftigen und schwierigen Vorbereitungen und Zurüstungen, welche unsere Reise erforderte, als auch, um vor dem helllodernden Tschuwal meiner Hütte, hinter tüchtigen Eisfenstern sitzend, unsere im vorigen Sommer angestellten Beobachtungen und Aufnahmen zu ordnen und zu Papier zu bringen.

Eine recht erfreuliche Unterbrechung unsers einförmigen Lebens gewährte uns im Laufe des Winters die Ankunft des seit Kurzem zum Kreisaufseher von Kolymsk ernannten Herrn Tarabukin, welchen ich schon früher in derselben Eigenschaft zu Werchojansk gekannt hatte. Dieser äusserst thätige und an dem Gelingen der Expedition den lebhaftesten Antheil nehmende Mann machte es sich zur besonderen Pflicht, uns auf alle nur mögliche Weise behülflich zu seyn, wobei ihm seine langjährige genaue Kenntniss des Landes sehr zu Statten kam. Die Fischerei des vergangenen Jahres war in hiesiger Gegend ziemlich ergiebig ausgefallen, und die Hunde, eines der wesentlichsten Requisiten zu dem guten Erfolg unserer Reise, hatten sich seit der oben erwähnten Seuche erholt und wieder vermehrt. Diese und manche andere vortheilhafte Umstände benutzte Herr Tarabukin auf eine verständige und, in Rücksicht auf die Einwohner, gerechte und schonende Weise. Schon im Oktober wurden ansehnliche Vorräthe von Hundefutter nach unsern Magazinen an der grossen Baranicha, dem kleinen Baranow-Felsen und nach Sucharnoje abgefertigt; desgleichen wurden ähnliche Vorrathsniederlagen in Pochodsk, Tschernoussow, Maloje Tschukotschje und in Nis'hne-Kolymsk selbst angelegt, um wenigstens in dieser Rücksicht möglichst vor Mangel gesichert zu seyn.

Aus Erfahrung wussten wir, wie wenig und ungewiss auf die Leistungen der Einwohner in der Umgegend zu bauen sey, die, selbst bei dem besten Willen, unter der grossen Anzahl der erforderlichen Hunde nur wenige derselben vollkommen zu einer so weiten und beschwerlichen Reise taugliche stellen können. Ich beschränkte daher meine Ausschreibungen nicht blos auf die Kolyma, sondern wendete mich auch an die Uferbewohner der Indigirka, der Chroma und Jana, deren Hunde gewöhnlich besonders gut eingefahren sind. Um dabei durchaus nichts zu verabsäumen, befuhr ich im November selbst jene Gegenden und hielt mich eine Zeitlang in Ustjansk auf, wo mich mein Gefährte, der Lieutenant Anjou, hülfreich und thätig unterstützte. Es gelang mir, die an den obigen Flüssen lebenden Stämme dahin zu bringen, mir für meine bevorstehende Expedition 15 gute, mit zuverlässigen Hunden bespannte Narten nebst Futter auf zwei Monate zu liefern. Mit dieser beruhigenden Zusicherung kehrte ich in den letzten Tagen des Jahres 1822 nach Nis'hne-Kolymsk zurück und konnte nun mit ziemlicher Zuversicht darauf hoffen, dass, nach Berichtigung dieses wichtigen Umstandes, keine wesentliche, von uns abhängende Hindernisse sich mehr dem Erfolge unserer diesmaligen Expedition entgegenstellen würden.

Um die paar Monate, die uns noch bis zu dem Zeitpunkte übrig blieben, wo wir unsere vierte Eisfahrt antreten konnten, nicht unbenutzt zu lassen, schickte ich am 30. Januar 1823 den Steuermann Kosmin auf zwei Narten nach den Bären-Inseln ab, um von dort aus die wahre Lage der Insel Krestowoj mit Bestimmtheit auszumitteln und sich von dem Daseyn oder Nichtdaseyn einer vermeintlichen anderen Insel dieses Namens zu überzeugen. Herr Kosmin kehrte am 17. Februar von dieser der strengen Jahreszeit wegen äusserst beschwerlichen Reise zurück und überlieferte mir seine sehr genaue Aufnahme der Bären-Inseln überhaupt und der Insel Krestowoj insbesondere; eine zweite, uns früher nicht bekannte Insel hatte er aber, trotz allem Umherkreuzen, nicht entdeckt, und es ist daher ohne Zweifel, dass eine solche nicht existirt.

Unterdessen beschäftigten wir uns unablässig mit den Vorbereitungen zu unserer bevorstehenden grossen Eisfahrt, welche die letzte seyn und, wie wir hofften, zu der allendlichen Ausführung des uns ertheilten Auftrages dienen sollte. — Nicht nur die eigentlich zu unserer Expedition bestimmten Leute, sondern auch die Einwohner des Orts waren in voller Thätigkeit: es wurden die vorhandenen Narten sorgfältig ausgebessert, neue verfertigt, unsere Reisezelte in guten Stand gesetzt u. s. w. — Nach und nach fanden sich so viel Narten mit vollständigem Anspann zusammen, dass ich, meinem Wunsche gemäss, es möglich fand, unsere Expedition in zwei Abtheilungen ausgehen zu lassen, von denen eine unter Leitung des Herrn von Matiuschkin die Tschuktschenküste bis an das Nordkap aufnehmen sollte, während ich selbst mit der anderen die Fahrt auf dem Eismeere übernahm, um noch einen Versuch zur Auffindung des vermeintlichen grossen Landes im Norden zu machen. Mit Herrn von Matiuschkin reiste der Doktor Kyber, der längs der Küste eine reichere Ausbeute in naturhistorischer Hinsicht gewärtigte, als auf den Eisschollen und Torossen des Meeres. Mich begleitete der Steuermann Kosmin.

Sobald ich die Nachricht erhalten hatte, dass die von den Anwohnern der Indigirka und Chroma gelieferten Narten und Hunde in Pochodsk angelangt seyen, begab ich mich am 22. Februar in Begleitung des Kreisaufsehers Tarabukin dorthin, um sie zu besichtigen und in Empfang zu nehmen. Leider fanden wir den grössten Theil der Hunde so abgemergelt und kraftlos, dass sie durchaus nicht im Stande gewesen waren, die Reise auf dem Eismeere zu machen, und wir uns genöthigt sahen, die meisten derselben den Eigenthümern wieder zurückzugeben. Die wenigen tauglichen nahmen wir nach Sucharnoje, wo seit dem 14. Februar 60 der besten im ganzen Kolymskischen Bezirk ausgesuchten Hunde (für fünf Schlitten) gefüttert und gepflegt wurden. — Mit diesen und den besten unter den übrigen ausgesuchten Narten verliessen wir am 26. Februar Sucharnoje und verfolgten, immer in östlicher Richtung, die Küste, als wir am 1. März von einem Kosaken eingeholt wurden, der uns aus Nis'hne-Kolymsk nachgeschickt war. Er brachte mir von dem General-Gouverneur von Sibirien meine Verhaltungsbefehle für die diesjährigen Beschäftigungen der Expedition*). — Ich benutzte die Gelegenheit des zurückkehrenden Kosaken, um meinen Vorgesetzten einen Bericht über unsere bisherigen Arbeiten abzustatten, der aber freilich nicht sehr ausführlich seyn konnte, da ich ihn unter freiem Himmel bei 22° Kälte, auf einem Eisblocke sitzend, niederschrieb. — Mit dem Kosaken schickte ich auch zwei meiner Indigirkaschen Narten zurück, weil sich an den Hunden derselben verschiedene Zeichen einer ansteckenden Krankheit zeigten. — Nach Beendigung dieses Geschäfts setzten wir unsere Reise mit 19 Narten weiter fort und erreichten noch an demselben Tage Abends unsern zu der früheren Eisfahrt erbauten Balagan an der grossen Baranicha, welcher uns bei der bis auf 33° Reaumur gestiegenen Kälte einen sehr wohlthätigen Schutz gewährte.

Ohne Zeitverlust gingen wir gleich an die eben nicht geringe Arbeit, sowohl die schon früher hieher geschickten, als auch die jetzt mitgebrachten Lebensmittel und anderen Reisebedürfnisse auf die Schlit-

---

*) Es verdient wohl hier angemerkt zu werden, dass diese Papiere die ungeheure Entfernung von 11,000 Werst, die zwischen St. Petersburg und dem Ausflusse der Beresowaja am Eismeere liegen, in nicht mehr als 88 Tagen durchflogen hatten, wovon noch die Tage abzurechnen sind, die in Irkuzk erforderlich waren, um nach den aus der Residenz erhaltenen Vorschriften meine Instruktion einzurichten. Mit der gewöhnlichen Post wären zu dieser Reise wenigstens 6½ Monate erforderlich gewesen.

ten gleichmässig zu vertheilen und gut zu verpacken. Wir hatten nämlich an Lebensmitteln für uns 7½ Pud Roggenzwieback, 6 Pud frischgefrorenes Fleisch, 3½ Pud Grütze, 1 Pud Saturan *), 1260 Stück Jukola, 224 Stück Lachsforellen, 12 Gänse, 12 Pfund Thee, 10 Pfund gewöhnlichen Zucker, 15 Pfund Kandiszucker, 8 Krüge Spiritus, 20 Pfund Salz, 20 Pfund Oel, 1 Pud Tscherkessischen Tabak, 5 Pud Fischthran und 88 Scheite trocknes Brennholz. — Zum Futter für die Hunde **) hatten wir 7580 Stück Juchala und Jukola, 4116 Heringe und noch einige andere Fische mit. — Ausserdem mussten wir noch folgende Sachen und Geräthschaften mitnehmen, als: einen Uross oder Zelt aus Rennthierfellen mit den zum Aufstellen erforderlichen Stäben, zwei Brechstangen, zwei Spaten, einen Thee- und einen Kochkessel nebst eisernem Dreifuss, 5 Flinten, 5 Piken, 100 scharfe Patronen, eine Taschenlaterne, einige Wachslichte, 2 Sextanten, 2 künstliche Quecksilberhorizonte, einen Taschenchronometer, ein Teleskop, 2 Fernröhre, einen Inklinator, 2 Taschenpeilkompasse, 2 Spiritusthermometer, 1 Pfund Quecksilber und ein Senkblei mit Leine. — Alle diese Sachen wurden auf die 19 Narten vertheilt, auf denen auch wir sassen.

Das Sortiren, Vertheilen und Verpacken aller dieser Gegenstände beschäftigte uns ganzer drei Tage; am 4. März waren wir endlich fertig, konnten aber wegen eines furchtbaren Sturmes aus WNW. nicht aufbrechen. Dieser war so heftig, dass unser Balagan mehrmals in Gefahr gerieth, umgestürzt zu werden; dabei stieg die Kälte auf 25°. Wir bargen uns noch einigermaassen in dem morschen Gebäude, die Hunde aber waren den ganzen Tag über der Wuth des Sturmes ausgesetzt, der den Schnee hoch aufwirbelte und dabei die Luft verfinsterte, so dass wir am folgenden Tage unsere Hunde und Schlitten unter den hoch aufgethürmten Schneebergen hervorschaufeln mussten.

Am 5. März liess der Sturm etwas nach; wir brachen auf und

---

*) Saturan, in Butter oder Fischthran geröstetes Mehl, das in siedendem Wasser zerlassen und statt Thee getrunken wird.

**) Das tägliche Futter eines Hundes ward zu 1 Jukola und 3 Heringen, oder statt letzterer 2 Jukola bestimmt.

erreichten am 8. ohne irgend einen bemerkenswerthen Vorfall das Vorgebirge **Schelagskoj**, wo ein glücklicher Zufall uns in nähere Berührung mit einem Volke brachte, das wir bisher vergeblich genauer kennen zu lernen gesucht hatten.

Ich war mit Herrn Kosmin vorausgegangen, um auf der schmalen Landenge, südlich von dem Kap, einen schicklichen Platz für unser Lager auszusuchen, als ein mit Rennthieren bespannter Schlitten, von einem stämmigen Tschuktschen geleitet, aus den zunächstliegenden Torossen gerade auf uns zukam. Er hielt in einiger Entfernung von uns still, rief uns ein paar Worte zu, und da er sah, dass wir diese nicht verstanden, so winkte er mit der Hand, dass wir zu ihm kommen sollten. Wir näherten uns ihm, konnten uns aber gar nicht verständigen, weil keiner von uns die Sprache des andern verstand. Da mir sehr viel daran lag, diese günstige Gelegenheit zum Anknüpfen einer näheren Bekanntschaft zu benutzen, so suchte ich den Tschuktschen durch allerlei Zeichen aufzuhalten, bis vielleicht unser Dolmetscher, der bei der übrigen Karawane geblieben war, ankäme. Ob unser neuer Bekannter mich begriff, weiss ich nicht, aber er stieg, ohne im mindesten Furcht oder Verlegenheit zu zeigen, aus dem Schlitten, holte seine **Gansa** oder Pfeife hervor und verlangte von mir Tabak dazu; ich eilte seinen Wunsch zu erfüllen und er fing ganz bedächtig an zu rauchen. Nach einem kurzen Besinnen sprach er mehrmals das Wort **Kamakaj** aus, welches einen Aeltesten oder Anführer bedeutet, schwang sich rasch in seinen Schlitten und verschwand bald zwischen den Torossen.

Am Abend, als unsere ganze Gesellschaft angelangt und unser Lager geordnet war, erhielten wir einen Besuch von drei Tschuktschen, deren zwei in dem Schlitten sassen, der dritte aber lief nebenher und trieb die Rennthiere an. Als sie sich unserm Lager näherten, begann der eine der beiden im Schlitten sitzenden mit beiden Armen allerlei seltsame Geberden und Zeichen zu machen, welche wahrscheinlich andeuten sollten, dass sie unbewaffnet und nicht feindlich gesinnt seyen. Sie hielten bei unserer im Kreise aufgestellten Schlittenreihe still, und ein kleiner Mann von etwa **60** Jahren, dessen zottige, weite Kuchlánka seinen ganzen Körper verhüllte, betrat furchtlos den innern Lagerraum, mit der Erklärung, er sey der Kamakaj der an den Küsten der Tschaunbucht ansässigen Tschuktschenstämme. Seine kecken, raschen Bewegungen verriethen einen kräftigen Körperbau, und die unter dem struppigen, kurz geschornem Haupthaare hervorblitzenden kleinen, aber feurigen Augen deuteten Muth und Selbstvertrauen an. Nach dem ersten Bewillkommnungsworte „Toroma"*) liess er aus seinem Schlitten die Speckseite eines Seehundes und ein Stück frisches, weisses Bärenfleisch holen, die er mir als besondere Leckerbissen und eigenthümliche Erzeugnisse seines Landes überreichte. Ich führte ihn in unser Zelt, bewirthete ihn mit Tabak, Fischen u. dergl. aufs beste, und er benahm sich so ungezwungen und ruhig, als ob wir alle schon längst alte Bekannte wären. Mit Hülfe des Dolmetschers entspann sich nun ein langes Gespräch, in welchem ich mit grossem Vergnügen seine Fragen und Bemerkungen anhörte.

Hauptsächlich schien ihm daran gelegen, zu erfahren, was uns bewogen haben könnte, in dieser kalten Jahreszeit den weiten Weg hieher zu machen? Demnächst erkundigte er sich, wie viel unser seyen und ob wir bewaffnet wären? Wir beantworteten diese Fragen durchaus der Wahrheit gemäss und bemühten uns, ihm unsere Absicht bei dieser Reise und unsere völlig friedlichen Gesinnungen zu erklären; dessenungeachtet aber schien unser ungewöhnliches Erscheinen doch sein Misstrauen erregt zu haben, und seine durchdringenden Blicke schweiften unaufhörlich auf uns und allen unsern Bewegungen umher. Uebrigens war er sehr bescheiden und antwortete mit einer gutmüthigen Offenheit auf alle unsere Fragen. Unter andern wünschten wir zu wissen, ob die Tschuktschen das von uns im Jahre 1820 oben auf dem Berge des Kap Schelagskoj errichtete Kreuz gefunden hätten? „Wir haben Euer Kreuz gesehen", antwortete er, „und es unangetastet gelassen." — Er fügte nun hinzu, dass er der erste gewesen sey, der es entdeckt und über die Erscheinung desselben an dieser

---

*) Toròma ist nichts weiter als das russische Begrüssungswort Sdoròwo (wörtlich gesund), welches statt des „guten Tag" gebraucht wird und das die Tschuktschen sich von dem Markte zu Ostrownoje geholt und auf ihre Weise verstümmelt haben.

Stelle sich um so mehr gewundert habe, als auf dem vom Winde verwehten Schnee gar keine Menschenspuren zu sehen gewesen seyen. Da in dem darauf folgenden Frühling ihre Seehunds- und Bärenjagd ganz besonders glücklich ausgefallen sey, so hätten sie dieses dem Kreuze zugeschrieben und aus Dankbarkeit vor demselben ein weisses Rennthierkalb geopfert. — Nicht so gut war es einem andern solchen Kreuze ergangen, welches der russische Priester Slepzow am Ufer des Tschawan- oder Tschaunflusses aufgerichtet hatte; dies war niedergestürzt und verbrannt worden, weil die dasigen Tschuktschen bemerkt zu haben glaubten, dass nach Aufstellung dieses Kreuzes der Fluss sehr arm an Fischen geworden sey. — Noch erzählte er uns, dass die Tschuktschen hier auf dem Kap Schelagskoj keine bleibende Niederlassung hätten, sondern nur gewöhnlich im März herzukommen pflegten, um weisse Bären zu jagen, die sie mit bewundernswürdiger Kühnheit bis in die undurchdringlichsten Torossen verfolgen und dort mit Spiessen erlegen. — Von sich selbst versicherte der Alte, er sey ein Abkömmling der ehemaligen Schelagi, oder, wie die Tschuktschen sie gewöhnlich zu nennen pflegen, Tschewany, die schon seit vielen Jahren längs der Meeresküste nach Westen hin ausgewandert und nicht wieder erschienen seyen. Von diesem Tschewan-Volke hätten denn auch der Fluss und die Bucht Tschewan oder Tschaun ihre Benennung erhalten. — Nach ein paar Stunden verliess uns unser Gast, wie es schien vollkommen zufrieden mit der freundlichen Aufnahme und den kleinen Geschenken, die ich ihm beim Abschiede machte.

Am folgenden Tage (9. März) wiederholte der Kamakaj seinen Besuch mit seinen Weibern, Kindern und einem jungen Burschen, den er als seinen Neffen einführte. Da wir eben Thee tranken, so boten wir auch ihnen von diesem Getränke an; sie hatten es aber kaum gekostet, als alle es mit einer Art von Widerwillen weggossen und sich aus dem Fussboden des Zeltes tüchtige Stücke Schnee herausschnitten, an denen sie begierig kauten*), um den Geschmack zu ver-

---

*) Dies ist, wie wir nachher öfter sahen, ganz gewöhnlich; wie gross auch die Kälte seyn mag, immer macht eine tüchtige Portion frischen Schnees den Schluss jeder Mahlzeit, gewissermaassen das Dessert, und wird mit grossem Wohlbehagen verspeist.

treiben und sich wieder zu erfrischen; der Zucker aber schmeckte ihnen ganz besonders wohl. Merkwürdig ist es, dass diese Leute durch den unmässigen Gebrauch des Tabaks, den sie ohne Unterlass rauchen, schnupfen und kauen, nicht ganz ihre Geschmacksorgane abgestumpft haben. Besonders freute sich über den Zucker der Neffe, welcher uns erzählte, er habe dessen recht viel auf dem Jahrmarkte zu Ostrownoje gegessen, als man ihn dort getauft habe. Ich erkundigte mich näher nach dieser Taufe, von der er mir aber, ausser einigen Erinnerungen aus der mit ihm vorgenommenen Ceremonie, nichts zu sagen wusste; er hatte sogar seinen Taufnamen vergessen und wies mich deshalb an seine Frau, die auch damals getauft worden war. Diese konnte uns wenigstens angeben, dass ihr Mann den Namen Nikolaj und sie den Namen Agaphia erhalten hätten, und zeigte uns auch sowohl sein als ihr Kreuz*), die sie beide zusammen an ihrem Halse trug. Darauf beschränkte sich aber auch ihr ganzes Wissen; unsere Nartenführer, die bei weiterer Prüfung fanden, dass sie nicht einmal das Zeichen des Kreuzes zu machen verstand, beeiferten sich, ihr dieses und die bei dem Gebete gewöhnlichen Verbeugungen zu zeigen und zu lehren. Sie machte in kurzer Zeit grosse Fortschritte darin, worüber ihr Gemahl nicht wenig erfreut und stolz war. Unterdessen hatte ihr kleiner Sohn, ein Knabe von etwa zehn Jahren, die auf jene Katechisation gerichtete allgemeine Aufmerksamkeit benutzt, um sehr geschickt ein paar Messer, einige Glasperlen und verschiedene andere Kleinigkeiten zu entwenden und in sein weites Pelzhemd zu verbergen. Um nicht das gute Vernehmen mit diesen Leuten zu stören, wollte ich übrigens von diesem kleinen Diebstahl kein Aufheben machen.

Der Kamakaj war ein in seiner Art ganz gebildeter Mann; nachdem ich ihm den Zweck unserer Reise erklärt und ihn, wie es schien, überzeugt hatte, dass wir durchaus gar keine Absichten auf sein Volk hätten, sondern blos wünschten, die Lage und Gestaltung ihrer Küsten

---

*) Bekanntlich wird in der russischen Kirche einem jeden Täuflinge bei der Taufhandlung ein kleines metallenes Kreuzchen an einem Bande umgehängt, welches nie abgelegt werden darf.

genau kennen zu lernen und zu erforschen, wie und auf welchem Wege die Russen ihnen am füglichsten Tabak und allerlei andere Handelsartikel zuführen könnten, beschrieb er mir nicht nur genau die Gränzen seines Landes, von der grossen Baranicha bis an das Nordkap, sondern zeichnete mir sogar mit einer Kohle das Kap Schelagskoj, welches er Erri nannte; in der Tschaunbucht bezeichnete er sowohl die Insel Arautan ganz richtig nach Form und Lage, als auch noch östlich von jenem Kap eine andere kleinere Insel, die wir in der Folge auch fanden, und versicherte mit völliger Bestimmtheit, dass sich auf dieser ganzen Strecke weiter keine Insel befände. Auf meine Frage, ob jenseits des sichtbaren Horizonts nach Norden hin noch irgend ein Land liege, besann er sich etwas und erzählte dann Folgendes: Zwischen dem Kap Erri (Schelagskoj) und dem Kap Ir-Kajpij (Nordkap) unweit der Mündung eines Flusses sehe man von der nicht sehr hohen Felsenküste herab an hellen Sommertagen in weiter Ferne nach Norden zuweilen hohe, mit Schnee bedeckte Berge; im Winter aber reiche die Aussicht nicht so weit und man sähe gar nichts. In früheren Jahren seyen zuweilen grosse Rennthierheerden, wahrscheinlich von dort, über das Meer nach dem Festlande gekommen, aber, von den Tschuktschen und Wölfen verfolgt und verscheucht, seyen sie wieder zurückgekehrt. Er selbst habe einmal im April einen solchen zurückgehenden Zug gesehen und sey demselben auf seinem mit zwei Rennthieren bespannten Schlitten einen ganzen Tag lang nachgefahren, da aber sey das Eis so uneben geworden, dass er nicht habe weiter vordringen können, und genöthigt gewesen sey, umzukehren. Seiner Meinung nach liegen die oben erwähnten, sichtbaren Berge nicht auf einer Insel, sondern auf einem, gleich dem Tschuktschengebiete, weit ausgedehnten, grossen Lande, von welchem ihm sein Vater erzählte, dass vor Alters einmal ein Tschuktschen-Aeltester mit einigen seiner Angehörigen in grossen, ledernen Bajdaren hinübergefahren seyen; was sie aber dort gefunden, und ob sie überhaupt zurückgekommen seyen, wusste er nicht. Doch behauptete er, jenes ferne, nördliche Land sey von Menschen bewohnt, und führte als Beweis für die Richtigkeit seiner Behauptung an, dass vor etlichen Jahren auf der Insel Arautan in der Tschaunbucht ein Wallfisch auf die Küste herausgeworfen sey, der mit

Wurfspiessen aus Schieferstein verwundet war; da nun dergleichen Waffen bei den Tschuktschen nicht zu finden seyen, so könne dies nicht anders als von den Bewohnern jenes unbekannten Landes herrühren, die wahrscheinlich sich solcher Wurfspiesse bedienten *). Den Umstand, dass die Tschuktschen auch von den höchsten Bergen des Kap Schelagskoj selbst kein Land im Meere nach Norden ersehen könnten, erklärte er dadurch, dass das unbekannte nördliche Land, dem Punkte gegenüber, von welchem man im Sommer die hohen Schneeberge erblickte, vielleicht ein sich weit ins Meer hinaus erstreckendes Vorgebirge bilde.

Ich beschenkte den guten alten Kamakaj für seine freundliche Gesinnung und Bereitwilligkeit, unsere Fragen zu beantworten, reichlich, und versicherte ihn, dass wenn seine Aussagen sich gegründet erwiesen, er von der Regierung unfehlbar eine wichtige und kostbare Belohnung zu gewärtigen habe. Er war dafür ausserordentlich dankbar, und bat mich angelegentlichst, dafür zu sorgen, dass der Beloj Tsar' ihm einen eisernen Kessel und einen Sack voll Tabak schicken möge; dann würde er vollkommen glücklich seyn. Ich versprach, mein Möglichstes zu thun, um ihn zur Erlangung dieses Glücks zu verhelfen, und der Kamakaj nebst seiner Gesellschaft verliessen uns, sehr zufrieden mit unserer Bekanntschaft und guten Aufnahme.

Am 9. benutzte ich das schöne, heitere Wetter, um eine Mittagshöhe und 22 Mondsentfernungen zu nehmen, nach denen ich die Breite der Landenge auf $70° 2' 59''$ und die Länge derselben auf $171° 3' 15''$ östlich von Greenwich bestimmte. Die Abweichung des Handpeilkompasses betrug nach den Azimuthen und den korrespondirenden Sonnenhöhen $18° 3'$ östlich.

Am folgenden Tage setzten wir unsere Reise über die Landenge nach der Ostseite des Kap Schelagskoj fort. Wir hatten eine Kälte von $26°$, dabei aber einen so heftigen Wind aus WNW., dass meh-

---

*) Es ist bekannt, dass die Aleuten auf die Wallfische Jagd mit Wurfspiessen machen, deren Spitzen aus Schiefer verfertigt sind, so wie auch, dass jene Thiere in sehr kurzer Zeit grosse Entfernungen durchschwimmen. Demnach könnte dieser Wallfisch füglich von dort hergekommen seyn.

rere unserer Narten umgeworfen und beschädigt wurden; andere blieben so weit zurück, dass sie die vorderen Schlitten aus dem Gesichte verloren; da sie bei dem furchtbaren, dichten Schneegestöber durchaus nicht die Küste von der Eisfläche des Meeres zu unterscheiden vermochten, so verirrten sie sich nicht selten, und nur die immer grösser werdenden Torossen, die ihnen die Entfernung von der Küste andeuteten, halfen ihnen wieder zu letzterer zurückzufinden.

Die Küste bleibt auf einer Strecke von ungefähr 18 Werst steil und felsig; dann senkt sich das hohe Ufer allmälig bis zu der Mündung eines Baches, wo wir Halt machten, um die beschädigten Narten wieder auszubessern und in Ordnung zu bringen. Am 11. legte sich der Wind und ward veränderlich; das Thermometer zeigte Morgens 19°, Abends 25° Kälte. Um Mittag erreichten wir den Kosmin-Felsen, dessen Breite wir nach der Sonnenhöhe auf 70° 00′ 55″, die berechnete Länge aber auf 171° 55′ östlich von Greenwich bestimmten. Die Abweichung der Magnetnadel fand sich 18° östlich.

Von diesem Felsen an wird die Küste durch eine Reihe Hügel ziemlich uneben; zwischen denselben sahen wir grosse, angeschwemmte Haufen von Wallfischribben, aber nur sehr wenig Treibholz. Wir fuhren über einen sich in das Meer ergiessenden Bach und schlugen, 24 Werst jenseits des Kosmin-Felsens, unser Nachtlager an der Mündung eines Stromes auf, der zwischen steilen Bergen dem Meere zufliesst; auf dem flachen, sandigen Ufer des letzteren lag eine grosse Menge Treibholz. Dieser Strom, den die Tschuktschen Werkon nennen, hat eine bedeutende Breite; die beiden Landspitzen, zwischen denen er sich in das Meer ergiesst, sind 11½ italienische Meilen von einander entfernt. Das östliche Ufer dieser Strommündung ist niedrig und mit grobem Kiessand bedeckt, das westliche dagegen ist felsig und bildet nach Norden hin ein spitz auslaufendes, steiles Kap von 280 Fuss senkrechter Höhe, dem ich den Namen Kap Kyber gab. Ueber dem Felsen erhebt sich ein runder, kegelförmiger Berg, den die Tschuktschen Etschonin nennen.

Etwa 3½ Werst nördlich vom Kap Kyber liegt eine 2½ Werst im Umfange haltende und von hohen Torossen umschlossene Felseninsel. Die Tschuktschen sollen sie, wie ich später erfuhr, Amgaoton nennen; ich benannte sie Schalaurow, nach dem Manne, der durch seinen kühnen Unternehmungsgeist, seine Beharrlichkeit, seine Reisen und seinen Tod in diesen Gegenden wohl verdient hat, dass wenigstens so sein Name hier erhalten werde. Gegen Norden und Westen von der Schalaurow-Insel erheben sich die Felsen bis zu einer Höhe von 15 Faden; die Westseite senkt sich allmälig gegen das Meer hinab und ist ganz mit Wallfischribben bedeckt, die dort in einzelnen Haufen übereinander aufgethürmt liegen. Diese Haufen sind die Ueberbleibsel der Hütten eines Volkes, welches ehemals hier gelebt und sich von Fischen und Amphibien genährt haben soll, vornehmlich von Wallfischen, deren kolossale Ribben sie statt Balken und Stangen zum Bau ihrer Wohnungen brauchten. Die Sprache dieses Fischervolkes wich, den Erzählungen nach, ganz von der der nomadisirenden Rennthier-Tschuktschen ab und hatte viel Aehnlichkeit mit der Mundart der ansässigen Tschuktschen an der Behringsstrasse; diese wohnen noch jetzt in Erdhütten, deren innere Strebepfeiler aus Wallfischribben bestehen und in die man nicht anders als von oben gelangen kann. — Es ist übrigens bekannt, dass die ansässigen Tschuktschen mit den Aleuten und Grönländern einen und denselben Stamm bilden, der sich demnach vom Osten des nördlichen Amerika längs dem Ufer des Eismeeres bis zum Kap Schelagskoj erstreckt.

Am 13. wehte ein leichter Westwind, der zwar den Horizont in Nebel hüllte, aber doch keinen Einfluss auf die Temperatur der Luft hatte, denn unser Thermometer zeigte Morgens 19° und Abends 25° Kälte.

Nachdem wir von dem auf dem östlichen Ufer des Flusses liegenden Treibholze so viel auf die Narten geladen hatten, als nur immer möglich war, verliessen wir die Küste und richteten unsern Kurs auf dem Eise gerade nach Norden. Als wir 4 Werst vom Lande abgefahren waren, liess ich Halt machen und einen Theil unserer Vorräthe mit den schon früher beschriebenen Bewahrungsmitteln im Eise vergraben, welches hier nicht mehr als 1¼ Arschin Dicke hatte. Die Tiefe des Meeres betrug 5 Faden; der Grund war grüner Lehm. — Wie gewöhnlich schickte ich die geleerten Narten nach der Kolyma zurück.

Am 14. März hatten wir 17 Werst in NNO.-Richtung (bei 25° und 28° Kälte) auf einer ziemlich ebenen Eisfläche gefahren, als wir auf ungeheure, hohe Torossen stiessen, durch die wir uns mit Brechstangen einen Weg bahnen mussten; aber die Eismassen waren so gross, dicht und fest, dass wir mit der grössten Anstrengung unserer Kräfte bis gegen Abend nur 3 Werst vorrücken konnten und dort, theils aus Ermattung, theils auch wegen der sehr beschädigten Narten, unser Nachtlager aufschlagen mussten.

Am folgenden Tage liess die Kälte etwas nach, wir hatten nur 20°, dabei trübes Wetter. Unsere heutige Fahrt war noch beschwerlicher als die gestrige; wir arbeiteten den ganzen Tag mit Brechstangen zwischen den endlosen Torossen und hatten doch nur erst 5 Werst zurückgelegt, als der klägliche Zustand unserer Narten, die, ihrem leichten Bau nach, gar nicht für eine Fahrt dieser Gattung berechnet sind, uns nöthigte, still zu halten, um sie wieder etwas in Ordnung zu bringen. Ungefähr auf der Hälfte der obigen Strecke benutzte ich eine Eisspalte, um die Tiefe des Meeres zu messen; ich fand 19 Faden Tiefe und den Grund aus Lehm und Sand bestehend.

Von der Unmöglichkeit überzeugt, mit allen den schwer bepackten Schlitten über die immer höher und dichter werdenden Torossen und durch die zwischen denselben angehäuften tiefen Schneemassen uns durcharbeiten zu können, beschloss ich, den grössten Theil unserer Provisionen hier zu vergraben und acht Narten zurückzuschicken. Demzufolge wurden im Eise zwei grosse Behälter ausgehauen, in welche wir eine auf 23 Tage berechnete Quantität Lebensmittel und Hundefutter vergruben. Nun blieben mir nur noch vier Narten übrig, auf denen ich mit Herrn Kosmin und fünf meiner Leute versuchen wollte, weiter gegen Norden vorzudringen. Um dies möglich zu machen, durften die Schlitten nur sehr leicht beladen seyn; ich nahm daher nur auf etwa fünf Tage Provisionen und etwas weniges Brennholz mit. — Wir befanden uns in der beobachteten Breite von 70° 11′ 35″ und in der berechneten Länge von 174° 00′ östlich von Greenwich.

Der heftige Westwind, der bei 15° Kälte ein dichtes, die ganze Luft verfinsterndes Schneegestöber herbeitrieb, erlaubte uns am 17. März nicht, unsere weitere Reise nach Norden anzutreten. In der Nacht auf den 18. aber wandte sich der Wind nach WNW. und erwuchs zu einem wirklichen Sturme, der die Eisfläche um unser Lager herum aufbrach und uns in eine sehr missliche Lage versetzte, indem wir uns auf einer rings umher abgelösten Eisinsel von ungefähr 50 Faden Durchmesser befanden. Nach allen Seiten waren Risse entstanden, welche sich durch die Wuth des Sturmes mit furchtbarem Krachen und Getöse immer mehr erweiterten; viele derselben erreichten bald eine Breite von 15 Faden, und das Eisinselchen, von dem unsere Existenz abhing, ward von dem Sturme hin- und hergeworfen. So brachten wir einen Theil der Nacht in der Finsterniss zu, jeden Augenblick unsern Untergang gewärtigend. Endlich brach der Morgen an und mit ihm ein günstiger Wind, der unsere Eisscholle mit den übrigen zusammendrängte und uns so allmälig am 18. März Abends wieder mit dem festen Eise in Berührung und Verbindung brachte. — Unter uns hatten wir 19 Faden Tiefe auf Lehmboden.

Der Sturm liess am 19. nach und der Himmel klärte sich auf, aber im Norden sahen wir deutlich die dunklen Dünste des offenen Meeres aufsteigen, welche uns wenig Hoffnung für ein bedeutendes Vordringen nach Norden liessen; doch gaben wir unser Vorhaben nicht auf, sondern suchten, in nordöstlicher Richtung uns einen Weg durch die Torossen zu bahnen. Wir arbeiteten eifrig und unablässig den ganzen Tag und mussten auf weiten Umwegen grosse Eisspalten umgehen, die noch offen waren, während wir über andere schon mit einer dünnen Eiskruste überzogene mit Lebensgefahr hinwegfuhren. Daher rückten wir nur sehr langsam vor, so dass, als wir Abends bei einem hohen Eisberge unser Nachtlager aufschlugen, wir nur 10 Werst gemacht hatten und uns noch im Angesichte der Küste befanden.

Am 20. war das Wetter still und heiter, im Norden der Horizont dunkelblau; das Thermometer zeigte 19^{0}. — Die wild durch und übereinander aufgethürmten Torossen nahmen jetzt in solchem Maasse zu, dass es durchaus unmöglich ward, weiter nach Norden vorzurücken. Wir versuchten die Richtung nach WNW. zu nehmen, aber kaum waren wir ungefähr 8 Werst weit gefahren, als wir uns vor einer wenigstens 5 Werst breiten, ungeheuren Eisspalte befanden, die nur mit einer dünnen, vollkommen glatten und folglich eben erst gebildeten Eiskruste überzogen war. An Umgehen dieser Oeffnung war nicht zu denken, denn sie erstreckte sich von WNW. nach OSO. auf beiden Seiten bis über den sichtbaren Horizont. — Wir schlugen am Rande dieser Spalte unser Nachtlager auf, unter uns hatten wir 19½ Faden Tiefe, auf einem Grunde von Lehm und Sand.

Am folgenden Tage war unser erstes Geschäft, eine genauere Untersuchung unserer Umgebung und der etwaigen Mittel zum Weiterkommen. Nördlich über die Eisspalte hinaus schienen die sichtbaren Torossen von alter Formation und weniger steil und dicht zu seyn, so dass wir hoffen durften, in denselben einen Durchweg zu finden; um aber zu ihnen zu gelangen, gab es kein anderes Mittel, als sich der dünnen Eisdecke des Kanals anzuvertrauen. Die Meinungen meiner Begleiter über die Möglichkeit waren getheilt; ich entschloss mich zu dem Versuch, und das Wagestück gelang besser als wir es erwarten durften durch den unglaublich schnellen Lauf unserer Hunde, denen wir lediglich unsere Rettung verdankten. Der vorderste Schlitten brach wirklich an mehreren Stellen ein, aber die Thiere, theils aus angebornem Instinkt die Gefahr ahnend, theils durch den unaufhörlichen Ermunterungsruf der Führer angefeuert, flogen mit solcher Blitzesschnelle über das berstende Eis dahin, dass der Schlitten nicht dazu gelangte, sich zu senken, sondern glücklich hinüberkam; auch die anderen drei Narten fuhren in verschiedenen Richtungen, je nachdem ihnen das Eis zuverlässiger schien, rasch darauf los, und so erreichten wir glücklich das jenseitige Eisufer, wo wir genöthigt waren, unsern über ihre Kräfte angestrengten Hunden einige Erholung zu geben. Ich benutzte diesen Stillstand, um nach der Mittagshöhe die Breite, in der wir uns befanden, auf $70°\ 20'\ 22''$ zu bestimmen; die Länge berechnete ich nach den Peilungen der auf dem festen Lande sichtbaren Punkte auf $174°\ 13'$ östlich von Greenwich. Aus dem Mittagsschatten ergab sich die Abweichung der Magnetnadel $21½°$ östlich.

Die jetzt ziemlich günstige Beschaffenheit des Eises gestattete uns, am heutigen Tage **24** Werst in NNO.-Richtung über alte Torossen und tiefen Schnee zurückzulegen. Wir benutzten die Beleuchtung eines in NO. sichtbaren schönen Nordlichtes, um noch bei eingetretener Dunkelheit weiterzufahren, und schlugen erst spät Abends unser Nachtlager zwischen den Torossen auf.

Morgens am 22. war der Himmel heiter; als aber nach Mittage der Wind nach Westen umsetzte und an Stärke sehr zunahm, stellte sich ein dichtes Schneegestöber ein. — Unsere heutige Fahrt ward durch eine Menge offener Stellen unterbrochen, die uns oft in die grösste Gefahr brachten, indem sie gewöhnlich von dicken, weit überhängenden Schneelagen bedeckt waren, die wir nicht eher bemerkten, als bis die vordern Hunde mit dem lockern Schnee hinab ins Wasser fielen, so dass mehrmals die Narten Gefahr liefen mit fortgerissen zu werden. Mit der grössten Vorsicht rückten wir nach N. z. O. 20 Werst vor, wo ich die Tiefe des Meeres 21 Faden über Lehm und feinem Sande fand. Von da machten wir noch 10 Werst und übernachteten in einer Torossengruppe, die rund umher von Eisspalten umgeben, wie eine Art von Felsen-Insel dastand. Während der Nacht erhob sich ein starker Wind aus WNW., der unfehlbar die Spalten erweitert, und uns in eine sehr üble Lage versetzt hätte, wenn er anhaltend geblieben wäre; zum Glück aber liess er bald wieder nach und wir eilten unsere Eis-Insel zu verlassen, indem wir uns über die Spalten eine Art Brücke und Eisschollen bauten.

Ausser der sehr bedenklichen Beschaffenheit des Meereises trat jetzt ein anderes, noch wichtigeres Hinderniss unserm weitern Vordringen entgegen, nämlich der Mangel an Hundefutter. Ich beschloss zwei der Narten nach unserer letzten Proviantniederlage zurückzuschicken, um den Futtervorrath derselben noch auf einige Tage für die nachbleibenden beiden Narten zu benutzen. Ihre zurückgelassenen Vorräthe vertheilte ich auf diese letztere, und setzte am 23. März meine Fahrt nach Norden fort; mehr um des Bewusstseyns halber alles gethan zu haben, was wir nach Kräften und Umständen leisten konnten, als in der Hoffnung auf einen günstigen Erfolg. — Bis um Mittag hatten wir heiteres Wetter und mässigen Wind; Nachmittags aber ward dieser sehr scharf, der Himmel bewölkte sich, und so weit unser Blick nach NW., N. und NO. reichte, war der Horizont von den dichten dunkelblauen Dünsten bedeckt, die hier immer aus dem

Meere aufsteigen, wenn es offen ist. Trotz der durch dieses untrügliche Anzeichen bestimmt entschiedenen Unmöglichkeit zum Weitergehen, setzten wir dennoch unsere Fahrt fort; kaum aber waren wir 9 Werst weit gefahren, als eine an der schmalsten Stelle über 150 Faden breite Spalte, die sich von W. nach O. bis über den sichtbaren Horizont erstreckte, uns völlig den Weg versperrte. Der scharfe Westwind der immer an Stärke zunahm, erweiterte diesen offenen Kanal immer mehr und mehr; die nach Osten gehende Strömung in demselben hatte eine Schnelligkeit von $1\frac{1}{2}$ Knoten. — Wir erklimmten eine der höchsten unter den uns umgebenden Torossen, von welcher wir eine Fernsicht nach Norden hatten, und doch noch vielleicht irgend einen Ausweg zu entdecken hofften; aber als wir den Gipfel des Eisberges erreicht hatten, lag das unermessliche, offene Meer weit ausgebreitet vor uns. Ein furchtbarer, grossartiger, aber trauriger Anblick! Zwischen und auf den schäumenden Wogen schaukelten ungeheure Eisberge umher, deren groteske, kolossale Massen durch Sturm und Wasser bald liegend, bald aufrecht schwimmend gegen die lockere Eisfläche jenseits des vor uns liegenden Kanals geschleudert wurden und sie zertrümmerten. Dies geschah mit einer so ungeheuren Gewalt und Schnelligkeit, dass in Kurzem die Scheidewand, die jetzt noch das offene Meer von dem vor uns liegenden Kanal trennte, verschwinden musste; es wäre demnach eine durchaus zwecklose Tollkühnheit gewesen, den Versuch zu wagen, etwa auf einer der umherschwimmenden Eisschollen hinüberzusetzen; denn wenn es uns auch vielleicht gelungen wäre, auf diese gefahrvolle Art die gegenüberliegende Seite zu erreichen, so hätten wir, bei der furchtbaren Gewalt der im Aufruhr heranschwimmenden Eisberge, doch kein festes Eis mehr gefunden, da schon auf unserer Seite, durch den Andrang des Windes und der im Kanal treibenden Eisschollen, unaufhörlich neue Spalten entstanden, die sich, gleich Armen eines grossen Stromes, in verschiedenen Richtungen über die hinter uns liegende Eisfläche erstreckten. — Wir konnten nicht weiter! —

Mit dem schmerzlichen Gefühle der Unmöglichkeit, die sich uns entgegenstellenden Naturhindernisse zu überwinden, schwand uns auch die letzte Hoffnung, das räthselhafte Land zu entdecken, an dessen

Daseyn wir noch nicht zweifeln durften; wir mussten den Zweck aufgeben, den wir während drei Jahren unter beständigen Entbehrungen, Mühseligkeiten und Gefahren zu erreichen gestrebt hatten. Wir hatten gethan, was uns Pflicht und Ehre geboten; jetzt wäre es zwecklos und unvernünftig gewesen, gegen die klare Unmöglichkeit, gegen die Uebermacht der Elemente kämpfen zu wollen, und — ich entschloss mich den Rückweg anzutreten.

Nach Berechnung war die Lage des Punktes, von dem ich mich gezwungen sah umzukehren, in **70° 51′ N.** Breite und **175° 27′** östlich von Greenwich. Unsere Entfernung vom festen Lande, das wir jetzt wegen des trüben Wetters nicht sehen konnten, war in gerader Linie **105 Werst**. Die Tiefe des Meeres fand ich $22\frac{1}{2}$ Faden, auf lehmigem Boden.

Auf dem eben erst durch unsere Herfahrt gebahnten Wege fuhren wir rasch zurück, der Küste zu, und obgleich wir eine Menge ganz frischer Eisspalten umfahren mussten, die während unserer Abwesenheit entstanden waren, so legten wir doch in kurzer Zeit 35 Werst zurück, bis an eine alte Torossengruppe, in welcher wir unser Nachtlager aufschlugen. Auch hier waren wir zwar von dergleichen Rissen im Eise umgeben, allein da der Wind sich merklich legte, so schienen sie mir weiter nicht gefährlich.

Am andern Morgen früh fuhren wir bei gelindem Westwinde und $17\frac{1}{2}°$ Kälte weiter. Wir hatten alle Ursache zu eilen, da an vielen Stellen die alte Spur unserer Narten, der wir möglichst folgten, sich in frischen, kreuz und quer über einander gehobenen Torossen verlor; ein Beweis, dass die ganze Eisfläche in heftige Bewegung gerathen war. Ueber mehrere neu entstandene, breite Spalten, die zu weit hinauf gingen, um sie zu umgehen, setzten wir, indem wir uns der grossen herumschwimmenden Eisschollen als Fähren bedienten. Oft waren diese aber zu klein, um das ganze Gespann einer Narte aufzunehmen, dann mussten die Hunde schwimmen und uns so zum Hinüberkommen behülflich seyn; dies aber war höchst schwierig wegen der starken Strömung, die in allen diesen offenen Stellen herrschte. Nicht weit von unserm letzten Vorrathskeller ging der Strom nach OSO. mit einer Schnelligkeit von 4 Meilen in einer Stunde. Hier war die Temperatur des Wassers — $1\frac{3}{4}°$, während das Thermometer in freier Luft eine Kälte von $10°$ angab

Nach manchen mit eben soviel Gefahr als Beschwerde verknüpften Uebergängen, erreichten wir endlich Abends zu unserer grossen Freude die Proviantniederlage, wo die zurückgeschickten beiden Narten, schon Tages zuvor angelangt waren, und unsere vergrabenen Lebensmittel alle wohlbehalten gefunden hatten.

Am 25. stellte sich bei schwachem Ostwind ein dichter Nebel ein, der die Küste unsern Blicken völlig entzog. Morgens hatten wir $15°$, Abends aber nur $10°$ Kälte. — Mit Aenderung des Windes liess auch die Strömung nach, und an mehreren Stellen hatten sich die im Eise entstandenen Spalten wieder geschlossen; dessenungeachtet aber war unsere Lage auf der weit und breit umher zerborstenen lokkern Oberfläche, die bei dem ersten mittelmässigen Seewinde in Bewegung gerathen konnte, so bedenklich, dass ich durchaus keine Rücksicht auf die Ermattung unserer Hunde nehmen durfte, sondern beschloss, sie ohne den mindesten Zeitverlust zur Bergung unserer Lebensmittel auf das feste Land zu brauchen. Wir wollten eben die nöthigen Anstalten dazu treffen, als mein bester Nartenführer plötzlich von so heftigen Schmerzen im Rückgrade befallen wurde, dass er sich durchaus gar nicht aufrichten konnte; dies nöthigte mich noch einen ganzen Tag hier liegen zu bleiben, und zu versuchen, ihm durch die wenigen Mittel, die uns zu Gebote standen, und die sich auf Ruhe und etwas Einreibung von Spiritus und Thran beschränkten, einige Linderung zu verschaffen. Unsere übrigen Nartenführer, denen ich überhaupt das Zeugniss geben muss, dass sie sich auch bei den grössten Gefahren stets muthig und unverzagt, so wie bei den empfindlichsten Entbehrungen und schwersten Anstrengungen immer unverdrossen und munter bewiesen hatten, verbrachten diesen unwillkührlichen Rasttag nicht in träger Ruhe. Die Erscheinung zweier Steinfüchse, die sich in unserer Nähe blicken liessen, weckte ihre angeborene Neigung zur Jagd; es wurden in grösster Eile ein Paar recht künstliche Fuchsfallen gemacht, und mit Ködern, die sie sich selbst von ihrer kärglichen Portion abzogen, aufgestellt; einer der Füchse ward gefangen, den andern aber, der wahrscheinlich schon lange vergeblich nach Beute herumgeirrt war, fand man nicht weit von da im eigentlichen Sinne des Wortes verhungert liegen.

Die strenge Kälte nahm merklich mit jedem Tage ab; am 26. März hatten wir bei gelindem SSO.-Winde Morgens — 2°, Abends — 8°. — Unserm Kranken hatte die 24stündige Ruhe zwar einige Linderung verschafft, allein er war immer noch nicht im Stande wieder als Nartenführer zu dienen, wozu eine sehr grosse Beweglichkeit erforderlich ist. Dennoch aber ward es von Stunde zu Stunde immer dringender, das verrätherische Eis zu verlassen, und die Küste so bald als möglich zu erreichen. Da erbot sich Herr Kosmin, immer bereit alles, was nur irgend in seinen Kräften stand, zum Gelingen unseres Unternehmens beizutragen, die Leitung der Narte selbst zu übernehmen, und dem Führer seinen Platz in dem Schlitten zu überlassen. Um schneller mit dem Hinüberführen unserer Vorräthe an das Ufer fertig zu werden, liess ich aus den zur Ausbesserung unseres Fuhrwerkes mitgenommenen Materialien noch eine fünfte Narte zusammenbinden, die wir mit soviel Hunden bespannten, als zur Noth von den übrigen entbehrt werden konnten, und übertrug die Leitung derselben unserm Dolmetscher. Dessenungeachtet aber, und obgleich die Schlitten so stark beladen waren als nur immer möglich, konnten wir doch nicht den ganzen Vorrath auf einmal mitnehmen, sondern mussten einen ziemlichen Theil derselben in dem Keller zurücklassen; wir trösteten uns aber mit der Hoffnung, dass es uns wohl glücken würde, noch einmal zurückzukehren und auch diesen Rest zu bergen.

Wir brachen auf; kaum waren wir aber 3 Werst gefahren, als die Spur unseres erst vor einigen Tagen eingeschlagenen Weges gänzlich verschwand, und ganz frische Torossen und Eisspalten die Fahrt überaus erschwerten. Um nur weiterzukommen, waren wir zuletzt genöthigt einen Theil unserer Ladungen fortzuwerfen; allein auch dieses Opfer half nicht auf lange, denn als wir noch mit vieler Mühe 2 Werst zurückgelegt hatten, verschwand alle Hoffnung zwischen den offenen Stellen durchzukommen, die sich jetzt schon so ausdehnten, dass im Westen das Meer mit seinen umhertreibenden Eismassen offen vor uns lag, und durch die aus demselben aufsteigenden dichten Dünste der ganze Horizont verfinstert ward. Im Süden lag zwar noch eine scheinbare Eisfläche vor uns, sie bestand aber aus lauter grössern Bruchstücken oder Eis-Inseln, und auch sogar zu diesen konnten wir wegen des uns davon trennenden offenen Wassers nicht gelangen. So von allen Seiten abgeschnitten, sahen wir der eintretenden Nacht mit banger Erwartung entgegen. Zu unserm Glücke war die Luft beinahe ganz still und das Meer ruhig; hievon nur und von dem in der Nacht zu gewärtigenden Frost konnten wir Rettung erwarten. Wirklich trieb auch ein sich erhebender leichter Nordwestwind während der Nacht die Eis-Insel, auf der wir uns befanden, allmälig nach Osten, nach der oben erwähnten Eisfläche hin. Um diese vollends zu erreichen, zogen wir mit Stangen die kleinern herumschwimmenden Eisschollen an uns, und bildeten daraus eine Art von Brücke, die der Nachtfrost aneinander kittete, so dass wir es wagen durften, uns ihnen anzuvertrauen. Diese Arbeit war noch vor Sonnenaufgang am 27. März beendigt; wir eilten aus unserer bisherigen üblen Lage herauszukommen, und erreichten glücklich jene Eisfläche. Aber kaum hatten wir auf derselben 1 Werst nach SO. zurückgelegt, als wir uns aufs neue in einem Labyrinthe von offenen Wasserstellen befanden, die uns nach allen Seiten den Weg abschnitten. Da alle uns umgebenden Eisschollen viel kleiner waren, als die, auf welcher wir uns befanden (diese hielt nämlich 75 Faden im Durchmesser), und da wir aus verschiedenen untrüglichen Merkmalen einen Sturm voraus sahen, so hielt ich es für sicherer, denselben auf dieser grössern Eismasse, die uns doch immer mehr Sicherheit gewährte, abzuwarten, und so verhielten wir uns ruhig und ergaben uns in das, was die Vorsehung über uns verfügen würde.

Bald zeigten sich die Vorboten des herannahenden Unwetters; finstere Wolken stiegen im westlichen Horizonte auf, die ganze Atmosphäre füllte sich mit feuchten Dünsten. Plötzlich trat ein scharfer Westwind ein, der in weniger als einer halben Stunde zum orkanartigen Sturme heranwuchs. Das furchtbar aufgeregte Meer schleuderte die umherschwimmenden Eisschollen in allen Richtungen gegen einander; hier richteten sich zwei ungeheure, haushohe Eisflächen aufrecht in die Höhe, standen ein paar Augenblicke gleich schlagfertigen Kämpfern sich gegenüber, und stürzten dann krachend und zischend übereinander her, in die Fluthen hinab; — dort wurden gigantische Eisberge wie leichte Federbälle hoch auf die Gipfel der wüthenden Wogen erhoben, und dann auf die zunächst liegenden Eisfelder geworfen, die sie mit furchtbarem Getöse zertrümmerten. Es war ein schreckliches, riesiges Bild der bis aufs Höchste aufgeregten Polarnatur. — In der peinlichsten Unthätigkeit starrte unser kleines Häuflein auf der hin- und hergeworfenen Eis-Insel den furchtbaren Kampf des wüthenden Elementes an, jeden Augenblick erwartend, dass auch wir von den Wogen verschlungen würden. — Drei qualvolle Stunden waren in dieser schrecklichen Lage verbracht, noch hielt die Eismasse unter uns zusammen, aber plötzlich ergriff sie der Sturm und schleuderte sie mit ungeheurer Gewalt gegen eine andere, grössere Eisfläche — ein fürchterlicher Ruck, ein betäubendes Getöse, und wir fühlten unter uns die Eismasse zerbröckelt nachgeben und das Wasser überall hervorquellen; der Augenblick unseres Unterganges war da! Aber in dem furchtbaren, entscheidenden Moment, wo Rettung unmöglich schien, rettete uns der jedem lebenden Wesen angeborne Trieb der Selbsterhaltung; instinktmässig sprangen wir alle zugleich auf die Schlitten, trieben die Hunde an, ohne zu wissen wohin, flogen pfeilschnell über die sinkenden Eisbrocken auf das Eisfeld, an welchem wir gestrandet waren, und erreichten glücklich eine noch festsitzende, mit hohen Torossen besetzte Eismasse, wo unsere Hunde von selbst stille hielten. Wir waren gerettet! — Freudig umarmten wir uns, und dankten vereint Gott für unsere wundervolle Erhaltung.

Aber das Brüllen des immer noch mit ungeheurer Wuth tobenden Sturmes, das furchtbare Krachen der übereinander stürzenden Eiskolosse, mahnte uns hier nicht lange zu verweilen; nach einer kurzen Ruhe, und ohne unsere ganz durchnässten Kleider zu trocknen, eilten wir südwärts der sichtbaren Küste zu, die uns den Weg zu unserm ersten Vorrathskeller im Eise andeutete. Zu diesem gelangten wir gegen Abend, luden von den Vorräthen so viel als nur immer möglich war auf unsere Narten, und fuhren gleich weiter, um noch vor völligem Eintritt der Dunkelheit die Küste zu erreichen. Dies gelang: wir schlugen unser Nachtlager unweit der Mündung des Flusses Werkon am Fusse eines Felsens auf, der einigen Schutz gegen den Sturm und die Möglichkeit darbot ein Feuer anzumachen, um uns etwas zu trocknen, und nach so vielen, in beständiger Lebensgefahr verbrachten Stunden einmal wieder etwas Nahrung zu geniessen, besonders aber uns durch eine tüchtige Portion heissen Thee's zu stärken.

Am 28. hatte sich der Sturm gelegt, der Wind wehte mässig aus ONO., der Himmel war heiter und die Luft mild; am Morgen hatten wir — $9\frac{1}{2}°$, Abends aber — $13°$. — Wir beschäftigten uns den ganzen Tag mit dem Transport der noch übrig gebliebenen Vorräthe aus dem Keller auf die Küste, und hofften, dass bei dem ruhigern Zustande der Atmosphäre, sich auch wieder stärkere Fröste einstellen, und uns durch das Zufrieren der Eisspalten die Möglichkeit darbieten würden, unsern weiter nach Norden belegenen Vorrathskeller zu erreichen, und die dort vergrabenen Provisionen, wenn sie nämlich nicht untergegangen wären, auch herüberzuholen. Diesen Zuwachs an Lebensmitteln zu erhalten war uns um so wesentlicher, da wir bei der weitern Fahrt nach Osten eben nicht viel auf eine Unterstützung von Seiten der Tschuktschen rechnen konnten.

Am 29. liess ich die sehr erschöpften Hunde ruhen; das Wetter war heiter bei einer Kälte von 18 bis $19°$. Nach der Mittagshöhe der Sonne fand ich die Breite der Nordspitze am östlichen Ufer des Werkon in $69° 51' 23''$, und die berechnete Länge $173° 34'$ östlich von Greenwich. Die Abweichung der Magnetnadel betrug nach den Azimuthen der korrespondirenden Sonnenhöhen $18° 56'$ östlich. — Von hier aus lag nach dem Kompass: das Kap Kyber in SW. $83°$, und die Mitte der Insel Schalaurow in SW. $87\frac{1}{2}°$.

Da die Kälte immer anhielt und am 30. März bis auf $21°$ kam, so glaubte ich den Versuch wagen zu dürfen, unsern andern Vorrathskeller zu besuchen, weil meiner Meinung nach die Eisspalten, die uns von demselben trennten, jetzt wohl schon wieder zugefroren seyn mussten. Ich fertigte demnach Herrn Kosmin auf drei leeren Narten mit dem Befehle dorthin ab, so viel von den Vorräthen aufzuladen als die Schlitten nur fassen könnten; allein schon nach sechs Stunden kehrte er mit der betrübenden Nachricht zurück, dass die Eisspalten und offenen Stellen sich auf mehr als 15 Werst vom Ufer erstreckten, und noch gar nicht zugefroren seyen; wir mussten also die Hoffnung unsere dort im Eise vergrabenen Schätze wieder zu erlangen aufgeben, was, wie ich schon oben bemerkt habe, ein sehr empfindlicher Verlust für uns war.

Während der Abwesenheit des Herrn Kosmin hatte ich das östliche Ufer der Mündung des Werkon aufgenommen. Es wird von einer Gruppe runder Berge gebildet, auf welchen sich eine Menge jener säulenartig gestalteten Felsen (hier Kekury genannt) erheben, durch welche die Baranow-Felsen sich ganz besonders auszeichnen. Diese Berge endigen mit einer niedrigen, ins Meer hinauslaufenden Landspitze, die man als die östlichste Spitze der Flussmündung betrachten kann. Nach den oben erwähnten Felssäulen nannte ich dies Vorgebirge Kap Kekurnoj. — Die Entfernung desselben von dem Kap Kyber beträgt 30 Werst, ersteres liegt von letzterem nach SO. 80°. Diesen ganzen Zwischenraum nehmen niedrige, flachliegende Inseln ein, die durch eine Menge von Armen eines bedeutenden Flusses gebildet werden, dessen Hauptbette in der Breite einer halben Werst längs der Ostküste hingeht. — Die beobachtete Breite des Kap Kekurnoj ist 69° 50' 53", und seine Länge 174° 34' östlich von Greenwich.

Ein bei heftigem OSO.-Winde und 12° Kälte eingetretenes starkes Schneegestöber bewog mich, auch noch den 1. April hier zu bleiben, und erst am folgenden Tage brachen wir auf und zogen weiter nach Osten, wo wir hoffen konnten auf Herrn von Matiuschkin zu stossen, dem ich früher die Aufnahme dieser Küste übertragen hatte. Da jetzt leider im Norden nichts mehr zu thun war, so wollte ich mich mit ihm vereinigen, um jene Aufnahme gemeinschaftlich fortzusetzen und zu vollenden. — Auf den Fall, dass er in die Gegend unseres Lagerplatzes kommen sollte, liess ich auf einem der am meisten von allen Seiten in die Augen fallenden Hügel an der Mündung des Werkon, eine Art Wahrzeichen errichten, mit der Benachrichtigung, dass wir an Lebensmitteln Mangel litten und schleuniger Hülfe bedürften. Wirklich beruhte unsere ganze Hoffnung in der traurigen Lage, in welcher wir durch den Verlust unserer Vorräthe gerathen waren, blos auf der Vereinigung mit der Abtheilung des Herrn von Matiuschkin.

Ohne mich mit der Beschreibung der eigentlichen Aufnahme der

Küste aufzuhalten, die ich weiter unten in einer allgemeinen Uebersicht zu geben gesonnen bin, folge ich hier den in meinem Tagebuche verzeichneten Fortgange unserer Reise, die freilich wenig Unterhaltendes darbietet.

23 Werst vom Kap Kekurnoj übernachteten wir auf der niedrigen, flachen Küste. In einiger Entfernung von uns nach NO. lagen die Ueberreste eines wahrscheinlich einmal von reisenden Russen aus Treibholz erbauten Balagans. Die Balken waren blos aufrecht in den Schnee gesteckt und bildeten einen Halbkreis nach Norden, um einigen Schutz gegen die Nordwinde zu gewähren. Allem Anscheine nach war diese Art von Hütte schon sehr lange nicht besucht worden.

In der Nacht auf den 4. April trieb ein starker Westwind eine Menge Schnee herbei; Morgens hatten wir 9°, Abends aber nur 4° Kälte. — Dieser Wind, der auch am folgenden Tage anhielt, war unserer Fahrt förderlich, und die vielen Rennthierspuren, die wir trafen, reizten die Hunde so sehr, dass wir in weniger als fünf Stunden gegen 40 Werst über eine Tundra machten, die so flach und eben war, dass wir sie oft kaum von der Eisfläche des Meeres unterscheiden konnten.

Das lange Ausbleiben des Herrn von Matiuschkin beunruhigte mich sehr, besonders da unsere Vorräthe beinahe zu Ende gingen. Da ich jedoch die Aufnahme der Küste fortsetzen wollte, so beschloss ich noch ein Mal mein Heil auf dem Meereise zu versuchen, und schickte in dieser Absicht Herrn Kosmin mit einer Narte aus, um zu sehen, ob es ihm nicht gelingen würde, einen Bären zum Hundefutter zu erlegen, woran es uns vorzüglich fehlte. Er fuhr ab und kehrte leider unverrichteter Sache nach 10 Stunden zu uns zurück. Ungefähr 20 Werst war er in gerade nördlicher Richtung über sehr unebenes Eis und tiefen Schnee gefahren, dann aber traf er auf breite, weit ausgehende Spalten, die ihm gänzlich den Weg abschnitten. Er bestieg einen hohen Toross, von dessen Gipfel aus er die sich von WSW. bis N. erstreckenden grossen, offenen Stellen übersehen konnte; sie nahmen zwar von N. nach NO. etwas ab, aber dahingegen war wieder dort alles so dicht mit unübersteiglich hohen Torossen besetzt, dass es keine Möglichkeit gab durchzudringen. Von NO. nach O.

waren keine Spalten zu sehen, und in der Ferne war der Horizont dunkelblau. Bärenspuren traf er gar nicht an, wohl aber dergleichen von Steinfüchsen, die alle nach NO. gerichtet waren. — Nach diesem Bericht ergab sich, dass wir völlig von unserm Vorrathskeller abgeschnitten seyen, und dass wahrscheinlich die ganze Niederlage beim Bersten des Eises untergegangen war. Somit schwand auch die letzte Hoffnung auf einen Zuwachs an Lebensmitteln von dort aus. Wir befanden uns in einer Entfernung von wenigsens 360 Werst von unserm letzten Vorrathsmagazine, dem Balagan am Ausflusse der grossen Baranicha, und unser Hundefutter konnte höchstens nur noch auf drei Tage ausreichen; da war an keine weitere Fortsetzung unseres Unternehmens zu denken, und wir sahen uns genöthigt den Rückweg so schnell als möglich anzutreten. Dies thaten wir denn auch am 6. März mit der betrübenden Aussicht, wenn wir nicht die andere Abtheilung der Expedition begegneten und von ihr Unterstützung erhielten, unsere Hunde aus Mangel an Futter fallen zu sehen, und den Rest des Weges zu Fusse machen zu müssen.

Wir hatten in einer sehr traurigen Stimmung ungefähr 10 Werst in westlicher Richtung von unserm letzten Nachtlager zurückgelegt, als wir plötzlich durch die Erscheinung des Herrn von Matiuschkin und seiner Begleiter auf das angenehmste überrascht wurden. Das Wiedersehen dieser Freunde und Schicksalsgefährten stimmte alle zur Freude und riss uns aus der traurigen Lage, in der wir uns befanden. Die kleine Karawane war in der vollkommensten Ordnung gesund, munter und reichlich mit Lebensmitteln und Futter versehen. Auf der öden Schneefläche, wo jeder Reisende die ihm am bequemsten scheinenden Wege zum Fahren einschlägt, hatte Herr von Matiuschkin unser am Ausflusse des Werkon hinterlassenes Zeichen verfehlt; da er demnach gar keine Ahnung von unserer hülfebedürftigen Lage hatte, so eilte er auch nicht, sondern setzte in kleinen Tagereisen seine Aufnahme der Küste fort. — Er hatte dabei wiederholt Gelegenheit gehabt mit den Tschuktschen zusammen zu treffen, die ihn überall, Anfangs zwar mit einigem Misstrauen, dann aber immer freundlich aufnahmen. Unter andern fand er am Schelagschen Vorgebirge eine kleine Niederlassung, aus welcher ihm bald nachdem er Halt gemacht und sein Zelt aufgeschlagen hatten, der Kamakaj nebst einigen Begleitern entgegen kam. Durch den Dolmetscher, der ein alter Bekannter desselben war, wurden sie bald befreundet, und der Kamakaj beeiferte sich ihm recht viel von seinem Lande zu erzählen; unter andern behauptete er auch, dass hoch im Norden ein grosses Land läge, dessen wilde Bewohner sich bloss von Schnee nährten.

Das Bemerkenswertheste in seinen Erzählungen aber war, dass sich östlich von dem Flusse Werkon auf der Küstentundra die noch ziemlich wohl erhaltenen Ueberreste eines Hauses befänden, das von Russen erbaut sey, die, wie ihm sein Vater erzählte, sich von einem grossen, gescheiterten Schiffe dorthin gerettet hätten und dort umgekommen seyen. Vor vielen Jahren stiessen herumziehende Tschuktschen auf diese Hütte, in welcher sie einige, wahrscheinlich von Wölfen benagte, menschliche Gebeine und Schädel, etwas Proviant und Tabak und mehrere grosse weisse Segel fanden, mit denen die Hütte bedeckt war, dessgleichen auch in der Nähe eine Schmiede mit allerlei Eisengeräthe. — Diese Erzählung bewog den Herrn von Matiuschkin einen Umweg in die Tundra zu machen, um diese Merkwürdigkeit genauer zu untersuchen. Er fand an dem bezeichneten Orte die Ueberbleibsel einer aus glatt behauenen, gut zusammengefügten Balken erbauten Hütte, die nach der Sorgfalt und Art der Arbeit weder von den Eingebornen noch auch von blos vorüberziehenden Reisenden zum einstweiligen Schutze gegen Wind und Wetter in der Eile errichtet, sondern durchaus zu einem längern Aufenthalte erbaut und eingerichtet zu seyn schien. — Obgleich sich sonst weiter keine bestimmte Merkzeichen fanden, so lassen doch alle diese Umstände, der Ort und endlich die Epoche (nämlich 1764 oder 1765), in welche nach des Kamakaj Angabe jene Begebenheit fällt, wohl keinen Zweifel übrig, dass die zerfallene Hütte, welche Herr von Matiuschkin auffand, das Grab des merkwürdigen Schalaurow [*] sey, da ausser ihm kein Schifffahrer um jene Zeit diese Regionen des Eismeeres befuhr; es ist mehr als wahrscheinlich, dass er, nachdem es ihm zum zweiten Male gelungen war das Kap Schelagskoj zu umschiffen, an dieser öden Küste strandete, wo endlich

---

[*] Siehe die Einleitung.

ein grausamer Tod seinem von rastloser Thätigkeit und seltenem Unternehmungsgeiste beseelten Leben ein Ende machte. Schalaurow's Name ist in ganz Sibirien bekannt, und die herzliche Theilnahme, die selbst die ganz ungebildeten Begleiter der Expedition bei dieser Erinnerung an ihn äusserten, war eine rührende dem Andenken des merkwürdigen Mannes gewidmete Todtenfeier.

Der Doktor Kyber, der den Herrn von Matiuschkin auf dieser Reise begleitete, hatte zu Ostrownoje die Bekanntschaft einiger Häuptlinge der längs der Küste und um das Kap Schelagskoj lebenden Tschuktschenstämme gemacht, und von ihnen auch manches über ein im Norden liegendes Land gehört, dessen hohe Berge sie nördlich von einem Orte, den sie Jakan nannten, an heitern Sonnentagen gesehen zu haben behaupteten, und dessen Lage sie ihm ziemlich umständlich beschrieben. — Da aus dieser Beschreibung hervorging, dass der Ort Jakan nach Osten hin liegen müsse, so beschloss ich nach dieser Gegend zu gehen.

Ehe wir aber aufbrachen, machte ich eine genaue Revision aller bei unsern beiden, jetzt vereinigten Abtheilungen befindlichen Vorräthe; einen Theil derselben vergruben wir hier im Eise und schickten, zu Ersparung des Hundefutters, sechs Narten nach Nis'hne-Kolymsk zurück. Von den übrigbleibenden sieben behielt ich vier für mich, und theilte drei dem Herrn von Matiuschkin zu. — Das Wetter war am 7. April warm; bei einem gelinden SSO.-Winde zeigte das Thermometer um 8 Uhr Morgens $0°$, um Mittag aber $2°$ Wärme.

Schon seit einigen Tagen hatte ich wegen der warmen Witterung die Einrichtung getroffen, am Tage zu rasten und während der Nacht, bei der hellen Dämmerung, unsere Fahrt fortzusetzen, weil es dann doch gewöhnlich etwas fror, wodurch unsern Hunden das Ziehen erleichtert wurde. Allein auch selbst in der Nacht von dem 7. auf den 8. war es so warm, dass wir uns genöthigt sahen stille zu liegen, und zwar an der Stelle, wo wir am 5. April genächtigt hatten. — Während dieses unwillkührlichen Verweilens beschäftigten wir uns mit verschiedenen Beobachtungen; es gelang uns einige Entfernungen des Mondes von der Sonne zu nehmen, nach welchen ich die Länge das Ortes auf $176° \ 09' \ 45''$ östlich von Greenwich, seine Breite aber nach der Mittagshöhe der Sonne auf 69° 48′ 12″ N. bestimmte, und von diesem Punkte aus neue Berechnungen zu führen begann.

Am Abend des folgenden Tages, als es wieder kühler ward, setzten wir unsere Fahrt längs der Küste fort, und nachdem wir in südöstlicher Richtung 12 Werst zurückgelegt hatten, machten wir bei einem nicht sehr hohen Felsen Halt, der so zu sagen die Gränze zwischen einer flachen Tundra und dem mit Hügeln besäeten Lande bildet, welches ungefähr 15 Werst östlich von dem Kap Kekurnoj beginnt. Die Gegend der Mündung des Auguon, der 23 italienische Meilen östlich vom Kap Kekurnoj ins Meer fällt, ist ganz vorzüglich niedrig und muss, nach den vielen Rennthieren zu urtheilen, die wir hier sahen, sehr reich an Moos seyn.

Am 8. hatten wir heiteres Wetter; Morgens früh und Abends 3° Kälte, um Mittag aber 2° Wärme. — Nachdem wir 7 Werst längs der 60 Fuss hohen Küste fortgezogen waren, erreichten wir einen ziemlich weit ins Meer hineintretenden Felsen, hinter welchem das Ufer plötzlich flach und niedrig wird, und aus lauter Kies und verwitterten Steintrümmern besteht; dieses sowohl, als auch einige andere Kennzeichen entsprachen vollkommen dem, was die Tschuktschen-Häuptlinge uns von ihrem Kap Jakan angegeben hatten. Ich bestimmte die Breite dieses Felsens in 69° 41′ 32″ N., und berechnete die Länge desselben nach der Lage unseres gestrigen Observationspunktes auf 176° 32′ östlich von Greenwich. Mit der grössten Aufmerksamkeit betrachteten wir lange den Horizont, in der Hoffnung bei der reinen Atmosphäre vielleicht etwas von dem Lande im Norden zu entdecken, welches die Tschuktschen von hier aus gesehen zu haben behaupteten. Da wir durchaus gar keine Anzeichen der Art bemerken konnten, so zogen wir in östlicher Richtung weiter, und gelangten 4½ Werst vom Felsen an ein kleines Flüsschen Jakan Uwajan, welches sich hier ins Meer ergiesst. Nicht weit von der Mündung lag auf dem Strande das 21 Fuss lange Gerippe einer Bajdare; dies überzeugte uns vollends, dass jener Felsen der Jakan seyn müsse, denn nicht nur die Tschuktschen-Häuptlinge zu Ostrownoje, sondern auch andere Tschuktschen, die wir später bei dem Nordkap antrafen, erzählten immer von diesem Fahrzeuge, als von einem Wahrzeichen zum Erkennen des Kap

Jakan. Unter andern erzählten sie, dass sie dieses Bootsgerippe mit gegerbten Wallrosshäuten, Lawtaki, bezögen, und damit wenn der Zustand des Eises es erlaubt, auf die Wallrossjagd ausführen, die hier sehr ergiebig seyn muss, weil diese Thiere sich in Menge um den Jakan herum aufhalten. Merkwürdig ist es, dass man hinter dem Jakan und dem Schelagschen Vorgebirge bis zur Indigirka fast gar keine Wallrosse findet, dahingegen diese sowohl als auch Wallfische vom Jakan bis an den Tschukotskoj Noss in grosser Menge erscheinen.

Als wir von dem Jakan Uwajan 16 Werst östlich zurückgelegt hatten, nöthigte uns die Wärme Halt zu machen. Um Mittag befanden wir uns in der beobachteten Breite von 69° 35′ 50″ N.; die berechnete Länge ergab sich 176° 58′ östlich von Greenwich. — Die Küste war niedrig und flach. — Das Kap Jakan lag uns nach dem Kompass in NW. 83°; die Abweichung der Magnetnadel betrug 21½° östlich. An vielen Stellen längs dieser Küste sahen wir eine Menge aufrecht und regelmässig in den Boden gesteckter Wallfischribben, von denen sowohl unser Dolmetscher als auch später die Tschuktschen behaupteten, es seyen Ueberbleibsel ehemaliger Wohnungen eines Stammes sitzender Tschuktschen, der früher hier gelebt habe. Es scheinen wirklich Wohnungen gewesen zu seyn, aber weit fester und besser angelegt, als die der jetzigen Tschuktschen, die eigentlich auch nur eine Art Zelte sind. So viel sich urtheilen lässt waren jene Wohnungen zum Theil in die Erde hineingegraben.

Bei eingetretener Abendkühle erreichten wir, nach einer Fahrt von 10 Werst, eine Felsenkette, die wir 21 Werst weit verfolgten, und dann wieder wie früher leichte Erdhügel auf einer kiesigen Fläche fanden. Ungefähr 4 Werst vor dem Beginnen dieser letztern, stiessen wir zu unserer grossen Freude auf eine Menge Treibholz, grösstentheils von Fichten und Tannen, aber nur sehr wenig Lärchen. Schon seit einiger Zeit litten wir so grossen Mangel an Brennmaterial, dass wir uns nur ein Mal am Tage erlauben durften, Feuer zum Kochen anzumachen; wir benutzten daher diesen glücklichen Fund, um uns wieder mit Holz zu versorgen. Besonders wichtig war derselbe für Herrn von Matiuschkin, der sich anschickte, noch eine Fahrt auf das

Meer vorzunehmen, um das von den Tschuktschen verheissene nördliche Land zu suchen. Wir befanden uns nach Berechnung in 69° 28′ 05″ nördlicher Breite, und in 177° 44′ östlicher Länge von Greenwich.

Am 9. bezog sich der Himmel mit Wolken; ein heftiger Westwind mit Schneegestöber hielt den ganzen Tag an, und die Kälte nahm beträchtlich zu; Morgens hatten wir 6°, Mittags 9° und Abends 11° Kälte. — Herr von Matiuschkin eilte den für seine Eisfahrt günstigen Frost zu benutzen und fuhr in drei Narten, mit Vorräthen auf 15 Tage nordwärts auf das Meer, während ich mit Herrn Kosmin und dem Doktor Kyber in vier Narten mit Provisionen auf 13 Tage, uns aufmachten um die Aufnahme der Küste nach Osten fortzusetzen. Den mit Herrn von Matiuschkin gekommenen Tschuwanzen-Häuptling Sobolew, der die Tschuktschen und ihre Sprache gut kannte, nahm ich zu mir als Dolmetscher, und gab ihm dagegen den Kosaken Kiprianow mit, der mich bisher als solcher begleitet hatte.

Erst gegen Abend wurden wir mit den verschiedenen Einrichtungen und Anordnungen fertig, die diese abermalige Trennung der Expedition nöthig machte. Herr von Matiuschkin fuhr in nördlicher Richtung auf das Meer, und ich mit meinen Begleitern setzte die Aufnahme der Küste fort. Ein dichter Nebel lag auf der Gegend und beschränkte unsern Horizont auf wenige Faden, so dass wir die Gestaltung der Küste nicht genau beobachten konnten. Nach einer Fahrt von 48 Werst gelangten wir an die Mündung des Flüsschens **Kujegun**, und machten 13 Werst jenseits desselben (am 10. April) um 5 Uhr Morgens Halt. Diese ganze Strecke der Küste war flach und bildete gegen das Meer zu eine Art niedriger Torosse, auf welcher wir an mehreren Stellen in Haufen zusammengelegtes Treibholz fanden. Dies sowohl als auch viele deutliche Spuren von Rennthierschlitten, auf die wir stiessen, gaben uns Hoffnung hier die Küstenbewohner zu treffen und näher kennen zu lernen. — Nach Berechnung fand sich unser Lagerplatz in 69° 12′ der Breite, und 179° 13′ der Länge östlich von Greenwich.

Bis Anbruch des Tages war der Wind mässig aus Osten, dann

aber nahm er an Stärke zu und dauerte, bei dichtem Schneegestöber, den ganzen Tag über. Am Morgen hatten wir 16°, und Abends 13° Kälte.

Dem Vorgebirge, welches von unserm Lagerplatze eine starke Biegung nach SO. machte, folgend, erblickten wir nach einer Fahrt von 23 Werst gerade im Osten einen weit in das Meer vortretenden Felsen, der durch eine sehr niedrige Landzunge mit der Küste zusammenhängt, und in der Entfernung von 14 Werst einer kleinen abgesonderten Insel gleicht. Als wir uns ihm am 11. März früh Morgens näherten, entdeckten wir zu unserer grossen Zufriedenheit auf der obigen schmalen Landenge etliche Tschuktschenhütten, deren Bewohner sich auch bald darauf blicken liessen.

Es unterlag keinem Zweifel, dass dieser Punkt derselbe sey, den der Kapitain Kook im Jahre 1777 sah, und dem er den Namen Nordkap beilegte. Die zwei Hügel, welche durch eine niedrige von O. nach W. gerichtete Landenge vereinigt sind, das Meer im Süden und alle übrigen Lokalbezeichnungen trafen vollkommen zu, und die später beobachtete Breite bestätigte uns noch vollends in der Ueberzeugung, dass wir wirklich Kook's Nordkap erreicht hätten *). Dieses Kap, welches übrigens in seiner Gestaltung eine grosse Aehnlichkeit mit dem Kap Schelagskoj hat, besteht eigentlich aus einem 105 Fuss hohen Schieferfels, den ein hoher Bergrücken mit einem andern nach Osten hin gelegenen Felsen verbindet; diese ganze Masse aber hängt durch die oben erwähnte niedrige Erdzunge mit dem Festlande zusammen. Das Meer, welches Kapitain Kook von seinem Schiffe aus, jenseits der Landzunge erblickte, hielt er bekanntlich für eine Baj oder für die Mündung eines grossen Flusses.

Sobald wir die Niederlassung der Tschuktschen auf der Landzunge zu Gesichte bekamen, hemmten wir den raschen Lauf unserer Hunde, und machten etwa 1½ Werst von derselben auf dem Eise Halt, um die Bewohner nicht durch unser plötzliches Annähern zu

---

*) Ein alter Tschuktsche versicherte dem Doktor Kyber, er habe vor vielen Jahren hier zwei grosse. schöne Schiffe gesehen, welche dann wohl wahrscheinlich Kooks beide Fahrzeuge seyn konnten.

erschrecken. Trotz dieser Vorsicht aber brachte unsere gewiss unerwartete Erscheinung einige Bestürzung unter den Leutchen hervor. Wir sahen sie eilig hin- und herlaufen, in Gruppen zusammentreten und, wie es schien, ernstlich berathschlagen; endlich sonderten sich zwei Männer aus dem Haufen ab und näherten sich uns, zwar mit langsamen, gemessenen Schritten, doch ohne Zeichen von Furcht. Ich schickte ihnen meinen Dolmetscher entgegen, um sie von den Ursachen unsers Hieherkommens und von unsern völlig friedlichen Absichten zu benachrichtigen. Als er bei den beiden Abgeordneten angelangt war, begrüssten sie ihn mit feierlichem Ernste und setzten sich schweigend auf dem Eise nieder. Der Dolmetscher stopfte ihnen, gleichfalls schweigend, die Gansy, oder Tabakspfeifen, und erst nachdem diese ausgeraucht waren, hielt er eine lange Anrede an sie, in welcher er sich seines Auftrags entledigte. Wie es schien, machte seine Rede einen guten Eindruck, denn als er geendigt hatte, standen die beiden Repräsentanten auf und liessen sich zu unserm Lagerplatze führen.

Als sie bei uns angelangt waren, stellte sich mir der eine Namens Etel als den Häuptling dieses kleinen Stammes vor und überreichte mir, als Freundschaftsgeschenk, zwei frischgefangene Seehunde, die sein Gefährte herbeischleppte. Er erklärte zugleich, dass er von der Friedlichkeit unserer Gesinnungen vollkommen überzeugt und bereit sey, uns, so viel in seinen Kräften stände, in unserm Vorhaben zu unterstützen. Im Verlaufe der Unterredung wies sich aus, dass er ein Verwandter unsers Freundes, des Kamakaj vom Kap Schelagskoj, sey, und die Nachrichten, die wir ihm von demselben mittheilen konnten, trugen nicht wenig dazu bei, das gute Vernehmen unter uns zu befestigen. Ich ermangelte nicht, ihn mit Tabak und einigen Kleinigkeiten, die ihm angenehm seyn konnten, zu beschenken, und beim Abschiede lud er mich wiederholentlich ein, ihn doch in seiner Heimath zu besuchen, welches ich denn auch am folgenden Tage, 12. April, that.

Er empfing uns unter einer Art von grossem Zelt aus Rennthierfellen, umgeben von seinen sämmtlichen Kostbarkeiten und Schätzen. Da waren mit einer Art von Eleganz aufgestellt: ein ansehnlicher Vorrath von Steinfuchsbälgen, breite Riemen aus Wallrosshaut, eine Menge Fischbein, einige sehr sauber gearbeitete Rennthierschlittchen, lederne

Kriegswämse, Wurfspiesse, Bogen und Pfeile, allerlei Geräthschaften zur Fischerei und Seehundsjagd u. s. w. — „Da," sprach er, „sieh dir das alles recht an, nimm davon, was dir gefällt, und gieb mir dafür eine Flinte und Pulver; ich mag gern auf die Jagd der Thiere gehen und treffe das Ziel mit der Flinte besser, als viele unter den Gebirgstschuktschen, bei denen ich einmal eine Flinte gesehen und daraus geschossen habe. Gieb mir eine Flinte!"

Von dieser Forderung liess er nicht ab, und ich versprach ihm endlich, seinen Wunsch zu erfüllen, wenn er sich anheischig machen wollte, uns 13 Seehunde zum Futter für unsere Hunde zu liefern, auf seinen Schlitten einen Vorrath von Brennholz (welches 20 Werst von dem Dorfe entfernt lag) herbeizuholen und uns bis auf die Insel Koliutschin zu begleiten, wo, wie er mir gesagt hatte, seine verheirathete Schwester lebte. — Wahrscheinlich war er auf eine viel höhere Forderung gefasst gewesen, denn ohne sich auch nur einen Augenblick zu besinnen, willigte er, zu meiner grossen Freude, gleich in alles, pries meine Uneigennützigkeit und Grossmuth hoch und ertheilte sogleich die nöthigen Befehle zum Anführen des Holzes, so wie auch zur Zubereitung der Seehunde. Unsere Abreise ward auf den folgenden Tag bestimmt, und da ich nun das Haupt des Stammes in meiner Gewalt hatte, so beschloss ich, um schneller fortzukommen und den Hunden die Last zu vermindern, ungefähr drei Viertheile unserer gesammten Ladung in Etels Hütte zurückzulassen und sie auf meiner Rückfahrt wieder einzunehmen. — Als ich mich anschickte, wieder nach unserm Lager zurückzugehen, um dort die nöthigen Vorkehrungen zur Abreise zu machen, trat Etel noch mit einer Bitte zu mir: „Erlaubst du mir, Tajon, sprach er, einen Batàs*) mitzunehmen, den ich meiner Schwester zum Geschenk bestimmt habe?" — Obgleich ich wohl merkte, dass nicht sowohl die brüderliche Liebe, als vielmehr der Wunsch, mit dieser den Tschuktschen eigenthümlichen Waffe versehen zu seyn, der Grund zu dieser Bitte war, so glaubte ich doch,

---

*) Batàs, eine Art von geradem Schwerdte, oder grossem breiten Messer, an einen langen Stock befestigt.

um durchaus gar kein Misstrauen zu zeigen, ihm darin willfahren zu müssen, und wir schieden als grosse Freunde.

Am andern Morgen früh erschien Etel bei uns, völlig zur Reise gerüstet. Er hatte, wie es schien, seine besten Kleider angelegt; auf dem Rücken trug er eine Art von Quersack mit Tabak und einigen andern europäischen Kleinigkeiten, die er auf Koliutschin verhandeln wollte. Seine Mütze war reichlich mit Glasperlen, Ohrgehängen u. dergl. verziert und oben mit einem grossen Rabenkopfe geschmückt, welcher, wie er versicherte, uns eine glückliche Reise und freundlichen Empfang verschaffen sollte. Wir brachen auf; der grösste Theil der Bewohner des Dörfchens begleitete uns noch eine ziemliche Strecke, mit sichtbarer Besorgniss über das Schicksal ihres Oberhauptes; endlich schieden sie, unter beständig wiederholten Abschiedsceremonien und Bitten, Etel möchte doch ja recht bald zurückkehren.

Nach einer Fahrt von 11 Stunden gelangten wir Abends spät an zwei einzeln stehende Tschuktschenhütten, wo wir auf Etels Rath zu übernachten beschlossen. Das Bellen unserer Hunde schreckte die friedlichen Bewohner aus ihrem Schlafe; durch die Ankunft so vieler Fremden in Furcht gesetzt, griffen sie zu einer grossen Schamanentrommel und machten auf derselben ein heilloses Getöse, bis ihr Freund Etel mit seinem Rabenkopfe vortrat und, theils durch dieses bedeutungsvolle Friedenssymbol, theils durch seine Beredsamkeit sie beruhigte und bewog, uns aufzunehmen. Die ganze Bevölkerung der beiden Hütten bestand aus vier Männern und fünf Weibern; sie schienen sehr arm zu seyn, und nur mit Mühe gelang es uns, von ihnen einen Seehund zu erhalten.

Diese kleine Niederlassung, die Etel Takokagyn' nannte, ist 90 Werst vom Kap Ir-Kajpij entfernt. Die ganze Küste bis hieher ist flach und niedrig. Ungefähr 40 Werst von diesem Vorgebirge fällt ein nicht sehr breiter, aber desto reissenderer und sehr fischreicher Fluss, Ekechta genannt, in das Meer. Ausserdem passirten wir noch drei unbedeutende Bäche, Emua-Em, Tenkurgin und Kentel, die sich gleichfalls in die Bucht ergiessen. Treibholz sahen wir nur sehr wenig, Gehölz durchaus gar nicht. Ueberhaupt ist hier das Treibholz ziemlich selten; theils räumen es die wegen des Seehunds- und Wallrossfanges häufig herkommenden Tschuktschen immer weg, theils gelangt auch weniger desselben her, weil die hier in das Meer fallenden Flüsse, aus waldlosen Gegenden im Innern kommend, keine Bäume mitführen; von der Meerseite aber kann es wegen des Eises nicht an die Küste gelangen. Dessenungeachtet aber ist der grösste Theil des Treibholzes, welches man von dem Schelagschen bis an das Tschukotskische Vorgebirge findet, wahrscheinlich amerikanischen Ursprungs, da es grösstentheils aus Tannen- und Fichtenstämmen besteht, die an keinem der von der Mündung der Indigirka bis an die Tschaunbucht in das Meer fallenden Ströme wachsen. Die Lena schwemmt dergleichen wohl zuweilen aus den Obergegenden herab, aber die Entfernung ist zu gross, als dass sie bis an die Indigirka gelangen könnten, und daher findet man auch nur als Seltenheit zuweilen einen verirrten einzelnen Fichtenbalken unter den oft ungeheuren Lagen von Lärchen- und Espenstämmen, die alle Flüsse des nördlichen Sibiriens mit sich führen. — Noch einen Beweis für die Meinung, dass das hiesige Treibholz nur von den amerikanischen Küsten kömmt, giebt die Versicherung der Tschuktschen, dass sich unter den angeschwemmten Fichtenstämmen oft dergleichen finden, die mit steinernen Aexten gefällt und behauen sind.

Am folgenden Morgen (14. April) setzten wir unsere Reise längs der nackten, sandigen Seeküste fort und fuhren, 12 Werst von unserm Nachtlager, über die 2½ Werst breite Mündung des Flusses Amgujem, über welchen, nach Etels Erzählung, ehemals die Rennthiere bei ihren jährlichen Wanderungen zu setzen pflegten, weshalb denn auch die Tschuktschen von der Insel Koliutschin sich damals hier versammelten; woher es kömmt, dass diese Züge jetzt nicht mehr Statt finden, wusste er uns nicht anzugeben. — In östlicher Richtung nehmen die niedrigen, flachen Sanddünen noch eine Strecke von 14 Werst ein; dann bildet die Küste einen eben nicht sehr hohen, aber steilen Absatz gegen das Meer, und die Fläche erhebt sich allmälig bis an den Fuss einer Bergkette, die in der Entfernung von 20 bis 35 Werst beinahe parallel mit der Küste hinzieht. Da wo die Erhöhung der

Küste beginnt, fand ich nach Beobachtung die Breite in 68° 9′ 51″ und die berechnete Länge 182° 6′ östlich von Greenwich.

Unsere Fahrt ging rasch vorwärts; wir legten am heutigen Tage 84 Werst zurück und gelangten an ein auf der Westseite des Flusses Wankarem liegendes Kap gleiches Namens, wo wir beschlossen hatten, in einer daselbst befindlichen Tschuktschenniederlassung zu übernachten. Als wir dort ankamen, lagen die Bewohner der vier Hütten, aus denen der Flecken besteht, schon in tiefem Schlafe. Unsere sehr ermüdeten Hunde waren ganz still, so dass wir uns mitten in dem Dörfchen befanden, ohne bemerkt zu seyn. Ehe Etel die Bewohner weckte, suchte er eine Stelle in der Nähe der Hütten auf, wo, wie er uns früher erzählt hatte, die Gebeine einiger seiner Stammverwandten begraben waren, sprach dort halblaut und mit ernster Rührung ein Gebet und opferte den Manen der Verstorbenen einige Tabaksblätter. Nach Beendigung dieser Ceremonie trat er in eine der Hütten, wo er wahrscheinlich seinen Landsleuten eine vortheilhafte Schilderung von uns gemacht haben muss, denn bald darauf erschien mit ihm der Häuptling oder Vorgesetzte der Niederlassung, der uns freundlich begrüsste und uns mehrere Seehunde für unser Zugvieh lieferte, wofür wir ihn reichlich beschenkten und die Nacht hier recht bequem verbrachten.

Merkwürdig ist die durchaus gleiche Bildung der drei Vorgebirge Schelagskoj, Ir-Kajpij und Wankarem; alle drei bestehen, wie oben beschrieben, aus hohen, durch schmale Landzungen mit dem Kontinente zusammenhängenden Felsen von sehr feinkörnigem Sienit mit grünlichweissem Feldspath, dunkelgrüner Hornblende und Glimmer; sie unterscheiden sich nur dadurch etwas von einander, dass die Höhe der Felsen und die ohnehin geringe Breite der Landengen nach Osten zu abnimmt.

Am 15. April verliessen wir bei Tagesanbruch unser Nachtlager und setzten mit wohlgenährten Hunden unsere Reise fort. Der Himmel war heiter, der Horizont im Norden dunkelblau und die Luft mild; wir hatten Morgens 11° und Abends 12° Kälte. — Als wir auf dem gegenüberstehenden Ufer der Landenge Wankarem angelangt waren, erblickten wir im Osten, etwa 5 Werst von dem Kap, eine kleine Insel von ungefähr 2 Werst im Umfange. Von hier erhebt sich die Küste merklich, und 25 Werst jenseits des Kaps erscheinen schon hohe Granit-Porphyrfelsen. — Nach einer Mittagshöhe, die es mir gelang unterweges zu nehmen, als wir 16 Werst von unserm Nachtlager zurückgelegt hatten, bestimmte ich die Breite dieses Punktes auf $67^0\ 43'\ 4''$; die berechnete Länge desselben fand sich $183^0\ 33\frac{3}{4}'$ östlich von Greenwich. Die Abweichung der Magnetnadel betrug 23^0 östlich. In SO. 80^0, in der Entfernung von 10 Werst, lag das Felsenkap Onman, welches sich sowohl durch die bedeutende Höhe eines auf demselben liegenden Berges, als auch durch eine Reihe hoher Säulen auszeichnet, die in geringer Entfernung von dem Kap abgesondert dastehen und bei ihrer Höhe von 140 Fuss den Ruinen eines kolossalen Gebäudes nicht unähnlich sind. Nahe bei dieser merkwürdigen Felsenmasse lagen auf dem hohen Ufer ein paar Tschuktschenhütten, die auf und zwischen dem nackten Gesteine hingeworfen, wo sie höchstens etwas Schutz gegen die Südwinde haben, übrigens aber der ganzen Rauhheit des Klimas ausgesetzt sind. Der Tschuktsche ist unempfindlich gegen die Kälte und macht gar keine Ansprüche an die vegetabilische Natur; sein Wald, Acker und Garten ist das Eismeer mit seinen Seehunden und Wallrossen, die ihm für alle Bedürfnisse genügen.

Sobald wir um das Felsenkap Onman gewendet hatten, sahen wir am Horizont nach SO. 80^0 in einer Entfernung von 33 Werst die Insel Koliutschin in Form eines runden Berges. Wir richteten sogleich unsern Kurs dorthin und legten auf dem gut eingefahrenen Wege der Tschuktschen obige Strecke in sehr kurzer Zeit zurück. Die Küste des Festlandes scheint vom Kap Onman sich scharf nach Westen zu wenden und bildet so das westliche Ufer der Koliutschin-Bucht, deren östliche Begränzung wir bei dem starken Nebel nur höchst unvollkommen unterscheiden konnten.

Die Insel Koliutschin (von Kook Burney's Eiland benannt) wird nach der Seeseite von steilen Felsen aus röthlichem Granit begränzt; sie ist in der Richtung der gegenüberstehenden Küste des Festlandes $3\frac{1}{2}$ Werst lang. Auf der Südspitze, die flach ist und sich nur wenig über die Meeresfläche erhebt, liegt das aus 11 Hütten bestehende

Tschuktschendorf, welches wir besuchen wollten. Etwa $\frac{1}{4}$ Werst vor demselben hielten wir still und schlugen unser Lager auf dem Eise auf. — Kaum hatten die Tschuktschen uns erblickt, als die ganze Bevölkerung des Ortes in Bewegung gerieth; die Weiber und Kinder flüchteten auf einen hinterwärts belegenen Berg, die Männer aber, mit Spiessen, Batassy und Bögen bewaffnet, stellten sich in Schlachtordnung vor ihren Hütten auf und schienen kampffertig unsere Annäherung zu erwarten. Jetzt sahen wir ein, wie nützlich uns Etels Begleitung und sein bedeutungsvoller Rabenkopf waren. — Er hiess uns ganz ruhig seyn und begab sich allein zu dem wilden Haufen, den er sehr bald so vollkommen beruhigte, dass die Waffen bei Seite gelegt wurden und das freundschaftlichste Verhältniss zwischen uns an Stelle der früheren entschieden feindseligen Sinnesart trat. Sehr willkommen war ihnen mein Anerbieten, gegen Tabak und Glasperlen Wallfischfleisch zum Futter für unsere Hunde einzutauschen, wovon sie einen Ueberfluss besassen, indem sie während des vorigen Sommers hier allein 50 Wallfische erlegt hatten. Ausserdem werden in der Koliutschinbucht, besonders wenn das Eis aufgeht, eine Menge Wallrosse geschlagen.

Unser gutes Vernehmen mit den Inselbewohnern ward bald unter den längs der Küste ansässigen Tschuktschen bekannt, die, in der Hoffnung, von uns Tabak zu erhalten, herbeieilten und Wallfischfleisch, Wallrossriemen und Holz auf ihren Schlitten herbeischleppten. Ueber siebenzig Menschen waren in Kurzem versammelt und die Eisfläche um unser kleines Lager sah einem volkreichen Markte gleich. Jeder neu ankommende Tschuktsche musste zuerst mit Tabak beschenkt werden, ehe er sich in einen Handel einliess; die etwas wohlhabenderen sassen keck auf ihren Schlitten, deren vier und fünf in die Reihe gespannte Hunde von einem andern geringern Standes, welcher nebenher trabte, angetrieben wurden. Die meisten gaben sich für Häuptlinge aus; jeder verlangte, dass sein Antrittsgeschenk grösser sey als das seines Nachbarn, und so war denn trotz aller Sparsamkeit unser geringer Tabaksvorrath bald erschöpft.

Unter unsern Gästen befand sich auch ein Tschuktschenhäuptling aus der Behringsstrasse, der sich vor allen übrigen durch seine besondere Kleidung und durch allerlei ungewöhnliche Zierrathen an derselben auszeichnete. Ueber seine rauhe Kuchlänka hatte er sich um den Hals zwei kleine Heiligenbilder und vier metallene Kreuzchen gehängt; dazwischen hing eine aus zwei Brettchen gemachte Art von Kapsel, in welcher sich ein paar schriftliche Zeugnisse befanden, auf die er sich gewaltig viel einbildete. Eins derselben besagte, dass er und seine drei Söhne getauft seyen und das andere, dass er dem Kaiser einen schwarzen Fuchsbalg übersandt und dafür von demselben als Zeichen des Allerhöchsten Wohlwollens ein rothtuchenes Oberkleid (Kamleja) erhalten habe. Dieser tschuktschische Christ liess keine Gelegenheit unbenutzt, wo er ein Kreuz schlagen konnte, und rühmte sich, dass er Zwieback und Zucker zu essen und Thee zu trinken verstehe, in welchen Künsten seine übrigen Landsleute sich offenbar sehr unerfahren bewiesen. Dieser Prahler war uns sehr lästig; durch seine Eigenschaft als Glaubensgenosse hielt er sich für berechtigt, unablässig die unverschämtesten Forderungen zu machen, ohne dagegen uns auch nur den geringsten Dienst erweisen zu wollen. — Sonst waren wir mit dem Betragen dieser Leute zufrieden, obgleich, trotz aller unserer Aufmerksamkeit, doch manches von unseren Sachen entwendet wurde. Es scheint, dass die Neigung zum Diebstahl diesen Hyperboräern eben so eigenthümlich ist, als den Südseeinsulanern, und dass sie auch selbst unter sich derselben nachhängen, denn sogar unser Freund Etel gab alle seine Habseligkeiten in unsern Schutz, weil er seinen Landsleuten von Koliutschin nicht traute.

Der üble Zustand, in dem sich unsere Hunde sowohl durch die rasche und früher so beschwerliche Herreise, als auch durch den Mangel an gutem Futter befanden, nöthigte mich, zwei Tage auf Koliutschin zu rasten. Da mein Tabak zu Ende war, so hatte ich durchaus kein Mittel, mir irgend einen bedeutenden Vorrath an Futter von den Eingebornen anzuschaffen; meine früheren, im Eise vergrabenen Vorräthe waren durch das Brechen dieses letzteren grösstentheils verloren, und unsere Hunde durch die ungeheuren Anstrengungen in den Torossen und durch das Schwimmen über die offenen Stellen so angegriffen und von Kräften herunter, dass ich bei der schon stark vorgerückten Jahreszeit an keine weitere Fortsetzung unserer Reise nach der Behringsstrasse denken durfte und nur eilen musste, noch vor dem völligen Eintreten des Frühlings Nis'hne-Kolymsk zu erreichen, von welchem wir jetzt 1060 Werst entfernt waren. So unangenehm es mir eines Theils war, meinen Plan, die Küste Asiens, bis an die Behringsstrasse aufzunehmen, hier schon aufgeben zu müssen, so tröstete mich doch der Gedanke, dass daraus kein eigentlicher Nachtheil für die Geographie, keine bedeutende Lücke in der Kenntniss jener Küstenstrecke entstände, da dieselbe ja von der Behringsstrasse bis an die Koliutschinbucht durch die Expedition des Kapitain Billings genau aufgenommen ist und diese Aufnahme sich an die meinige, bis hieher geführte, anschliesst. — Nach reiflicher Erwägung aller Umstände beschloss ich demnach, die Rückreise anzutreten. Bis auf den letzten Augenblick langten immer noch neue Ankömmlinge aus den verschiedenen kleinen Niederlassungen auf Koliutschin an und quälten uns mit ihren unablässigen, unverschämten Forderungen und ihrem Betteln um Geschenke gewaltig. — Endlich brachen wir am 17. April Abends von Koliutschin auf, wobei uns unsere habgierigen Quälgeister eine ziemliche Strecke das Geleite gaben, in der Hoffnung, noch irgend etwas zu erbetteln.

Nach der Mittagshöhe bestimmte ich die Breite der Südspitze von Koliutschin in 67° 26′ 36″ N. und die Länge derselben nach Berechnung auf 184° 24′ östlich von Greenwich. — Die Abweichung der Magnetnadel ergab sich, nach den korrespondirenden Azimuthen der Sonne, 23° 26′ östlich. Ueber die Inklination konnten wir keine Beobachtungen anstellen, weil unser Inklinator stark beschädigt und durchaus unbrauchbar war.

Unter einem beständigen scharfen OSO.-Wind erreichten wir erst am 20. früh Morgens das Dörfchen Ir-Kajpij und wurden daselbst mit lautem Jubel von den Bewohnern empfangen, die auf alle mögliche Weise ihre Freude über die glückliche Rückkehr ihres Oberhauptes Etel, vielleicht auch wohl über die vortheilhaften Resultate seines Tauschhandels auf Koliutschin äusserten und uns nicht nur unsere hier zurückgelassenen Vorräthe unversehrt wiedererstatteten, sondern auch, meinen Anordnungen gemäss, eine bedeutende Anzahl Seehunde angeschafft hatten. Das Zubereiten und Aufladen dieses Zuwachses an Vorräthen hielt uns ein paar Tage auf. — Mein Wunsch, diese Verzögerung zur genauern astronomischen Bestimmung der Lage dieses Ortes vermittelst der Monds- und Sonnenentfernungen zu benutzen, ward leider durch das anhaltend trübe Wetter vereitelt und ich musste mich auf vier Sonnenhöhen beschränken, die mit unsern beiden Sextanten an zwei Tagen genommen wurden. Das mittlere Resultat dieser Beobachtungen gab uns für den Ort Ir-Kaipij die Breite von $68° 55' 16''$. Die Länge berechnete ich nach der von Jakan (in dessen Nähe ich eine astronomische genaue Längenbestimmung hatte) auf $179° 57'$ östlich von Greenwich *). Die korrespondirenden Azimuthe ergaben eine Abweichung der Magnetnadel von $21° 40'$ östlich. — Am 23. April verliessen wir endlich Ir-Kajpij und nahmen unsern Weg westlich längs der Küste, wobei wir Gelegenheit hatten, die Entfernung der beiden Vorgebirge von einander, so wie auch mehrere der früher aufgenommenen Punkte nochmals zu beobachten und genau zu bestimmen. — Ehe ich aber in der Beschreibung unserer Rückreise fortfahre, will ich hier noch aus den Beobachtungen der Herren von Matiuschkin und Kyber und aus den meinigen über die Tschuktschen das Wesentlichste anführen, was wir während unsers kurzen Aufenthalts unter diesem merkwürdigen und noch so wenig bekannten Volke Gelegenheit hatten zu erfahren oder zu bemerken.

Die Tschuktschen bewohnen die Nordostspitze Asiens, von der Tschaun- oder Tschawan-Bucht bis zur Behringsstrasse einerseits, und andererseits von dem Anadyr und der Obergegend des trocknen Aniuj bis an die Küste des Eismeeres. Im Süden haben sie die Koräken, im Westen die Tschuwanzen und die Jukahiren des Aniuj zu Nachbarn.

Auf diesen Raum sind sie erst in neuerer Zeit beschränkt worden, denn ehe die Kosaken von der Lena das Flussgebiet der Kolyma sich unterwürfig gemacht hatten, erstreckten sich die Wohnplätze der Tschuktschen über ein weit grösseres Gebiet, wie das aus den Namen der in die westliche Mündung der Kolyma fallenden Flüsse Gross- und

---

*) Kapitain Kook bestimmte die Breite des Nordkap, oder Ir-Kajpij, in $68° 56'$ und dessen Länge in $180° 49'$ östlich von Greenwich. Diese ergab sich aus der Schiffsrechnung.

Klein-Tschukotschje, die sich bis jetzt noch erhalten haben, zu folgern ist. Besonders aber finden sich in den Traditionen unter den Bewohnern des Kolyma-Gebietes eine Menge Sagen von den häufigen, kriegerischen Anfällen, denen die neuen Ansiedelungen der Russen auf dem linken Ufer dieses Flusses ausgesetzt waren und von denen auch die beiden Orte Pogromnoje Pole (das verwüstete Thal) und Ubiennoje Pole (das Todtenthal) ihre Namen herleiten sollen.

An den Ufern des mittleren Theiles der Kolyma sollen die Omòki gelebt haben, von denen schon früher Erwähnung geschehen ist. Dieses der Sage nach sehr zahlreiche und mächtige Volk ward durch ansteckende Krankheiten, Hungersnoth und andere Unfälle, welche die Bewohner dieses Landstrichs heimsuchten, grossentheils aufgerieben, die übrig gebliebenen flüchteten aus ihrem Gebiete (welches die Russen, Jakuten und andere Völkerschaften besetzten) nach Norden und fanden ihren Untergang theils in den Torossen und Eisschollen des Meeres, theils unter den Streichen der damals kriegerischen und zahlreichen Tungusen an der Indigirka. Das ist alles, was ich von den Schicksalen dieses ehemals merkwürdigen Völkerstammes habe erfahren können; ausser dem sogenannten Omòkskoje Jurtowischtsche (Omokenstätte) an der Indigirka giebt es gar kein Denkmal ihres Daseins.

Ein ähnliches Schicksal hatten auch die Schelagi, welche die Küsten-Tundra im Osten von der Kolyma bewohnten und von den Tschuktschen verdrängt wurden; auch ihr Name findet sich nur noch an dem Vorgebirge Schelagskoj, auf der Ostseite der Tschaunbucht. Von den Tschuktschen wurden sie Tscha-uadscha oder Tschawatscha genannt, woher wahrscheinlich die Benennung des Flusses und der Bucht Tschaun oder Tschawan entstand.

Zu einem Stamme mit den Schelagi gehören auch die Tungusen, welche mit allem Rechte zu den nomadisirenden Völkern gerechnet werden, da sie, wie diese, ihre Wanderungen von einem Orte zum andern vornehmen, ohne eben durch Noth oder eigentliches Bedürfniss dazu bewogen zu seyn. In dieser unstäten Lebensweise, die sie an nichts fesselt, liegt auch wohl der Grund der Sorglosigkeit und des unveränderlich heitern Charakters, durch den sich die Tungusen von den Tschuktschen so sehr unterscheiden. Diese letzteren nomadisiren zwar auch, sind aber dabei doch mehr haushälterisch als die meisten Nomaden; sie schaffen Vorräthe für die Zukunft an und verlassen ihre Wohnplätze nicht anders, als wenn der Mangel an Futter für ihre Rennthiere sie nöthigt, frische Weideplätze zu suchen. Diese Hinneigung zu einer schon etwas steteren Lebensweise zeigt sich bei dem Tschuktschen durch eine gewisse, dem echten Nomaden ganz fremde Sparsamkeit und Habsucht; selbst seine bequemere, schwerfälligere Kleidung ist mehr auf eine sitzende Lebensart berechnet, so wie hingegen die des Tungusen, knapp anschliessend und leicht, ganz zu seiner immerwährenden Beweglichkeit passt. Wenn der Tschuktsche sich in lange, breite Pelzhosen und eine weite Kuchlänka einhüllt, so begnügt sich der Tunguse mit kurzen, engen Beinkleidern und einem ebenfalls kurzen, dicht um den Leib anschliessenden Sanajach, einer Art von Jacke oder Frack, der ihm in keiner seiner Bewegungen hinderlich ist und ihn, wie es scheint, eben so gut vor der Kälte schützt, als die unbeholfene Kleidung des ersteren. Ueberhaupt zeichnen sich die Tungusen durch ihre Gewandtheit, Beweglichkeit und ihren beständigen, muntern Frohsinn ganz besonders vor allen hiesigen Völkerschaften aus, so dass wir sie gemeiniglich die Franzosen der Tundra zu nennen pflegten.

Die Rennthier-Tschuktschen, die sich selbst Tennygk nennen, bewohnen den gebirgigen Theil des oben bezeichneten Landstrichs und machen die Hauptmasse der Bevölkerung des ganzen Tschuktschen-Gebietes aus, daher sie denn, wenn auch nicht alleinige Bewohner des Landes, doch als die eigentlichen Besitzer desselben anzusehen sind.

Bekanntlich ist die Meeresküste an der Anadyr-Bucht von einem Volke bewohnt, das durch Körperbau, Kleidung und Sprache sich auffallend von den Tschuktschen unterscheidet und welches sich Onkilon, die Seeleute, nennt. In der Beschreibung der Reise des Kapitain Billings durch das Land der Tschuktschen zeigt derselbe die nahe Verwandtschaft der Sprache dieses Küstenvolkes mit der der Aleuten von Kadjak, welche mit den Grönländern eines Urstammes sind. Die Sage behauptete, dass vor 200 Jahren jene Onkilon die ganze Tschuktschenküste vom Kap Schelagskoj bis zu der Behringsstrasse einnahmen, und wirklich findet man auch jetzt noch auf dieser ganzen Strecke die Ueberreste ihrer Erdhütten, welche sehr verschieden von den jetzigen Wohnungen der Tschuktschen gewesen seyn müssen; sie haben die Form kleiner Hügel, sind zur Hälfte in die Erde hineingegraben und oben mit Wallfischribben geschlossen, welche dick mit Erde beschüttet sind. — Eine heftige Misshelligkeit zwischen Krächoj, dem vornehmsten Häuptlinge dieser nordasiatischen Eskimos, und einem Errim, oder Stammhaupte der Rennthier-Tschuktschen, brach in Thätlichkeiten aus; Krächoj zog den Kürzern und sah sich genöthigt, zu flüchten und mit seinem Volke auszuwandern; seitdem ist diese ganze Küste öde und unbewohnt geblieben. — Von dieser Auswanderung der Onkilon erzählten die Bewohner des Dorfes Ir-Kajpij, wo sich Krächoj auch aufgehalten haben soll, Folgendes: Er hatte einen Tschuktschen-Errim getödtet und ward deshalb von dem Sohne des Erschlagenen eifrig verfolgt; eine Zeitlang entging er seinen Nachstellungen; endlich glaubte Krächoj einen sichern Zufluchtsort auf dem Felsen des Nordkap gefunden zu haben, wo er sich hinter einer Art von natürlichen Mauer, die noch zu sehen ist, verschanzte. Aber der junge Tschuktschen-Errim, von der Begierde, seines Vaters Tod zu rächen, getrieben, findet Mittel, sich an die Verschanzung zu schleichen und erschlägt Krächoj's Sohn. — Obgleich, nach hiesigen Begriffen, hiermit die Blutrache eigentlich erfüllt war, so muss Krächoj doch noch eine weitere Verfolgung seines unversöhnlichen Feindes befürchtet haben, denn während der Nacht lässt er sich an Riemen von seinem hohen Zufluchtsorte hinab, besteigt ein Boot, welches ihn am Fusse des Felsen erwartet, und steuert, um seinen Verfolger irre zu leiten, anfangs nach Osten, wendet aber in der folgenden Nacht nach Westen, erreicht die Insel Schalaurow und verschanzt sich dort in einer Erdhütte, deren Ueberreste wir noch gesehen haben. Hier sammelten sich um ihn nach und nach alle seine Stammverwandte, und mit ihnen entfloh er auf 15 Bajdaren nach dem Lande, dessen Berge die Tschuktschen versichern, von Jakan aus bei hellem Sonnenschein sehen zu können. — Im nächstfolgenden Winter verschwand noch ein dem Krächoj verwandter Tschuktsche mit seinen Angehörigen und Rennthieren, und man vermuthet, dass auch dieser nach jenem Lande jenseits des Meeres gezogen sey.

Hieher passt auch noch eine Tradition über dieses problematische Land, welche die Bewohner der Insel Koliutschin uns mittheilten. Dort erzählte mir nämlich ein Greis, es habe sich bei Lebzeiten seines Grossvaters einmal ein Bajdare mit sechs Tschuktschen und einer Frau zu weit ins Meer hineingewagt; nachdem sie lange vom Winde hin- und hergetrieben worden, strandeten sie an einem ihnen unbekannten Lande, dessen Bewohner selbst den Tschuktschen roh und thierisch erschienen. Die Schiffbrüchigen wurden alle ermordet, und nur die Frau ward verschont, sehr gut behandelt, im ganzen Lande umhergeführt und den Eingebornen als etwas Seltnes, Merkwürdiges gezeigt. So gelangte sie zuletzt bis zu den Kargauten, einem auf der Küste von Amerika in der Behringsstrasse wohnenden Volke, von wo sie Mittel fand, zu den Ihrigen zu entkommen. Diese Frau erzählte ihren Landsleuten viel von ihren Reisen und Schicksalen, unter andern auch behauptete sie, in einem grossen Lande gewesen zu seyn, das von der Insel Koliutschin nördlich liege und, sich weit nach Westen erstrekkend, wahrscheinlich mit Amerika zusammenhänge. Dieses Land soll von verschiedenen Völkerschaften bewohnt seyn; die im Westen lebenden sollen in allem den Tschuktschen gleichen, die nach Osten hin wohnenden aber so wild und viehisch seyn, dass sie kaum verdienen, Menschen genannt zu werden. Die ganze Erzählung ist sowohl von der Frau selbst, als auch von den nachherigen Ueberlieferern nach hiesiger Sitte mit so viel unwahrscheinlichen Abenteuerlichkeiten durchspickt, dass sie kaum einige Aufmerksamkeit verdiente, wenn sie nicht durch das Zusammentreffen mit der Geschichte des Krächoj bemerkenswerth würde.

Die Tschuktschen lebten in früherer Zeit alle fast ausschliesslich von dem Ertrag ihrer grossen Rennthierheerden, mit denen sie in der Tundra umherzogen; durch Seuchen, oder irgend ein anderes Unglück verloren viele unter ihnen den grössten Theil dieser unentbehrlichen Thiere und waren daher genöthigt, um ihr Leben zu fristen, sich auf die Wallfisch-, Seehunds- und Wallrossjagd zu verlegen. Dadurch wurden sie bewogen, die Tundra und das Innere des Landes zu verlassen und sich nach der Küste hinzuziehen. Diese Thiere, besonders die Wallfische, sind vorzüglich häufig in der Gegend der Insel

Koliutschin, während sie sich westlich von dieser Insel weit seltener finden, als in der Nachbarschaft der Behringsstrasse; im Westen des Kap Schelagskoj aber hören sie ganz auf. Dies ist der Grund, aus welchem es sich erklärt, dass die Bevölkerung der Küste zunimmt, je mehr man sich der Behringsstrasse nähert.

Jetzt theilt sich die ganze Bevölkerung des Landes in zwei Kasten: die ansässigen, oder Küsten-Tschuktschen (sitzende), und die Rennthier-, oder nomadisirenden Tschuktschen. Diese beiden Kasten leben in gutem Vernehmen unter einander und versehen sich gegenseitig mit Lebensbedürfnissen. Die Küstenbewohner liefern den Nomadisirenden Wallfischfleisch und Ribben, Wallrossriemen und Thran, welcher bei den Tschuktschen der grösste Leckerbissen ist, und tauschen dagegen von ihnen Rennthierfelle und auch schon fertige, daraus gemachte Kleider ein.

Die sitzenden Tschuktschen leben in kleinen, dorfartigen Ansiedelungen längs der Küste; ihre Hütten sind aus Stangen, zuweilen auch aus Wallfischribben zusammengestellt und mit Fellen überzogen. Diese Hütten gleichen einem grossen, unregelmässigen Kegel, dessen grössere, nach Norden gewandte Seite stark herausgebogen ist, während die andere gegen Süden gerade hinabgeht. An dieser Seite befindet sich die kleine, niedrige Eingangsthür, eigentlich nur eine mit Fell verhängte Oeffnung. — Oben in der Spitze des Kegels ist ein rundes Loch angebracht, durch welches der Rauch von dem mitten in der Hütte befindlichen Kochheerde aufsteigt. In dem oben erwähnten, nach Norden hingewandten, ausgebogenen Theile des Kegels steht ein zweites, viereckiges, niedriges Zelt, aus doppelten Rennthierfellen genäht, welches eigentlich das Wohn- und Schlafgemach ist; doch dient es bei grosser Kälte auch als Küche, wo dann statt des Holzes Moos, in Thran getränkt, sowohl zur Feuerung, als zum Erleuchten des übrigens ganz finstern Gemachs dient. Auch in der Küche brennen sie fast immer Wallfisch- und andere Ribben und Knochen, die sie des besseren Brennens wegen mit Thran begiessen. Zu diesem Surrogat zwingt sie der hier fast allgemeine Holzmangel, denn die Küste liefert, wie auch wir bemerkt haben, nur wenig Treibholz; Waldungen giebt es bekanntlich hier gar nicht, und selbst die Flüsse treiben nur äusserst selten etwas Holz mit hinab, weil die obere Gegend nichts als einiges kümmerliches Weidengebüsch hervorbringt.

Die Hauptbeschäftigung der Küstenbewohner, besonders zu Ir-Kajpij, ist der Seehunds- und der Wallrossfang. Zu ersterem bedienen sie sich einer aus Riemen verfertigten Art von Netzen, die unter dem Eise ausgelegt werden und in welche das Thier sich mit dem Kopfe oder den Flossen verwickelt. Nächstdem wird aber auch auf die Seehunde Jagd gemacht; dazu kleidet sich der Jäger ganz weiss, um unbemerkt auf dem Schnee zu bleiben, und legt sich in die Nähe eines der Luftlöcher hin, bei denen die Thiere herauszukommen und sich zu sonnen pflegen. Ausser einem Wurfspiesse hat er noch ein besonderes Instrument, welches aus fünf an einem Stäbchen befestigten Bärenklauen besteht; mit diesem scharrt und kratzt er fortwährend leise im Schnee auf der Oberfläche des Eises herum, wodurch, wie die Jäger behaupten, das Thier eingeschläfert werden soll; wahrscheinlich dient dieses leichte, gleichförmige Geräusch blos dazu, das Knarren des Schnees bei den Bewegungen des Jägers zu verdecken, der allmälig immer näher herankriecht, bis er nahe genug ist, um den sorglosen Seehund mit dem Spiesse zu erreichen. Diese Operation misslingt fast nie. — Den Wölfen stellen sie auf eine eigene, sehr sinnreiche Art nach: sie spitzen ein ziemlich starkes Stück Wallfischbarten (Fischbein) an beiden Enden zu, biegen es dann zusammen und verbinden es mit einem Faden. Den so entstandenen Ring begiessen sie mit Wasser und lassen ihn rund umher mit einer Eiskruste befrieren, so dass er dadurch in seiner krummen Form festgehalten wird; nun schneiden sie den Faden weg, und nachdem sie das Ganze recht dick mit Fett beschmiert haben, werfen sie diese Lockbissen aus, welche die Wölfe begierig verschlingen; da thaut aber die Eisrinde auf, das elastische Fischbein schnellt auseinander und erstickt das Thier. Nach ihrer Versicherung soll das Mittel selten fehl schlagen.

Auf der Insel Koliutschin werden manchmal eine grosse Menge Wallrosse erlegt, indem die Eingebornen sie, wenn sie aus dem Meere auf das Ufer steigen, plötzlich überfallen, ihnen den Rückweg ins Wasser abschneiden und mit Peitschen und Stöcken weiter hinauftreiben, wo sie sie dann mit leichter Mühe erlegen. — Das Wallross ist dem sitzenden Tschuktschen, wenn auch nicht so unmittelbar, doch fast eben so allgemein nützlich, als dem Nomaden das Rennthier. Das Fleisch und gewisse Theile der Haut nebst dem Speck dienen ihnen zur Nahrung; letzterer wird, in Ermangelung des Holzes, gleich dem Thrane, als Feuerungsmaterial zum Kochen, so wie zum Erwärmen und Erleuchten der Wohnungen gebraucht; das Fell giebt ihnen sehr dauerhafte Riemen zum Anspann und feste Stiefelsohlen; die Eingeweide liefern ihnen das Material zu Verfertigung leichter, wasserdichter Ueberkleider für den Sommer, und aus den Sehnen verfertigen sie eine sehr dauerhafte Art von Zwirn; endlich liefern ihnen die grossen Hauzähne des Wallrosses das herrlichste Elfenbein, aus welchem sie mit vieler Mühe eine Art schmaler, langer Trinkgeschirre verfertigen; demnächst dienen ihnen diese Zähne, ihrer ausserordentlichen Härte wegen, als Brechstangen zum Lösen des Eises und des gefrornen Erdreichs; hauptsächlich aber sind diese Zähne ein Hauptartikel im Tauschhandel mit den Rennthier-Tschuktschen, die sie den Russen zuführen. — Gefährlicher ist die Jagd auf die weissen Bären, die sie in ihren Höhlen zwischen den Torossen des zugefrorenen Meeres aufsuchen und nicht selten erst nach einem langen Kampfe mit Spiessen erlegen. — Zum Fischfange bedienen sie sich einer Art Setzkörbe aus dünnen Weidenruthen, die sie theils nur ins Wasser senken, theils auch, gleich Netzen, in demselben fortziehen. — Für die Vogeljagd haben sie eine Art von Schleuder, welche aus einer Menge langer, feiner Riemen besteht, an denen Steine, oder Stücke von Wallrosszähnen befestigt sind. Diese Riemen werfen sie sehr geschickt unter eine hoch in der Luft ziehende Heerde Gänse oder anderer Vögel, die sich dann in den nach allen Richtungen ausgebreiteten Riemen verwickeln und so zu Boden fallen. — Im Allgemeinen sind die Tschuktschen nicht Jäger; obgleich ihr Land an wilden Rennthieren und Schafen, an Füchsen, Wölfen, Bären und anderen grossen Pelzthieren reich ist, so jagen sie dieselben doch nicht. Blos den Bären stellen sie nach, weil das Fleisch derselben bei ihnen für einen besonderen Leckerbissen gilt. — Sie haben zwar Bogen und Pfeile, doch besitzen sie wenig Geschicklichkeit im Gebrauche derselben. Ihre Hauptwaffen sind verschiedene Gattungen Speere, unter denen besonders der Batàss, ein grosses, breites, an einem langen Stock befestigtes Messer, das sowohl zur Bärenjagd, als auch in Gefechten gebraucht wird. — Statt des bei ihnen noch ziemlich seltenen Eisens bedienen sie sich zu ihren Jagdwaffen der Wallrosszähne, welche so hart sind, dass sie sogar, wie oben erwähnt, das dicke Eis damit durchhauen. Die ansässigen Tschuktschen fahren mit Hunden, die sie aber nicht, wie an der Kolyma, je zwei und zwei vor einander, sondern vier in die Reihe neben einander vorspannen; auch ist der Bau ihrer Schlitten anders; sie gleichen mehr den Rennthierschlitten, nur sind sie nicht so gross als diese. Die hiesigen Hunde sind kleiner, als die gewöhnlich im übrigen Sibirien zum Fahren gebräuchlichen, und stehen diesen sowohl in Kraft und Ausdauer, als auch in der Schnelligkeit des Laufes nach. Merkwürdig ist es, dass auch die Tschuktschen im Jahre 1821 viele ihrer Hunde an derselben Seuche verloren, die so grosse Verheerungen unter den Zughunden an der Kolyma, Indigirka, Jana und Lena anrichtete.

Nach verschiedenen Bemerkungen und eingezogenen Erkundigungen scheint es, dass es unter den nomadisirenden sowohl als sitzenden Tschuktschen eine Art von Leibeigenschaft giebt. Man findet nämlich bei den Wohlhabenderen ganze dienstthuende Familien, die von Alters her in eigentlicher Knechtschaft leben, sich nie von der Herrenfamilie entfernen dürfen, kein Eigenthum besitzen und ganz von der Willkür ihrer Gebieter abhängen, welche sie zu allen schweren Arbeiten und Dienstleistungen brauchen und sie dafür ernähren und kleiden. Unter andern müssen sie, neben dem Schlitten herlaufend, die Hunde antreiben. Ueber den Ursprung dieser Leibeigenschaft wussten weder die Dolmetscher, noch die Tschuktschen selbst etwas anzugeben, sondern meinten nur: „es war ja immer so, und muss also auch so bleiben." — Wahrscheinlich sind diese Sklaven Abkömmlinge ehemaliger Kriegsgefangenen.

Die Speisen der Tschuktschen sind immer nur animalisch; abgekochtes Rennthierfleisch mit Seehundsfett oder Thran ist die gewöhnliche Speise. Besondere Leckerbissen sind das Fleisch des Eisbären und die Haut des Wallfisches, welche mit einer daran gelassenen Schicht Fleisch roh gegessen wird und einige Aehnlichkeit mit dem

Sterlet hat. — Die Fleischbrühe wird als solche nicht gegessen, sondern völlig erkaltet, und gewöhnlich noch mit Schnee vermischt, als durststillendes Getränk in hölzernen, grossen Schaalen aufgetragen. Jeder Tschuktsche führt immer eine kleine Röhre aus Rennthierknochen bei sich, mit welcher er den Trank aus der Schaale einsaugt. — Fische werden wohl als Beigericht gegessen, sind aber nur eine Art Nothbehelf und werden wenig geachtet. — Salz brauchen die Tschuktschen nie, sie haben sogar einen entschiedenen Widerwillen dagegen. — Merkwürdig ist es, dass in diesen furchtbar kalten Regionen, wo doch jedes Erwärmungsmittel höchst willkommen seyn müsste, alle Speisen nicht nur nicht heiss, oder auch nur warm, sondern fast ganz kalt genossen werden. Zum Nachtisch, am Schlusse der Mahlzeit, wird gewöhnlich ein grosses Stück Schnee gegessen; ich habe sie mehrmals gesehen, bei $30°$ Kälte und darüber von Zeit zu Zeit eine Hand voll frischen Schnees mit grossem Wohlgefallen verzehren.

Schliesslich muss ich noch einer Erscheinung erwähnen, die uns bei diesen rohen Naturmenschen höchst auffallend war. Die Pädrastie ist unter den Tschuktschen etwas ganz Gewöhnliches und wird durchaus nicht im Mindesten verborgen oder geheim gehalten. Es giebt hier junge, wohlgebildete Bursche, die sich zu Befriedigung dieser widernatürlichen Lüste hergeben. Sie kleiden sich mit einer gewissen Sorgfalt, putzen sich mit allerlei weiblichen Zierrathen, Glasperlen u. dergl. heraus, und scherzen und kokettiren mit ihren Verehrern eben so frei, als etwa ein junges Mädchen mit ihrem Verlobten. — Wir konnten nicht umhin, unsern Abscheu dagegen auszudrücken; das begriffen aber die Leutchen durchaus nicht, sondern meinten, es sey ja nichts Arges, und ein Jeder folge darin seinem Geschmack. — Unbegreiflich ist es, wie dies durchaus widernatürliche Laster unter Naturmenschen entstehen und bestehen konnte, wo es doch an Weibern nicht fehlt, und wo die Ehe nicht etwa, wie bei den Jakuten und Jukahiren, durch Erlegung des Kalym erschwert ist, sondern ohne alle Schwierigkeiten geschlossen und auch eben so leicht wieder aufgehoben wird.

Am 23. April verliessen wir das Kap Ir-Kajpij und setzten unsern Weg westlich von demselben fort. Den folgenden Tag gelangten wir an den Ort, von welchem aus Herr von Matiuschkin seine

Eisfahrt begonnen hatte, um noch einen Versuch mit Aufsuchen des vermeintlich im Norden liegenden Landes zu machen. Wir fanden hier ein hoch aufgerichtetes, hölzernes Kreuz, mit einer daran befestigten kurzen Anzeige, dass er überall auf grosse, offene Stellen gestossen sey, und dass das in allen Richtungen aufbrechende Eis ihn nach mancherlei vergeblichen Versuchen genöthigt habe, umzukehren, nachdem er nicht mehr als 16 Werst von der Küste abgefahren sey.

Wir übernachteten am 25. April bei Schalaurow's Hütte am Flusse Werkon, 7 Werst nach NO. 80° vom Kap Kekurnoj. Merkwürdig ist es, dass dieses Gebäude sich seit 60 Jahren noch ziemlich gut erhalten hat; sowohl die vier senkrecht stehenden, oben mit einander verbundenen Eckpfosten, als auch die schräg daran gelegten dünnern Baumstämme, welche die Seitenwände bildeten, fanden wir noch alle unversehrt; nur die obere Decke war eingestürzt. Wir untersuchten den mit Erde gemischten Schnee, der die Hütte füllte, und fanden darin ausser einigen einzelnen Menschenknochen und Haarbüscheln auch eine hölzerne, schon mit Moos überwachsene Art von Patrontasche. — Der Kamakaj vom Kap Schelagskoj erzählte mir später, dass man, als er noch ein zehnjähriger Knabe war, in der Hütte mehrere Leichen gefunden habe, so wie auch, dass fünf Männer aus jener unglücklichen Gesellschaft dem Tode entgangen und zu Fusse nach der Gegend der Kolyma geflüchtet seyen.

Am 1. Mai früh Morgens erreichten wir das Kap Schelagskoj und weckten den noch in tiefem Schlafe liegenden Kamakaj auf, in der Hoffnung, von ihm einige Lebensmittel für uns und Futter für unsere Hunde zu erhalten. Leider fanden wir uns in dieser Erwartung getäuscht; der Kamakaj erklärte uns, er habe die Zeit her unglückliche Fischerei und Jagd gehabt und könne uns daher nur mit einer sehr geringen Kleinigkeit aushelfen. Dasselbe hatte er auch dem Herrn von Matiuschkin geantwortet, von welchem er mir einen auf seiner Durchfahrt hinterlassenen Brief übergab, der einige nähere Umstände seiner misslungenen Eisfahrt enthielt.

Wir befanden uns in einer höchst üblen Lage; unsere von der langen Reise sehr abgematteten Hunde hatten sich auf dem von Schnee entblössten, scharf höckerigen Eiswege die Füsse wund gelaufen, so dass sie überall blutige Spuren hinterliessen; mehrere derselben waren so übel zugerichtet, dass wir uns genöthigt sahen, sie auf die Narten zu laden, um sie nur fortzubringen. Dabei ging sowohl das Hundefutter, als auch unser eigener Proviant ganz zu Ende, und wir konnten uns nicht schmeicheln, längs der Küste eins oder das andere zu finden. Ein Versuch, die im Innern der Insel Ajon, oder Sabadej, gewöhnlich mit ansehnlichen Rennthierheerden nomadisirenden Tschuktschen zu treffen, schlug auch fehl — sie waren fortgezogen und es blieb uns nichts übrig, als einer hier bei Futtermangel allgemein angenommenen Regel zu folgen, nach welcher die Hunde, wenn sie schon in sehr üblem Zustande sind, durchaus nicht lange ruhen dürfen, sondern immer angetrieben werden müssen, bis man einen Ort erreicht, wo sie bei gutem Futter einige Zeit ausruhen können. Dies thaten wir und schleppten uns mit vieler Mühe bis zu unserm Balagan an der Mündung der grossen Baranicha, wo wir endlich am 3. Mai ankamen. Hier fanden wir einige Lebensmittel und einen Vorrath von Futter, und konnten daher unsern armen Hunden zwei volle Ruhetage geben, die sie wenigstens so weit herstellten, dass wir unsere Reise am 5. Mai fortsetzen konnten.

Während dieser Zeit hatten wir bei leichtem Winde eine mässige Kälte von nicht mehr als $3\frac{1}{2}°$; am 3. Mai aber stieg sie plötzlich wieder auf $18°$; doch wurden wir für diesen starken Frost durch einen reinen, wolkenlosen Himmel entschädigt, der uns Gelegenheit gewährte, an diesem und den folgenden Tagen die Zahl unserer Breitenbestimmungen durch einige gute Beobachtungen von Mittagshöhen zu vermehren.

Je näher wir dem Ostrog Nis'hnij-Kolymsk kamen, desto merklicher war der Einfluss des herannahenden Frühlings; der Schnee an den abhängenden Ufern der Flüsse war schon verschwunden; zwar deckte den Strom, auf dem wir fuhren, noch eine Eisrinde, die stark genug war, um uns zu tragen, allein über derselben stand ziemlich tief das von dem geschmolzenen Schnee angesammelte Wasser, welches immerwährend durch die schon aufgegangenen, reissenden Gebirgsbäche vermehrt wurde. Die Fahrt wurde immer schwieriger, und nur den auf der Insel Koliutschin eingehandelten starken, glatten Schlittensohlen von Wallfischribben konnten wir es verdanken, dass wir nicht ganz stecken blieben.

Endlich, am 10. Mai, erreichten wir das langersehnte Nis'hne-Kolymsk, nach einer Abwesenheit von 78 Tagen, während welcher wir überhaupt gegen 2300 Werst gemacht hatten. Herr von Matiuschkin war schon seit sechs Tagen hier eingetroffen. Er hatte auf seiner Rückreise die ihm übertragene Aufnahme der Tschaunbucht beendigt, ohne irgendwo Tschuktschen anzutreffen, ausser auf dem Kap Schelagskoj, wo er von unserem Freunde, dem Kamakaj, zwar sehr freundlich empfangen, aber eben so kärglich mit Lebensmitteln versorgt worden war als wir. — Da sein Reisebericht weiter keine neue ethnographische und andere Bemerkungen, sondern nur eine Menge sehr guter Ortsbestimmungen liefert, deren Resultate sich auf der Karte der von uns aufgenommenen Küste finden, so halte ich für überflüssig, denselben hier mitzutheilen, und verweise die Leser auf diese Karte, welche einen vollständigen Ueberblick unserer gesammten Arbeiten für die genauere geographische Kenntniss dieser Gegenden liefert.

Mit unserer Rückkehr nach Nis'hne-Kolymsk schliesst die Reihe unserer Versuche, das problematische Land im Norden des Eismeeres aufzufinden. Obgleich wir bis jetzt über das wirkliche oder fabelhafte Dasein desselben nicht mit Bestimmtheit entscheiden können, so haben doch wenigstens unsere wiederholentlich und in verschiedenen Richtungen unternommenen Eisfahrten ausgewiesen, dass in jeder nur erreichbaren Entfernung von der Nordküste Asiens sich kein solches Land befindet. — Wenn aber dennoch in einer Region, die wir, trotz allen Anstrengungen, nicht erreichen konnten, weil die Natur selbst uns unüberwindliche Hindernisse in den Weg legte, wirklich dort hoch im Norden ein solches Land liegt, so hängt die Entdeckung desselben lediglich vom Zufall, oder eigentlich von dem günstigen Zusammentreffen verschiedener klimatischer Umstände ab, die uns nicht begünstigten; vor allem wären ein durchaus sturmloser, anhaltend kalter Winter und ein später Frühling die Hauptbedingungen zum Gelingen eines etwa noch anzustellenden Versuchs dieser Art, welcher alsdann gerade von Jakan aus unternommen werden müsste, da, nach den Angaben der Eingebornen, das gesuchte Land sich dort am meisten der Küste des Festlandes von Asien nähert.

Nach den mir ertheilten Vorschriften waren die Arbeiten und Forschungen der Expedition hier im hohen Norden als beendigt anzusehen, und wir sollten, sobald es thunlich wäre, Nis'hne-Kolymsk verlassen und unsere Rückreise antreten. Ich musste verschiedener Ursachen halber noch hier verweilen, aber der Herr von Matiuschkin und der Doktor Kyber konnten schon zu Anfang des Juli aufbrechen. Sie schifften sich auf der Kolyma ein, fuhren bis Werchne-Kolymsk und von da, den Omekon hinauf, bis Irkuzk, wo sie den Sommer mit naturhistorischen Forschungen in diesen immer noch wenig bekannten Gegenden zubrachten. — Am 1. August erhielt ich den Befehl, in Nis'hne-Kolymsk die Ankunft eines Beamten der jakuzkischen Gouvernementsregierung abzuwarten, der beauftragt war, gemeinschaftlich mit mir alle Rechnungen und Zahlungen mit den Bewohnern des kolymskischen Gebietes zu berichtigen. — Leider verzog sich die Ankunft dieses Mannes ziemlich lange, und ich muss gestehen, dass, obgleich ich diese Zwischenzeit dazu benutzte, um meine Journale, Aufnahme-Notizen, Karten u. s. w. in Ordnung zu bringen, mir doch der Aufenthalt in dem öden, traurigen Orte höchst peinlich, ja ich möchte beinahe sagen, schwerer zu ertragen war, als alle bisher erduldeten Mühseligkeiten und Gefahren, bei denen wir wenigstens immer durch den Kampf gegen die Hindernisse der Natur und der Lokalität aufgeregt und beschäftigt waren.

Endlich erschien der erwartete Beamte; wir brachten die einfachen Berechnungen mit den Einwohnern bald ins Klare, und nachdem alles berichtigt war, verliess ich am 1. November mit Herrn Kosmin Nis'hne-Kolymsk, nach einem Aufenthalt von vollen drei Jahren. — Wir erreichten bald Sredne-Kolymsk, wo sich der thätige und dienstfertige Kreiskommissair Herr Tarabukin uns anschloss. Durch seine Vermittelung miethete ich von unserm alten Bekannten, dem Kaufmann Beres'hnoj, Pferde, welche uns bis nach Jakuzk bringen sollten, und so trat ich denn am 19. November bei einer Kälte von 32° meine eigentliche Rückreise an.

Funfzehnter Abschnitt.
Rückreise von Sredne-Kolymsk nach St. Petersburg.

Wie gesagt verliessen wir (am 19. November) Sredne-Kolymsk mit gemietheten Pferden, die uns bis Jakuzk bringen sollten. Demnach brauchten wir also nicht der Poststrasse zu folgen, die von dem Alasejgebirge über Saschiwersk, Tabalag und Werchojansk geht, sondern konnten den andern Weg nördlich von Saschiwersk einschlagen, den die Handelskarawanen längs dem Flusse Selenächa durch die von den Jakuten bewohnten Heiden nehmen. Obgleich wir solchergestalt das Land in einer ganz anderen Richtung durchzogen, als auf unserer Herreise, so würde doch, bei der ungeheuren Einförmigkeit des nordöstlichen Sibiriens, eine Beschreibung unserer Rückreise von Sredne-Kolymsk über Jakuzk und weiter nur eine Wiederholung dessen seyn können, was schon früher bei unserer Hinreise gesagt worden ist; und um den Leser nicht zu ermüden, werde ich mich jetzt nur auf einige wenige Gegenstände beschränken, die wir vielleicht früher nicht Gelegenheit hatten zu beobachten, und die als Nachtrag und Ergänzung jener Beschreibung dienen können.

Der Grund, weshalb die Handelskarawanen nicht den gewöhnlichen Postweg benutzen, liegt darin, dass die längs der Selenächa sich hinziehenden grossen, haidigen Ebenen ihnen ein ganz vorzügliches Futter für ihre Pferde liefern, welches sich auf jenem Wege nicht findet. Auf den sandigen Ufern des Flusses nämlich wächst in grosser Menge ein Kraut, das kaum die Höhe eines Zolls erreicht und zum Geschlechte des Schachtelhalmes (equisetum) gehört. Im Sommer ist es von sehr bitterm Geschmack, weshalb die Pferde es in dieser Jahreszeit verschmähen; nach den ersten Frösten aber, die übrigens die grüne Farbe des Gewächses nicht ändern, bekömmt es einen süsslichen Geschmack und giebt ein herrliches Futter für die Pferde ab, die von dem Genusse desselben in kurzer Zeit kräftig und fett werden. Der Einfluss dieses Krauts auf den thierischen Organismus ist so gross, dass selbst der Schweiss der Pferde davon eine grünliche Farbe annimmt. Dieses nützliche Gewächs ist hier unter dem Namen Tschiboga bekannt.

— Obgleich, wie gesagt, der Frost dieses Futterkraut eigentlich erst dem Vieh geniessbar macht, so ist ein zu starker Grad von anhaltender Kälte demselben wieder nachtheilig, indem dadurch die röhrenartigen Halme spröde werden, und wenn die Pferde sie, wie hier gewöhnlich, mit den Hufen unter dem Schnee hervorscharren, so zerbröckeln sie ganz und zerfallen in Staub.

Auch unsere Pferde standen sich bei diesem herrlichen Futter sehr gut, und wir bemühten uns, immer unsere Nachtlagerplätze da auszusuchen, wo die beste Weide der Art war. So übernachteten wir unter andern am 9. Dezember bei einer Kälte von 33° auf einem offenen, durch gar nichts gegen den Nordwind geschützten, flachen Weideplatz um ein unter freiem Himmel angemachtes Feuer. Da hatte ich Gelegenheit, an den uns begleitenden Jakuten zu beobachten, wie weit der Mensch es durch Gewohnheit in der Abhärtung gegen Kälte und Ungemach bringen kann. Die Sorglosigkeit der Jakuten gegen alles, was etwa zum Schutz gegen die rauhe Witterung oder zu irgend einer Art von Bequemlichkeit dienen könnte, ist so gross, dass sie für die weiteste Winterreise weder Zelte noch Decken mitnehmen, ja nicht einmal irgend eine von den grösseren Pelzbekleidungen nöthig finden, ohne welche wir uns bei einem gewissen Kältegrad gar nicht hinauswagen dürfen. Der Jakut hat auf der Reise ungefähr seine gewöhnliche Hauskleidung an; damit bringt er die Nacht fast immer unter freiem Himmel zu; eine auf den Schnee hingebreitete Pferdedecke ist sein Bett, der hölzerne Sattel sein Kopfkissen. Mit demselben Sannajach oder Pelzjäckchen, das ihm den Tag über als Rock dient und das er zur Nacht auszieht, bedeckt er sich den Rücken und die Schultern, während der vordere Theil des Körpers, fast ohne Bedekkung, gegen das helllodernde Feuer gerichtet ist. Wenn er eine Weile so gelegen hat und sich so erwärmt fühlt, dass er dem Schweisse nahe ist, so verstopft er sich Nase, Ohren und sonstige Oeffnungen des Körpers mit kleinen Fellstückchen und bedeckt sein Gesicht bis auf eine ganz kleine Oeffnung zum Athemholen, und damit ist alles geschehen, was er nöthig hat, um nicht auch bei der grössten Kälte während des Schlafes zu erfrieren. — Selbst hier in Sibirien werden die Jakuten eiserne Menschen genannt, und diese Benennung verdienen sie mit allem Rechte; gewiss giebt es kein Volk, das wie sie jede Art von körperlicher Anstrengung, und besonders Kälte und Hunger, in so hohem Grade und mit so vollkommenem Gleichmuthe auszuhalten im Stande wäre. Unzählige Male habe ich sie gesehen, bei $20°$ und darüber in freier Luft ganz gemüthlich schlafen, während der armselige Sannajach vom Rücken herabgeglitscht, das nächtliche Feuer schon längst verlöscht, und der ganze, fast unbedeckte Körper des Schläfers mit einem dicken Eisreife überzogen war. — Eine andere Eigenschaft, die dieses merkwürdige Volk in einem bewunderungswürdigen Grade auszeichnet, ist das unbegreiflich scharfe Gesicht, das sie besitzen. Ein Jakut von mittlerem Alter versicherte dem Herrn von Anjou, indem er auf den Jupiter wies, er habe es manchmal gesehen, wie der blaue Stern da einen anderen sehr kleinen verschlinge und bald darauf wieder von sich gebe; er hatte also ohne Fernrohr den Durchgang eines der Satelliten jenes Planeten beobachtet! — Eben so merkwürdige und unbegreifliche Eigenschaften der Jakuten sind ihr Gedächtniss und besonders ihr Ortssinn; dieser ist ihnen auf ihren Reisen durch Wüsten, die sich alle vollkommen gleichen, von dem grössten Nutzen; eine Pfütze, ein Stein, ein Strauch, jede kaum bemerkbare Erhöhung der Fläche, die dem an künstliche Wegweiser verwöhnten Europäer nichts sagen, prägen sich diesen ungebildeten Naturmenschen tief in das Gedächtniss und geleiten sie noch nach Jahren sicher durch die unermessliche, öde Steppe.

Eine diesen Gegenden eigenthümliche Naturerscheinung, die uns unsern Marsch sehr erschwerte, sind die sogenannten Taryni, die, obgleich anderer Entstehung, doch einige Aehnlichkeit mit den Gletschern haben. In den hiesigen Gebirgsthälern nämlich (besonders in dem langen Thale des Dogdoflusses), deren kiesiger Boden im heissen Sommer und dem gewöhnlich darauf folgenden dürren Herbste ganz austrocknet, tritt oft mitten im Winter beim stärksten Froste eine grosse Menge Wassers aus der Erde, welches sich nach allen Seiten ergiesst und gefriert. Diese erste Eisrinde bekömmt an verschiedenen Stellen Risse und Spalten, aus denen aufs Neue Wasser hervorquillt und durch das Gefrieren eine zweite Eisrinde bildet. In dem Maasse nun, als durch die Wirkung des Frostes das Wasser aus der Tiefe des lockern Bodens hinaufgepresst wird und an der Oberfläche zur festen Masse gefriert, nimmt die aus lauter Schichten bestehende Eisrinde an Dicke und Ausdehnung zu und bedeckt zuletzt alles Gesträuch und selbst Bäume von mittelmässiger Höhe. So stehen diese Eisfelder den Winter hindurch, bis im Frühling die Strahlen der Sonne und die eintretende Wärme sie zum Schmelzen bringen; dann bilden sich eine Menge kleinerer und grösserer Bäche, die oft mit grosser Gewalt nach den tieferen Gegenden der Ebenen hinabströmen und sich, sobald dort der Boden aufthaut und austrocknet, in die Erde verlieren. Auf dem Ochozkischen Wege und in dem Omekon-Gebirge trifft man auch grosse Eisfelder an, die aber an den höher liegenden und geschützten Stellen nie, selbst im heissen Sommer nicht, aufthauen; diese entstehen wahrscheinlich blos durch das sich ansammelnde Regen- und Schneewasser, und sind daher wesentlich von den Taryni des Dogdoflusses verschieden. Das Eis dieser letzteren ist blendend weiss und enthält wahrscheinlich viel Kalktheile, wie wir sowohl aus dem Geschmack, als auch daraus folgerten, dass es die Seife nur sehr schwer auflöst; wir konnten es daher weder zum Waschen, noch zum Thee benutzen.

Der Uebergang über diese Taryni ist äusserst beschwerlich und nicht ohne Gefahr; wenn sie fest gefroren sind, so ist die Oberfläche derselben so glatt, dass selbst gut beschlagene Pferde fast bei jedem Schritte ausglitschen, mit ihrer Last zu Boden stürzen und nicht selten auf der Stelle todt liegen bleiben. Besonders gefährlich ist es, wenn die Karawane an einem Abhange, oder bei einer Schlucht von einem der hier oft eintretenden orkanartigen Windstösse ergriffen wird, denen nichts widersteht, und die dann wohl mehrere Pferde und Menschen in die Tiefe hinabschleudern. Weniger lebensgefährlich, aber nicht minder beschwerlich ist ein solcher Uebergang, wenn die Taryni mit frisch hervorquellendem, noch nicht gefrornem Wasser bedeckt sind; dann ist die Karawane genöthigt, durch die oft sehr tiefen Wasserpfützen zu waten, wobei man sich nicht selten in dem Eiswasser Füsse und Hände abfriert. Doch das schadet den eisernen Jakuten weiter nicht! Wenn sie genöthigt waren, durch ein solches Eisbad zu waten, und ihre hoch hinaufgehenden Torbassy (Fellstiefel) ganz durchnässt sind, so fahren sie mit den Beinen einigemal durch den Schnee, wo sich das Wasser aus dem Fell augenblicklich herauszieht und in eine Eisrinde verwandelt, die sich sehr leicht von dem Stiefel ablösen lässt, welcher dann hernach, wenn gerade Zeit dazu ist, vielleicht noch etwas am Feuer getrocknet wird. Dieser letzte Theil der Operation geschieht übrigens in der Regel nur im Nachtlager, bis dahin begnügt der Jakut sich blos mit dem Schneereiben und Abschütteln.

Am 22. Dezember langten wir in Werchojansk (von den Jakuten Boronuk genannt) an, wo wir von unserm Freunde Beres'hnoj Abschied nahmen. Er hatte uns von Sredne-Kolymsk hieher mit seinen Pferden gebracht, die, ohne eben sehr angegriffen zu seyn, in 32 Tagen diese Strecke von 1224 Werst zurückgelegt hatten; ein Beweis von der Ausdauer der hiesigen Pferde!

Das Städtchen Werchojansk besteht aus nicht mehr als fünf hölzernen Häusern und einer eben solchen, unlängst neu erbauten Kirche, die aber noch nicht eingeweiht ist. Der kleine Ort liegt am westlichen Ufer der Jana, wird aber wohl wahrscheinlich mit der Zeit auf das gegenüberliegende Ufer versetzt werden müssen, weil jenes durch den Fluss, der hier eine Biegung macht, von Jahr zu Jahr immer mehr unterwaschen und weggespült wird. — Beim Eintreten in die mir angewiesene Wohnung in dem Hause des hiesigen Kaufmanns Gorochow ward ich auf das angenehmste überrascht; ich fand mich plötzlich in Umgebungen versetzt, die mir schon lange nicht vor Augen gekommen, mir gewissermaassen fremd geworden waren: ein geräumiges, hohes, reinliches und durch ordentliche Fenster wohl erhelltes Zimmer mit recht sauberen Meubeln, in der Oberecke ein Kiwot mit reich verzierten Heiligenbildern, gegenüber ein zierlich geformter Kamin aus Backsteinen, endlich an der Mittelwand ein Glasschrank mit einer kleinen Auswahl unserer vorzüglichsten National-Schriftsteller. Seit Jahren hatte ich ausser den wenigen wissenschaftlichen Büchern, die ich mitführte, kein anderes Buch gesehen, als etwa die Swätzy*); — ich vermag gar nicht das angenehme Gefühl zu beschreiben, welches ich bei Ansicht dieser Anzeichen geistiger Bildung und veredelten Geschmacks hatte, die sich so unerwartet meinen ganz davon entwöhnten Blicken darstellten! — Während ich mich diesem langentbehrten Genusse hingab, ward der Tisch gedeckt und man trug ein sehr sauber bereitetes, ich möchte sagen europäisches Mittagessen auf, wie ich schon seit mehr als drei Jahren keins sah, und wie ich es wahrlich nicht in diesem unbekannten Winkel des Werchojanskischen Gebirges erwartet hatte. In Gesellschaft meines freundlichen Wirthes und des hiesigen Bezirkkommissairs Michajlow verplauderte ich beinahe zwei Stunden recht angenehm bei Tische, und ich gestehe, dass mir, nach dem jahrelangen rohen und gedörrten Fischessen, die gut und reinlich zubereiteten Speisen, als Zugabe zu dem Gespräche mit gebildeten Menschen, einen grossen, wohlthätigen Genuss gewährten. Gorochow's gastliches Haus steht da in den Eis- und Schneewüsten des Werchojanskischen Gebirges, wie eine Oase, die dem ermüdeten Wanderer freundlich seine Annäherung an eine von gebildeten Menschen bewohnte Welt verkündigt. — Herr Michajlow erzählte mir unter andern auch, dass die Ustjanskische Expedition unter dem Lieutenant Anjou schon in den ersten Tagen des Novembers hier durch nach Jakuzk abgegangen sey.

Werchojansk, dessen Breite wir vermittelst Beobachtung in 67° $33'$ bestimmten, ist der beständige Aufenthaltsort des Herrn Michajlow, der die Kreise Jana, Indigirka und S'higansk verwaltet; ein Gebiet, dessen Umfang dem von Frankreich gleich kommt, das aber an Bevölkerung manchem grossen Dorfe nachsteht. Dessenungeachtet findet der Kommissair, der diese ungeheure Einöde alljährlich bereisen

---

*) Die Swätzy sind eine Art Kirchenkalender (monologium), in welchem sämmtliche Feste und Heiligentage, so wie die für selbige vorgeschriebenen Gebete sich verzeichnet finden. Sie vertreten bei dem gemeinen Manne die Stelle des bürgerlichen Kalenders.

muss, immer vollauf zu thun für sich, seinen Sekretair und einen Schreiber, denn wo auch nur ein paar Familien zusammen leben, da giebt es Streitigkeiten und Händel unter ihnen, die untersucht und geschlichtet werden müsssen.

Die Bewohner der Umgegend von Werchojansk sind durchgehends Jakuten; ihr Hauptgewerbe ist die Viehzucht, welcher die hohe gebirgige Lage und das mildere Klima in den Thälern sehr günstig ist. Es fällt hier viel weniger Schnee als in den übrigen Theilen des nordöstlichen Sibiriens, daher denn auch das Vieh den ganzen Winter hindurch auf die Weide geht, und immer hinlängliche Nahrung unter der nicht sehr dicken Schneelage findet. Die Winterweide ist um so nothwendiger, da der während des gewöhnlich sehr dürren Sommers ganz ausgetrocknete Boden nicht Gras genug erzeugt, um Heuvorräthe machen zu können. — Es giebt hier weit weniger fischreiche Seen als in dem kolymskischen Gebiete; doch wird dieser Mangel dadurch ersetzt, dass in mehreren der hiesigen Seen sich eine Gattung kleiner, kaum zwei Zoll langer Fische in so ungeheurer Menge findet, dass die Jakuten, ohne alle Mühe des Fischers, sie blos mit Eimern aus dem Wasser schöpfen. Diese Fischchen lässt man einfrieren und bewahrt sie so zum Winter, wo sie dann zerstampft und mit der fein zerriebenen innern Rinde des Lärchenbaumes gekocht, eine recht gute Speise abgeben. — Einen wichtigen Nahrungs- und Industriezweig gewährt den Jakuten die Jagd; es wimmelt hier von Hasen und Rebhühnern, die in grosser Menge theils gefangen, theils geschossen werden. Nächstdem ist das Land reich an Pelzthieren; das Elenn, das Rennthier, der schwarze Bär, der Wolf, das Bisamthier, der rothe Fuchs, das Hermelin, der Vielfrass (mustela gulo), Eichhörnchen von vorzüglich geschätzter Gattung u. s. w. giebt es hier fast überall; schwarze Füchse finden sich nur selten und Zobel gar nicht. Das Bisamthier (moschus moschiferus) hier Kabargà genannt, muss in Menge vorkommen, da das Pfund Moschus hier gewöhnlich zu 10 bis 15 Rubel zu haben ist.

Durch den beständigen Verkehr mit ihren in und um Jakuzk lebenden Landsleuten, ist der Charakter der Werchojanskischen Jakuten so sehr verdorben, dass Streit- und Prozesssucht, Betrug und Diebstahl und der leidenschaftlichste Hang zum Kartenspiele, bei ihnen eben so allgemein sind als bei jenem. Das gegenseitige Misstrauen und die Furcht bestohlen zu werden, hat die hiesigen Jakuten bewogen, mit ihrem Vieh in einer und derselben Jurte zu leben, deren Schmutz und wirklich verpestete Luft über alle Vorstellung geht; man begreift nicht wie Menschen darin aushalten können. — Die an der Kolyma lebenden Jakuten sind viel reinlicher, haben bessere Wohnungen und kleiden sich auch besser; dies ist ganz vorzüglich der Fall in denen Nasslegen oder Niederlassungen, die in einiger Entfernung, abwärts von der Strasse liegen, längs welcher die leidigen Branntweinskarawanen von Jakuzk nach Kolymsk ziehen.

Während meines Aufenthaltes in Werchojansk herrschte dort und in der ganzen Umgegend eine Art epidemischen Katarrhalfiebers, das sich in heftigen Brustbeklemmungen, Ohrenbrausen, Kopfschmerzen u. s. w. allgemein äusserte. Diese Krankheit erzeugte sich als nach einem ungewöhnlich dichten Nebel, der während einer ganzen Woche die Atmosphäre erfüllte, plötzlich strenger Frost eintrat, der von Tage zu Tage immer zunahm, so dass unser Reaumürsches Thermometer vom 23. bis 26. Dezember $36°$, $40°$, $42°$, $42\frac{1}{2}°$ ($63\frac{3}{5}°$ Fahrenheit) zeigte. Alle waren mehr oder minder krank; ich litt am meisten von der peinlichen und schmerzhaften Brustbeengung, die mich nicht eher als nach meiner Ankunft in Jakuzk verliess, wo ich ärztliche Hülfe fand. — Ein Kosak, den ich mit meinen Papieren vorausgeschickt hatte, ward ein Opfer dieser Krankheit. Einer hier allgemein verbreiteten Meinung nach soll sowohl diese, als auch andere hiesige, den Eingebornen gefährliche Epidemien, keine übeln Folgen für diejenigen haben, die erst seit Kurzem in dieser Gegend angelangt sind, und nur dann erst auf sie einwirken, wenn sie schon einige Zeit in Sibirien gelebt und gefroren haben.

Nachdem wir das Weihnachtsfest in Werchojansk gefeiert hatten, machten wir uns am 27. Dezember auf den Weg nach Jakuzk.

Die Kälte liess nicht nach, und in der Regel zeigte mein Thermometer fortwährend $40°$ unter dem Gefrierpunkte. Wenn bei solcher Kälte eine Reise im Schlitten schon sehr beschwerlich ist, so wird sie zu Pferde fast unerträglich. Ohne eigene Erfahrung kann man sich keinen Begriff von den wirklichen Leiden machen, mit denen ein solcher Ritt verknüpft ist. In eine dicke steife Pelzmasse von 30 bis 40 Pfund, vom Kopf bis zu den Füssen gehüllt, kann man sich gar nicht bewegen und nur, gleichsam verstohlen unter dem dickbereiften Bärenkragen, der mit einer das ganze Gesicht verbergenden grossen Pelzmütze zusammenhängt, etwas äussere Luft einathmen, diese ist aber so scharf, dass sie ein ganz eigenes, schmerzhaftes Gefühl in Schlund und Lungen hervorbringt. — Der Reisende ist dabei immer, während 10 Stunden und drüber (so lange geht der Zug von einem Nachtlager und Futterplatze zum andern) auf sein Pferd gebannt, weil es in der unbeholfenen Pelzkleidung unmöglich ist, auch nur einige Schritte in dem tiefen Schnee zu waten, durch welchen selbst die geübten Pferde sich nur mit Mühe durcharbeiten. Diese armen Thiere sind übrigens ebenso übel daran als der Reiter, denn ausser der ungeheuren Kälte im Allgemeinen, von der sie denn doch am Ende auch leiden müssen, setzen sich ihnen dicke Eiszapfen in den Naslöchern fest, die ihnen das Athmen überaus erschweren; dies äussern sie häufig durch ein ängstliches Schnarchen und ein krampfhaftes Schütteln des Kopfes, wo dann die Führer behülflich seyn müssen, die Thiere durch Wegschaffen der Eiszapfen vor dem Ersticken zu bewahren. — Auf den schneelosen Eisflächen geschieht es nicht selten, dass ihnen bei gar zu argem Froste die Hufen bersten. — Die Karawane ist immer mit einer dicken Dampfwolke umgeben, welche sich durch den Wärmestoff bildet, den nicht nur die lebenden Körper, sondern auch der Schnee, ausdünsten, denn sogar dieser dampft bei der furchtbaren Kälte, die ihn zusammenpresst und ihm gestattet, verhältnissmässig eine Art von wärmerer Temperatur zu haben. Diese Ausdünstungen verwandeln sich augenblicklich in Millionen feiner Eisnadeln, mit denen die ganze Luft erfüllt ist und die in derselben ein immerwährendes, leichtes Geräusch hervorbringen, welches ungefähr dem von einem gerissenen Stück Atlas oder dicken seidenen Zeuge gleicht. Selbst das Rennthier, dieser ewige Bürger des höchsten Nordens, sucht einigen Schutz vor der schrecklichen Kälte in den Wäldern; auf der Tundra, wo es diese nicht hat, drängt die ganze Heerde sich so nahe als möglich aneinander, um sich gegenseitig etwas zu erwärmen; so sieht man sie dann oft in dichten Haufen regungslos dastehen. Nur der finstere Wintervogel, der Rabe, durchschneidet noch hin und wieder mit mattem, langsamem Fittig die eisige Luft, und ein dünner, dunstartiger Streif, der als Spur seines einsamen Fluges hinter ihm herzieht, bezeugt, dass sein Körper noch einige thierische Wärme auszudünsten hat. Aber nicht blos auf das Lebende, auch auf das ewig Leblose erstreckt dieser Frost seine furchtbare Wirkung; nichts widersteht ihm. Die dicksten Baumstämme bersten auseinander mit gewaltigem Knalle, der in dieser Wüste wie die Signalschüsse auf dem hohen Meere klingt; der Boden auf der Tundra und in den felsigen Thälern zerbirst krachend, und es bilden sich weitgähnende Spalten, aus denen das tief im Schoosse der Erde verborgene Wasser dampfend hervorquillt, um augenblicklich in Eis verwandelt zu werden. Ungeheure Felsmassen werden gesprengt; von ihrem tausendjährigen Lager abgerissen, rollen sie mit donnerähnlichem Getöse herab und erschüttern in ihrem gigantischen Sturze fühlbar die Atmosphäre. — Selbst über die Erde hinaus wirkt diese Kälte: die so oft, und zuweilen mit Recht, gepriesene majestätische Pracht des tiefblauen Polarhimmels verschwindet in der durch den ungeheuren Frost verdickten Atmosphäre; wohl sieht man die Sterne am Firmamente blinken, aber ihr Glanz ist getrübt, ihre Strahlen sind matt, und der geheimnissvolle, poetische Zauber einer schönen Mondnacht erstirbt hier, wo die starre Natur, unter dem schattenlosen Weiss des ewigen Leichentuches begraben, in ihrer furchtbaren Einförmigkeit, der Einbildungskraft auch nicht den geringsten Gegenstand darbietet, an den sich ein poetisches Gefühl knüpfen könnte. Und welche Einbildungskraft, welches dichterische Feuer könnte auch da wohl noch thätig seyn, wo alles erstirbt, wo nichts mehr sich regt, wo die ganze, letzte Wirkungskraft des Menschen auf das, ich möchte sagen thierische, Bestreben reduzirt ist, sich vor dem Erfrieren zu erwehren.

Noch stand uns der beschwerliche Uebergang über das Werchojanskische Gebirge bevor, dessen Fuss wir am 4. Januar 1824 erreichten. Ein schneidender Wind, der uns aus den Bergschluchten mit ungeheurer Heftigkeit entgegenblies, nöthigte uns, in einer zum Glück hier erbauten Powarnä für die Nacht einigen Schutz zu suchen und eine günstige Aenderung in der Witterung abzuwarten. Bei Sonnenuntergang verhüllte sich nach und nach die ganze Umgegend in einen dichten, eisigen Nebel, der vom Winde aus den Engpässen des Gebirges getrieben, sich über das Thal ergoss und uns mit einem undurchdringlichen Schleier umgab. Gleich darauf erhob sich ein furchtbarer Sturm, der unsere morsche Hütte unfehlbar umgerissen hätte, wenn sie nicht so niedrig gewesen wäre; dagegen aber gewärtigten wir jeden Augenblick, dass ein neben derselben stehender grosser Lärchenbaum, durch die ungeheure Gewalt des Sturmes entwurzelt, niederstürzen und unsern zerbrechlichen Zufluchtsort zerschmettern würde. In dieser ängstlichen Lage verbrachten wir die ganze Nacht; der Orkan dauerte bis an den Morgen, wo er endlich nachliess. Die Atmosphäre klärte sich auf und wir erfreuten uns einer gelinden Temperatur von nicht mehr als $19°$ Frost, welche uns wirklich gegen die bisherige furchtbare Kälte mild zu seyn schien. Wir eilten, diesen glücklichen Wechsel zu benutzen, um unsern Zug über das Gebirge zu beginnen, und rückten ziemlich rasch und ohne besondere Beschwerde vorwärts, dem Ziele unserer Reise entgegen.

Am 7. Januar hatten wir das Gebirge überstiegen, und gleich empfing uns der freundliche, heimische Anblick eines kräftigen Fichtenwaldes, der in seiner vollen, immergrünen Schönheit dastand, besonders da der letzte Sturm die Bäume ganz von Schnee gereinigt hatte. Mit einem höchst wohlthätigen, angenehmen Gefühle durchzogen wir dieses und noch ein paar ähnliche Wäldchen und langten endlich am 10. Januar in Jakuzk an. Hier fand ich meinen innig geschätzten Freund und Gefährten, den Lieutenant Anjou, vor mir, der von seiner mühevollen Reise längs der Jana und auf dem Eismeere glücklich zurückgekehrt war, und in dessen Gesellschaft ich viele höchst angenehme Stunden unter gegenseitigen Mittheilungen unserer Schicksale, Erfahrungen und Beobachtungen verbrachte.

Während unserer beinahe vierjährigen Abwesenheit hatte sich in Jakuzk vieles verändert und verbessert. Unter andern hatte man die ganz nutzlose, alte, hölzerne Festung (Ostrog) abgebrochen und aus dem dadurch gewonnenen, noch tauglichen Holze ein Klubbenhaus zu öffentlichen Lustbarkeiten und Versammlungen des Adels und der übrigen angesehenen, gebildeteren Bewohner des Ortes erbaut. Da fand ich einen gut erleuchteten Tanzsaal, ein Büffet mit allerlei Speisen und Erfrischungen, ein Billardzimmer, ein anderes für Kartenspieler u. s. w. An Festtagen wird hier gespeist, getanzt, ja sogar zuweilen der Tanzsaal in ein Theater verwandelt. Während unserer Anwesenheit wurde die National-Operette: Mèl'nik, der Müller, recht gut aufgeführt. Die Schauspieler sind Kosakenkinder, deren Voreltern jenen Ostrog erbauten, welcher jetzt, in einen Tempel Thaliens verwandelt, statt Furcht und Schrecken zu erregen, zum allgemeinen, fröhlichen Genusse dient. Der Gründer dieses öffentlichen Vergnügungsortes ist der Gorodnitschej (Polizeimeister) von Jakuzk, Herr von Mordwinow, dessen Bemühungen und Anleitung auch wohl ohne Zweifel die jungen Schauspieler ihre Bildung verdanken.

Mit Jakuzk war eigentlich unsere ganze Reise beendigt, und unsere sämmtlichen Gefährten machten sich allmälig auf den Weg, um die Heimath zu erreichen. Nur wir beide, der Herr von Anjou und ich, waren genöthigt, wegen völliger Abschliessung unserer Rechnungen noch einen ganzen Monat hier zuzubringen. Endlich war auch dieses Geschäft abgemacht, und wir verliessen zusammen am 8. Februar Jakuzk. Am 25. langten wir in Irkuzk an, wo der Doktor Kyber unser wartete. Hier erbaten wir uns von dem General-Gouverneur, Herrn von Lawinski, die Erlaubniss, die Turinskischen warmen Heilquellen jenseit des Bajkals zu besuchen, die uns von den folternden rheumatischen Beschwerden, den schmerzhaften Folgen unserer Reisen auf dem Eismeere, auf einige Zeit befreiten. Ich überlasse dem Doktor Kyber, als Sachverständigem, seine über die Bajkalischen Bäder gesammelten, interessanten Notizen und Beobachtungen zur Kenntniss des Publikums zu bringen, und bemerke nur, dass die Reise dorthin und unser Aufenthalt dort uns wirklich gut gethan und für die dadurch verspätete Rückkehr nach Petersburg entschädigt hat, wo wir erst am 15. August 1824 eintrafen. Meine andern beiden Reisegefährten, die Herren von Matiuschkin und Kosmin, waren schon vor drei Monaten daselbst angelangt.

Anhang.

Allgemeine Bemerkungen über die Bildung des Eises in dem Polarmeere.

Die Promyschlenniki, welche alljährlich nach Neu-Sibirien und Kotel'noj fahren und dort den Sommer verbringen, haben beobachtet, dass das Meer zwischen diesen Inseln und dem Festlande nie vor den letzten Tagen des Oktobers völlig zufriert, obgleich es an den Küsten schon viel früher sich mit festem, stehendem Eise belegt. Dahingegen aber sind die Küsten im Frühling schon zu Ende des Juni ganz frei von Eise *), während es auf dem Meere selbst noch einen ganzen Monat hält und vielleicht noch länger stehen würde, wenn es nicht durch die Menge von Spalten und Rissen geschwächt wäre, die sich dort im Frühling und selbst im Winter bilden. — Aber das Aufgehen des Eises bringt nur eine geringe Verminderung desselben hervor, denn selbst im vollen hiesigen Sommer ist das Meer immer mit grossen und kleinen Eisschollen bedeckt, die durch Winde und Strömungen hin- und hergetrieben werden und bei etwas stärkeren Stürmen ein Schauspiel geben, welches eigentlich nicht zu beschreiben ist. Man muss den ungeheuren Aufruhr des tosenden Elements, die durch das-

---

*) Hievon machen nur die seitwärts von den Mündungen grösserer Ströme im Meere befindlichen Untiefen eine Ausnahme. Auf diesen steht das Eis auch in der Nähe der Küste unbeweglich, und es giebt Jahre, wo diese Massen bis zum nächsten Winter an ihrer Stelle bleiben.

selbe hoch in die Höhe geschleuderten, riesigen Eismassen und die Schaumberge gesehen, man muss das donnerartige Getöse der aneinanderschlagenden Eisberge, das furchtbare Zischen derselben bei ihrem Sturze gehört haben, um sich einen Begriff von dem Ganzen machen zu können.

Das aus den grossen Strömen jährlich ins Meer hinabkommende Eis schmilzt nie ganz, weder durch die Einwirkung der Sonnenstrahlen, noch auch durch das Salz im Meerwasser, wahrscheinlich da bei der Verwandlung des Eises in Wasser ein grosser Theil Wärmestoff wieder verschluckt und dadurch die Temperatur des Wassers sowohl als der Luft bedeutend erkältet wird. Durch dies alljährlich hinzukommende Flusseis muss die Quantität des Meereises immer vergrössert werden. Dies bestätigen auch die Aussagen der Küstenbewohner am Nordkap, welche uns versicherten, dass vormals das Meer im Sommer frei von Eise gewesen sey, welches aber jetzt schon seit langer Zeit nicht mehr der Fall ist, ausser im Jahre 1820, das aber als eine Seltenheit und Ausnahme bezeichnet wird.

Doch nicht allein das Flusseis ist es, das eine solche Vermehrung des Eises im Meere bewirkt; auch das sich in letzterem jährlich neu bildende Meereis, welches mit Salztheilen geschwängert ist, und also dadurch noch eher sich erhält als das Flusseis, trägt gewiss zu jener Vermehrung bei.

Im Winter gleicht das Eismeer, freilich in kleinem Maassstabe, jenen unabsehbaren, waldleeren Schneesteppen, den Tundry der nördlichen Region Sibiriens. So wie diese von hohen Bergen begränzt sind, eben so ziehen sich auch auf dem gefrorenen Meere berghohe Eisrücken dahin, welche grosse Thäler bilden, die mit wellenförmig festgefrorenem Schnee bedeckt sind. Die Stelle der Landseen und Bäche nehmen hier die breiten, offenen Stellen, Polynji, und die Eisspalten ein.

Die Refraktion der Lichtstrahlen ist auf diesen Eisflächen ganz ungeheuer, sowohl im eigentlichen Winter durch die vom Frost verdickte Luft, als auch im März und April durch die aus dem Schnee aufsteigenden Dünste. Letztere besonders sind es, die jene Trugbilder hervorbringen, welche den Reisenden oft irre führen und zu manchen falschen Angaben von gesehenen Gegenständen Anlass geben. Auch wir sind mehrfach durch diese nordischen Fata Morgana verleitet worden, da Land oder Felsen zu sehen, wo bei näherer Untersuchung nichts als Dampf und Strahlenbrechung war. Zuweilen nehmen diese Trugbilder ganz abenteuerliche Gestalten an, man sieht hoch in der Luft schwebende Felsenmassen, Waldpartien u. dergl. — Eigentlich müsste diese Dunststrahlenbrechung die entferntesten Gegenstände dem Auge nähern, aber dies wird wiederum durch das endlose, einförmige Weiss aufgehoben, welches über die ganze Natur ausgebreitet ist und durchaus alle Gegenstände so zu sagen ihrer Umrisse beraubt.

Die Torossy.

So nennen die Bewohner des nördlichen Sibiriens die grossen, dichten Eisschollen, welche im Winter die Oberfläche des Meeres bedecken. Auf der unübersehbaren, todten Eisfläche herumliegend, bilden sie bald regelmässige Gruppen, bald fortlaufende Bergketten, bald auch nur einzeln stehende, ungeheure Massen. Immer aber sind es Bruchstücke von noch viel grösseren Massen, die theils noch die scharfen Ecken und Zacken des Bruches beibehielten, theils auch durch die Wirkung der Sonnenstrahlen und der atmosphärischen Wärme abgerundet sind. Daher kann man sie in zwei Klassen theilen, nämlich: 1) Torossy von neuem, und 2) von altem Bruche.

1) Torossy neuen Bruches.

Zu dieser Gattung gehören diejenigen, welche alljährlich durch das Brechen des Eises vor und nach dem hier sogenannten Sommer entstehen. Sie können demnach in Herbst- und in Winter- und Frühlings-Torossy getheilt werden. Es ist nicht füglich anzunehmen, dass, selbst bei plötzlich eintretender, strenger Kälte, die Oberfläche des Meeres auf ein Mal gefriere und sich in einem Umfange von mehreren hundert Werst zugleich mit Eis bedecke. Das Gefrieren fängt längs den Küsten des Festlandes und der Inseln zuerst an und dehnt sich von da allmälig weiter aus, wird aber oft bei Stürmen durch die heftige Bewegung und den Wellengang des noch offenen

Meeres unterbrochen und gestört. Hiedurch entstehen in den schon zugefrorenen Stellen grössere und kleinere Oeffnungen (polynji), welche theils wieder zufrieren, theils durch das Zusammenschieben des Eises kleiner werden und ihre erste Form ändern. Die aus den Polynji so zu sagen herausgebrochenen Eisschollen von verschiedener Grösse und Gestalt schwimmen eine Weile umher und werden durch Stürme in allen Richtungen herumgeworfen, bis sie endlich, bei vermehrtem Froste, sich mit dem schon festen Eise wieder vereinigen, sey es nun an den Rändern, oder auf der Oberfläche desselben. — Diese Art der Torossy bildet sich, meiner Meinung nach, zu Anfange des Winters oder im Herbste, so lange es noch grosse, offene Stellen giebt, und macht das grösste Hinderniss beim Nartenfahren aus, denn zwischen diesen mehr oder weniger spitzen, scharfkantigen Torossy, die gewöhnlich über Mannshöhe haben, füllen sich die tiefen Zwischenräume mit lockerem Schnee, in welchen Narte und Hunde versinken. So übel das auch ist, so sind doch diese Herbst-Torossy dem Reisenden weniger schädlich und hinderlich, als die Winter- und Frühlings-Torossy, deren Bildung ich mir folgendermaassen erkläre.

Wenn von den Küsten des Festlandes bis an die beständige, grosse Polynja, oder dem Theile des Meeres, der nie zufriert, wie wir weiter unten sehen werden, sich eine zusammenhängende, feste Eismasse gebildet hat, so entstehen von Zeit zu Zeit darin kleinere Binnen-Polynji von ziemlich regelmässiger Gestalt, an deren Seiten sich das aufgebrochene Eis in höhern und niedrigern Wällen lagert und ansetzt. Diese Eiswälle liegen gewöhnlich parallel mit einander in der beständigen Richtung der oben erwähnten grossen Polynja, d. h. nach Südost. Ihre Entfernung von der Küste ist sehr verschieden, und hängt sowohl von der Nähe der grossen Polynja, als auch von der Tiefe des Meeres ab *). — Diese Torossy sind von verschiedenartiger Gestaltung, gemeiniglich nach oben hin verjüngt, unterscheiden sich aber unter einander hauptsächlich dadurch, dass bei einigen beide

---

*) Auf dem Meere, südlich von den Inseln Neu-Sibirien und Kotel'noj, finden sich dergleichen Eiswälle nicht, auch haben die Torossy dort nicht, wie hier, eine gewisse, allgemeine Richtung.

Wände gleich schräg liegend hinaufgehen, bei anderen aber nur die eine diese schräge Richtung hat, die entgegenstehende aber senkrecht steht. Ein solcher Toross, den wir unter andern am 6. April 1821 trafen, ist in dem Reise-Journal folgendermaassen beschrieben: „Nachdem wir uns mit vieler Mühe über sehr grosse und dichte Torossy hinübergearbeitet hatten, gelangten wir auf eine schmale, aber ziemlich ebene, nach NW. hin liegende Fläche, welche an der rechten Seite durch Herbst-Torossen begränzt war, von der linken aber durch einen Eisrücken von 6 Faden Höhe, dessen eine Fläche an der SW.-Seite schräg hinanging, die andere aber eine völlig senkrechte Wand bildete. Dicht längs dieser letzteren befand sich eine grosse Eisspalte, hinter welcher, so weit das Auge reichte, lauter offene Polynji zu sehen waren. Das Innere dieses Eisberges, von der senkrechten Seite gesehen, bestand aus lauter einzelnen grossen und kleinen Eisschollen, deren einige gleichsam auf die oberste Spitze hinaufgeworfen zu seyn schienen. Auf der abgeschrägten Seite war an dem Fusse des Berges Wasser ausgetreten und hatte sich auf einige Faden weit verbreitet. An der schrägen Seite, ungefähr in der Mitte, zeigte sich eine hin und wieder horizontal laufende Spalte, die an manchen Stellen bis 8 Werschok breit war. Man konnte durch dieselbe in das Innere des Eisberges bis 8 Fuss tief hineinsehen; Wasser aber war nicht zu entdecken. Bemerkenswerth scheint es, dass die Eismasse in mehrere parallel laufende, horizontale Schichten von $3/4$ Arschin Dicke geborsten war."

Die meisten Torossy neuen Bruches bestehen aus einer Menge Eisblöcken und Stücken verschiedener Grösse und Gestalt, welche zuweilen auf die sonderbarste Art neben und über einander aufgeschichtet sind. So findet man oft auf einer Eisscholle von 2 Quadratfuss eine **70** Fuss über dem Horizont des Wassers schwebende Eismasse, bei der man durchaus nicht begreift, wie sie sich dort erhalten kann. — In diesen Torossy finden sich oft auch Stücke Eis alten Bruches (wovon weiter unten die Rede ist), welche sich durch ihre Farbe und ihr äusseres Ansehen sichtbar von jenen unterscheiden, nämlich: das Eis vom Herbstbruche, das sich im Herbste bildet, wenn, besonders an flacheren Stellen, durch Stürme der Grund des Meeres aufgerührt ist und das dadurch getrübte Wasser gefriert, hat eine schmutzig-graue Farbe und ist fast nicht durchsichtig; das letzte obere Wintereis ist weit klarer und von einer grell bläulich-grünen Farbe; endlich finden sich noch Lagen eines gleichfalls hellen Eises von weisslicher Farbe, die sich auf der Oberfläche des alten Eises gebildet haben.

Westlich von dem Schelagschen Vorgebirge in der Nähe der beständigen, grossen Polynja (des offenen Meeres) zieht sich eine Torossenkette von beinahe 70 Fuss Höhe dahin, welche aus auf einander geschichteten Eisschollen bestehen, die von 3 Zoll bis $1\frac{1}{2}$ Arschin Dicke haben. Diese Eisschichten, die, wie sich aus ihrer so sehr verschiedenen Dicke schliessen lässt, durch das immerwährende Brechen des Eises an der grossen Polynja während der letzten Winterfröste entstanden, haben zwar auch eine grelle, blau-grünliche Farbe, sind aber fast gar nicht durchsichtig und enthalten in ihrem Innern keine Luftblasen. An sonnenhellen Tagen unterscheiden sie sich sehr bestimmt und schon auf eine bedeutende Entfernung von dem übrigen Eise. Merkwürdig ist der Umstand, dass wir zwischen diesem Meereise, welches einen stark bittern Geschmack hat, zuweilen grosse Stücke antrafen, die ganz süss waren; diese waren bläulicher als jene, und auch weit klarer und durchsichtiger.

Die Fahrt über diese hohen, steilen, und aus lauter scharfkantigen und eckigen Eisschollen bestehenden Torossy ist eben so schwierig als auch gefährlich für Menschen und Hunde.

2) Alte Torossy.

Die auf der Oberfläche des Meeres horizontal liegende Eisdecke gelangt im Laufe eines Winters zu der Dicke von $9\frac{1}{3}$ Fuss. Bei heftigen Stürmen bricht das Eis in grösseren und kleineren Massen, welche, abgesondert von einander, zwar ihrem geringeren Gewichte nach sich auf dem Wasser schwimmend erhalten, aber doch sich auf etwa 8 Fuss in dasselbe senken. Diese Eisschollen verlieren zwar durch die etwas wärmere, äussere Temperatur ein Weniges, dahingegen aber setzt sich im nächsten Winter eine neue Portion Eises von etwa 5 Fuss daran; die Scholle erlangt also dadurch eine Dicke von 14 Fuss; wenn sie im folgenden Frühling wieder von der allgemeinen Eisfläche getrennt wird, mit der der Winterfrost sie verband, so senkt sie sich nun schon auf $12\frac{1}{2}$ Fuss in das Wasser und nimmt in eben dem Verhältniss an Schwere und Volumen zu. Wenn nun das sie umgebende so zu sagen einfache Eis der Meeresfläche (welches, wie oben bemerkt ist, in der Regel nicht über $9\frac{1}{3}$ Fuss Dicke erlangt) im Frühlinge bricht, und durch Stürme, Strömungen u. dergl. gegen diese Eismassen angetrieben wird, so erfolgt, dass diese, eingequetscht und sich aneinander reibend, entweder aufrecht erhoben, oder hinabgeschoben werden. In letzterem Falle senken sie sich unter die nächste, stärkere Eismasse, werden an die untere Fläche derselben angedrückt, und da der gewaltige Frost sie bald völlig mit einander vereinigt *), so entsteht daraus eine feste Eismasse von $32\frac{2}{3}$ Fuss Dicke oder Höhe. So geschieht es, dass im Verlauf der Zeit die einzelnen Eisschollen oft bis zu einer Dicke von 150 Fuss heranwachsen. Diese ungeheuren Eisberge schwimmen während des Sommers auf dem Meere umher, bis sie auf flachere Stellen gerathen und gewöhnlich in einer Tiefe von 22 Faden auf dem Grunde festsitzen bleiben.

Diese sich so festsetzenden grossen Eismassen bilden nach der Richtung oder Lage, die sie annehmen, mancherlei verschiedenartige Gestaltungen auf der Meeresfläche. Bald gleichen sie einzeln stehenden Felsen von 100 Fuss und darüber im Umkreise und 20 bis 30 Fuss senkrechter Höhe; bald erscheinen sie als eine in gerader Linie fortlaufende Hügelkette, die aus einer Menge aneinander gefrorener Eisblöcke besteht; endlich auch oft als Gruppen von unregelmässig unter einander verbundenen Eismassen, deren Zwischenräume Thäler bilden. Gewöhnlich sind diese Zwischenräume und die Unebenheiten an den Aussenseiten überall mit Schnee gefüllt und bedeckt, so dass das Ganze eine konische oder Kuppelform annimmt.

Eine der ungeheuersten unter diesen alten Torossen, die wir da-

---

*) Dies Vereinigen oder Zusammenfrieren unter dem Wasser wird durch die auf der Oberfläche der untersinkenden Eisscholle befindliche Schneeschicht befördert, wie sich aus den vertikalen, dünnen, weisslichen Streifen erweist, welche immer in paralleler Richtung zwischen den Bildungsschichten der grossen Massen alten Eises zu finden sind.

her auch die Eisinsel benannten, trafen wir am 4. April 1821 in einer Entfernung von 175 Werst von der Küste. An diesem Tage kamen wir an Torossen, die sich ganz von allen früher gesehenen unterschieden. Sie bestanden aus einer Menge zusammengruppirter Eishügel, die, mit festem Schnee bedeckt, von allen Seiten eine ziemlich ebene, schräge Fläche darboten, auf welcher es sich gut fahren liess. Einige der Eishügel waren etwas abgerundet, wie Kuppeln, andere zugespitzt, hatten aber sehr ungleiche Höhe von 10 bis 70 Fuss und bildeten unter einander tiefe Thäler. Das Eis dieser Massen war grösstentheils weiss mit hin und wieder erscheinenden dunklen Stellen, dabei aber dicht, leicht zerbrechlich und von süssem Geschmack. Wahrscheinlich hatte es sich also nicht aus Meerwasser gebildet, sondern war nach und nach aus geschmolzenem Schnee und zusammengefrorenem Regen, Nebel, Dünsten u. s. w. entstanden, wie das Gletscher-Eis in den hohen Gebirgen der Schweiz. In einem der tiefsten Thäler hieben wir eine 2 Arschin tiefe Grube aus und fanden am Boden derselben das Eis genau von derselben Gattung, als auf den obersten Gipfeln der umherstehenden Hügel.

Am häufigsten haben wir dergleichen Eishügelgruppen im Jahre 1822 bei dem Sandkap angetroffen. Auf unserer letzten Eisfahrt ging der Weg längs einer solchen Eisinsel, die ganz mit spitzen Eiskegeln von 80 und mehr Fuss Höhe besäet war. In dem dicken, festen Schnee, der die äusseren Seiten derselben bedeckte, sahen wir eine Menge Bärenlager. Das charakteristische Kennzeichen jedes alten Eises ist: süsser Geschmack, ungleich grössere Festigkeit, als die des neu angefrorenen Meereises, welches salzig ist, und die oben beschriebene Abwechselung in den Farben der Lagen.

Skoresby, in seinem Account of the arctic regions Bd. I. S. 107 und 258, beschreibt diese Gattung Eisklippen, die er Iceberg nennt, und ist der Meinung, dass sie sich in tiefen, von Bergen umgebenen Buchten bilden. — In der Gegend von Spitzbergen und Grönland sollen sich dergleichen von 200 Fuss Höhe finden; wir haben sie nur höchstens halb so hoch gesehen. Dies ist übrigens auch ganz natürlich, wenn man annimmt, dass jene Eismassen ihren allmäligen Zuwachs durch die kalten Regengüsse erhalten, die, nach der Beschreibung jenes aufmerksam beobachtenden Wallfischfängers *), dort während des Herbstes in so unendlicher Menge fallen und gleich gefrieren. Da aber der Theil des Polarmeeres, den wir befahren und untersucht haben, nach Süden durch einen grossen Kontinent begränzt ist, so können auch jene Regengüsse hier nur weit seltener und in geringerer Menge Statt finden. Wenn also, nach Skoresby's Meinung, diese Eisberge sich nicht anders als in tiefen, rund umher eingeschlossenen Buchten bilden, so könnten die von uns beobachteten und untersuchten nicht hier entstanden, sondern müssten aus irgend einer entfernten, unbekannten Region hieher getrieben seyn, denn weder an den Küsten des sibirischen Kontinents, noch auf den Inseln des Eismeeres finden sich solche tiefe und von hohen, steilen Bergen eingeschlossene Buchten, als nach Skoresby's Meinung zur Ausbildung jener Eisberge nöthig sind.

Bemerkungen über die beständige, grosse Polynja (offene Region) des Polarmeeres und die Strömungen des letzteren.

Ungefähr 25 Werst nördlich von den Inseln Kotel'noj und Neu-Sibirien gefriert das Meer selbst im stärksten Winter nicht. Der Sotnik Tatarinow, der mit dem Geodeten Pschenitzyn Neu-Sibirien im April des Jahres 1811 besuchte, fand daselbst das Meer von der nördlichen Küste dieser Insel in oben erwähnter Entfernung nach Norden hin ganz offen. — Herr Hedenström, der im Jahre 1810 diese Gegend befuhr, gelangte 70 Werst östlich von Neu-Sibirien an das offene Meer und fand, dass es sich nach Nordost hin erstrecke. — Der Herr von Anjou, welcher diese grosse Polynja längs der nördlichen Küste von Kotel'noj und Neu-Sibirien verfolgte, fand an der Westseite der letzteren Insel nordwestlich von Kotel'noj eine abwechselnde Strömung im Meere, die er für Ebbe und Fluth anerkannte. — Im Jahre 1764 ging der Geodeten-Fähnrich Leontjew nördlich von

---

*) Skoresby voyage, Bd. I. S. 342.

der Vierpfeiler-Insel auf eine starke halbe Tagereise (also ungefähr 40 Werst) und musste dort umkehren, weil das Eis nach allen Richtungen schon so dünn ward, dass es ihn nicht mehr tragen konnte. Dieses auf eine weite Strecke dünne Eis ist immer ein sicheres Anzeichen der Nähe der grossen Polynja, oder des offenen Meeres. — Auch wir stiessen in der Entfernung von 79 Werst nach NNO. von jener Insel auf dieses dünne Eis und wurden auf 118 Werst durch häufige offene Stellen am Weitergehen behindert. — Herr Hedenström fand auf seiner Fahrt nach NNO. von dem kleinen Baranow-Felsen im Jahre 1810 nach seiner Ausmessung in der Entfernung von 250 Werst von der Küste *) ganz dünnes Eis und eine grosse Spalte, in welcher er eine starke Strömung nach OSO. beobachtete. — Im Jahre 1821 stiessen wir in einer Entfernung von 190 Werst nach N. z. O. vom kleinen Baranow-Felsen auf gebrochenes, sehr dickes Eis; wir verfolgten die in demselben entstandenen Spalten und Polynji in südöstlicher Richtung auf 140 Werst, und trotz einem frischen NO.-Winde fanden wir beständig im Meere eine OSO.-Strömung von $\frac{1}{4}$ Knoten. — Im Jahre 1822 wurden wir in der Entfernung von 270 Werst in NNO. vom grossen Baranow-Felsen durch ähnliche Eisbrüche und offene Stellen aufgehalten, längs welchen wir in SO. z. O.-Richtung bis zum Meridian des Kap Schelagskoj fortzogen und 80 Werst nördlich von demselben immer noch offenes Meer fanden. — Im Jahre 1823 machten wir zwar aus der Mündung des Werkon ungefähr 109 Werst nach NNO., dessenungeachtet aber muss doch die Entfernung der grossen Polynja vom Ufer auf etwa 25 Werst angenommen werden, nämlich an der Stelle, wo sich die Eisscholle, welche uns auf der Rückfahrt zum Nachtlager diente, von dem festen Küsteneise ab-

---

*) Herr Hedenström fand an dieser Stelle 11 Faden Tiefe. Wenn man diese mit unseren in den Jahren 1821 und 1822 in der Nähe derselben gemachten Ausmessungen vergleicht, so ergiebt sich daraus eine auffallende Unregelmässigkeit in der Meerestiefe, die wir hier sonst durchaus nirgend gefunden haben. Wahrscheinlich hat Herr Hedenström die Entfernungen von der Küste grösser angegeben, als sie eigentlich waren. Dies ist um so wahrscheinlicher, da er sie nur nach dem Laufe der Hunde schätzte, ohne sie durch Breitenbeobachtungen zu berichtigen.

löste. Weiterhin nach Osten fand Herr von Matiuschkin dieselbe offene, grosse Polynja nicht weiter als 5 Werst von der Küste. — Bei anhaltendem NW.-Winde fanden wir eine südöstliche Strömung, die sehr stark, aber veränderlich war. — Die Tschuktschen behaupten, dass die grosse, offene Polynja weiter entfernt vom Nordkap, als von dem Kap Jakan sey. — Noch haben wir mehrmals bemerkt, dass die Winde aus N., NW., oft auch aus NO., immer einen so dichten, feuchten Nebel mitbrachten, dass unsere Kleider und Zelte ganz davon durchnässt wurden.

Alle obigen Beobachtungen und die verstärkte Feuchtigkeit bei Nordwinden zeugen wohl bestimmt dafür, dass das Meer im Norden offen seyn muss, und dass diese grosse Polynja, in südöstlicher Richtung hingehend, sich allmälig der Küste nähert, bis sie endlich von dem Kap Jakan ab sich wieder von derselben entfernt. — Allen Umständen nach fängt diese Polynja nordwestlich von der Insel Kotel'noj an und vereinigt sich dort, wie aus der beobachteten Ebbe und Fluth hervorgeht, mit dem immer offenen Meere. Daher entsteht es denn auch, dass bei West- und Nordwestwinden das Eis hier stärker, und zwar immer in der Richtung von NW. nach SO., bricht; desgleichen wird auch die Meeresströmung durch die Nordwestwinde sehr verstärkt. — Die Promyschlenniki auf Neu-Sibirien haben in der Meerenge Blagoweschtschenskoj immer regelmässige Ebbe und Fluth bemerkt, welche aber weiter nach Osten aufhört. Es ist übrigens wohl möglich, dass während eines kalten, aber nicht so stürmischen Winters im Januar und zu Anfange des Februar sich keine grosse, offene Stellen zwischen den Meridianen der Kaps Schelagskoj und Jakan bilden, und dass alsdann also das offene Meer weiter nach Nordwest von der Insel Kotel'noj beginnt, als wir es gefunden haben.

Die hiesige Meeresströmung geht im Sommer auf der Strecke zwischen dem heiligen Kap (Swätoj Noss) und der Insel Koliutschin von Osten nach Westen, im Herbste aber gerade in entgegengesetzter Richtung. Dies bestätigen auch die Berichte des Bürgers Lächow, der im Jahre 1773 auf einem Boote nach der ersten Insel seines Namens ging, so wie auch Schalaurow's, welcher im Jahre 1826 bis an das Schelagsche Vorgebirge kam, und endlich die Reisebeschreibung des Kapitain Billings auf seiner Expedition vom grossen Baranow-Felsen im Jahre 1787. — Auch die an der Küste vom Schelagschen Vorgebirge bis gegen die Insel Koliutschin lebenden Tschuktschen erzählten uns, dass im Sommer das Eis immer sehr rasch rückwärts, im Herbste aber durchaus wieder vorwärts treibe. — Nur ein Tschuktsche auf Ir-Kajpij (Nordkap) wollte behaupten, dass dort das Meer im Sommer nach Osten, im Herbste aber nach Westen ströme. Dies wäre aber eine so auffallende, unbegreifliche Ausnahme, dass ich vielmehr darin nur ein Missverständniss unsers Dolmetschers voraussetzen muss. — Auch der Kapitain Kook fand nördlich von der Behringsstrasse eine leichte Strömung nach Westen. — Meiner Meinung nach ist die sowohl von uns als auch von Herrn Hedenström im Frühling beobachtete südöstliche Strömung des Meeres in den Polynji den frischen, nordwestlichen Winden zuzuschreiben, durch welche diese Polynji entstanden.

Tiefe des Meeres.

Die auf der Karte unserer Eisfahrten auf dem Meere angedeuteten Meerestiefen zeigen hinlänglich, wie rasch dieselben nach Osten wachsen und wie langsam und allmälig die Tiefe nach Norden hin zunimmt. So ist z. B. in einer Entfernung von 200 Werst nördlich von dem kleinen Baranow-Felsen die Tiefe nur 12 Faden 2 Fuss, während das Schiff Jassaschna im Jahre 1787 auf 10 Meilen östlich vom grossen Baranow-Felsen 17 Faden Tiefe fand; auf 250 Werst nördlich von der nördlichen Mündung der Sabadejschen Meerenge findet sich eine Tiefe von $14\frac{1}{2}$ Faden, während sie 68 Werst südlicher und 38 Werst östlicher schon 21 Faden beträgt. — Ein gleiches Zunehmen der Tiefe beobachtete auch der Kapitain Kook in östlicher Länge bis an den Meridian der Behringsstrasse. — Den Grund haben wir immer weich, aus grünlichem Schlammlehm bestehend, gefunden, ausser, wie in unserem Reisejournal bemerkt ist, in $72°\,3'$ der Breite und $166°\,12'$ östlicher Länge von Greenwich, wo wir Felsengrund fanden.

Das Zurücktreten des Meeres von den Küsten.

Die Meinung, dass das Meer sich immer mehr von den nördlichen Küsten Sibiriens entferne, ist allgemein unter den Anwohnern derselben angenommen. Sie gründet sich vornehmlich darauf, dass in einer Entfernung von ungefähr 50 Werst von der jetzigen Meeresküste, und bedeutend über dem Wasserstand erhaben, auf den niedrigen Tundry und in den Klüften eine grosse Menge ganz verwitterten Treibholzes zu finden ist, während jetzt, selbst bei den heftigsten Stürmen, weder die Meeresfluthen, noch das Eis bis hieher vordringen können. — Die auf Schalaurow's Karte östlich vom heiligen Kap angedeutete Insel Diomid, welche von dem Festlande nur durch eine schmale Meerenge getrennt war, durch welche dieser Seefahrer ging, ist verschwunden, und es ist nicht anzunehmen, dass durch den Andrang des Eises die Insel so zu sagen weggerieben und die Meerenge verschüttet seyn sollte. Ohne mich auf eine spezielle Untersuchung darüber einzulassen, ob der Anwuchs der Küste von einer wirklichen Abnahme der Wassermasse im Eismeere, oder aus der durch Ströme, Regen und schmelzenden Schnee aus höheren Gegenden herabgespülten Erde herrühre, erlaube ich mir nur die Bemerkung, dass die jährliche Vermehrung des Eises in dieser Region wohl eine Abnahme der Wassermasse bewirken könnte, wenn diese nicht immer durch das Zuströmen aus den anderen Meeren ersetzt würde, deren Gewässer stets wieder ihr Gleichgewicht mit diesem herstellen. — Als Merkzeichen zu künftigen Beobachtungen über diesen Gegenstand kann sehr gut ein neben dem kleinen Baranow-Felsen nahe bei der sogenannten Wiliginschen Sandbank einzeln stehender Felsenpfeiler dienen, dessen vertikale Höhe, nach unserer im Mai des Jahres 1822 gemachten Ausmessung, von der Eisoberfläche des Meeres bis an den obersten Rand 30 englische Fuss betrug.

Das Meersalz, Rassòl.

Ueberall, wo das Eis auf dem Meere nicht mit einer dicken Schneeschicht bedeckt ist, zeigt sich der sogenannte Rassòl, das beim

Gefrieren des Meeres auf der Oberfläche des Eises nachbleibende Meersalz. Auf dünnem Eise, besonders in der Nähe grosser Polynji, fanden wir dessen eine solche Menge, dass er bis auf 5 Zoll in die obere Schneeschicht eingedrungen war und an hellen Tagen von der Einwirkung der matten Sonnenstrahlen den Schnee zum Schmelzen brachte. — Nach Sonnenuntergang erheben sich dann nebelartige Dünste aus dem Rassòl, die aber nicht hoch steigen und bald wieder sinken.

Obgleich dieser Rassòl einen etwas bittern Geschmack an sich hat und leicht auf den Unterleib wirkt, so kann man ihn doch zur Bereitung von Speisen brauchen. Die von der Jana auf die nördlichen Inseln fahrenden Promyschlenniki nehmen nie Salz mit, sondern begnügen sich mit dem Rassòl und befinden sich dabei recht wohl. — Den Fahrenden ist er übrigens sehr hinderlich, weil die Narten darauf, wie auf grobem Sande, nur sehr schwer fortzuziehen sind.

Das Nordlicht, Spolòchi.

Hier in den Polarregionen zeigt sich dieses Phänomen gewöhnlich unter gleichen Umständen und Gestaltungen:

Ueber dem nördlichen Horizont erscheint zuerst ein matter Schein in Form eines Zirkelsegments, dessen horizontaler Augenwinkel sich von 20 bis 80° und auch wohl darüber erstreckt, der vertikale aber nicht über 1 bis 6°. — Das Licht dieses leuchtenden Segments ist sehr ruhig und schwächer, als das des Vollmondes. Von Zeit zu Zeit erscheinen in der Scheibe — gemeiniglich im Osten — bewegliche, leuchtende Säulen oder Strahlenbüschel von einem sehr grellen Lichte; sie schiessen von unten rasch in die Höhe und schwanken und biegen sich, als ob sie vom Winde bewegt würden. Diese Bewegung ist eben so deutlich bemerkbar, als die der Wolken bei starkem Winde. Bald entstehen in dem Kreisabschnitte ähnliche Strahlenbüschel, gleichsam als wären sie von den oberen entzündet, und nun geht die ganze leuchtende Masse vereint nach irgend einer Seite hin. Die Erscheinung dauert gewöhnlich nur 2 bis 3 Minuten, dann verschwinden die Lichtsäulen allmälig eine nach der andern, und an ihrer Stelle bilden sich neue dergleichen, von denen wie früher einige in dem Bezirke des Segments bleiben, andere aber sich zu einer bedeutenden Höhe über dasselbe hinauf ausdehnen. — So geht das immer wechselnde Schauspiel eine Zeitlang fort, bis die Strahlenbüschel nach und nach matter und schwächer werden und zuletzt ganz erlöschen; dann verschwindet endlich auch das Segment, aus dem sie zu entstehen scheinen. An diesem letzteren zeigt sich zuweilen noch eine ganz sonderbare Erscheinung. Wenn nämlich das Spiel der aus demselben schiessenden Strahlenbüschel zuweilen recht rasch und in heftiger Bewegung ist, so scheint es, als ob das Segment in viele Stücke von unregelmässiger Form zerrissen würde, welche noch eine Viertelstunde ihren früheren Glanz beibehalten und dann verschwinden.

Dies war im Allgemeinen der Charakter der Nordlichte, die ich Gelegenheit hatte zu beobachten. Nächstdem verdienen folgende spezielle Bemerkungen einer Erwähnung:

1) Wenn die Lichtsäule sehr hoch stieg und sich dem Vollmonde näherte, so bildete sie um ihn einen leuchtenden Kreis von 20 bis 30°, erhielt sich eine Weile und verschwand dann.

2) Wenn diese Strahlenbüschel sich bis an den Zenith erhoben, oder wenigstens demselben nahe kamen, so lösten sie sich in kleine, schwach leuchtende, wolkenähnliche Massen auf, welche bald eine milchweisse Farbe annahmen und nicht selten noch am folgenden Tage gleich weissen, wellenförmigen Wolken am Himmel zu sehen waren.

3) Oft lagern sich am nördlichen Horizont, unterhalb des Nordlichts, dunkle, blaue Wolken, welche, wie ich glaube, einige Beachtung verdienen, weil sie in Farbe und Gestaltung eine sehr grosse Aehnlichkeit mit den Dünsten haben, die bei einem plötzlichen Aufbruch der Eisfläche aus dem Meere aufzusteigen pflegen.

4) Bei dem Spiele des Nordlichts, selbst wenn dieses am stärksten war, haben wir nie irgend ein Krachen, oder sonst ein bedeutendes Geräusch vernehmen können, wohl aber hörten wir in solchem Falle ein leichtes Zischen, wie wenn der Wind in eine Flamme bläst.

5) Von Nis'hne-Kolymsk aus gesehen, beginnt das Nordlicht gewöhnlich im nordöstlichen Viertheil des Himmelsgewölbes, und die Mitte der ganzen davon am nördlichen Horizont eingenommenen Strecke be-

findet sich alsdann im Allgemeinen auf einen oder zwei Rumb östlich vom wahren Norden. Hiebei muss ich bemerken, dass die Abweichung der Magnetnadel an diesem Orte ungefähr $10°$ östlich ist.

6) Die Nordlichte zeigen sich öfter und stärker an der Meeresküste, als fern von derselben. Die Breite des Ortes hat übrigens darauf keinen Einfluss. So ergiebt sich z. B. aus den Erzählungen der Tschuktschen auf der Insel Koliutschin (in $67° 26 \frac{1}{4}'$ der Breite), dass dort die Nordlichte viel häufiger und von grellerem Scheine sind, als bei Nis'hne-Kolymsk, welches in $68° 32'$ der Breite liegt. — An der Küste sahen wir die Strahlen oft bis in den Zenith hinaufschiessen, während dies selten der Fall in Nis'hne-Kolymsk ist, wo überhaupt das Licht derselben schon weit schwächer wird.

7) Die Küstenbewohner behaupten, dass nach einem starken Nordlicht immer aus der Gegend desselben ein heftiger Wind herkomme; wir haben dies zu Nis'hne-Kolymsk aber nie bemerken können. Das kann aber aus örtlichen Umständen herrühren, die oft dem Seewinde den Zugang hieher erschweren und ihm zuweilen eine ganz entgegengesetzte Richtung geben. So geschieht es z. B. nicht selten, dass man in Pochodsk, 70 Werst nördlich von Kolymsk, starken Nordwind hat, während an letzterem Orte ein Südwind weht.

8) Die stärksten Nordlichte zeigen sich immer bei dem Eintritte heftiger Winde im November und Januar, bei der grössten Kälte aber sind sie seltener.

9) Als eine merkwürdige, oft von mir beobachtete Erscheinung verdient bemerkt zu werden, dass, wenn Sternschnuppen in der Nähe des untern Segments fallen, in diesem, an der Stelle, wo die Sternschnuppe fiel, sich gleichzeitig neu entzündete Strahlenbüschel zeigen.

Aus obigen Bemerkungen lässt sich meines Erachtens folgern:

a) Dass das Gefrieren des Meeres dem Entstehen der Nordlichte förderlich sey. — Vielleicht erzeugt das plötzliche Aufsteigen der Dämpfe, oder das Reiben der ungeheuren Eisschollen aneinander eine grosse Menge Elektrizität.

b) Das Nordlicht nimmt nicht immer die hohe Region der Atmosphäre ein, in welcher sich die feurigen Meteore bilden, sondern nähert sich gewöhnlich der Erdoberfläche, und daher sind es fast immer die unteren, über dieselbe hergehenden Winde, die auf die Bewegung und Richtung der Strahlenbüschel wirken, wie ich sehr oft beobachtet habe.

Das Fahren auf Narten mit Hunden.

Obgleich in der Beschreibung unserer Reise schon vieles über Narten und Hundevorspann gesagt ist, so möchte es dennoch nicht überflüssig für diejenigen seyn, die dereinst Reisen in diesen unwirthbaren Gegenden unternehmen, wo man, fern von aller menschlichen Hülfe, blos auf sich selbst reduzirt ist, hier eine gedrängte Zusammenstellung dessen zu finden, was vorzüglich dabei zu berücksichtigen ist, um sich Unannehmlichkeiten zu ersparen und den Erfolg der Unternehmung mehr oder weniger zu sichern. Nachstehende Andeutungen sind alle auf eigene, oft theuer erkaufte Erfahrung gegründet.

Narten, oder Schlitten.

Der Bau dieses dem Norden Sibiriens ausschliesslich eigenthümlichen Fuhrwerkes beruht hier blos auf empirische Gewohnheit; es giebt keine bestimmte Regeln über Verhältniss u. dergl. desselben, und so giebt es denn gute und schlechte Narten, deren Vorzüge oder Mängel der Verfertiger oder Besitzer erst bei dem Gebrauche merkte und — vielleicht — beim nächsten Nartenbau beachtete. Unsere praktischen Erfahrungen darüber sind folgende: die Narten, deren wir uns auf unsern Eisfahrten ins Meer mit dem meisten Erfolge bedienten, hatten folgende Verhältnisse: Länge der Sohlen $2\frac{1}{2}$ Arschin; Breite des Schlittens $\frac{3}{4}$ Arschin; Höhe zwischen den Sohlen und der obern Lage 6 Werschok. — Das beste Holz zum Nartenbau ist die Birke; zu den Sohlen muss es möglichst ohne Aeste ausgesucht werden, weil sich zwischen diesen das weichere Holz schneller ausnutzt, während die härteren Astenden widerstehen und Höcker bilden, die das Rutschen sehr erschweren.

Der ganz flache Oberteil der Narte, auf welchem die Ladung liegt, wird aus den langen, biegsamen Schüssen der Sandweide dicht geflochten.

Um die Birkensohlen zäher zu machen und sie vor dem Bersten und Abnutzen zu bewahren, werden sie in siedendem Wasser geweicht und dann auf einen Monat und länger unter das Eis in fliessendes Wasser gesenkt. Wenn sie sich hier hinlänglich mit Wasser vollgezogen haben, nimmt man sie bei starkem Froste heraus, wo sie dann vollkommen glatt und beinahe eisenhart werden.

Eisen findet sich an der ganzen Narte gar nicht; alle Theile derselben sind, ausser dem oberen Flechtwerk, blos mit Riemen verbunden und befestigt, so dass sie bei jeder etwas starken Bewegung des Schlittens nachgeben und sich biegen. Dieses Elastische in dem Bau der Narten ist sehr wesentlich, weil es sie auf schlechten Wegen und bei dem jähen Hinauf- und Hinabfahren in den Torossen vor dem Zerbrechen bewahrt.

Die Stelle des Eisens unter den Sohlen vertritt hier die Wojda, das heisst: man begiesst bei gutem Froste die untere Fläche der Sohlen mit Wasser, welches sogleich gefriert und eine völlig glatte Eiskruste von ungefähr 6 Linien Dicke bildet und sich so innig mit dem feuchten Holze verbindet, dass sie bei anhaltendem Froste, und wenn nicht gar zu viele scharfeckige Eisbröckel oder Torossy vorkommen, oft einen ganzen Tag vorhalten. Ausser der grossen Erleichterung im Hingleiten gewährt die Wojda auch noch den Nutzen, dass sie die Sohlen immer feucht und nass erhält und sie nicht rissig und uneben werden lässt. Wenn die Sohlen gut mit Wojda überzogen sind, so kann man im Frühling bis 35 Pud auf die Narte laden; bei starker Winterkälte aber wird oft eine Ladung von 10 Pud schon den Hunden beschwerlich.

Bei einer weiten Fahrt, besonders auf dem Meere, ist es unumgänglich nöthig, für jede Narte ein paar Sohlen, so wie auch einige der übrigen Theile des Schlittengestelles im Vorrath mitzunehmen, um nicht stecken zu bleiben. — Für eine Fahrt zur Zeit des Nast (das zu Ende des April und Anfang Mai über das Eis austretende Salzwasser), wo die Wojda sich wegen minderer Kälte nicht mehr bildet, oder nicht erhält, muss man durchaus Wallfischribben mitnehmen, welche glatter, fester und dauerhafter als die hölzernen Sohlen sind und deshalb unter diese gebunden werden. — Bei starker Kälte von 25°

und darüber ist das Fahren schwerer als bei gelinderer Witterung, und bei 32° fühlt und hört man die Reibung des Holzes auf dem festgefrorenen Schnee. Am leichtesten geht die Fahrt im März, wo, wie die Eingebornen sich ausdrücken, „Anfangs nur eine Sohle leicht hinrutscht, dann auch die zweite."

Zum Zusammenbinden der Theile des Schlittens braucht man, wie gesagt, nichts als Riemen. Die besten derselben sind unstreitig die aus Elennsleder, dann die aus Ochsen- und Wallrosshaut. Da aber die ersteren ziemlich selten und kostbar sind, und nur Wenige hier das Bereiten des Rindleders verstehen, so werden grösstentheils Wallrossriemen gebraucht, die auch recht fest und dauerhaft sind.

Die ganze Ladung der Narte wird in eine Art Decke oder Ueberzug aus weichem Rennthierfelle eingeschlagen und dann mit Riemen so fest auf dem Schlitten angebunden, dass sie mit demselben nur Eins ausmacht und dass, wenn dieser auch umwirft, was bei schlechtem Wege oft geschieht, doch gar nichts herausfallen kann. — Zu einer grossen, vollständigen, mit 12 bis 13 Hunden bespannten Narte braucht man mit Inbegriff des Vorspanns und des Verbindens der Ladung 108 1/2 Sas'hen Riemen verschiedener Breite.

Die Hunde.

Von der guten Auswahl und richtigen Vorbereitung der Fahrhunde, besonders zu einer weiten Reise, hängt alles ab. Es müssen dazu nur solche Hunde genommen werden, die schon an einander gewöhnt sind, d. h. schon Fahrten mit einander gemacht haben. Sie scheinen wirklich, sich nach einander zu richten und zu wissen, wann und wie sie sich auf den Gefährten verlassen können, oder wo sie ihm besonders aushelfen müssen, welches sowohl ihnen, als auch dem Führer die Mühe sehr erleichtert. — Daher kömmt es, dass die Hunde von der Indigirka und Jana durchaus den Kolymskischen vorzuziehen sind, weil letztere gewöhnlich nur zu kurzen Fahrten ohne Auswahl gebraucht werden, statt dass die Bewohner jener Gegenden alljährlich Reisen nach den nördlichen Inseln und nach Neu-Sibirien machen, und ausserdem auch ihre auf mehrere Hunderte von Wersten im Umkreise auf der ungeheuren Tundra ausgestellten Fuchs- und anderen Fallen wenigstens ein paar Mal im Jahre besuchen. Zu einer ordentlich beladenen Narte sind 12 Hunde erforderlich. Nur die vorderste hat einen mehr; hiezu wird ein ganz vorzüglich abgerichteter Leithund genommen, der sich weder durch offene Stellen, die durchschwommen werden müssen, abschrecken, noch auch sonst durch andere Hindernisse, oder durch die Witterung eines Thieres irre machen lässt, sondern immer seinen geraden Weg verfolgt und die übrigen dazu anleitet. Die Wahl dieses Leithundes ist sehr wichtig.

Zur Kraft und Ausdauer der zu einer weiten Reise bestimmten Fahrhunde ist durchaus nöthig, dass sie vorher die nöthige Ruhe und Erholungszeit genossen haben, und während derselben ordentlich gefüttert und überhaupt gehörig gehalten worden seyen. Dies erkennt man daran, dass solche im folgenden Sommer über den ganzen Körper haaren, denn bei schlecht gehaltenen, schwächlichen Hunden erfolgt dies nur an einzelnen Stellen des Körpers.

Bei Eintritt des Winters, wenn die Hunde nach der Erholungszeit im Sommer wieder gebraucht werden sollen, müssen sie sehr vorsichtig dazu bereitet werden, nämlich: ein paar Wochen vor der ersten bedeutenden Fahrt setzt man die zu fett gewordenen Hunde auf eine geringere Portion härteren Futters, damit das schwammige Fett in derberes Fleisch übergehe. Während dem macht man mit ihnen kleine Fahrten von 10 bis höchstens 30 Werst und lässt regelmässig auf jeden 4 bis 5 Werst still halten und ausruhen. Nach dieser Vorbereitung kann man alsdann ohne Nachtheil für die Thiere schon bis 150 Werst täglich fahren, ausser bei sehr lange dauernden Reisen und strenger Kälte, wo die Tagereisen verhältnissmässig kürzer seyn müssen.

Um sicher zu seyn, dass diese unerlässlichen Vorsichtsmaassregeln beobachtet und nichts davon verabsäumt sey, übernahmen wir zu unsern grossen Eisfahrten dies Geschäft selbst. Zu diesem Ende brachten wir sämmtliche für eine solche Expedition ausgesuchten Hunde ungefähr zwei Wochen zuvor an einen dazu bestimmten und mit dem nöthigen Futter versehenen Ort, wo die Führer sie nach allen Regeln auffütterten und zubereiteten und ihnen immer abwechselnd an dem einen Tage rohes und an dem andern gekochtes Futter in erforderlicher

Menge reichten. Ersteres bestand gewöhnlich für jeden Hund aus $\frac{1}{2}$ gefrornen Mukssun, letzteres aus 8 abgekochten Mukssun oder eben so viel Mukssun Juchala für die ganze Narte von zwölf Hunden. Statt dessen kann man auch andere kleine, frisch eingefrorene oder gedörrte Fische, Gräten und überhaupt jede andere Gattung von Futter brauchen, die sich sonst nicht gut auf die Reise mitnehmen lässt.

Das vorzüglichste Reisefutter geben die sogenannten spätgedörrten (posdowèschannyja) nur halbtrocken eingefrorenen Heringe, deren 10 Stück auf jeden Hund erforderlich sind. Da sie aber bei jener Bereitungsart noch viel Feuchtigkeit enthalten und also schwerer an Gewicht sind, als völlig gedörrte Fische, so ist der Transport einer grösseren Menge derselben auf weiten Fahrten schwierig. Deshalb gaben wir unsern Hunden in der Regel nur 3 — 4 Heringe und ersetzten den Rest durch eine grosse Juchala. Bei Winterfahrten ist es rathsam, den Hunden statt gedörrten Fisches möglichst viel frischgefrorenen zu geben, den man am Feuer aufthauen lässt und dann in Stücke zerhackt. Im Frühling aber, wenn die Witterung milder wird, befinden sich die Thiere recht gut mit blos gedörrtem Fisch.

Bei gutem Wege längs der Küste machten wir Anfangs auf der Hinfahrt täglich 40 Werst; auf der Rückfahrt aber haben wir 60 und in den letzten zwanzig Tagen zuweilen auch bis 100 Werst gemacht. — Bei sehr rauher Witterung muss man den Hunden immer nach Verlauf von 2 bis 3 Tagen einen Rasttag geben; ist aber das Wetter gelinde, so ist es hinlänglich, wenn sie wöchentlich einen Ruhetag haben. Gegen das Ende der Fahrt haben wir fast gar keine Rasttage gehalten, ohne dass es die Thiere angegriffen hätte. Im Allgemeinen muss man jedoch die Gestattung der Rasttage nach den Kräften der Hunde und nach der Zeit einrichten, die sie noch zu laufen haben. Vorzüglich müssen die Hunde von Anfang der Reise geschont werden, bis sie allmälig sich eingelaufen haben; auf der Rückfahrt und gegen das Ende der Reise kann man sie schon mehr anstrengen und auch sogar mit dem Futter sparsamer seyn.

Wenn die Hunde schon gut eingefahren sind, so können sie ganz füglich bei grosser Kälte 1 bis 1$\frac{1}{2}$ Stunden, bei gelinder Witterung aber 3 Stunden und mehr in einem Striche fortlaufen; dann hält man still und lässt sie 10 bis 20 Minuten lang ausruhen.

In der Regel müssen die Hunde nicht gleich nach der Ankunft im Nachtlager gefüttert werden, sondern müssen 2 bis 3 Stunden vor dem Füttern ausruhen. Wenn sie aber schon von einer langen, beschwerlichen Fahrt angegriffen sind, so giebt man ihnen gleich nach der Ankunft warmes Futter; man reicht ihnen sogar auch wohl zur Stärkung ein Stück Fisch auf den oben erwähnten kleinen Halten zwischen der Fahrt.

Es giebt Hunde, die die üble Gewohnheit haben, auf dem Nachtlager ihre Koppel zu zernagen; um dies zu verhüten, pflegen die Führer wohl solchen Hunden zur Nacht die Schnauze zu verbinden; das darf aber nicht gestattet werden, weil es den Thieren schädlich ist. Statt dessen müssen sie völlig ausgespannt und vermittelst eines an ihrem Halsbande befestigten Stockes angebunden werden.

Auf sehr weiten Fahrten bei üblem Wege geschieht es oft, dass die Hunde sich die Füsse wund laufen; diese bluten dann stark und schwellen auf, so dass das Thier nicht nur keine Last fortziehen, sondern zuletzt kaum mehr gehen kann. Ein solcher Hund, wenn er auch übrigens stark und kräftig wäre, ist durchaus unbrauchbar, und es bedarf eines Monats und mehr, ehe er wieder in Ordnung kömmt. Es ist daher sehr wesentlich, dass eine solche Beschädigung durchaus nicht vernachlässigt werde. Sobald sich nur etwas Blut an den Pfoten zeigt, müssen sie sogleich öfters mit starkem Branntwein eingerieben und wo möglich bei warmer Witterung in aufgethautem, salzigem Meerwasser stehen und herumgeführt werden; beim Weiterfahren zieht man ihnen über den kranken Fuss kleine Fellstiefel an. — Zuweilen geschieht es auch, dass ein Hund sich zu heftig anstrengt und überzieht; in dem Falle ist es nöthig, ihm am Schwanze oder aus den Ohren Blut zu lassen, welches gewöhnlich hilft.

Berechnung der Entfernungen.

Wenn man auf ebenem Wege längs dem Ufer fährt, und wenn der vordere Leithund gut eingeübt ist, immer möglichst gerade Richtung zu halten, so ist es nicht schwer, nach gewissen, besonders bemerkbaren Punkten den Kurs durch Peilengen ziemlich genau zu bestimmen. In den Torossen auf dem Meere aber ist dies viel schwieriger; da erfordert es eine ganz besondere, praktische Geschicklichkeit, um nicht die Hauptrichtung des Kurses in den Eisschollen, durch die man sich durchwinden muss, zu verfehlen. Die einzigen Leiter sind hier der Schatten und die sogenannten Sastrùgi, die durch den Wind zusammengewehten Schneestreifen; immer aber ist es nöthig, seinen Kurs durch den Kompass bei jedesmaligem Anhalten zu berichtigen.

Um die zurückgelegte Entfernung richtig zu schätzen, muss man sich genau mit der Schnelligkeit des Laufes der Zughunde bekannt machen. Ich hatte mir diesen durch viele vorläufig angestellte Versuche ausgemittelt und in einer besonders dazu angefertigten Tabelle jene Schnelligkeit in Wersten bestimmt, indem ich sie nach Maassgabe des bessern oder schlechtern Weges und anderer Hindernisse in sechs Kategorien eintheilte. Diese Tabelle galt indessen nur für meine Narte, die für die beste in der ganzen Umgegend von Kolymsk gehalten wurde; sie ist demnach nicht als Maassstab für jede andere Narte anzunehmen, und um sicher zu gehen, müssen für jede Narte eigene Versuche angestellt werden. — Wenn die Hunde ein Rennthier, einen Bären, oder irgend ein anderes Thier wittern, so laufen sie, ohne angetrieben zu werden, wohl 15 und mehr Werst in einer Stunde; das ist aber nur zufällig und darf daher nicht bei Berechnungen in Anschlag gebracht werden.

Andeutung der Schnelligkeit des Laufes der Zughunde meiner vordersten Narte, in Wersten angegeben.

Minuten.	1.	2.	3.	4.	5.	6.
1	0,1	0,12	0,13	0,16	0,18	0,20
2	0,2	0,24	0,26	0,32	0,36	0,40
3	0,3	0,36	0,39	0,48	0,54	0,60
4	0,4	0,48	0,52	0,64	0,72	0,80
5	0,5	0,58	0,66	0,72	0,90	1,00
6	0,6	0,70	0,79	0,95	1,08	1,20
7	0,7	0,82	0,92	1,11	1,28	1,40
8	0,8	0,94	1,05	1,27	1,44	1,60
9	0,9	1,06	1,18	1,34	1,62	1,80
10	1,0	1,17	1,33	1,58	1,99	2,00
20	2,0	2,34	2,66	3,16	3,58	4,00
30	3,0	3,51	3,99	4,74	5,37	6,00
40	4,0	4,68	5,32	6,32	7,16	8,00
50	5,0	5,85	6,65	7,90	8,95	10,00
60	6,0	7,00	8,00	9,50	10,75	12,00

Allgemeine Bemerkungen über die Winde.

Nordwind. Selten frisch und nicht anhaltend; in den Sommermonaten öfter als im Winter, wo er oft Nebel und gelindere Witterung mitbringt; im Sommer bringt er Kälte.

Nordostwind, öfter aber noch ONO., selten anhaltend und heftig. Er reinigt gewöhnlich die Luft vom Nebel, daher dann das Thermometer dabei im Sommer steigt und im Winter fällt. Bei diesem Winde zeigen sich im Winter oft Nordlichte.

Südostwind, der gleichfalls die Nebel vertreibt, kann als der herrschende im Winter und Herbst angenommen werden. SO. z. O. ½ und SO. z. O. weht zuweilen in der Mitte des Winters sehr heftig und bringt alsdann ungewöhnliche Wärme mit sich, so dass das Thermometer von $25°$ plötzlich auf $3°$, zuweilen sogar über $0°$ steigt. Dann schmilzt der Schnee, und die Eisscheiben in den Fenstern fallen heraus. Vor dieser Veränderung sinkt hier das Quecksilber im Barometer innerhalb 8 Stunden auf 0,4'. — Der SSO.-Wind bringt keine besondere Wärme hervor und hat auch keinen bedeutenden Einfluss auf den Barometer. Im Allgemeinen bemerkt man nach SO.-, mehr aber noch nach O. z. S.- und O.-Winden Nordlichte.

Südwind weht selten stark, treibt Wolken heran, hat aber weder auf den Barometer, noch auf das Thermometer einen besonderen Einfluss.

Südwestwind. Selten stark, und verursacht auch dann keine sehr merkliche Veränderung in der Temperatur. Im Winter jedoch ist er, selbst wenn er gelinde weht, sehr empfindlich und der durchdringendste von allen Winden. Die Eingebornen bezeichnen ihn mit dem besonderen Namen Schalonnik.

West- und Nordwestwinde. Beide, insbesondere letzterer, wehen im Laufe des Jahres am häufigsten, und so wie im Winter der Südostwind der vorherrschende ist, so ist es im Sommer der Nordwestwind; doch auch im Winter weht er oft, und anhaltender als die anderen Winde. Im Sommer bringt er Kälte, im Winter Schneegestöber und böses Wetter. Einen besonderen Einfluss auf Barometer und Thermometer hat er nicht. — Nach den angewehten Schneelagen auf der Oberfläche des Meereises muss man schliessen, dass dort der West- und Ost-, WNW.- und OSO.-Wind die herrschenden sind.

Allgemeine Resultate über das problematische Land des Kosaken Andrejew.

Auf der von dem englischen Kapitain Burney herausgegebenen Karte der nordöstlichen Reisen der Russen findet sich ein Land mit der Ueberschrift: land seen by Andreef; desgleichen heisst es in der Reisebeschreibung des Fussgängers Cochrane von demselben Lande: according to Andreef, who reached this part in baïdars in 1762, this land is called Tikigen, and inhabited by a race called Khrakhay. Auf unserer Karte ist dieses Land nicht angedeutet. Da aber dieses Weglassen eines Landes, welches ein namhaft gemachter Geodet zu einer bestimmten Zeit gesehen und zum Theil aufgenommen haben will, vielleicht in den Augen mancher Leser den Anschein einer Oberflächlichkeit in unseren Aufnahmen und Nachforschungen, oder gar den Verdacht der Parteilichkeit erwecken könnte, so halte ich es für Pflicht, hier alle über dieses vermeintliche Land eingezogenen Nachrichten kurz zusammenzustellen, und überlasse es den Lesern, selbst zu beurtheilen, ob und in wiefern die Erzählungen des Sergeanten Andrejew davon Glauben verdienen.

Die ersten Nachrichten über Inseln im Eismeere brachte (im Jahre 1645) nach Jakuzk der dortige Kosak Michajlo Staduchin *), dem auf seiner Reise längs der Küste ein Weib erzählt hatte, dass gegenüber den Mündungen der Jana und Kolyma eine Insel liege, zu welcher die Tschuktschen auf Rennthieren in 24 Stunden gelangten, und wo sie eine reiche Ausbeute an Wallrossen machten.

Später, in den Jahren 1667 bis 1675, wurde ein aus der Lena in die Kolyma gehendes Fahrzeug, auf welchem sich der Soldat Nikifor Mal'gin und ein Kaufmann Jakow Wätka befanden, durch einen Sturm von dem Swätoj Noss ins Meer hinaufgetrieben, wo ihnen der Steuermann Rodion Michajlow in der Ferne eine diesseits der Kolyma liegende Insel zeigte. Wätka erzählte nachher dem Mal'gin, dass, als er einmal mit einer aus 9 Fahrzeugen bestehenden Karawane von der Lena nach der Kolyma gegangen, drei dieser Fahrzeuge bis nach jener Insel hin verschlagen worden, und dass sie dieselbe völlig unbewohnt gefunden hätten.

Im Jahre 1702 ging ein gewisser Michajlo Nasutkin mit einer Kòtscha aus der Kolyma nach der Indigirka, und sah in der Ferne ein Land, von welchem ihm der Steuermann Danilo Monastyrskoj erzählte, dass es mit dem Kamtschatka gegenüber liegenden Lande zusammenhänge.

Im Jahre 1710 berichtete der Ustjanskische Kosak Jakow Permäkow, dass von dem Swätoj Noss und von der Mündung der Kolyma aus eine Insel mit einem auf derselben liegenden Berge zu sehen sey.

Im Jahre 1712 machten sich der Kosak Merkurij Wagin und ein

---

*) Derselbe, der im Jahre 1644 den Ostrog zu Nis'hne-Kolymsk begründete, siehe die Einleitung.

gewisser Jakow Permäkow in Narten mit Hunden auf, um diese Insel zu untersuchen. Sie fuhren von dem Swätoj Noss über das Meer, gerade in nördlicher Richtung, und gelangten an eine Insel, die, nach ihrer Schätzung, einen Umfang von 9 bis 12 Tagereisen hatte. Von hier aus sahen sie eine zweite Insel, wagten aber wegen des herannahenden Frühlings nicht, dorthin zu gehen.

Im November des Jahres 1720 unternahmen die beiden Promyschlenniki Iwan Wilegin und Grigorij Sojkin auf Narten eine Fahrt von der Mündung der grossen Tschukotschja nördlich über das Eis und stiessen auf ein Land, von dem sie aber nicht anzugeben wussten, ob es eine Insel, oder ein Kontinent sey. Ein gewisser Kopaj aus dem Stamme der Schelagi sagte ihnen, dass dieses Land sich auf der einen Seite, an der Indigirka und dem Swätoj Noss vorbei, bis an die Jana-Mündung, und von der andern, an der Kolyma vorbei, bis an die Wohnorte der Tschuktschen, die er auch Schelagi nannte, erstrecke.

Im Jahre 1724 berichtete der Kosak Amossow der Wojewod-Kanzlei zu Jakuzk Folgendes: „Wir fuhren am 3. November dieses Jahres von Nis'hne-Kolymsk ab und entdeckten im Meere eine Insel oder ein Land, von wo wir am 23. desselben Monats nach der Kolyma zurückkehrten. Wir fanden dort einige alte, verlassene Erdjurten, können aber nicht angeben, wer die Bewohner derselben gewesen, und wohin sie gezogen seyn mögen." Aus Amossow's Berichte geht hervor, dass die Entfernung dieser Insel von der Küste zwischen der Tschukotschja und dem Alasej eine Tagereise und ihr Umfang eben so viel beträgt. Noch giebt er an, dass hinter derselben zwei andere Inseln liegen, die von der ersteren durch schmale Meerarme getrennt sind.

Es ist klar, dass sämmtliche Entdeckungen Amossow's, Wilegin's, Wagin's, Permäkow's, Nasutkin's und Michajlow's nichts anders als die Bären- und Lächowschen Inseln sind. Durch die späteren, genauen Aufnahmen dieser beiden Inselgruppen ist erwiesen, dass sowohl die Berichte jener Reisenden von einer dort befindlichen grossen Insel, als auch die Erzählung des alten Weibes von einer Insel, die sich von der Jana bis an die Kolyma ausdehnen soll, völlig grundlos sind.

Ehe dies aber ausgemittelt war, glaubte man doch, jenes vermeintliche Land nach den ungefähren Angaben auf den damaligen Karten verzeichnen zu müssen. Unter andern brachte im Jahre **1726** der mit allerlei Projekten zur Unterjochung der Tschuktschen nach Petersburg gekommene Kosaken-Atamàn Afonassij Schestakow aus Jakuzk eine solche Karte mit, auf welcher die Insel Kopaj in einer Entfernung von zwei Tagereisen von der Küste zwischen dem Alasej und der Kolyma verzeichnet ist; hinter derselben in nördlicher Richtung aber ein grosses Land, welches nicht volle zwei Tagereisen davon entfernt seyn soll. Ausserdem sind auch noch auf dieser Karte zwei grosse Vorgebirge, Tschukotskoj und Anadyrskoj, angedeutet und gegenüber denselben eine grosse Insel. Der Verfertiger dieser Karte, ein jakutischer Edelmann Namens Iwan Lwow, zeigte dem bekannten Historiographen Müller eine andere Karte von seiner Arbeit, auf welcher zwei Vorgebirge, Schelagskoj und Anadyrskoj, zu sehen sind. Gegenüber dem letzteren befinden sich zwei Inseln, hinter welchen ein grosses Land liegt, das von einer Völkerschaft bewohnt seyn soll, die die Tschuktschen Kitschin-Jeljat benennen und die nicht nomadisiren, sondern in festen Jurten leben soll. — Gegenüber dem Schelagschen Vorgebirge, dessen Gränze nach Norden übrigens nicht angedeutet ist, findet sich gleichfalls ein unbekanntes Land, welches von einem den Jukahiren ähnlichen Volke bewohnt seyn soll, das die Tschuktschen mit dem Namen Kikikmej bezeichnen.

Die auf dieser letzteren Karte gegenüber dem Anadyrschen Vorgebirge angegebenen Inseln sind ohne Zweifel die in der Behringsstrasse befindlichen Inseln, und das hinter denselben liegende grosse Land ist daher kein anderes, als die Küste von Amerika; desgleichen ist es auch mehr als wahrscheinlich, dass das gegenüber dem Schelagschen Vorgebirge angedeutete Land der Kikikmej dasselbe ist, welches die späteren Kartenzeichner von den Chrachajen bewohnen lassen. Die ältere, Schestakowsche, oder eigentlich Lwowsche Karte gründet sich auf unbestimmte Angaben völlig unwissender Reisenden, die späteren beruhen auf einer unter den Tschuktschen gehenden Sage von einem Häuptlinge Namens Chrachaj, der, wie ich in der Beschreibung meiner Reise umständlicher erwähnt habe, mit seinem ganzen

Stamme über das Meer nach einem Jakan gegenüber liegenden Lande gezogen seyn soll.

Noch finden sich Nachrichten von dem gegenüber der Tschuktschen-Küste befindlichen grossen Lande in den Berichten des jakutischen Kosaken Pet'r Iljin vom Jahre 1711, in den Aussagen der den Anadyrschen Ostrog besuchenden Tschuktschen und in dem Berichte des Kosaken Nikolaj Daurkin, welcher im Jahre 1763 das Tschuktschenland besuchte. Alle diese Anzeigen sind nicht nur in Rücksicht des Hauptgegenstandes vollkommen übereinstimmend, sondern scheinen sogar ihre Ausdrücke von einander entlehnt zu haben. Es ist darin von einem ,,zwischen dem Anadyr und der Kolyma liegenden Vorgebirge und von einem grossen Lande die Rede, welches in dem Anadyrschen und Kolymskischen Meere zu sehen ist," folglich zu beiden Seiten jenes Vorgebirges. Nach allem, was darin über die natürliche Beschaffenheit jenes Landes, über seine Bewohner u. s. w. gesagt ist, muss man schliessen, dass darunter kein anderes zu verstehen sey, als die gegenüber dem Tschuktschenlande in nördlicher und südlicher Richtung liegende Küste von Amerika. Die obigen beiden Benennungen des Meeres sind von den Tschuktschen entlehnt, welche den nördlich von ihrem Lande liegenden Theil das Kolymskische und den südlich belegenen das Anadyrsche Meer nennen.

In der chronologischen Geschichte aller Reisen von Herrn von Berg ist gesagt, die Tschuktschen hätten dem Obristen Plenissner erzählt, nördlich von der Kolyma befinde sich ein Land, welches Imoglin heisse. Dahingegen aber finden wir auf einer im Jahre 1779 durch den Kosakensotnik Kobelew angefertigten Karte eine zu der Gruppe der Gwosdewschen Inseln in der Behringsstrasse gehörige Insel Imoglin. Dies beweist, welche Unzuverlässigkeit und Verwirrung in den dortigen geographischen Nachrichten herrscht, die sich nur auf mündliche Erzählungen der Tschuktschen und auf verworrene Berichte ganz ungebildeter Kosaken und Pelzjäger begründen.

Aus allem Angeführten geht indess so viel hervor, dass die Sage von einem grossen, jenseits des Meeres, gegenüber der Tschuktschen-Küste, liegenden Lande, und der Name Chrachaj den Russen schon lange bekannt waren, ehe noch der Sergeant Andrejew zu Auffindung desselben ausgesandt ward. Sein sogenannter Reisebericht aber, der von falschen Angaben und Fehlern wimmelt, hat nur dazu gedient, die Meinungen über jenes Land zu verwirren.

Ohne mich in eine genaue Erörterung dieser Reise einzulassen, die Andrejew im Jahre 1763 unternahm *), will ich nur ein paar der gröbsten Irrthümer aus demselben hier andeuten. Andrejew versichert in seinem Berichte, dass wenn in seiner Aufnahme der Bären-Inseln sich etwa ein geringer Fehler eingeschlichen habe, derselbe doch nur höchst unbedeutend seyn könne. Dagegen finden wir, dass er der östlich von der Mündung des Flusses Krestowoj liegenden Fünf-Inselgruppe eine Ausdehnung von 550 Werst giebt, während sie, nach den genauesten Aufnahmen, nur 110 Werst beträgt! — Eben so falsch sind auch seine Angaben der Lage und Grösse dieser Inseln. So soll z. B. nach seinem Berichte die fünfte Insel 140 Werst im Umfange halten; dies ist die Vierpfeiler-Insel (tschetyrech stolbowoj), deren Umkreis nach unserer Aufnahme nicht mehr als 19 Werst beträgt. ,,Wir bestiegen, sagt er, auf dieser Insel einen Berg und sahen uns nach allen Seiten um; nach Süden hin erblickten wir einen einzeln im Meere stehenden Felsen, den wir für den Kolymskischen Felsen hielten; links aber, nach Osten hin, zeigte sich eine bläuliche oder vielmehr schwärzliche Ferne. Ob dieses ein Land, oder offenes Meer war, darüber kann ich nichts mit Bestimmtheit berichten."

Andrejew stand, wie er sagt, auf der Vierpfeiler-Insel, mit dem Gesichte nach Süden zu dem Kolymskischen Felsen gewandt, und sah von da aus links seine bläuliche oder schwärzliche Ferne. In der angegebenen Richtung haben wir das Meer auf 250 Werst weit befahren und untersucht, ohne irgend etwas einem Lande ähnliches zu entdecken.

Trotz den Unwahrscheinlichkeiten und der Unbestimmtheit in dem Berichte Andrejew's fand sich der Obrist Plenissner doch bewogen, dem Andrejew im folgenden Herbste eine zweite Reise zur genauern Nachsuchung des unbekannten Landes zu übertragen. Diesem Befehle zufolge reiste er, aber nicht eher als am 10. April 1764, nochmals nach

---

*) Andrejew's Bericht über diese Reise ist in dem vierten Bande des Journals Sibirskoj Westnik für 1823 No. 23 und 24 ausführlich abgedruckt.

den Bären-Inseln und von dort in der Richtung der oben erwähnten bläulichen oder schwärzlichen Ferne, wo er ein grosses Land erblickte. Als er aber in der Entfernung von 20 Werst von der Küste desselben eine Menge Spuren von Rennthierschlitten auf dem Schnee sah, wagte er nicht weiterzugehen, sondern kehrte wieder um *).

Aus diesem Wenigen erhellt wohl hinlänglich, dass man sich weder auf Andrejew's Aufnahmen, noch auf seine Bestimmungen verlassen kann, und dass demnach seine sämmtlichen Angaben wenig oder gar keinen Glauben verdienen. — Wenn er wirklich von dem angegebenen Punkte aus ein grosses Land gefunden und Rennthierspuren gesehen hat, so kann diese Entdeckung nichts anders seyn, als die Küste des Festlandes Asiens, zu welcher er sich auf seiner Fahrt östlich von den Bären-Inseln sehr leicht hinverirren konnte. — So löst sich die Entdeckung des problematischen Andrejewschen Landes, welches wir vergeblich in allen angegebenen Richtungen gesucht haben, ganz natürlich in ein Missverständniss der Unwissenheit auf.

Ich glaube nicht, dass es weiterer Beweise erfordert, um die Grundlosigkeit der Meinung zu beweisen, Andrejew habe im Norden von der Kolyma ein Land entdeckt. Dennoch will ich keinesweges behaupten, es könne in jener Region des Eismeeres kein bisher unentdecktes Land sich befinden. Im Gegentheil scheint es mir sogar, nach den in der Beschreibung meiner Reise angeführten verschiedenen Nachrichten und Erzählungen der Tschuktschen am Schelagschen und Nord-Kap, so wie von der Insel Koliutschin wahrscheinlich, dass im Norden vom Kap Jakan, in der Entfernung von 530 Werst östlich von der Kolyma, irgend ein noch unbekanntes Land liegen kann, welches aber in gar keiner Verbindung mit der sogenannten Andrejewschen Entdeckung steht, die, wie aus allem oben gesagten deutlich hervorgeht, nicht existirt, und demnach keinen Platz auf den Karten und keiner Erwähnung in der Geschichte der russischen Expeditionen auf dem Eismeere verdient.

---

*) Das ist alles, was von Andrejew's zweiter Fahrt bekannt geworden. In den Archiven findet sich darüber weder ein Bericht, noch eine Karte, noch sonst irgend eine etwas ausführlichere Nachricht.

Tabelle I.

Kurze Uebersicht
der in
Nis'hne-Kolymsk
angestellten
meteorologischen Beobachtungen
in den Jahren 1820, 1821, 1822 und 1823.

Tabelle
der meteorologischen Beobachtungen, angestellt vom 21. November bis
zum 31. Dezember 1820.

1820.	November.	Dezember.
Thermometer. höchster Stand niedrigster mittlerer	29. Mitternacht —17½°. 22. Mitternacht —32½°. —24,8.	21. Mitternacht — 3°. 31. Mitternacht —37°. —2-25¾°.
Winde.	Frisch: 21. SO. u. OSO., 23. SO., 26. SO., 28. SO., 29. W., 30. S. z. O. Gemässigt: 23. SO., 25. SO., 26. SO., 28. W. Leicht und unbedeutend: 22., 23., 24., 25., 26., 27., im Allgemeinen aus SO.	Frisch: 1. WNW., 2. SO. 4. SO., 9. SO., 15. WNW., 18. NO., 21. SO. Gemässigt: 1. WNW. und WSW., 2. SO., 5. SSO., 6. SO., 8. SO., 9. SO., 14. SW., 15. WSW. u. W. z. N., 22. NO., 23. WNW., 24. SO., 27. SW. u. O. Leicht und unbedeutend: 2., 3., 5., 6., 7., 8., 9., 10., 11., 12., 13., 14., 15., 16., 17., 18., 19., 20., 22., 23., 24., 25., 26., 27., 28., 29., 30., 31. Aus allen vier Punkten.
Nebel und trübe.	23., 24., 30. Im Allgemeinen waren klare, helle Tage.	1., 2., 4., 6., 12., 13., 15., 16., 17., 18., 19., 26., 27. Die andern Tage waren wohl klar und hell.
Frost.	Im ganzen Monat.	Im ganzen Monat.
Schnee.		12., 13., 14., 15., 16., 17., 18., 19. u. 25.
Nordlicht.		
Kreise um den Mond und Säulen neben dem Mond oder der Sonne.		29., 30. Am 30. zeigten sich zwei Nebensonnen auf 22° von der Sonne entfernt.

18*

Tabelle
der meteorologischen Beobachtungen im Jahre 1821.

1821.	Januar.	Februar.
Thermometer. höchster Stand niedrigster mittlerer	28. Morgens —20½°. 8. Morgens —40¼°. —30,4.	12. Mitternacht — 4½°. 18. Mitternacht —33°. —26°.
Winde.	Frisch: 6. u. 7. von SO., 9. W., 10. W., 11. W., WSW. u. S., 12. S., 13. S., 15. SSO., 22. O. Schwach u. unbedeutend von verschiedenen Seiten, doch mehrentheils aus SO. 1., 2., 3., 4., 5., 6., 7., 8., 9., 14., 15., 16., 17., 18., 19., 20., 21., 22., 23., 24., 25., 27., 29., 30., 31.	Frisch: 18. S. u. W., 2. OSO., 5. W., 6. SO., 8. NW., 9. S., 11. NW., 13. N., 14. SO., 16. N., 17. N., 19. NW., 21. WNW. Schwach u. unbedeutend von verschiedenen Seiten, mehrentheils aus SO. 1., 2., 3., 4., 5., 6., 7., 8., 9., 10., 11., 12., 13., 14., 15., 16., 17., 18., 19., 20., 21., 22., 23., 24., 25., 26., 27., 28.
Nebel und trübe.	2., 11., 13., 16., 18., 19., 20., 21., 22., 24., 25., 28. u. 29. Grösstentheils war der Horizont bewölkt.	5., 6., 11., 14., 15., 16., 17., 18., 19., 22. u. 25. Die andern Tage waren ziemlich hell, mitunter jedoch bewölkt.
Frost.	Den ganzen Monat.	Den ganzen Monat.
Schnee.	2., 10., 18., 19., 21., 27., 28., 29. u. 31. Es schneite nur wenig und kurze Zeit.	8., 9., 11., 14., 18., 19., 20., 22. u. 25. Es schneite wenig, jedoch mehr als im vorigen Monate.
Hagel.		
Gewitter.		
Nordlicht.	3., 6., 13., 15., 16., 17., 23., 24., 25., 26. Abends und Nachts, zuweilen am Tage nach N. weisse Wolken.	2., 3., 11., 12., 21., 22.
Kreise um den Mond und Säulen neben dem Mond und der Sonne.	1., 4., 25. Die Entfernung vom Gestirn belief sich immer gegen 22°.	6., 8., 12. Bemerkenswerth war die Erscheinung am 6., da nach der Verschwindung eines Kreises um den Mond zwei Nebenmonde nachblieben.

Fortsetzung der vorhergehenden Tabelle für die folgenden Monate des Jahres 1821.

1821.	März.	April.
Thermometer. höchster Stand niedrigster mittlerer	29. Morgens — $4\frac{1}{4}°$. 12. Mitternacht —33°. —$15\frac{1}{2}°$.	30. Mittag + $4\frac{1}{2}°$. 6. Mitternacht —13°. — $7\frac{1}{4}°$.
Regen.		
Winde.	Frisch: 4. SO., 5. NW., 10. NO., 12. NW., 24. SO., 25. SSO., 3. SO., 6. N., 10. NO., 11. S., 12. N., 20. SW. Gelind und unbedeutend: 1., 2., 5., 6., 7., 8., 9., 10., 12., 24., 25., 26., 27., 28., 29., 30. u. 31. Vom 12. bis 24. war kein Wind zu bemerken.	Frisch: 7. NNO., 8. N. z. O., 26. NNO., 27. NNW. Gemässigt: 2. NW., 4. N. z. W., 9. NNW., 12. NNW., 13. NNW., 14. N. z. O., 15. N., 16. NNW., 24. N. z. O., 26. N., 27. W., 30. W. Gelind und unbedeutend: 1., 2., 3., 4., 5., 6., 7., 10., 11., 17., 18., 19., 20., 21., 22., 23., 25., 28., 29., 30. Grösstentheils aus NW.
Nebel und trübe.	4., 9., 10. Die andern Tage waren klar, bei Untergang des Mondes bewölkt. — Vom 12. bis 24. fanden keine Beobachtungen statt.	20., 21., 28. Die andern Tage waren grösstentheils klar.
Frost.	Den ganzen Monat.	Den ganzen Monat, ausgenommen den 4, 18. u. 30.
Hagel.		
Gewitter.		
Nordlicht.	1., 2., 3., 8. u. 12. Vom 12. bis 24. sind keine Beobachtungen angestellt.	
Kreise um den Mond und Säulen neben dem Mond und der Sonne.		

Fortsetzung der vorhergehenden Tabelle für die folgenden Monate des Jahres 1821.

1821.	Mai.	Juni.
Thermometer. höchster Stand niedrigster mittlerer	31. Mittag $+16\frac{1}{2}°$. 4. Mitternacht $+5°$. $+5\frac{1}{4}°$.	1. Mittag $+18\frac{1}{4}°$. 9. den ganzen Tag $+2°$. $+10\frac{1}{4}°$. Die Beobachtung ist bis zum 16. gemacht.
Regen.	6., 26., 27.	6., 7., 8., 9. u. 15. bis 16.
Winde.	Frisch: 6. SSO., 7. SW., 8. N., 9. NW., 11. OSO., 12. OSO. Gemässigt: 2. NNW., 3. WNW., 6. OSO., 14. OSO., 7. NW., 10. WSW. u. OSO., 27. NO., 28. WNW., 31. NNO. Gelind und unbedeutend: 1., 4., 5., 12., 13., 15., 16., 17., 18., 24., 26., 28., 29., 30. von verschiedenen Seiten.	Frisch: 4. O. z. N., 5. ONO., 6. ONO., 7. SSO., 15. W. Gemässigt: 2. NNW., 3. W., 4. O. z. N., 7. SO., 9. W. z. S., 13. W., 15. W. z. S. Gelind und unbedeutend: 1., 3., 8., 10., 11., 12. u. 16. In der andern Hälfte des Monats blies der Wind grösstentheils aus NW. und war frisch.
Nebel und bewölkt.	3., 6., 23. Die andern Tage des Monats waren mehrentheils bewölkt.	Es waren fast eben so viele helle als bewölkte Tage. Nebel fand gar nicht statt.
Frost.	1., 2., 3., 4., 5., 7., 8. u. 9.	Gegen Ende des Monats fiel das Thermometer unter $0°$.
Schnee.	2., 3., 6., 7. u. 9. Mehrentheils nasser Schnee.	Gegen Ende des Monats nasser Schnee.
Hagel.	6.	
Gewitter.	.	13. war ein dumpfes Gewitter hörbar.
Nordlicht.		
Kreise um den Mond und Säulen neben dem Mond und der Sonne.		

Fortsetzung der vorhergehenden Tabelle für die folgenden Monate des Jahres 1821.

1821.	Juli.	August.
Thermometer. höchster Stand niedrigster mittlerer	Sind keine meteorologischen Beobachtungen angestellt worden.	
Regen.	Im Anfange des Monats.	In der ersten Hälfte des Monats war Regen; Platzregen am 21.
Winde.	Im Allgemeinen blies frischer Wind von N., NW. u. W.	Im Allgemeinen blies frischer Wind in der ersten Hälfte des Monats aus S. und SO., in der zweiten Hälfte aus W. und NW. gleichfalls frisch.
Nebel und bewölkt.	Nebel fand nicht statt, grösstentheils aber bewölkter Himmel.	Nachts sehr starker Nebel; Tags bewölkt, jedoch waren im Anfange des Monats auch einige helle Tage.
Frost.	Im Laufe des Monats fiel das Thermometer mehrmals unter 0°.	Vom 22. stieg das Thermometer selten über 0°. Im Anfange des Monats gab es auch warme Tage.
Schnee.	Nasser Schnee fiel oft.	Am 22. fiel Schnee, der auch nicht mehr abging. Später fiel oft Schnee.
Hagel.		
Gewitter.		
Nordlicht.		
Kreise um den Mond und Säulen neben dem Mond und der Sonne.		

Fortsetzung der vorhergehenden Tabelle für die folgenden Monate des Jahres 1821.

1821.	September.	Oktober.
Thermometer. höchster Stand niedrigster mittlerer	12. Mittag — 0°. 30. Mitternacht —18°. — 6°.	3. Mittag — 3°. 13. Mitternacht —26°. —14°.
Regen.		
Winde.	Frisch: 1. W. u. NW., 4. NW., 5. NW., 11. N., 12. N., 13. N., 17. W. u. S., 19. W., 20. SW., 23. O. u. OSO., 24. SSO., 25. NW., 26. N., 27. N. Gemässigt: 2. NW., 5. NW., 13. NNW., 14. S., 15. S., 16. S., 18. S., SW. u. O., 22. O., 23. SO., 24. SSO. Gelind und unbedeutend: 2., 3., 6., 7., 8., 9., 10., 11., 14., 15., 18., 21., 22., 25., 28., 29., 30. grösstentheils aus NW. u. NO. Viertheil.	Frisch: 2. OSO., 3. OSO., 27. SO., 30. SW. Gemässigt: 1. O., 4. OSO., 6. WNW., 15. W., 25. SO., 26. SO., 28. SO., 29. SO. Gelind und unbedeutend: 1., 4., 5., 6., 7., 8., 9., 10., 11., 12., 13., 14., 15., 16., 17., 18., 19., 20., 21., 22., 23., 24., 25., 26., 31. Aus SW. wehte der Wind selten, und einige Tage waren ganz windstill.
Nebel und bewölkt.	3., 5., 6., 9., 14., 16., 17., 25., 26., 27. u. 29. Grösstentheils bewölkter Himmel; helle Tage waren wenige.	6., 8., 9., 10., 12., 13., 14., 15., 16., 18., 19., 21., 22., 23., 25., 28., 29. u. 30. Meistentheils dicker, sehr feuchter Nebel.
Frost.	Den ganzen Monat.	Den ganzen Monat.
Schnee.	2., 5., 6., 14., 16., 19., 25., 26., 27. u. 29.	5., 6., 7., 9., 14., 15., 22. u. 29.
Hagel.		
Gewitter.		
Nordlicht.	12., 13., 20., 21., 22., 23. u. 25. Nur sehr schwach.	1., 3., 14., 17., 19. u. 20. Nur sehr schwach.
Kreise um den Mond und Säulen neben dem Mond und der Sonne.	29. Kreis um den Mond im Diameter gegen 50°.	

Fortsetzung der vorhergehenden Tabelle für die folgenden Monate des Jahres 1821.

1821.	November.	Dezember.
Thermometer. höchster Stand	9. Mittag — $1\frac{1}{2}°$.	13. Morgen und Mittag —18°.
niedrigster	29. Mitternacht —35°.	27. Mitternacht —38°.
mittlerer	—$20\frac{3}{4}°$.	—$26\frac{3}{4}°$.
Regen.		
Winde.	Frisch: 9. SO. z. O., 15. WSW. u. W., 17. NW., 19. N., 27. WNW., 30. NW. Gemässigt: 9. SO. u. SW., 12. O., 19. NW., 23. SW., 24. N., 26. SW., 27. NW. Gelind und unbedeutend: 1., 2., 3., 4., 5., 6., 7., 8., 9., 10., 11., 12., 13., 15., 16., 17., 18., 19., 20., 21., 22., 23., 24., 25., 26., 27. u. 29. Aus allen vier Theilen.	Frisch: 1. W., 2. SW. u. SSO., 7. WSW., 8. NW. Gemässigt: 2. SSO., 7. WSW., 8. NW. u. W., 10. WNW., 15. W., 16. NW., 25. O. Gelind und unbedeutend: Wehte grösstentheils aus SO.
Nebel und bewölkt.	6., 7., 11., 14., 15., 17., 19., 21., 23., 24., 25., 26. u. 30. Nebel waren nicht. Helle Tage nur selten; fast immer feucht.	1., 8., 9., 11., 12., 13., 14., 15., 16., 28. u. 29. Nebel waren nicht. Helle Tage 4., 5. u. 27.; die übrigen Tage feucht.
Frost.	Den ganzen Monat.	Den ganzen Monat.
Schnee.	9., 12., 14., 18., 24. u. 30.	8., 13. u. 28.
Hagel.		
Gewitter.		
Nordlicht.	12., 13., 15. u. 16. nur schwach.	2., 11. u. 17.
Kreise um den Mond und Säulen neben dem Mond und der Sonne.	10., 19. u. 25. Besonders bemerkenswerth waren am 19. die Säulen neben dem Monde in folgender Gestalt:	1., 22., 23., 25. u. 30. Kreise um den Mond.

Tabelle

der meteorologischen Beobachtungen in Nis'hne-Kolymsk im Jahre 1822.

1822.	Januar.	Februar, bis zum 15.
Thermometer. höchster Stand niedrigster mittlerer	22. Morgens —11°. 14. M. u. Mittags —35½°. —27°.	20. Mittags u. Abds. —15°. 1. Mitternacht —36°. —24¾°.
Winde.	Frisch: 5. SO. z. O., 17. SSO., 18. O. u. O. z. S., 21. SO., 22. SO., 26. SO. Grösstentheils Windstille; Winde gelind, unbedeutend, meist aus SO.	Starker: 11., 18. u. 19. SSO. Frisch und gemässigt: 7. W., 10. NW., 11. WNW., 12. W., 13. SO. u. O., 18. SO. Gelind, unbedeutend u. Windstille: 1., 2., 3., 4., 5., 6., 7., 8., 9., 10., 12., 14., 15., 16., 17., 18., 21. u. 22. aus allen Strichen des Kompasses.
Helle Tage, Nebel und bewölkt.	1., 5., 6., 7., 22., 30. u. 31. 2., 3., 11., 24. u. 29. war kein Nebel; die andern Tage waren trübe.	1., 2., 3., 4., 5., 6., 13., 14., 15., 16., 18., 23., 24., 25., 26., 27. u. 28. 5., 7. u. 11. war kein Nebel; die andern Tage waren trübe.
Frost.	Den ganzen Monat.	Den ganzen Monat.
Schnee.	26., 27. u. 29. In diesen Tagen fiel ein wenig Schnee.	5., 7., 11. u. 20.
Hagel.		
Gewitter.		
Nordlicht.	4., 5., 6., 7. u. 13. des Abends.	9. schwach.
Kreise um den Mond und Säulen neben dem Mond und der Sonne.	15. ein Kreuz durch den Mond. 23. ein Kreis um den Mond.	

Fortsetzung der vorhergehenden Tabelle für die folgenden Monate des Jahres 1822.

1822.	März, bis zum 9.	April.
Thermometer. höchster Stand niedrigster mittlerer	7. Mittag —18°. 7. Mitternacht —22½°.	Waren wir zur See und wurden keine Beobachtungen angestellt.
Regen.		
Winde.	Frisch: 2. SW., 3. W., 4. SW., 5. NW., 6. SW. Gelind: 1. u. 6. Wenig Wind: 7., 8. u. 9., mehrentheils aus NO. Viertheil.	
Helle Tage, Nebel und bewölkt.	1., 2., 7. u. 8. 3. kein Nebel, veränderlich.	
Frost.		
Schnee.	3. nasser.	
Hagel.		
Gewitter.		
Nordlicht.	8. u. 9.	
Kreise um den Mond und Säulen neben dem Mond und der Sonne.		

Fortsetzung der vorhergehenden Tabelle für die folgenden Monate des Jahres 1822.

1822.	Mai, vom 8.	Juni, vom 1. bis 23.
Thermometer. höchster Stand niedrigster mittlerer	27. Mittag $+12°$. 12. Mitternacht $-5°$. $+2\sqrt[3]{4}°$.	1. Mitternacht $+14°$. 12. Mitternacht $+\frac{1}{2}°$. $+5\sqrt[3]{4}°$.
Regen.	10., 16., 17., 21., 28. u. 29.	2., 3., 5., 7., 11., 12., 16., 18. u. 21. Meistentheils war Platzregen.
Winde.	Stark: 7. u. 8. SO., 17. WNW., 18. WNW., 28. NW. Frisch und gemässigt: 12. N., 13. NNW., 14. O., 15. SW., 16. W., 23. NO. u. NNO., 24. NNO., 28. NW., 30. NW. Gelind: 9., 10., 11., 12., 13., 14., 15., 18., 19., 20., 22., 25., 26., 27., 29. u. 31. Wenig Wind und Windstille: 19., 20. u. 22. aus allen Richtungen.	Frisch und gemässigt: 2. SO., 3. N., 7. N., 8. N., 9. NW., 10. N., 11. N., 13. N., 16. S., 17. N., 18., 21. u. 22. N. Gelind: 1., 2., 3., 4., 5., 6., 8. u. 9. 11., 12., 13., 14., 15., 17., 19., 20. u. 21. grossentheils aus N. Wenig Wind und Windstille: 1., 5., 6., 9. u. 13., mehrentheils zwischen N. u. O.
Helle Tage, Nebel und bewölkt.	24., 25. u. 27. 28. u. 30. Meistentheils immer bewölkt.	1., 14. u. 15. Die andern Tage waren bewölkt. Nebel am 3.
Frost.	4 Mal zeigte das Thermometer auf 0°. Am 28. zeigte es $-1°$.	
Schnee.	11., 16., 18. u. 22.	
Hagel.		
Gewitter.		
Nordlicht.		
Kreise um den Mond und Säulen neben dem Mond und der Sonne.		

Fortsetzung der vorhergehenden Tabelle für die folgenden Monate des Jahres 1822.

1822.	August, vom 12.	September, vom 12.
Thermometer. höchster Stand niedrigster mittlerer		16. Abends $+ 3°$. 24. Morgens $- 10\frac{1}{2}°$. $- 3\frac{3}{4}°$.
Regen.	Wegen Abwesenheit sind im ganzen Monat keine Beobachtungen angestellt worden.	
Winde.		Starker: 14. OSO. Frisch und gemässigt: 14. OSO., 15. O. u. O. z. S., 20. SO., 23. N., 27. NO., 28. O., 29. O. Gelind: 12., 13., 14., 15., 16., 17., 18., 19., 21., 22., 23., 24., 25., 26., 27., 28., 29. u. 30 von allen Richtungen. Wenig Wind und Windstille: 16. u. 30. zwischen S. u. O.
Helle Tage, trübe, bewölkt und Nebel.		12., 13., 22. u. 24. 17., 18. u. 23.; die andern Tage waren bewölkt. Kein Nebel.
Frost.		Leichter Frost den ganzen Monat.
Schnee.		16., 17., 18., 23., 27., 29. u. 30.
Hagel.		
Gewitter.		
Nordlicht.		5. sehr schwach.
Kreise um den Mond und Säulen neben dem Mond und der Sonne.		6. Säulen neben der Sonne, deren Schein jedoch schwach war.

Fortsetzung der vorhergehenden Tabelle für die folgenden Monate des Jahres 1822.

1822.	Oktober.	November.
Thermometer. höchster Stand niedrigster mittlerer	29. Abends — 1½°. 18. Morgens —24¼°. —14°.	8. Morgens — 6°. 30. Abds. u. Mittern. —34¼°. —22½°.
Regen.		
Winde.	Starker: 9. NW., 28. SO. z. O., 29. SO. z. O. Frisch und gemässigt: 5. NW., 6. u. 11. NW., 12. W., 14. S., 26. S., 20. SO. z. O., 31. W. u. SW. Gelind: 2., 3., 7., 8., 10., 13., 15., 17., 18., 19., 20., 21., 22., 23., 24., 25., 27. u. 30. Wenig Wind und Windstille: 1., 3., 4., 6., 16., 17. u. 30., grösstentheils aus S. u. O.	Frisch: 1. W., 3. OSO., 5. O., 6. SO., 8. SO. u. N., 9. NW., 10. W. u. O., 12. W. z. N., 13. WNW., 22. N. Gelind und Windstille: 1., 2., 4., 5., 6., 7., 11., 14., 15., 16., 17., 18., 19., 20., 21., 22., 23., 24., 25., 26., 27. u. 29., grösstentheils aus SO. Viertheil.
Helle Tage, trübe, bewölkt und Nebel.	15., 16., 17., 18., 24. u. 25. 1., 2., 4., 5., 7., 8., 9., 21., 22. u. 29. Die übrigen Tage waren bewölkt. Nebel war nicht.	5., 11., 19., 24., 25., 28., 29. u. 30. 1., 2., 4., 6., 8., 9., 10., 12., 15., 16., 17., 18., 21., 22., 23. u. 26. Die übrigen Tage waren veränderlich. Nebel war nicht.
Frost.	Den ganzen Monat.	Den ganzen Monat.
Schnee.	3., 4., 7., 9., 13., 21., 22. u. 31.	1., 3., 6., 14., 15., 16., 20., 21., 23. u. 26.
Hagel.		
Gewitter.		
Nordlicht.	5. sehr schwach.	4., 5., 8., 11., 13., 22., 23., 24. u. 29.
Kreise um den Mond und Säulen neben dem Mond und der Sonne.	5. u. 6. schwache Säulen neben der Sonne.	1. neben der Sonne eine Art Regenbogen. 14. um den Mond ein schwacher Kreis.

Fortsetzung der vorhergehenden Tabelle für den letzten Monat des Jahres 1822.

1822.	Dezember.	
Thermometer. höchster Stand niedrigster mittlerer	11. Morgens — 6°. 17. Mittags —33°. —26°.	
Regen.		
Winde.	Frisch: 2. W. z. N. u. WNW., 4. NNW., 7. W. Gelind: 1., 3., 8., 9., 10., 21., 23., 27., 28., 30. u. 31. Grösstentheils von NO. Wenig Wind und Windstille: 4., 5., 9., 10., 11., 17., 18., 19., 20., 21., 22., 23., 24., 25., 26., 27., 28. u. 29. Meistentheils zwischen S. u. O.	
Helle Tage, trübe, bewölkt und Nebel.	1., 10., 21., 24., 26., 27., 28., 29., 30. u. 31. 2., 3., 5., 7., 8., 9. u. 11. Kein Nebel; die andern Tage veränderlich.	
Frost.	Den ganzen Monat.	
Schnee.	3., 5., 7., 8., 11., 18. u. 19.	
Hagel.		
Gewitter.		
Nordlicht.		
Kreise um den Mond und Säulen neben dem Mond oder der Sonne.	3. Streifen am ganzen Himmel. 4., 5., 24. u. 29. Nordlicht.	

Tabelle
der meteorologischen Beobachtungen im Jahre 1823.

1823.	Januar.	Februar.
Thermometer. höchster Stand niedrigster mittlerer	24. Abends u. Mittern. —13°. 10. in 24 Stunden —37°. —26°.	8. Mittags u. Abds. — 3°. 18. Morgens —30½°. —22°.
Regen.		
Winde.	Stark: 3. N. Frisch und gemässigt: 3.W., 16. W., 17. S., 19. N., 20. NNW., 21. WNW. u. NW., 22. W., 31. SO. Gelind: 1., 2., 3., 4., 5., 6., 8., 9., 10., 11., 12., 13., 14., 15., 16., 17., 18., 19., 22., 23., 24., bis zum 31. von allen Richtungen. Wenig Wind und Windstille: 7., 19., 22. u. 27. zwischen N. u. O.	Stark: 3. S. Frisch und gemässigt: 2. SO., 3. S., 4. S., 5. NW. Gelind: 1., 2., 4., 5., 6., 7., 8., 9., 10., 11., 12., 13., 14., 15., 16., 17., 18., 19., 24. u. 25. Wenig Wind und Windstille: 4., 5., 6., 14., 15., 17., 25., 26. u. 27. von allen Richtungen.
Helle Tage, trübe, bewölkt und Nebel.	9., 10. u. 29. 1., 4., 5. u. 6. Die andern Tage veränderlich. Kein Nebel.	3., 4., 8., 9., 10., 11., 12., 15., 17., 18., 19., 24., 25., 26., 27. u. 28. Die andern Tage veränderlich. Leichter Nebel.
Frost.	Den ganzen Monat.	Den ganzen Monat.
Schnee.	19.	
Hagel.		
Gewitter.		
Nordlicht.		24. u. 28.
Kreise um den Mond und Säulen neben dem Mond und der Sonne.		

Fortsetzung der vorhergehenden Tabelle für den folgenden Monat des Jahres 1823.

1823.	März, vom 14.	
Thermometer. höchster Stand niedrigster mittlerer	13. Mitternacht —10°. 30. Mitternacht —30½°.	
Regen.		
Winde.	Frisch u. gemässigt: 3. SW., 12. SSW., 14. W. Gelinde: 3., 9., 10. u. 11. Wenig Wind u. Windstille: 1., 2., 3., 4., 5., 6., 7., 8., 10., 11., 12., 13. u. 14.	
Helle Tage, trübe, bewölkt und Nebel.	1., 2., 6., 7., 8. u. 9. 3., 4., 5., 10., 11., 12., 13. u. 14.; die übrigen Tage veränderlich. Kein Nebel.	
Frost.		
Schnee.	2., 10., 11., 12. u. 13. wenig Schnee.	
Hagel.		
Gewitter.		
Nordlicht.	.	
Kreise um den Mond und Säulen neben dem Mond und der Sonne.	11. ein Kreis um den Mond.	

Tabelle II.

Thermometrische Beobachtungen,

angestellt

zu Nis'hne-Kolymsk,

unter 68° 32' nördlicher Breite,

mit einem Spiritus-Thermometer, nach Reaumur, von Rospini.

Im Jahre 1820.

Monate.	Tage.	8 Uhr.	12 Uhr.	4 Uhr.	12 Uhr.
November.	21.	—29°,7	—29°,0	—28°,2	—27°,0
	22.	29 ,0	30 ,5	32 ,0	32 ,5
	23.	31 ,5	29 ,5	27 ,0	25 ,5
	24.	25 ,7	27 ,0	27 ,0	25 ,5
	25.	25 ,0	24 ,5	24 ,5	23 ,0
	26.	19 ,0	18 ,0	20 ,5	23 ,0
	27.	22 ,0	23 ,0	25 ,5	25 ,5
	28.	24 ,0	23 ,5	23 ,0	23 ,0
	29.	20 ,0	19 ,5	18 ,0	17 ,5
	30.	20 ,0	24 ,0	25 ,0	23 ,2
	Mittel	—29°,6	—24°,85	—27°,07	—24°,72

—24°,81

Monate.	Tage.	8 Uhr.	12 Uhr.	4 Uhr.	12 Uhr.
Dezember.	1.	— 17°,2	— 19°,0	— 23°,0	— 24°,2
	2.	24 ,7	23 ,0	23 ,2	23 ,2
	3.	23 ,0	20 ,0	24 ,0	20 ,5
	4.	23 ,0	21 ,0	21 ,0	22 ,5
	5.	24 ,0	24 ,5	25 ,0	22 ,0
	6.	21 ,0	20 ,0	22 ,0	17 ,5
	7.	18 ,0	19 ,0	19 ,0	21 ,5
	8.	20 ,5	18 ,2	21 ,0	24 ,0
	9.	23 ,7	23 ,0	21 ,5	18 ,2
	10.	20 ,5	21 ,2	22 ,0	25 ,0
	11.	25 ,0	24 ,2	19 ,0	15 ,0
	12.	15 ,0	12 ,5	10 ,2	12 ,5
	13.	15 ,0	15 ,5	15 ,0	12 ,5
	14.	15 ,5	15 ,7	20 ,0	21 ,7
	15.	21 ,2	23 ,0	22 ,5	20 ,7
	16.	20 ,5	21 ,0	21 ,5	20 ,5
	17.	18 ,0	19 ,0	19 ,0	22 ,0
	18.	21 ,0	19 ,5	23 ,5	22 ,0
	19.	14 ,0	13 ,0	13 ,0	13 ,0
	20.	14 ,2	15 ,0	11 ,5	3 ,5
	21.	5 ,0	3 ,5	5 ,0	3 ,0
	22.	11 ,2	12 ,0	13 ,0	18 ,5
	23.	21 ,0	22 ,7	26 ,5	29 ,0
	24.	32 ,0	31 ,0	30 ,5	28 ,2
	25.	28 ,5	29 ,0	28 ,5	27 ,0
	26.	30 ,5	30 ,0	30 ,0	27 ,0
	27.	29 ,7	30 ,0	32 ,5	32 ,0
	28.	29 ,5	29 ,0	29 ,5	32 ,5
	29.	33 ,2	32 ,0	32 ,7	32 ,0
	30.	32 ,2	33 ,0	33 ,0	34 ,0
	31.	33 ,7	34 ,0	35 ,0	37 ,0
	Mittel	— 22°,0	— 21°,73	— 22°,36	— 22°,02

— 22°,03

Im Jahre 1821.

Monate.	Tage.	8 Uhr.	12 Uhr.	4 Uhr.	12 Uhr.
Januar.	1.	—35°,0	—35°,0	—35°,0	—32°,5
	2.	32 ,2	32 ,5	35 ,5	38 ,2
	3.	38 ,0	38 ,7	39 ,2	39 ,7
	4.	39 ,0	38 ,7	39 ,5	39 ,0
	5.	40 ,5	40 ,0	39 ,0	40 ,0
	6.	37 ,0	33 ,0	32 ,7	31 ,5
	7.	29 ,0	28 ,7	29 ,0	26 ,2
	8.	28 ,0	29 ,0	30 ,0	30 ,0
	9.	30 ,7	28 ,2	28 ,5	28 ,0
	10.	27 ,0	28 ,0	28 ,2	28 ,5
	11.	28 ,5	28 ,5	29 ,5	30 ,2
	12.	28 ,2	28 ,2	28 ,2	27 ,5
	13.	26 ,7	29 ,0	30 ,0	32 ,0
	14.	35 ,0	32 ,2	30 ,5	27 ,0
	15.	32 ,0	33 ,0	35 ,2	35 ,5
	16.	36 ,0	36 ,0	36 ,0	36 ,2
	17.	38 ,0	36 ,7	38 ,0	39 ,7
	18.	39 ,0	38 ,0	38 ,0	34 ,5
	19.	32 ,2	31 ,5	31 ,0	29 ,7
	20.	30 ,0	30 ,5	29 ,2	30 ,0
	21.	30 ,2	30 ,2	30 ,2	31 ,0
	22.	34 ,0	32 ,0	32 ,5	33 ,5
	23.	32 ,0	31 ,5	30 ,5	33 ,2
	24.	30 ,7	28 ,7	29 ,7	31 ,5
	25.	32 ,0	32 ,0	31 ,5	29 ,5
	26.	32 ,0	27 ,5	30 ,0	28 ,0
	27.	26 ,0	23 ,5	23 ,0	22 ,0
	28.	20 ,5	21 ,0	23 ,0	23 ,2
	29.	24 ,5	23 ,5	26 ,2	28 ,0
	30.	28 ,2	25 ,5	29 ,0	31 ,5
	31.	28 ,2	26 ,0	29 ,0	28 ,5
	Mittel	—31°,63	—30°,88	—31°,4	—31°,49
			—31°,55		
Februar.	1.	—30°,5	—30°,0	—30°,0	—32°,5
	2.	30 ,0	27 ,5	27 ,0	27 ,0
	3.	26 ,0	24 ,2	26 ,0	31 ,0
	4.	31 ,5	29 ,0	31 ,0	32 ,7
	5.	31 ,0	27 ,0	26 ,5	29 ,5
	6.	28 ,2	26 ,7	29 ,2	32 ,5
	7.	32 ,5	29 ,0	30 ,0	29 ,2
	8.	28 ,2	27 ,0	27 ,0	24 ,0
	9.	27 ,0	24 ,5	27 ,0	24 ,0
	10.	21 ,5	21 ,0	23 ,5	24 ,0
	11.	25 ,0	24 ,0	25 ,5	27 ,5
	12.	29 ,0	26 ,0	28 ,0	33 ,0
	13.	32 ,0	24 ,5	25 ,0	30 ,0
	14.	27 ,0	25 ,0	27 ,0	30 ,0
	15.	27 ,0	25 ,0	26 ,0	32 ,0
	16.	32 ,0	26 ,0	24 ,0	23 ,0

293

Monate.	Tage.	8 Uhr.	12 Uhr.	4 Uhr.	12 Uhr.
Februar.	17.	—20°,0	—19°,0	—24°,0	—25°,0
	18.	14 ,5	8 ,5	4 ,5	18 ,0
	19.	20 ,0	17 ,0	17 ,5	19 ,5
	20.	19 ,5	20 ,0	21 ,5	21 ,5
	21.	24 ,5	23 ,0	29 ,0	32 ,0
	22.	28 ,0	24 ,5	24 ,0	32 ,0
	23.	30 ,0	30 ,0	31 ,0	32 ,0
	24.	23 ,0	23 ,0	25 ,0	27 ,0
	25.	25 ,0	20 ,5	24 ,0	27 ,0
	26.	23 ,0	19 ,0	21 ,0	30 ,0
	27.	31 ,0	27 ,5	26 ,0	29 ,0
	28.	29 ,0	26 ,5	27 ,0	32 ,5
	Mittel	—26°,64	—24°,11	—25°,26	—28°,13
		—26°,03			
März.	1.	—31°,2	—26°,0	—27°,0	—32°,0
	2.	31 ,0	23 ,0	25 ,0	28 ,0
	3.	23 ,0			
	4.	11 ,0		8 ,2	8 ,5
	5.	9 ,5	6 ,7	7 ,2	18 ,5
	6.	20 ,0	21 ,0	23 ,0	23 ,0
	7.	24 ,0	24 ,0	23 ,0	25 ,0
	8.	28 ,0	22 ,0	22 ,5	27 ,0
	9.	22 ,0	14 ,0	16 ,0	18 ,0
	10.	22 ,5	20 ,5	21 ,5	28 ,0
	11.	24 ,0	22 ,5	20 ,0	28 ,0
	12.	27 ,5	23 ,0	25 ,5	33 ,0
	24.	14 ,5	10 ,5	11 ,0	14 ,0
	25.	9 ,5	6 ,0	6 ,0	6 ,5
	26.	9 ,5	7 ,5	7 ,5	7 ,5
	27.	6 ,0	4 ,5	5 ,0	6 ,0
	28.	7 ,0	4 ,5	4 ,5	5 ,0
	29.	4 ,2	4 ,5	8 ,5	4 ,5
	30.	6 ,5	6 ,5	6 ,0	6 ,5
	31.	10 ,5	8 ,0	9 ,5	9 ,0
	Mittel	—17°,3	—14°,15	—14°,58	—17°,26
		—15°,8			
April	1.	—7°,0	—7°,0	—11°,5	—12°,0
	2.	9 ,0	7 ,0	9 ,0	9 ,5
	3.	7 ,0	—6 ,5	—8 ,2	8 ,5
	4.	5 ,0	+3 ,0	+2 ,5	3 ,0
	5.	7 ,5	—7 ,5	—12 ,0	12 ,5
	6.	8 ,5	8 ,0	11 ,5	13 ,0
	7.	8 ,5	8 ,0	11 ,5	13 ,0
	8.	9 ,5	6 ,5	8 ,0	9 ,5
	9.	8 ,5	8 ,0	8 ,0	9 ,0
	10.	10 ,0	9 ,0	9 ,0	10 ,0
	11.	8 ,0	7 ,5	7 ,5	8 ,0
	12.	10 ,0	10 ,0	9 ,0	9 ,5
	13.	8 ,2	8 ,0	8 ,5	8 ,5

Monate.	Tage.	8 Uhr.	12 Uhr.	4 Uhr.	12 Uhr.
April.	14.	— 7°,5	— 7°,0	— 7°,0	— 7°,5
	15.	12,0	10,0	11,5	12,0
	16.	12,0	11,0	11,2	12,0
	17.	10,0	10,0	— 10,0	10,0
	18.	6,0	4,5	+ 4,0	6,5
	19.	7,0	4,0	— 3,5	3,0
	20.	7,5	7,0	9,0	9,5
	21.	10,0	9,5	10,0	10,0
	22.	7,0	6,0	6,5	3,0
	23.	6,0	5,5	5,2	6,0
	24.	9,5	5,0	4,5	4,7
	25.	3,0	1,5	2,0	3,5
	26.	4,0	3,0	1,5	2,0
	27.	8,5	8,2	8,5	8,5
	28.	8,0	7,5	8,0	8,5
	29.	6,0	— 5,5	5,2	6,0
	30.	3,0	+ 4,5	2,5	8,0
	Mittel	— 7°,79	— 6°,36	— 7°,05	— 8°,11

$$-7°,33$$

Monate.	Tage.	8 Uhr.	12 Uhr.	4 Uhr.	12 Uhr.
Mai.	1.	— 3°,5	— 0°,5	— 3°,5	— 3°,5
	2.	3,0	0,7	1,0	5,5
	3.	3,0	2,0	4,0	4,0
	4.	3,2	2,0	2,5	5,0
	5.	— 3,0	— 1,5	— 2,5	— 3,0
	6.	+ 2,0	+ 6,0	+ 3,5	+ 3,0
	7.	— 2,5	— 2,0	— 3,5	— 4,0
	8.	2,0	0,5	2,0	4,5
	9.	— 3,5	— 3,0	— 3,0	— 3,5
	10.	+ 2,0	+ 3,0	+ 2,5	+ 2,0
	11.	1,0	2,0	2,0	2,0
	12.	2,0	3,5	3,0	3,0
	13.	7,5	9,5	7,5	7,0
	14.	7,5	9,0	7,0	7,5
	15.	9,0	12,0	12,0	10,0
	16.	9,5	12,0	11,0	10,0
	17.	12,0	15,2	15,0	11,2
	18.	12,0	15,2	13,0	9,0
	19.	12,0	15,0	10,0	9,0
	20.	10,0	11,0	7,0	6,5
	21.	6,0	7,2	5,0	2,5
	22.	2,5	3,0	2,5	2,0
	23.	2,0	2,5	2,0	2,0
	24.	7,0	12,2	10,0	4,5
	25.	7,5	11,0	8,0	6,5
	26.	7,0	9,5	8,0	7,0
	27.	9,0	10,5	10,0	8,0
	28.	8,0	10,0	8,5	7,5
	29.	10,0	15,5	14,0	10,0
	30.	12,0	14,5	14,0	12,0
	31.	13,0	16,5	16,0	14,0
	Mittel	+ 4°,74	+ 6°,9	+ 5°,47	+ 3°,98

$$+5°,27$$

Monate.	Tage.	8 Uhr.	12 Uhr.	4 Uhr.	12 Uhr.
Juni.	1.	+ 15°,0	+ 18°,5	+ 17°,0	+ 17°,0
	2.	14 ,0	16 ,0	14 ,0	10 ,5
	3.	13 ,5	15 ,0	14 ,0	13 ,0
	4.	15 ,0	16 ,5	15 ,0	14 ,0
	5.	14 ,0	15 ,5	15 ,0	11 ,5
	6.	9 ,0	9 ,5	8 ,5	8 ,0
	7.	8 ,5	9 ,0	9 ,0	4 ,0
	8.	5 ,0	4 ,5	4 ,5	4 ,5
	9.	2 ,5	2 ,0	2 ,0	2 ,0
	10.	7 ,0	8 ,5	8 ,5	8 ,5
	11.	11 ,0	10 ,0	10 ,5	10 ,0
	12.	12 ,0	12 ,5	13 ,0	13 ,0
	13.	13 ,5	13 ,5	13 ,5	14 ,0
	14.	10 ,0	11 ,0	10 ,5	7 ,0
	15.	5 ,0	5 ,0	4 ,7	4 ,2
	16.	8 ,0	7 ,7	7 ,2	7 ,0
	Mittel	+ 10°,14	+ 10°,92	+ 10°,44	+ 9°,51
			+ 10°,25		
September.	1.	− 5°,0	− 3°,0	− 4°,0	− 6°,0
	2.	6 ,5	5 ,0	4 ,5	5 ,5
	3.	3 ,5	3 ,0	4 ,5	5 ,0
	4.	4 ,0	5 ,0	3 ,7	6 ,5
	5.	5 ,5	4 ,5	5 ,0	7 ,0
	6.	8 ,0	6 ,5	7 ,0	7 ,0
	7.	4 ,0	1 ,2	4 ,0	8 ,0
	8.	5 ,5	5 ,0	6 ,0	6 ,5
	9.	3 ,5	1 ,7	2 ,5	5 ,5
	10.	5 ,0	− 1 ,0	− 2 ,5	− 4 ,0
	11.	5 ,0	+ 1 ,5	+ 2 ,5	+ 2 ,5
	12.	1 ,0	− 0 ,0	− 1 ,5	− 5 ,5
	13.	4 ,5	3 ,0	5 ,0	9 ,0
	14.	2 ,5	0 ,0	3 ,0	5 ,0
	15.	5 ,0	2 ,2	2 ,5	5 ,0
	16.	3 ,5	1 ,0	2 ,0	2 ,5
	17.	12 ,0	9 ,5	6 ,5	7 ,0
	18.	7 ,0	5 ,0	4 ,0	10 ,0
	19.	10 ,2	6 ,5	7 ,0	11 ,5
	20.	11 ,0	6 ,0	7 ,5	10 ,0
	21.	7 ,0	1 ,5	2 ,0	6 ,0
	22.	3 ,0	2 ,0	1 ,0	7 ,0
	23.	5 ,5	2 ,0	2 ,0	4 ,5
	24.	4 ,0	1 ,2	1 ,5	1 ,5
	25.	3 ,0	2 ,0	4 ,0	7 ,5
	26.	9 ,5	7 ,5	10 ,5	13 ,5
	27.	12 ,0	10 ,0	12 ,0	13 ,0
	28.	15 ,5	13 ,0	14 ,0	17 ,0
	29.	16 ,0	12 ,0	14 ,0	15 ,2
	30.	17 ,5	14 ,0	15 ,5	18 ,0
	Mittel	− 6°,84	− 4°,43	− 5°,22	− 7°,57
			− 6°,02		

Monate.	Tage.	8 Uhr.	12 Uhr.	4 Uhr.	12 Uhr.
Oktober.	1.	— 18°,0	— 12°,2	— 15°,0	— 15°,0
	2.	14 ,0	10 ,0	8 ,0	6 ,5
	3.	5 ,0	3 ,0	3 ,5	7 ,0
	4.	6 ,0	4 ,5	6 ,5	9 ,5
	5.	12 ,0	8 ,5	8 ,2	8 ,5
	6.	10 ,5	9 ,0	10 ,0	11 ,0
	7.	10 ,0	8 ,0	10 ,0	10 ,0
	8.	10 ,0	8 ,5	10 ,0	11 ,0
	9.	12 ,0	11 ,0	13 ,5	15 ,0
	10.	15 ,0	8 ,0	15 ,0	17 ,0
	11.	22 ,0	18 ,0	22 ,0	24 ,0
	12.	23 ,0	20 ,0	22 ,0	22 ,5
	13.	24 ,0	20 ,0	24 ,0	26 ,0
	14.	18 ,0	15 ,0	15 ,0	17 ,0
	15.	17 ,0	17 ,0	17 ,0	18 ,0
	16.	12 ,0	15 ,0	15 ,0	17 ,0
	17.	17 ,0	16 ,0	17 ,0	19 ,0
	18.	16 ,0	16 ,5	19 ,0	21 ,0
	19.	19 ,0	18 ,5	17 ,0	16 ,5
	20.	11 ,2	11 ,0	13 ,0	17 ,5
	21.	17 ,5	16 ,0	16 ,0	16 ,5
	22.	15 ,0	15 ,0	13 ,0	15 ,0
	23.	14 ,0	14 ,0	14 ,0	15 ,0
	24.	15 ,0	14 ,0	15 ,0	15 ,5
	25.	15 ,0	15 ,0	17 ,0	24 ,0
	26.	22 ,0	20 ,0	20 ,0	21 ,0
	27.	17 ,0	15 ,0	14 ,0	14 ,0
	28.	10 ,0	8 ,5	7 ,0	5 ,0
	29.	6 ,0	5 ,0	5 ,0	5 ,0
	30.	15 ,0	14 ,0	10 ,0	11 ,0
	31.	20 ,0	18 ,0	20 ,0	21 ,0
	Mittel	— 14°,78	— 13°,04	— 13°,93	— 15°,23
		— 14°,25			
November	1.	— 21°,0	— 20°,0	— 22°,0	— 25°,0
	2.	18 ,5	17 ,0	17 ,0	18 ,0
	3.	12 ,0	16 ,5	20 ,0	21 ,0
	4.	29 ,0	25 ,0	24 ,0	19 ,0
	5.	9 ,0	8 ,0	9 ,0	10 ,0
	6.	15 ,0	15 ,0	16 ,5	17 ,0
	7.	20 ,0	21 ,5	22 ,0	21 ,0
	8.	9 ,0	10 ,5	11 ,0	10 ,0
	9.	2 ,0	1 ,5	4 ,0	12 ,0
	10.	17 ,0	18 ,0	20 ,0	22 ,0
	11.	21 ,0	20 ,5	20 ,0	20 ,0
	12.	14 ,0	13 ,5	16 ,0	17 ,5
	13.	17 ,5	19 ,0	20 ,0	24 ,0
	14.	23 ,0	22 ,0	23 ,0	17 ,0
	15.	17 ,5	19 ,5	20 ,5	22 ,0
	16.	20 ,0	20 ,0	21 ,5	28 ,0
	17.	25 ,0	25 ,5	27 ,5	23 ,0
	18.	22 ,0	23 ,0	21 ,5	21 ,0

Monate.	Tage.	8 Uhr.	12 Uhr.	4 Uhr.	12 Uhr.
November.	19.	—20°,0	—18°,0	—20°,0	—24°,0
	20.	25 ,0	25 ,5	23 ,5	25 ,5
	21.	30 ,5	30 ,5	30 ,5	28 ,0
	22.	25 ,0	26 ,0	28 ,5	25 ,0
	23.	22 ,0	21 ,5	22 ,5	22 ,0
	24.	21 ,0	20 ,0	19 ,0	19 ,0
	25.	19 ,0	20 ,0	20 ,0	24 ,0
	26.	25 ,0	26 ,2	25 ,0	25 ,0
	27.	21 ,5	24 ,0	23 ,0	21 ,5
	28.	29 ,0	31 ,0	32 ,0	32 ,5
	29.	31 ,0	31 ,5	32 ,0	35 ,0
	30.	23 ,0	24 ,0	23 ,0	22 ,5
	Mittel	—20°,15	—20°,47	—21°,13	—21°,72
			—20°,87		
Dezember.	1.	—21°,0	—22°,0	—22°,0	—22°,5
	2.	18 ,5	18 ,0	23 ,0	25 ,0
	3.	28 ,0	29 ,0	29 ,0	28 ,0
	4.	27 ,5	28 ,0	29 ,0	29 ,5
	5.	30 ,0	30 ,0	32 ,0	33 ,0
	6.	33 ,0	32 ,0	32 ,0	31 ,0
	7.	24 ,0	27 ,5	28 ,0	28 ,5
	8.	25 ,5	24 ,0	23 ,0	22 ,0
	9.	23 ,0	25 ,0	22 ,0	21 ,5
	10.	21 ,0	21 ,0	21 ,5	20 ,0
	11.	19 ,0	20 ,0	23 ,0	23 ,0
	12.	21 ,5	21 ,0	20 ,0	21 ,0
	13.	18 ,0	18 ,0	20 ,0	21 ,0
	14.	22 ,0	21 ,0	21 ,0	20 ,0
	15.	20 ,0	20 ,0	20 ,0	21 ,0
	16.	22 ,0	21 ,5	23 ,0	24 ,0
	17.	23 ,0	22 ,0	24 ,0	26 ,5
	18.	31 ,0	31 ,0	29 ,0	27 ,5
	19.	25 ,0	25 ,0	28 ,0	31 ,0
	20.	32 ,0	31 ,5	30 ,0	28 ,0
	21.	28 ,0	28 ,0	28 ,0	28 ,0
	22.	25 ,0	25 ,0	25 ,0	25 ,5
	23.	28 ,0	28 ,0	30 ,0	31 ,5
	24.	31 ,5	32 ,5	32 ,5	32 ,5
	25.	29 ,0	28 ,0	27 ,0	27 ,0
	26.	31 ,5	32 ,5	34 ,0	35 ,0
	27.	36 ,0	36 ,2	37 ,5	38 ,0
	28.	34 ,0	33 ,0	32 ,0	30 ,0
	29.	28 ,0	27 ,0	26 ,0	29 ,0
	30.	28 ,5	30 ,5	31 ,0	32 ,5
	31.	30 ,0	30 ,0	31 ,0	32 ,0
	Mittel	—26°,28	—26°,40	—26°,89	—27°,28
			—26°,71		

Im Jahre 1822.

Monate.	Tage.	8 Uhr.	12 Uhr.	4 Uhr.	12 Uhr.
Januar.	1.	—33°,0	—33°,0	—33°,0	—32°,5
	2.	31 ,5	30 ,0	29 ,0	27 ,0
	3.	24 ,5	24 ,0	22 ,0	20 ,0
	4.	20 ,5	18 ,5	20 ,0	24 ,0
	5.	13 ,0	14 ,5	16 ,0	18 ,0
	6.	25 ,0	25 ,0	25 ,0	25 ,0
	7.	29 ,0	29 ,0	28 ,0	27 ,5
	8.	28 ,5	28 ,0	27 ,0	24 ,0
	9.	22 ,0	22 ,0	22 ,0	23 ,0
	10.	25 ,0	27 ,0	28 ,0	31 ,0
	11.	28 ,0	28 ,0	27 ,0	26 ,5
	12.	27 ,0	27 ,0	28 ,0	29 ,0
	13.	32 ,0	32 ,0	33 ,0	36 ,5
	14.	35 ,5	34 ,0	35 ,0	35 ,5
	15.	34 ,5	34 ,0	35 ,0	35 ,5
	16.	33 ,0	33 ,0	33 ,0	33 ,0
	17.	30 ,5	30 ,0	30 ,0	30 ,5
	18.	30 ,0	29 ,0	30 ,0	30 ,0
	19.	31 ,0	31 ,0	31 ,0	31 ,0
	20.	27 ,0	24 ,0	28 ,0	17 ,0
	21.	21 ,0	13 ,5	12 ,0	10 ,5
	22.	11 ,0	12 ,5	17 ,0	21 ,0
	23.	26 ,0	25 ,0	25 ,5	26 ,0
	24.	28 ,0	25 ,0	26 ,0	28 ,0
	25.	27 ,5	26 ,0	26 ,5	26 ,0
	26.	25 ,0	23 ,0	23 ,0	22 ,0
	27.	21 ,0	20 ,0	23 ,0	27 ,0
	28.	30 ,5	28 ,0	29 ,0	31 ,0
	29.	28 ,0	25 ,0	27 ,0	30 ,0
	30.	33 ,0	32 ,0	33 ,0	33 ,0
	31.	33 ,0	33 ,0	33 ,0	33 ,0
	Mittel	—27°,24	—26°,32	—26°,94	—27°,23
			—26°,93		
Februar.	1.	—34°,0	—35°,0	—36°,0	—36°,0
	2.	35 ,5	33 ,0	34 ,0	34 ,0
	3.	35 ,0	33 ,0	34 ,0	34 ,0
	4.	33 ,0	32 ,0	31 ,0	30 ,5
	5.	24 ,0	22 ,5	23 ,0	25 ,0
	6.	25 ,0	23 ,0	24 ,0	26 ,0
	7.	29 ,0	20 ,0	22 ,0	22 ,0
	8.	26 ,5	22 ,0	32 ,0	25 ,0
	9.	27 ,0	24 ,0	26 ,0	28 ,0
	10.	30 ,0	28 ,0	27 ,0	25 ,0
	11.	17 ,5	16 ,0	16 ,0	20 ,0
	12.	22 ,0	21 ,0	22 ,0	24 ,0
	13.	26 ,5	22 ,5	23 ,0	23 ,0
	14.	30 ,0	27 ,0	28 ,0	31 ,0
	15.	32 ,0	27 ,0	28 ,0	31 ,0
	16.	33 ,0	27 ,5	27 ,0	30 ,0

Monate.	Tage.	8 Uhr.	12 Uhr.	4 Uhr.	12 Uhr.
Februar.	17.	— 32°,0	— 27°,0	— 25°,0	— 26°,0
	18.	28 ,0	28 ,0	25 ,0	23 ,0
	19.	22 ,0	20 ,0	19 ,0	18 ,0
	20.	17 ,5	15 ,0	15 ,0	20 ,0
	21.	20 ,0	16 ,0	16 ,0	16 ,0
	22.	17 ,0	16 ,0	25 ,0	27 ,0
	23.	30 ,0	22 ,5	25 ,5	28 ,0
	24.	26 ,0	20 ,0	23 ,0	26 ,0
	25.	24 ,0	18 ,0	20 ,0	33 ,0
	26.	25 ,0	16 ,0	17 ,0	23 ,0
	27.	25 ,0	18 ,0	20 ,0	23 ,0
	28.	24 ,0	17 ,0	18 ,0	25 ,0
	Mittel	— 26°,8	— 22°,91	— 23°,84	— 25°,57
		— 24°,78			
März.	1.	— 26°,0	— 24°,0	— 24°,0	— 25°,0
	2.	26 ,0	22 ,0	25 ,5	25 ,5
	3.	23 ,0	20 ,0	23 ,0	24 ,0
	4.	25 ,0	20 ,0	23 ,0	24 ,0
	5.	21 ,5	19 ,0	20 ,0	23 ,0
	6.	25 ,0	20 ,0	21 ,0	23 ,0
	7.	23 ,0	18 ,0	19 ,0	26 ,5
	8.	25 ,0	20 ,0	21 ,0	25 ,0
	9.	28 ,0	20 ,0	21 ,0	24 ,0
	Mittel	— 24°,73	— 20°,33	— 21°,72	— 24°,44
		— 22°,81			
Mai.	8.	+ 4°,0	+ 5°,0	+ 5°,0	+ 3°,0
	9.	7 ,0	11 ,0	10 ,0	4 ,0
	10.	5 ,0	10 ,0	+ 5 ,0	+ 3 ,0
	11.	+ 0 ,5	+ 0 ,0	— 1 ,0	— 3 ,0
	12.	— 5 ,0	— 3 ,5	4 ,0	5 ,0
	13.	1 ,0	0 ,0	1 ,0	3 ,0
	14.	2 ,0	5 ,0	3 ,0	1 ,0
	15.	5 ,0	5 ,5	7 ,0	4 ,0
	16.	3 ,0	5 ,0	4 ,0	0 ,0
	17.	5 ,0	6 ,0	6 ,0	0 ,0
	18.	2 ,0	0 ,5	1 ,0	2 ,0
	19.	— 2 ,0	— 3 ,0	— 1 ,0	— 1 ,0
	20.	+ 5 ,0	+ 7 ,0	+ 5 ,0	+ 2 ,0
	21.	+ 6 ,0	+ 7 ,0	+ 5 ,0	+ 2 ,0
	22.	— 3 ,0	— 2 ,5	— 2 ,0	— 2 ,5
	23.	1 ,0	2 ,0	2 ,0	2 ,1
	24.	3 ,0	3 ,5	3 ,0	2 ,0
	25.	4 ,0	7 ,0	6 ,0	2 ,0
	26.	7 ,0	9 ,0	9 ,0	6 ,0
	27.	8 ,0	12 ,0	11 ,0	5 ,0
	28.	2 ,0	4 ,0	3 ,0	1 ,0
	29.	8 ,0	13 ,0	12 ,0	7 ,0

Monate.	Tage.	8 Uhr.	12 Uhr.	4 Uhr.	12 Uhr.
Mai.	30.	— 8°,0	— 12°,0	— 7°,0	— 3°,0
	31.	6 ,0	8 ,0	7 ,0	3 ,0
	Mittel	+ 4°,24	+ 6°,76	+ 5°,37	+ 1°,5

+ 4°,47

Monate.	Tage.	8 Uhr.	12 Uhr.	4 Uhr.	12 Uhr.
Juni.	1.	+ 8°,0	+ 14°,0	+ 11°,0	+ 9°,0
	2.	2 ,0	5 ,0	8 ,0	6 ,0
	3.	3 ,0	4 ,0	4 ,0	3 ,0
	4.	2 ,0	2 ,0	2 ,0	1 ,0
	5.	5 ,0	7 ,0	5 ,0	4 ,0
	6.	6 ,0	9 ,0	5 ,0	0 ,5
	7.	5 ,0	8 ,0	5 ,0	3 ,0
	8.	6 ,0	8 ,0	5 ,0	1 ,0
	9.	6 ,0	8 ,0	6 ,0	2 ,0
	10.	7 ,0	12 ,0	6 ,0	3 ,0
	11.	5 ,0	7 ,0	5 ,0	3 ,0
	12.	3 ,0	6 ,0	4 ,0	3 ,0
	13.	6 ,0	10 ,0	7 ,0	3 ,0
	14.	5 ,0	9 ,0	8 ,0	5 ,0
	15.	10 ,0	16 ,0	12 ,0	6 ,0
	16.	6 ,0	10 ,0	8 ,0	4 ,0
	17.	5 ,0	7 ,0	6 ,0	3 ,0
	18.	4 ,0	6 ,0	5 ,0	2 ,0
	19.	5 ,0	9 ,0	7 ,0	5 ,0
	20.	6 ,0	8 ,0	7 ,0	6 ,0
	21.	3 ,0	5 ,0	5 ,0	2 ,0
	22.	5 ,0	8 ,0	6 ,0	3 ,0
	Mittel	+ 5°,14	+ 8°,09	+ 6°,23	+ 3°,51

+ 5°,74

Monate.	Tage.	8 Uhr.	12 Uhr.	4 Uhr.	12 Uhr.
September	12.	— 2°,0	— 0°,5	— 0°,5	— 4°,0
	13.	4 ,0	0 ,5	0 ,5	3 ,5
	14.	— 2 ,0	— 1 ,0	+ 1 ,7	+ 1 ,2
	15.	+ 1 ,2	+ 2 ,5	3 ,0	1 ,5
	16.	2 ,5	3 ,0	3 ,0	2 ,0
	17.	2 ,0	2 ,0	2 ,0	2 ,0
	18.	3 ,5	4 ,0	4 ,0	4 ,0
	19.	3 ,5	3 ,0	2 ,5	3 ,0
	20.	3 ,5	3 ,0	2 ,5	3 ,0
	21.	3 ,0	2 ,5	2 ,5	4 ,5
	22.	4 ,5	3 ,0	3 ,5	4 ,5
	23.	4 ,5	4 ,0	6 ,0	8 ,5
	24.	10 ,5	7 ,5	7 ,5	7 ,5
	25.	7 ,5	3 ,5	3 ,5	7 ,5
	26.	10 ,0	7 ,0	8 ,0	9 ,0
	27.	10 ,0	8 ,0	9 ,0	9 ,0
	28.	10 ,0	8 ,0	8 ,0	12 ,0
	29.	7 ,0	5 ,0	5 ,0	5 ,0
	30.	3 ,5	3 ,0	3 ,5	3 ,5
	Mittel	— 4°,58	— 2°,63	— 3°,19	— 4°,72

— 3°,78

Monate.	Tage.	8 Uhr.	12 Uhr.	4 Uhr.	12 Uhr.
Oktober.	1.	— 4°,7	— 4°,0	— 4°,5	— 4°,5
	2.	4 ,0	2 ,5	3 ,0	4 ,5
	3.	5 ,0	3 ,5	5 ,0	7 ,0
	4.	9 ,0	8 ,0	13 ,0	15 ,0
	5.	11 ,5	11 ,5	13 ,0	14 ,0
	6.	13 ,0	12 ,0	12 ,5	13 ,0
	7.	11 ,5	11 ,0	11 ,0	10 ,0
	8.	14 ,5	13 ,0	13 ,0	14 ,0
	9.	10 ,5	10 ,0	10 ,0	10 ,0
	10.	10 ,0	10 ,0	10 ,0	10 ,0
	11.	11 ,0	10 ,5	10 ,5	11 ,5
	12.	11 ,0	11 ,0	11 ,5	11 ,5
	13.	11 ,5	11 ,0	11 ,0	12 ,5
	14.	14 ,0	12 ,0	13 ,0	17 ,0
	15.	19 ,0	16 ,0	18 ,0	21 ,0
	16.	23 ,0	18 ,0	20 ,0	23 ,5
	17.	22 ,0	20 ,0	22 ,0	24 ,0
	18.	24 ,2	22 ,0	22 ,0	22 ,0
	19.	23 ,0	20 ,0	19 ,0	16 ,0
	20.	14 ,0	13 ,0	14 ,0	15 ,5
	21.	14 ,0	13 ,0	14 ,0	16 ,0
	22.	16 ,0	14 ,0	15 ,0	18 ,0
	23.	20 ,0	18 ,0	19 ,0	20 ,0
	24.	24 ,0	21 ,0	22 ,0	23 ,0
	25.	23 ,0	21 ,0	22 ,0	22 ,5
	26.	23 ,0	20 ,0	21 ,0	21 ,0
	27.	18 ,0	17 ,0	18 ,0	20 ,0
	28.	17 ,0	14 ,0	8 ,0	5 ,0
	29.	3 ,0	2 ,0	1 ,5	5 ,0
	30.	11 ,0	10 ,0	13 ,5	14 ,0
	31.	13 ,5	12 ,0	9 ,0	16 ,0
	Mittel	— 14°,51	— 12°,94	— 13°,51	— 14°,74
			— 13°,92		
November	1.	— 17°,0	— 19 ,0	— 21 ,0	— 20°,0
	2.	22 ,0	20 ,0	22 ,0	19 ,0
	3.	25 ,0	20 ,0	18 ,0	15 ,0
	4.	11 ,5	13 ,0	15 ,0	17 ,5
	5.	17 ,5	17 ,0	18 ,0	21 ,0
	6.	14 ,5	15 ,0	14 ,5	13 ,0
	7.	11 ,5	12 ,5	10 ,0	9 ,0
	8.	6 ,0	7 ,0	8 ,0	13 ,0
	9.	15 ,0	15 ,0	15 ,5	18 ,0
	10.	23 ,0	25 ,0	26 ,0	23 ,0
	11.	20 ,0	19 ,0	20 ,0	21 ,5
	12.	25 ,0	25 ,5	25 ,0	23 ,5
	13.	21 ,0	20 ,0	23 ,0	26 ,0
	14.	27 ,0	26 ,0	26 ,5	27 ,0
	15.	27 ,5	26 ,0	26 ,0	26 ,5
	16.	27 ,5	27 ,0	27 ,0	27 ,5
	17.	28 ,0	28 ,0	28 ,5	30 ,0
	18.	33 ,0	32 ,5	33 ,0	34 ,0

Monate.	Tage.	8 Uhr.	12 Uhr.	4 Uhr.	12 Uhr.
November.	19.	— 13°,0	— 31°,0	— 31°,2	— 32°,0
	20.	26 ,0	23 ,0	22 ,0	19 ,0
	21.	20 ,0	18 ,5	19 ,0	20 ,0
	22.	20 ,0	17 ,0	15 ,0	18 ,0
	23.	19 ,0	19 ,0	20 ,0	26 ,0
	24.	20 ,0	20 ,5	20 ,5	21 ,0
	25.	18 ,0	17 ,0	17 ,0	19 ,0
	26.	20 ,0	20 ,0	21 ,0	25 ,2
	27.	29 ,0	27 ,0	28 ,0	32 ,0
	28.	31 ,5	30 ,5	31 ,0	33 ,0
	29.	32 ,0	32 ,5	33 ,0	33 ,0
	30.	32 ,0	32 ,0	33 ,0	34 ,2
	Mittel	— 22°,35	— 21°,83	— 22°,26	— 23°,23
			— 22°,42		
Dezember.	1.	— 30°,5	— 30°,0	— 30°,0	— 30°,0
	2.	27 ,0	27 ,0	27 ,0	26 ,5
	3.	25 ,0	24 ,5	25 ,0	25 ,5
	4.	25 ,0	25 ,5	26 ,0	28 ,0
	5.	24 ,0	23 ,0	23 ,0	25 ,0
	6.				
	7.				
	8.	23 ,0	24 ,0	24 ,5	24 ,5
	9.	24 ,0	24 ,0	25 ,0	27 ,0
	10.	28 ,0	27 ,0	27 ,5	28 ,5
	11.				
	12.				
	13				
	14.				
	15.				
	16.	6 ,0	30 ,0	13 ,0	32 ,0
	17.	32 ,5	33 ,0	33 ,0	33 ,0
	18.	27 ,0	26 ,0	21 ,5	21 ,0
	19.	18 ,0	17 ,5	19 ,0	20 ,0
	20.	26 ,5	26 ,0	26 ,0	28 ,0
	21.	28 ,0	30 ,0	30 ,0	23 ,0
	22.	16 ,0	15 ,5	17 ,0	20 ,5
	23.	22 ,5	22 ,5	22 ,0	22 ,0
	24.	21 ,0	22 ,0	23 ,0	25 ,0
	25.	25 ,5	25 ,5	26 ,0	26 ,0
	26.	26 ,0	25 ,5	25 ,5	25 ,0
	27.	25 ,0	25 ,0	26 ,0	26 ,5
	28.	22 ,0	24 ,0	25 ,5	26 ,0
	29.	22 ,5	23 ,0	21 ,5	21 ,5
	30.	31 ,0	21 ,5	31 ,0	29 ,0
	31.	25 ,0	24 ,0	22 ,0	22 ,0
	Mittel	— 25°,29	— 25°,25	— 25°,33	— 25°,65
			— 25°,38		

Im Jahre 1823.

Monate.	Tage.	8 Uhr.	12 Uhr.	4 Uhr.	12 Uhr.
Januar.	1.	—22°,0	—23°,0	—23°,0	—22°,0
	2.	24 ,0	22 ,0	22 ,0	22 ,0
	3.	26 ,5	26 ,0	27 ,0	27 ,5
	4.	29 ,5	29 ,0	29 ,0	30 ,0
	5.	32 ,0	32 ,0	32 ,0	33 ,0
	6.	31 ,5	32 ,0	32 ,0	33 ,0
	7.	35 ,0	35 ,0	34 ,5	34 ,0
	8.	32 ,0	32 ,5	33 ,0	33 ,0
	9.	32 ,0	32 ,5	33 ,0	33 ,0
	10.	37 ,0	37 ,0	37 ,0	37 ,0
	11.	34 ,0	33 ,5	33 ,0	33 ,0
	12.	25 ,0	23 ,0	21 ,5	21 ,5
	13.	23 ,0	25 ,0	26 ,5	31 ,0
	14.	31 ,5	32 ,0	32 ,5	35 ,0
	15.	35 ,5	35 ,0	35 ,0	35 ,0
	16.	29 ,5	29 ,0	29 ,0	29 ,0
	17.	32 ,0	31 ,5	31 ,0	31 ,0
	18.	31 ,0	30 ,0	31 ,0	32 ,0
	19.	34 ,0	29 ,5	29 ,0	28 ,5
	20.	23 ,0	22 ,5	22 ,0	22 ,0
	21.	22 ,0	22 ,0	23 ,0	24 ,0
	22.	26 ,5	26 ,0	25 ,0	25 ,0
	23.	23 ,0	22 ,0	22 ,0	21 ,5
	24.	18 ,0	16 ,0	14 ,5	14 ,5
	25.	15 ,0	14 ,5	15 ,0	17 ,0
	26.	17 ,0	16 ,0	16 ,5	17 ,0
	27.	20 ,0	18 ,0	18 ,0	20 ,0
	28.	21 ,5	22 ,0	18 ,0	15 ,0
	29.	17 ,5	16 ,0	16 ,0	15 ,0
	30.	16 ,0	15 ,0	16 ,0	21 ,5
	31.	18 ,0	16 ,0	13 ,0	13 ,0
	Mittel	—26°,28	—25°,69	—25°,48	—26°,03

—25°,87

Monate.	Tage.	8 Uhr.	12 Uhr.	4 Uhr.	12 Uhr.
Februar.	1.	— 13°,0	— 8°,0	— 8°,0	— 7°,0
	2.	4 ,0	3 ,0	3 ,0	5 ,0
	3.	5 ,0	7 ,0	7 ,0	13 ,5
	4.	16 ,0	17 ,0	20 ,0	25 ,0
	5.	25 ,0	24 ,0	20 ,0	20 ,0
	6.	21 ,5	20 ,0	17 ,0	19 ,0
	7.	17 ,0	16 ,0	18 ,0	21 ,5
	8.	24 ,0	22 ,0	23 ,0	24 ,0
	9.	24 ,5	20 ,0	23 ,0	24 ,0
	10.	26 ,5	22 ,0	23 ,0	27 ,0
	11.	27 ,5	23 ,0	24 ,0	27 ,0
	12.	28 ,0	25 ,0	26 ,0	27 ,0
	13.	27 ,0	23 ,0	25 ,0	25 ,0
	14.	25 ,0	21 ,0	23 ,0	26 ,0
	15.	30 ,0	20 ,0	22 ,0	26 ,0
	16.	30 ,0	21 ,0	23 ,0	26 ,0
	17.	30 ,0	22 ,0	23 ,0	27 ,0
	18.	30 ,5	24 ,0	27 ,0	28 ,0
	19.	31 ,0	25 ,0		
	24.	23 ,5	23 ,0	23 ,0	21 ,5
	25.	26 ,0	23 ,0	23 ,0	28 ,0
	26.	29 ,0	23 ,0	23 ,0	29 ,0
	27.	28 ,0	28 ,0	28 ,0	29 ,5
	28.	28 ,0	24 ,0	24 ,0	29 ,0
	Mittel	— 23°,75	— 20°,13	— 20°,74	— 23°,26

$$-21°,98$$

Monate.	Tage.	8 Uhr.	12 Uhr.	4 Uhr.	12 Uhr.
März.	1.	— 30°,0	— 24°,0	— 25°,0	— 30°,5
	2.	28 ,0	20 ,0	18 ,0	21 ,5
	3.	21 ,0	15 ,0	15 ,0	19 ,0
	4.	15 ,0	13 ,5	13 ,0	14 ,5
	5.	13 ,0	12 ,0	11 ,5	12 ,0
	6.	18 ,0	14 ,0	13 ,5	15 ,0
	7.	18 ,0	13 ,0	12 ,5	14 ,0
	8.	19 ,0	14 ,0	14 ,5	17 ,5
	9.	22 ,0	22 ,0	22 ,5	23 ,0
	10.	18 ,0	12 ,0	13 ,0	14 ,0
	11.	15 ,0	13 ,0	15 ,2	18 ,0
	12.	17 ,0	16 ,0	16 ,5	15 ,0
	13.	12 ,0	10 ,0	11 ,5	14 ,0
	14.	15 ,0	14 ,0	15 ,0	18 ,0
	Mittel	— 18°,64	— 15°,18	— 15°,48	— 17°,57

— 16°,72

Tabelle III

zum Vergleiche der Temperatur in Nis'hne-Kolymsk unter 68° 32′ der Breite und Ustjansk unter 70° 55′.

Jahr und Monat.	Nis'hne-Kolymsk.					Ustjansk.				
	8 Uhr.	12 Uhr.	4 Uhr.	12 Uhr.	Mittel.	8 Uhr.	12 Uhr.	4 Uhr.	12 Uhr.	Mittel.
1821. Januar	−31°,63	−30°,88	−31°,40	−31°,49	−31°,35	−33°,33	−32°,74	−33°,07	−33°,52	−33°,17
1822. -	27,24	26,32	26,94	27,23	26,93		28,45	28,77		28,31
1823. -	26,28	25,69	25,48	26,03	25,87	33,37	33,49	33,62	33,59	33,32
					−28°,05					−31°,77
1821. Februar	26,64	24,11	25,26	28,13	26°,03	35,43	34,56	31,16	35,38	−34°,88
1822. -	26,80	22,91	23,84	25,57	24,67	21,28	20,15	22,03		21,12
1823. -	23,75	20,13	20,74	23,26	21,98	29,15	26,03	29,48		28,24
					−24°,19					−28°,08
1821. März	17,03	14,15	14,58	17,26	−15°,80	17,44	14,09	16,62		−16°,05
1822. -						17,21	13,80	16,96		15,99
1823. . -	18,64	15,18	15,48	17,57	16,72					
					−16°,26					−16°,02
1821. April	−7,79	−6,65	−7,05	−8,11	−7°,33	15,40	11,68	13,17		−13°,40
1823. -						10,03	6,74	10,33		9,03
					−7°,33					−11°,22
1821. Mai	+4,74	+6,90	+5,47	+3,98	+5°,27	3,67	0,31	1,25		−1°,74
1822. -	4,24	6,76	5,37	1,50	4,47	2,91	0,49	3,02		2,13
1823. -					+4°,87					−1°,89

307

1	2	3	4	5	6	7	8	9	Mittlere Temperatur im Laufe des Jahres
1821. Juni	+10°,14	+10°,92	+10°,44	+9°,51	+10°,25	+7°,34	+8°,93	+11°,51	+10°,19	+9°,49
1822.	+5,14	+8,09	+6,23	+3,52	+5,74	3,80	5,26	4,77	3,31	4,33
1823.										+6°,91
1821. Juli					+8°,00		13,51	12,26		+12°,87
1823.						+11,00	12,37	10,61	+9,10	10,77
1821. August							+6,78	+4,44		+11°,82
										+5°,61
										+5°,61
1821. September	−6,84	−4,43	−5,22	−7,57	−6,02		5,94	7,42		−6°,68
1822.	−4,58	−2,63	−3,19	−4,72	−3,78		5,53	5,53		5,53
1820. Oktober					−4,90					−6°,11
1821.	14,78	13,04	13,93	15,23	14,25	−20,03	−17,69	−18,12		−18°,61
1822.	14,51	12,94	13,51	14,74	13,92		20,81	21,81		21,31
					−14,09					19,27
1820. November	20,15	20,47	21,13	21,72	−20,87	−25,83	−24,74	−24,89	−26,10	−25°,54
1821.	22,35	21,83	22,26	23,23	−22,42	27,19	25,30	25,16		25,23
1822.							27,42	27,84	27,67	27,52
1820. Dezember	22,00	21,73	22,36	22,02	−21,65	−25,65	−25,65	−25,54	−25,45	−26°,13
1821.	26,28	26,40	26,89	27,28	−26,71		33,18	32,62		25,46
1822.	25,29	25,25	25,33	25,65	−25,38	33,89	34,03	33,51	33,31	32,90
					−24,71					33,69
										−30°,08
										−12°,19

Tabelle IV

über die Abweichung des Kompasses und die Inklination der Magnetnadel.

Zeit der Beobachtung.	Ort der Beobachtung und topographische Lage desselben.	Geographische Lage.		Abweichung des Handpeil-Kompasses, nach Sonnen-Azimuthen.	Inklination der Magnetnadel.
		Breite N.	Länge O. von Greenwich.		
1820. August.	Stadt Jakuzk, auf einer Fläche am linken Ufer der Lena, in einiger Entfernung, Berge	62° 01' 42"	129° 43'	5° 05' W.	73° 51'
Juni.	Admiralität zu Irkuzk, auf einer offenen Fläche, fern von Bergen	52 16 57	104 33	2 30 O.	67 11
1821. Juli.	Nis'hne-Kolymsk, auf der Tundra, am linken Ufer der Kolyma, fern von Bergen	68 31 52	160 59	9 56	77 26
August.	Russische Mündung der Indigirka, auf der Tundra, in der Nähe des Meeres, fern von Bergen	71 00 19	149 31	9 58	
Juni.	Maloje (klein) Tschukotschje, auf der Tundra, am Meere, fern von Bergen	69 26 10	160 16	11 45	
April.	Der kleine Baranow, am Meere, unbedeutende Berge von Schiefer	69 38 00	162 27	12 30 O.	78 34
1822. Juli.	Der grosse Baranow, über dem Meere, ein Berg aus Schiefer und Granit	69 43 55	163 51	12 35	
August.	Nördlich vom kleinen Aniuj, Morast zwischen Schieferbergen	69 23 55	164 02	12 45	
1821. Juni.	Lobasnoje, am Aniuj, zwischen Schieferbergen	67 02 57		13 30	

		68° 36′ 31″	164° 43′	14° 00′	
1822. August.	Am Poginden-Fluss, zwischen Schieferbergen				
1821. August.	Vierte Bären-Insel, niedriger Berg aus verwittertem Porphyr, über der Mereesküste	70 46 35	161 40	14 00	
	Auf derselben Insel, Hügel an der Küste, mit Bruchstücken von Porphyr bedeckt	70 37 06	162 24	14 06	79 49
Juli.	Plotbischtsche, am Aniuj, zwischen Schieferbergen	68 00 47	162 55	14 30	
April.	Auf dem Eise im Meere, fern von der Küste	71 36 41	163 23		
	Auf dem Meere, entfernt von der Küste	70 40 56	165 22	14 51 O.	80 16½
1822. August.	Auf der Tundra, zwischen Schieferbergen	69 22 57	166 31	14 59	
Juni.	Lager an der Küste, in einiger Entfernung Berge	69 30 41	166 41	15 2	
1823. März.	Auf der Landenge des Schelagschen Vorgebirges, in der Nähe Granitberge	70 03 23	171 03	18 03	
1822. April.	Auf dem Eise im Meere, fern von der Küste	70 52 41	170 00	18 49	81 09
1823. März.	An dem Ausflusse des Werkon, auf der Tundra, fern von Bergen	69 54 45	173 31	18 58	79 59
	Auf dem Nordkap, bei einem Schieferberge	68 55 16	179 36	21 40	
April.	Insel Koliutschin, am Ufer, unweit eines Felsen	69 26 46	184 27	23 26	

Anmerkung. Der Handpeil-Kompass zeigte die westliche Abweichung immer auf 1¾° weniger als der grosse Schiffspeil-Kompass; die hier angezeigten Abweichungen sind aber nach ersterem reduzirt. — Die Abweichungen wurden nach korrespondirenden Sonnen-Azimuthen bestimmt. — Bei Bestimmung der Inklination wurden die Pole der Nadel immer gewechselt.

Tabelle V

der Beobachtungen zu Bestimmung der Breite von Nis'hne-Kolymsk in den Jahren 1820, 1821 und 1823.

Jahr, Monat und Tag.	Thermometer.	Barometer in Englischen Zollen.	Von welchem Gestirn.	Beobachtete Höhe.	Berichtigte Höhe.	Breite.	Durch Wen die Beobachtung gemacht.
1820. Dezember $2/14$	$-25°$		☾	$27°37'30''$ S.	$28°48'00''$ S.	$68°31'11''$ N.	Lieutenant Wrangel.
Dezember $7/19$	-23		☾	48 56 40	49 49 17	68 31 36	Wrangel.
1821. Februar $1/13$	-30	29,7	☾	47 56 18	48 48 08	68 31 18	Steuermann Kosmin.
Februar $2/14$	-30	29,73	☽	45 43 55	46 06 21	68 32 02	Kosmin.
Februar $14/26$	-25	30,5	☉	12 56 25	12 35 03	68 31 52	Kosmin.
März $18/30$	-16	30,01	☉	24 49 22	25 03 04	68 31 54	Kosmin.
März 20 / April 1	-16	30,2	☉	25 36 00	25 49 45	68 31 43	Kosmin.
Mai $16/28$			☉	42 35 45	42 51 22	68 31 56	Kosmin.
Mai $17/29$			☉	42 46 15	43 01 07	68 31 58	Wrangel.
Mai $18/30$			☉	42 55 30	43 10 22	68 31 55	Kosmin.
Mai 22 / Juni 3			☾	43 28 47	43 43 41	68 32 06	Kosmin.

311

Mai 23 / Juni 4		☉	43° 36′ 22″	43° 51′ 16″	68° 31′ 57″	Kosmin.
Mai 25 / Juni 6		☉	43 50 00	44 04 52	68 31 57	Kosmin.
Mai 30 / Juni 11		☉	44 17 05	44 31 59	68 32 01	Kosmin.
Mai 31 / Juni 12		☉	44 21 20	44 36 14	68 32 00	Kosmin.
Juni 7/13		☉	44 25 00	44 39 54	68 32 08	Kosmin.
Juni 30 / Juli 12		☉	43 17 34	43 32 26	68 32 08	Mitschman Matiuschkin.
Juli 1/13		☉	43 09 19	43 24 11	68 31 57	Matiuschkin.
Juli 2/14		☉	43 00 49	43 15 41	68 31 47	Matiuschkin.
Juli 3/15		☉	42 51 56	43 06 47	68 31 37	Matiuschkin.
Juli 4/16		☉	42 41 49	42 56 40	68 32 17	Matiuschkin.
Juli 5/17		☉	42 31 42	42 46 32	68 32 39	Matiuschkin.
Juli 7/19		☉	42 09 49	42 26 39	68 31 51	Matiuschkin.
1823. Oktober 9/21	− 10½	✵ α Grosser Bär	41 15 02	41 13 50 N.	68 31 51	Wrangel.
Oktober 9/21	− 12	✵ β Andromedae	56 10 10	56 09 27 S.	68 31 37	Wrangel.

Aus 25 Mittel 68° 31′ 53″

Tabelle VIa

der Beobachtungen und Berechnungen zu Bestimmung der Länge von Nis'hne-Kolymsk, in Distanzen zwischen Sonne und Mond; vom Lieutenant Wrangel.

Jahr 1821.	Wahre Zeit der Beobachtung.	Berechnete wahrscheinliche Höhe ☉	Berechnete wahrscheinliche Höhe ☾	Wahrscheinliche Distanz zwischen ☉-☾	Anzahl der Distanzen.	Gestalt des Mondes vorher.	Berechnete Länge von Paris nach Osten.
Mai 15/27	22ᵘ.58′ 48″	41° 50′	28° 29′	46° 02′ 54″	8	☌	10ᵘ.32′ 44″ nicht gelungen.
dito.	23 32 48	42 41	26 33	45 44 44	6	dito.	10ᵘ.33′ 11″
Mai 2 / Juni 3	22 26 58	41 43	25 52	48 15 56	10	nachher ☌	10 35 40
dito.	23 26 16	43 35	30 52	48 44 06	7	dito.	10 35 27
Mai 24 / Juni 5	2 43 58	37 43	36 14	62 09 46	7	dito.	10 35 44
dito.	2 53 08	37 04	36 36	62 13 37	6	dito.	10 35 39
dito.	2 57 38	36 44	36 46	62 15 31	6	dito.	10 35 30
Mai 27 / Juni 8	3 44 55	33 18	16 44	96 33 17	12	dito.	10 34 21
Mai 28 / Juni 9	5 00 51	26 40	13 02	107 58 08	12	dito.	10 34 44
Juni 10/22	18 49 09	26 16	21 50	91 10 47	11	vorher ☌	10 33 59

1822. Mai ¹⁴/₂₆	3ᵁ·01′42″	35°02′	34°06′	71°05′57″	10	nachher ☌	10ᵁ·34′32″
Mai ¹⁵/₂₇	3 08 27	34 41	26 29	83 31 19	6	dito.	10 34 52
dito.	3 18 19	33 56	27 02	83 35 38	7	dito.	10 34 51
Juni ¹³/₂₅	6 01 17	21 39	20 48	78 36 52	7	dito.	10 34 20
dito.	6 05 44	21 15	20 41	78 38 29	8	dito.	10 34 54
Juni ¹⁴/₂₆	3 44 04,5	33 53	13 05	89 17 43	8	dito.	10 34 00
dito.	3 48 52,7	33 29	13 18	89 19 28	7	dito.	10 34 31
Juni ¹⁵/₂₇	6 17 13	20 09	10 06	101 36 31	12	dito.	10 34 17
					150		

Mit Ausschluss der ersten misslungenen Beobachtung wird die mittlere Länge aus 142 Distanzen seyn 10ᵁ·34′37,3″

Tabelle VIb

der Beobachtungen und Berechnungen der Länge von Nishne-Kolymsk, in Distanzen zwischen Sonne und Mond, vom Steuermann Kosmin.

Jahr 1821.	Wahre Zeit der Beobachtung.	Berechnete wahrscheinliche Höhe ☉	Berechnete wahrscheinliche Höhe ☾	Wahrscheinliche Distanz zwischen ☉ — ☾	Anzahl der Distanzen.	Mond von Sonne.	Berechnete Länge von Greenwich nach Osten.
Mai 21/.	23ᵘ 17′ 50,2″	42° 25′ 05″	27° 23′ 33″	45° 52′ 29″	6	nach O.	17ᵗ 43′ 03,3″
dito.	23 24 37,7	42 33 00	27 02 33	45 49 26,7	6	dito.	10 43 37,7
Mai 22 / Juni 3	1 54 08	40 34 41	45 39 50	37 25 22	7	nach W.	10 44 10,9
dito.	2 01 32,4	40 10 32	46 09 03	37 28 36	7	dito.	10 44 01,4
dito.	22 47 24	42 32 27	27 36 41	48 26 27,5	10	dito.	10 42 58
Mai 23 / Juni 4	0 09 20,9	43 50 49	34 15 07	49 04 22	8	dito.	10 43 25,875
Mai 24 / Juni 5	4 14 35,1	30 27 33	38 19 00	62 47 24,7	6	dito.	10 43 29,1
dito.	4 21 04,4	29 53 21	38 19 39	62 49 46,3	6	dito.	10 44 04,4

	23ᵘ·04′42,3″	43°19′07″	12°06′24″	72°10′33″	7	nach W.	10ᵘ·43′57,26″
Mai 24 / Juni 5							
Juni ¹⁰/₂₂	18 24 23,1	23 59 53	22 11 01	91 22 12	10	nach O.	10 43 09,1
dito.	18 31 42,2	24 39 46	22 06 26	91 18 48	10	dito.	10 43 10,2
1822. Mai ¹⁵/₂₇	3 45 19	31 44 45	28 26 37	83 47 42,4	8	dito.	10 43 28
Juni ¹³/₂₅	6 23 47,1	19 37 45	20 08 03	78 45 43	10	dito.	10 44 41,13

Mittel aus 101 Distanzen 10ᵘ·43′38,4″
oder 160°54′36″

Tabelle VII.

Berechnete Breite von Russkoje Ustje, am Flusse Indigirka, im Jahre 1821.

Monat und Tag.	Thermometer.	Barometer.	Welches Licht und welche Seite.	Beobachtete Höhen.	Berichtigte Höhen.	Breite.	Wer die Beobachtung gemacht hat.
Juli 30 / August 11	+ 7°		☉	34° 12′ 09″	34° 26′ 41″ s.	71° 00′ 12″	Kosmin.
August 1/13	+ 6½		☉	33 36 17½	33 50 48	71 00 14	Kosmin.
August 3/15	+ 9½		☉	32 59 20	33 13 48	71 00 26	Kosmin.
August 5/17	+15		☉	32 21 40	32 36 07	71 00 25	Kosmin.
August 9/21	+ 7¼		☉	31 03 55	31 18 18	71 00 14	Kosmin.
August 16/28	+ 6½		☉	28 40 08	28 54 23	71 00 20	Kosmin.

Mittel aus 6 Breitenbestimmungen 71° 00′ 19″

Tabelle VIII

über die Beobachtungen und Berechnungen der Länge von Russkoje-Ustje, aus Distanzen zwischen Sonne und Mond, vom Steuermann Kosmin, im Jahre 1821.

Jahr 1821.	Wahre Zeit der Beobachtung.	Berechnete wahrscheinliche Höhe ☉	Berechnete wahrscheinliche Höhe ☾	Wahrscheinliche Distanz zwischen ☉ — ☾	Anzahl der Distanzen.	Mond von Sonne.	Berechnete Länge von Greenwich nach Osten.
August 8/20	21ᵁ 40′ 15,7″	27° 35′ 37″	36° 37′ 19″	81° 12′ 20″	12	nach W.	9ᵁ 57′ 00,7″
dito.	22 14 48	29 10 18	34 12 32	80 55 31	7	dito.	9 57 08,45
dito.	22 25 36	29 36 00	33 25 09	80 50 13,5	10	dito.	9 56 41,5
August 10/22	20 01 39,2	20 42 23	46 23 34	56 19 24	6	dito.	9 58 33,4
dito.	23 14 15,3	30 15 00	39 37 21	54 53 35,5	10	dito.	9 59 15,3
dito.	23 22 51,5	30 23 23	39 03 11	54 49 15	5	dito.	9 59 03,5
dito.	23 41 01	30 35 28	37 48 16	54 40 43,5	8	dito.	9 59 04,6
August 31 September 12	13 02 48,6	✶ Aldebar. 24 42 06	19 07 04	☉ - ✶ Aldebar. 69 20 19	10	nach O.	9 57 08,16
September 5/18	0 14 17,5	21 03 42	29 19 52	92 30 47,5	11	nach W.	9 58 39,5
dito.	0 20 28,4	21 01 13	29 49 14	96 27 05	10	dito.	9 58 00,4

Mittel aus 89 . . . . 9ᵁ 58′ 03,546″
oder 149° 30′ 53¼″

Tabelle IX

der geographischen Lage von 115 Punkten längs der Meeresküste von dem Ausfluss der Indigirka bis an die Insel Koliutschin und längs den Flüssen Kolyma und Aniuj; durch astronomische Beobachtungen von der Kolymskischen Expedition bestimmt.

Bezeichnung des Ortes.	Breite N.	Länge O. von Greenwich.	Beobachtet von:
Ostrog Nis'hne-Kolymsk .	68° 31' 53"	160° 56' 35" ☼	Wrangel, Matiuschkin, Kosmin.
Längs der Kolyma			
Mündung des Flüsschens Krutoj	68 37 57	161 08 △	Wrangel.
Mündung des Flüsschens Ambolicha	68 40 52	161 20 △	dito.
Dörfchen Pantelejewsk . .	68 35 51	161 32 △	dito.
- Karetowsk	68 47 27	161 11 △	dito.
- Tschernoussow. . . .	68 50 20	161 13 △	dito.
- Pochodsk	69 04 21	160 55 △	dito.
- Maloje Tschukotschje	69 26 10	160 23 △	dito.
Ort Kabatschkowo	69 17 30	161 23 △	dito.
- Sucharnoje	69 31 25	161 44 △	dito.
Steiler Abhang am Flusse Tschukotschje	70 06 45	159 48 △	dito.
Hohe weisse Felsen, W. .	68 33 30	162 04 △	dito.
Desgleichen, Pantelejewka	68 37 57	161 40 △	dito.
- Surowoj, W.	68 43 20	161 29 △	dito.
Felsen Larionow	69 03 15	161 39 △	dito.
Sredne-Kolymsk	67 26 20		Kosmin.
Ostrog Werchne-Kolymsk	65 42 04		dito.
Nachtlager am Omekon . .	63 15 15	142 48 berechn.	dito.
Längs der Meeresküste, westlich von der Kolyma, bis an die Indigirka.			
Krestowoj, westliche Spitze am Ausfluss der Kolyma	70 17 00	159 55 △	Kosmin.
Kap am Flusse Bol'schaja (grosse) Tschukotschje .	70 07 00	159 50 △	dito.
Mündung Prokopij	70 27 44	159 43 △	dito.
- Krestowoj.	70 43 33	159 15 △	dito.
- Kurodägina	70 53 37	158 55 36 ☼	dito.
Berg Sewernoj (nordische) Parnass	71 00 56	158 10 △	dito.
Steiler Abhang Kuropatotschnoj (14. Juli) . . .	71 03 54	157 23 △	dito.
Punkt am 15. Juli	71 04 20	156 26 △	dito.
- - 16. -	70 56 48	155 31 △	dito.
- - 17. -	70 58 11	154 45 △	dito.
- - 18. -	70 53 48	154 13 △	dito.

Bezeichnung des Ortes.	Breite N.	Länge O. von Greenwich.	Beobachtet von:
Mündung eines Armes des grossen Alasej, 19. Juli	70° 50' 14"	153° 43' 10" △	Kosmin.
Mündung eines Armes des kleinen Alasej, 21. Juli	70 48 48	152 59 43 ☀	dito.
Russische Niederlassung an der Indigirka	71 00 19	149 30 54 ☀	dito.
Bären-Inseln, NW.-Spitze I	70 52 14	160 24 △	Wrangel.
— N.-Spitze IV	70 46 35	161 40 △	Matiuschkin.
— SO.-Spitze VI	70 37 06	162 24 △	dito.
Längs der Meeresküste, östlich von der Kolyma.			
Bärenkap, östliche Mündungsspitze der Kolyma	69 41 00	162 14 △	Wrangel und Kosmin.
Am kleinen Baranow, Kreuz	69 38 00	162 27 △	dito.
Nördlichste Spitze des kleinen Baranow-Felsens	69 41 48	162 56 △	dito.
9. Juli, zwischen d. grossen und kleinen Baranow	69 40 34	163 33 △	dito.
NO.-Spitze des grossen Baranow	69 43 55	163 51 00 △	dito.
Mündung des Flüsschens Krestowoj	69 36 06	164 14 △	dito.
Mündung des Flüsschens Beresowoj	69 30 50	165 14 berechn.	Matiuschkin.
Mündung eines Baches, 26. Februar	69 32 30	166 19 ☀	Wrangel und Kosmin.
Lagerplatz am grossen Baranow-Flusse	69 30 41	166 40 39 ☀	dito.
Mündung des Flusses Kosmina	69 32 15	167 20 △	Kosmin.
Punkt am 24. Februar	69 37 58	164 09 △	Wrangel.
— — 26. —	69 34 22	165 44 △	dito.
Nachtlager am 26. Februar	69 32 30	166 19 45 △	Kosmin.
Mündung eines Baches, 7. April 1823	69 34 51	168 17 △	Matiuschkin.
See Wyteknoje, 4. August	69 33 11	167 32 △	dito.
Tschaun-Bucht, 8. August	69 25 16	168 17 △	dito.
Spitze des Berges Waiwapina	69 06	168 46 △	dito.
Punkt am 27. Februar	69 30 17	166 42 berechn.	Wrangel und Kosmin.
Mündung eines Baches, 28. Februar	69 37 37	167 47 30 ☀	dito.
Punkt am 1. März	69 42 40	167 38 berechn.	dito.
Nachtlager am 1. März	69 48 22	167 50 15 ☀	dito.
Punkt am 2. März	69 52 56	167 56 berechn.	Wrangel.
Nordspitze der Insel Sabadej, 2. März	69 57 17	168 40 △	dito.

Bezeichnung des Ortes.	Breite N.	Länge O. von Greenwich	Beobachtet von:
Ostspitze der Insel Sabadej, 2. März	69° 56' 32"		Matiuschkin.
Spitzes Kap an der Sabadejschen Meerenge	68 43 28	168° 10' berechn.	Wrangel.
Südspitze des Kap Matiuschkin	69 35 00	170 41 △	dito.
Berg auf demselben	69 36 00	170 42 △	dito.
Kap Matiuschkin	69 43 18	170 53 △	dito.
Punkt am 8. März	69 44 43	170 43 △	dito.
Kap Schelagskoj, oder Erri	70 06 00	171 04 △	dito.
Westseite des Kap Schelagskoj, 9. März	70 03 23	171 03 15" ☼	Wrangel und Kosmin.
10 Werst östlich vom Kap Schelagskoj, 13. April	70 04 09	171 27 △	Matiuschkin.
Schwarzer, steiler Felsen daselbst, 6. März	70 03 17	171 39 △	Kosmin.
Punkt am 30. April	70 02 39	171 46 △	dito.
Kap Kosmin am 6. März und am 11. März 1823	70 00 55	171 58 00 △	dito.
Felsen an der Westspitze des Kap Kosmin	69 56 38	172 40 berechn.	dito.
Bei der Mündung des Werkon, Punkt am 16. April	69 50 41	173 50 -	Matiuschkin.
In der Mündung desselben, am 30. März	69 51 00	173 30 -	Wrangel.
Punkt am 2. April	69 52 47	173 54 -	dito.
Kap Kekurnoj, am 3. April	69 50 53	174 34 -	Matiuschkin.
Punkt am 17. April	69 49 41	174 30 -	dito.
Bei Jakan, auf der Rückkehr am 27. April	69 41 32	176 32 △	Kosmin.
Punkt am 5. und 7. April	69 48 12	176 09 45 ☼	Wrangel.
- - 8. April	69 35 50	176 58 berechn.	Kosmin.
Nordkap, am 10. April	68 55 16	179 59 -	dito.
Bei dem Flüsschen Amguem, 14. April, Mittags	68 09 51	182 06 -	dito.
Nachtlager auf dem Kap Wankarem, 14. April	67 50 16	183 16 -	dito.
Bei dem Kap Onman, 15. April, Mittags	67 43 04	183 37 47 -	dito.
Nachtlager auf der Insel Koliutschin, am 15., 16. und 17. April, Südspitze	67 26 46	184 27 43 -	Wrangel.
Zwischen dem Aniuj und der Küste.			
An der Mündung der Filipowka, 2. Juli	68 41 50	161 35 △	Kosmin.
Punkt am 3. Juli	68 52 52	161 53 △	dito.
- - 4. -	69 05 22	161 53 △	dito.
Mittlerer Arm der Sucharnowka, 5. Juli	69 17 55	161 47 △	dito.

Bezeichnung des Ortes.	Breite N.	Länge O. von Greenwich.		Beobachtet von:
Auf der Insel Ajou oder Sabadej, 2. Mai	65° 50' 53"	168° 29'	△	Kosmin.
Auf der Tundra,				
Punkt am 1. August	69 22 57	166 14	△	Wrangel.
- - 2. -	69 09 05	166 32	△	dito.
- - 3. -	68 57 08	166 29	△	dito.
- - 4. -	68 46 47	166 14	△	dito.
Berg A	68 46 47	166 57	△	dito.
Punkt am 5. August	68 36 31	165 16	△	dito.
- - 14. -	68 23 55	163 52	△	dito.
Am See Wyteknoje, bei der Tschaun - Meerenge, 6. August	69 39 40	168 52	△	Matiuschkin.
An der Mündung des östlichen Ausflusses der grossen Baranicha, 21. August	67 53 26	168 39	△	dito.
An dem grossen Aniuj.				
Mündung zweier Bäche	68 20 03	160 08	△	dito.
Lobasnoje	68 03 35	160 24	berechn.	dito.
Tigilika	67 33 16	162 21	-	dito.
Brustänka	67 36 58	162 09	△	dito.
Bajekowo	68 18 24	160 30	△	dito.
An dem kleinen Aniuj.				
Ausfluss der untern Schachutina, 26. August	67 23 59	167 50	△	dito.
Ausfluss der Jelombala	67 50 09	165 12	△	dito.
Molotkowo	68 07 40	161 40	△	dito.
Mochowoje	68 00 41			dito.
Maloje Wetrennoje	67 58 36	162 01	△	dito.
Plotbischtsche	68 00 03	162 36	△	dito.
Argunowo	68 07 06	163 00	△	dito.
Felsen Nungol	68 10 02	163 10	△	dito.
Felsen Obrom	68 01 00	164 03	△	dito.
Gegend Konowalowo	68 05 32	163 49	△	dito.

Gedruckt bei F. Weidlé in Berlin.

In demselben Verlage ist erschienen:

Magazin von merkwürdigen neuen Reisebeschreibungen. Herausgeg. von J. R. Forster und andern Gelehrten. Mit Kupfern u. Landkarten.

1. Theil. gr. 8. 1790. Enthält: 1) Philipps Reise nach Neu=Südwallis ꝛc. 2) Schortland's, Watt's und Marschalls Rückreise von Neu=Südwallis. 3) Auszug aus Gilberts Beschreibung seiner Reise. 4) Franklins Bemerkungen ꝛc. Rob. Sunders Reise nach Butan und Tibet.
 1 thlr. 25 sgr. ob. 20 gr.
2. Theil. Neue Aufl. 1807. Enthält: Le Vaillant's Reise nach Afrika. 1. Th.
 2 th.
3. Theil. Neue Aufl. 1806. Enthält: Benjowsky's Reise. 2 thlr.
4. Theil. 1791. Enthält: 1) Lessep's Reise. 2) Sauveboeuf's Reise.
 1 thlr. 25 sgr. ob. 20 gr.
5. Theil. 1791. Enthält: 1) John White's Tagebuch. 2) W. Bligh's Reise. 3) Entdeckungen von Afrika. 4) Rob. Norris Reise.
 1 thlr. 25 sgr. ob. 20 gr.
6. Theil. 1792. Enthält: 1) Anburey Reise. 2) Thunberg's Reise. 3) Holwe Tagebuch. 1 thlr. 25 sgr. ob. 20 gr.
7. Theil. 1792. Enthält: 1) Thunberg's Reise. 2) Brissot's Reise.
 1 thlr. 25 sgr. ob. 20 gr.
8. Theil. 1792. Enthält: 1) Rochon's Reise. 2) Lempriere's Reise.
 1 thlr. 25 sgr. ob. 20 gr.
9. Theil. 1793. Enthält: 1) Bligh's Reise. 2) Imlay's Nachrichten.
 1 thlr. 25 sgr. ob. 20 gr.
10. Theil. 1793. Enthält: Bartrams Reise in Nordamerika.
 1 thlr. 25 sgr. ob. 20 gr.
11. Theil. 1794. Enthält: 1) Hunter's Reise. 2) Hamilton's Reise.
 1 thlr. 25 sgr. ob. 20 gr.
12. und 13. Theil. 1795. 1796. Enthält: Le Vaillant's Reise in Afrika. 2. und 3. Bd. 4 thlr. 10 sgr. ob. 8 gr.
14. Theil. 1797. Enthält: 1) Hearne Reise. 2) Wansey's Tagebuch.
 1 thlr. 25 sgr. ob. 20 gr.
15. Theil. 1798. Enthält: Paolino Fra Bartolomeo Reise nach Ostindien.
 1 thlr. 20 sgr. ob. 16 gr.
16. und 17. Theil. 1799. Enthält: La Perousens Entdeckungsreise ꝛc. ꝛc. 2 Thle.
 3 thlr. 20 sgr. ob. 16 gr.
18. und 19. Theil. 1799. 1800. Enthält: Vancouvers Reise. 2 Thle.
 3 thlr. 15 sgr. ob. 12 gr.
20. Theil. 1800. Enthält: Welds b. J. Reise. 1 thlr. 25 sgr. ob. 20 gr.
21. Theil. 1800. Enthält: Wisons Reise. 2 thlr.
22. Theil. 1801. Enthält: Charpentier=Cossigny Reise. 1 thlr. 25 sgr. ob. 20 gr.
23. Theil. 1801. Enthält: Reise durch Ober=Pensylvanien ꝛc. 2 thlr.
24. Theil. 1802. Enthält: Sonnini's Reise. 1 thlr. 25 sgr. ob. 20 gr.
25. Theil. 1803. Enthält: Denons Reise. 2 thlr. 20 sgr. ob. 16 gr.
26. Theil. 1803. Enthält: Acerbi's Reise. 2 thlr. 15 sgr. ob. 12 gr.
27. Theil. 1806. Enthält: Turnbulls Reise. 1 thlr. 20 sgr. ob. 16 gr.
28. Theil. 1806. Enthält: Hollcroft's Reise. 2 thlr. 10 sgr. ob. 8 gr.
29. Theil. 1808. Enthält: Depons Reise. 1 thlr. 25 sgr. ob. 20 gr.
30. Theil. 1809. Enthält: 1) Castellans Briefe und 2) Reise nach Savoyen ꝛc.
 2 thlr.
31. Theil. 1810. Enthält: Azara's Reise. 2 thlr. 20 sgr. ob. 16 gr.
32. Theil. 1811. Enthält: Renouards Reise. 2 thlr.
33. Theil. 1820. Enthält: Molliens Reise. 2 thlr. 20 sgr. ob. 16 gr.
34. Theil. 1820. Enthält: Henderson's Reise, 1. Bd. 2 thlr. 15 sgr. ob. 12 gr.
35. Theil. 1821. Enthält: Henderson's Reise, 2. Bd. 1 thlr. 10 sgr. ob. 8 gr.
36. Theil. 1822. Enthält: Bananti's Reise. 2 thlr.
36. Theil. 1828. Enthält: Buckingham Reise in Mesopotamien. 3 thlr.
37 Bände komplett 74 thlr. 5 sgr. ob. 4 gr.